抽样调查设计：

问卷、访谈和数据收集 （原书第3版）

[美]约翰尼·布莱尔（Johnny Blair）
[美]罗纳德·F.扎加（Ronald F. Czaja） 著
[美]爱德华·A.布莱尔（Edward A. Blair）

沈崇麟 译

重庆大学出版社

Designing Surveys：A Guide to Decisions and Procedures 3ed by Johnny Blair，Ronald F. Czaja，Edward A. Blair. English language edition published by SAGE Publications of London，Thousand Oaks，New Delhi and Singapore，2014.

抽样调查设计：问卷、访谈和数据收集（原书第 3 版）。原书英文版由 SAGE 出版公司于 2014 年出版。版权属于 SAGE 出版公司。

版贸核渝字（2012）第 152 号

图书在版编目（CIP）数据

抽样调查设计：问卷、访谈和数据收集：原书第 3 版/（美）约翰尼·布莱尔(Johnny Blair)，（美）罗纳德·F. 扎加(Ronald F. Czaja)，（美）爱德华·A. 布莱尔(Edward A. Blair) 著;沈崇麟译. --重庆:重庆大学出版社,2022.6
（万卷方法）
书名原文:Designing Surveys:A Guide to Decisions and Procedures 3ed
ISBN 978-7-5689-3044-4

Ⅰ.①抽… Ⅱ.①约… ②罗… ③爱… ④沈… Ⅲ.①抽样调查统计 Ⅳ.①C811

中国版本图书馆 CIP 数据核字（2021）第 260020 号

抽样调查设计:问卷、访谈和数据收集
(原书第 3 版)
Designing Surveys：A Guide to Decisions and Procedures 3ed
［美］约翰尼·布莱尔(Johnny Blair)
［美］罗纳德·F. 扎加(Ronald F. Czaja)
［美］爱德华·A. 布莱尔(Edward A. Blair) 著
沈崇麟 译
策划编辑:林佳木
责任编辑:李桂英 版式设计:林佳木
责任校对:王 倩 责任印制:张 策
*
重庆大学出版社出版发行
出版人:饶帮华
社址:重庆市沙坪坝区大学城西路 21 号
邮编:401331
电话:(023) 88617190 88617185(中小学)
传真:(023) 88617186 88617166
网址:http://www.cqup.com.cn
邮箱:fxk@ cqup. com. cn（营销中心）
全国新华书店经销
重庆市正前方彩色印刷有限公司印刷
*
开本:787mm×1092mm 1/16 印张:21.75 字数:445 千
2022 年 6 月第 1 版 2022 年 6 月第 1 次印刷
ISBN 978-7-5689-3044-4 定价:89.00 元

作译者简介

约翰尼·布莱尔(Johnny Blair)

他是一位调查方法学方面的独立咨询专家。他曾担任阿伯特联合公司(Abt Associates)的首席科学家,马里兰大学调查研究中心(University of Maryland Survey Research Center)、伊利诺伊大学(香槟分校)社会研究实验室(University of Illinois [Urbana-Champaign] Survey Research Laboratory)的调查部经理。在调查领域40多年的职业生涯中,他所设计和/或实施的调查涉及各个领域。其中有医药卫生(包括艾滋病高危人口)、教育(包括大型学生评测)、环境(包括条件值评估法[contingent valuation])和刑事犯罪受害人(包括代理报告)调查等。他曾对稀少人口的抽样问题、代理报告的测量误差问题、基于计算机的学生书写评测的认知和可用性测试问题以及拒答转换数据的质量问题进行了方法学研究。他曾参与了一个历时10年的有关认知访谈的预试研究项目。近年来,他则在进行有关预试样本大小和预试问题确认问题的方法学研究。他一直是季度公众舆论调查(Public Opinion Quarterly)编辑委员会的成员。多年来他一直在几个国家研究委员的专家组(National Research Council Panels)任职,同时,他也是许多联邦机构、学术组织、律师事务所和其他公司的顾问。自1996年以来,他一直在国家教育进步评价(National Assessment of Educational Progress, NAEP)、国家成绩报告单(Nation's Report Card)的设计和分析委员会(Design and Analysis Committee, DAC)任职。

罗纳德·F. 扎加(Ronald F. Czaja)

他是北卡罗来纳大学(North Carolina State University)社会学和人类学的荣誉副教授。他教授本科生和研究生的研究方法学和医学社会学课程。他的方法学研究重点是稀少人口的抽样问题、调查中的回答效应和问卷设计的认知问题。1969—1990年,他在伊利诺伊大学芝加哥分校的调查研究实验室(Survey Research Laboratory, University of Illinois at Chicago)任职,担任项目协调人、抽样的共同负责人、主任助理和调查负责人。

爱德华・A. 布莱尔（Edward A. Blair）

他是休斯敦大学 C. T. 鲍尔商学院（C. T. Bauer College of Business, University of Houston）的市场营销和创业学的米切尔・J. 赛摩教授（Michael J. Cemo Professor），以及市场营销和创业学系的主任。他担任过美国统计协会能源统计委员会（American Statistical Association Committee on Energy Statistics）的主席，该委员会就能源方面的信息收集、分析和传播，向美国能源信息管理局（U. S. Energy Information Administration）提出建议。他也曾任职于美国人口普查局的专业人员协会的咨询委员会，并且是创新和组织变迁问题的国家科学基金专家组成员。他的研究发表在各种刊物上，如《市场营销杂志》（Journal of Marketing）、《市场营销研究杂志》（Journal of Marketing Research）、《消费研究杂志》（Journal of Consumer Research）、《民意调查季刊》（Public Opinion Quarterly）、《社会学方法和研究》（Sociological Methods and Research）、《广告研究杂志》（Journal of Advertising Research）、《市场营销科学学院杂志》（Journal of the Academy of Marketing Science）和《零售业杂志》（Journal of Retailing）等。他曾经担任过《市场营销研究杂志》《市场营销科学学院杂志》和《商业研究杂志》（Journal of Business Research）的编委，并担任过美国市场营销协会（American Marketing Association, AMA）全国会议主席。除了教授大学课程之外，布莱尔博士还在各种各样的专业项目中任教，其中包括美国医学协会市场营销研究学院（AMA's School of Marketing Research）（学生都为研究专业人士）和高级研究技术论坛（Advanced Research Techniques Forum）等。

沈崇麟

中国社会科学院社会学研究所研究员、社会学系教授（退休），曾任社会调查与方法研究室主任（1992—2004），社会调查与数据处理研究中心主任（1992—2017）。主要研究领域：家庭社会学、社会研究方法。主要著作：《变迁中的城乡家庭》《中国沿海发达地区社会变迁调查（增订本）》《中国百县市国情调查第三批调查问卷调查》等。

前　言

　　本书第 1 版(1996)和第 2 版(2005)相隔 9 年。虽然自第 2 版问世到现在修订第 3 版,时间还不到 9 年,但这一版内容的修正却要多得多,而这正反映了那个不仅为迅猛的技术和社会变迁所驱动,而且也为调查方法学发展的效应所驱动的领域的演变。在这一版,除了必要的更新之外,我们还扩展了本书的技术范围。第一,有关抽样的各章(第 5—7 章),不仅对原有的内容重新做了调整,而且也做了很多扩充。这一版的内容与我们对调查误差问题(第 2 章)越来越关注的趋势保持一致。我们把调查误差问题作为考虑调查设计和实施的每一阶段的框架。第二,我们增加了四个方法学附录,以阐述某些有特殊兴趣的主题(在抽样中使用模型和调查的组织实施概述),并为那些误差问题十分重要的,常常是对调查质量构成威胁的专题提供深入的工作 评估工作坊和认知访谈工作坊)。

　　这一版的视野更开阔了,因为我们认为需要关注那些可能使用调查方法 样的研究者。我们使用了来自广泛的社会研究领域的例子,包括社会学的、政 子的、公共卫生研究的、市场调查的和商业应用的例子。我们认为在各种不同的背景中,研究者面对的问题包括学术的和非学术的,组织和住户或个人的,及跨文化的。

　　数据收集处理(第 4 章和第 11 章)和问卷编制(第 8—10 章)反映了一个比较广阔的方法学领域(包括在线、移动电话、拦截和多模式调查),以及近年来的调查方法研究对调查实践的贡献(如用认知模型来理解回答过程,高效的答案类别和等级量表设计)。最后,从第 1 章(调查实践)到第 12 章(调查后的统计调整和方法学报告),我们已经将如何处理涉及研究对象的伦理问题整合进了调查设计、问卷构建和数据收集中。

　　我们的编辑薇姬·奈特(Vicki Knight)的指导对本书本版的问世至关重要。纳德拉·格拉斯(Nadra Garas)提供的技术援助,SAGE 出版社的凯莉·考希拉克(Kalie Koscielak)和兰德希·斯蒂芬(Lyndsi Stephen)给予的有效支持,使我们得以及时完成原稿的编辑和处理。我们感谢 SAGE 出版社及以下人员:Jennifer Reid Keene, University of Nevada, Las Vegas; Lisa House, University of Florida; Julio Borquez, University of Michigan, Dearborn; Yasar Yesilcay, University of Florida;Chadwick L. Menning, Ball State University; Brenda D. Phillips, Oklahoma State University; Bob Jeffery, Sheffield Hallam University; Michael F. Cassidy,Marymount University; Young Ik Cho, University of Wisconsin, Milwaukee;

抽样调查设计:问卷、访谈和数据收集(原书第 3 版)

Richard J. Harris，University of Texas at San Antonio；Valentin Ekiaka Nzai，Texas A&M University，Kingsville；and Mary-Kate Lizotte，Birmingham-Southern College.

我们特别要对我们的学术领路人、老师和多年的良师益友，现代调查研究方法大师，已故的西摩·萨德曼(Seymour Sudman)表达缅怀之情。我们受他的教诲始于我们同在伊利诺伊大学的调查研究实验室(University of Illinois Survey Research Laboratory)的不同岗位任职之时。没有他的学术指导和作为一个研究者给我们做出的榜样，本书是不可能成稿的。

简明目录

目　录

第1章

抽样调查实践

我们很难找到一种社会科学方法，能像抽样调查那样如此迅速而普遍地渗透到我们的社会。在不到两代人的时间，依靠比较小的样本来测量态度和行为的抽样调查，已经从一种有一点儿令人好奇的事物，发展成为一种占主导地位的数据收集的实践。抽样调查已经为学术研究者、政府、工商企业、政党、媒体和任何想要深入了解人们的所思所想和所作所为的人所使用。抽样调查数据构成了我们的知识基础，涉及的变量包括：

- 总体的人口特征；
- 经济变量，如家庭收入、失业率、企业雇人意向和消费者信心；
- 教育变量，如受教育程度、辍学率和学校教育实践；
- 医疗卫生变量，如医疗保健、免疫率、营养实践、肥胖率和危害健康的行为；
- 政治变量，如政党认同、候选人选择、投票意愿和有关政策问题的民意；
- 市场营销变量，如产品选择和购买意愿；
- 以及更多的变量。

这些各色各样的调查应用需求已经自然而然地孵化出各种各样的调查实践。一个为联邦机构做的调查，其设计和实施的方法与报纸调查有很大的不同。[①]

正在大范围和迅猛扩展的关于调查的文献，既反映了调查数据收集的众多应用，也反映了调查研究固有的多学科性。为了成功地设计和实施一个调查，我们必须了解它涉及的若干学科和技术基础。在整个调查过程中，

---

① 为行文简便，本书中若非特别指出，"调查"一词均指"抽样调查"（Survey）。——译者注

在某些时候，我们可以依靠科学的认识和训练，而在有些时候，我们则需要有关习惯做法的知识和一些有益的常识。

什么是调查？

调查通过对来自一个精确定义的总体的样本进行访谈来收集信息。调查总体可以由个体、家庭、组织或任何研究者感兴趣的元素组成。总体的边界可以为人口特征（如 18 岁或以上的人）、地理边界（如居住在马里兰的人）、行为（如在上次选举中投票的人）、意愿（如在下一次选举中打算投票的人）或其他的特征所定义。应当对总体予以定义，因为这样才可以明确它的成员。此外，我们必须确信，大多数的被调查人都知道那些我们要求他们提供的信息。问人们诸如他们的家庭资产净值这样的问题意义不大，因为目标总体中的许多人，或是大多数人都无法回答这一问题。

可以用电话、邮件或互联网访谈等多种方法来实施调查。调查访谈的特征是使用带有预先设定的问题的问卷。这些问题，在大多数情况下都采用封闭的格式，但并非总是如此。在这种封闭格式的问题中，可供选择的答案都是预先设定的。采用封闭问题可使研究者不必在现场就能对访谈加以控制。无论采用被调查人自填（如互联网或邮递调查），还是采用由虽然经过培训，但薪酬一般不高的调查员实施的调查，费用都比较低。调查得到的数据将被输入一个用于统计分析的数据文件。

当然，调查并非社会研究者收集数据的唯一方法。其他的备择方法包括观察、深度访谈、焦点小组、追踪组和实验等。在调查和其他方法之间进行比较的关键，以及其他方法又可以如何支持调查设计的例子则如下面所述：

● 正如观察这一术语所述，我们通过观察事件，而非通过提问来收集数据。观察可以捕捉我们无法直接提问的无生命现象的信息，观察不会遇到被调查人误解问题、忘记曾经发生过的事情，或为了得到好印象而歪曲他们的答案这样的问题。然而，为了使观察数据确实可行，所收集的感兴趣的现象必须是可观察的，诸如态度或意愿这样的精神状态则不在此列。在一次选举之后，我们可以观察周围地区是如何投票的，而在选举之前，我们无法观察他们的投票意愿是怎么样的。我们可以观察周围地区是怎样投票的，但我们却无法观察他们为什么以这种方式投票。收集观察数据也许并非高效益的。我们固然可以通过跟踪一个人一个月，来观察他是如何使用公共交通工具的，但是我们问一下他上一个月的行为，费用必定会低得多。

在有些场合,观察可用于在一个调查的筹划阶段,对一个特定的总体做更多的了解。例如,在准备一个对父母进行的有关孩子饮食习惯的调查时,我们在几个学校观察在校吃午饭的孩子。诸如丢弃、分享或孩子之间交换食品这样的行为会使我们改进将要进行的对父母的调查。更为重要的是,这还能使我们得悉孩子们吃的那些食物,父母可能并未全部报告。

● 深度访谈与调查类似,也是通过提问来收集数据。不过深度访谈并不会用固定的问卷。调查通常都会有一张话题清单,许多话题都以固定的问题开始,以使被调查人打开话题,但是深度访谈的最终目的是让被调查人自由地表达他们的想法,并按需要进行探讨。这一路数特别适用于深入而详细地得到那些在一个调查中难以得到的复杂信息。不过,这样的访谈一般都必须面对面地进行,且需要有高度技巧的调查员来掌控无结构的互动,其投入的费用大大高于调查访谈,因而很少能对较大的样本进行这样的访谈。例如,假如我们想要了解市政府的高级官员是如何互动和决策的,那么我们就有可能对为数不多的市领导进行深度访谈;但是,假如我们想要用标准的问题给市政府的政绩打分,那么调查将会比较有用。

在筹划一个调查的时候,深度访谈可以被用于揭示一些应当包含在问卷中的重要问题,了解潜在的被调查人对主题的想法,帮助开发备择答案和了解总体可能会对调查程序做出什么样的反应(譬如争取得到合作)。在研究者不熟悉总体和/或专题的时候,这种方法特别有用。

● 焦点小组,与深度访谈一样也不使用问卷。与一对一的深度访谈不同,焦点小组旨在促成组中的参与者之间的互动。这种互动可以告诉研究者,总体在一个问题或其他社会动态上存在差异的原因。与深度访谈一样,焦点小组有时也用于调查的筹划过程,以帮助研究者发现那些重要的应该包括在问卷中的问题;了解潜在的被调查人对专题的想法;帮助开发备择答案和了解总体可能会对调查程序做何反应。

● 追踪组是每隔一段时间给我们提供信息的研究参与者的群体。这种信息可以通过观察或自我报告来收集,这些信息包括人们自行记录的自己不同时间的行为的日记,或在同样的被调查人身上进行重复的调查。追踪组调查的最大优点在于能精确地量度时间上的变化,因为它使量度不受样本或被调查人的转换的影响。追踪组研究的最大的缺点是许多人不愿接受追踪组要求的承诺,而许多人则会在短期的逗留后脱离,这样我们就难以保持追踪组对总体的代表性。此外,追踪组似乎也比大多数一次性调查的费用更高,因为追踪组成员必定会因为被调查人不断地为调查做出的贡献,而给被调查人一定的报酬,但大多数调查都不需要给被调查人报酬。正因为如此,如果一个研究者想要研究在竞选过程中,政治倾向是如何形成的,那么他就可以招募一些注册过的选民,组成一个追踪组,并对他们进行追踪;但是,如果我们的关注点只是任何一个给定时点的候选人倾向(candidate preference)的精确估计值,那么我们就更适合做一系列独立的调查。

●实验指研究者主动操控一个或多个实验变量,进而测量这些操控对因变量带来的变化。效应量度既可借助观察,也可借助自我报告。例如,某个研究者想要了解两个广告中的哪一个对购买一种产品的意愿有更强的效应,那么他就可以进行一个调查来测量被调查人对每一个广告的认识和购买意愿,进而将购买意愿与对每一个广告的认识相关联。实验的目的在于验证观察到的关系,因而是因果的,而非仅仅是相关的。

在调查研究中,实验方法已被证实是研究调查问题的措辞对答案的效应的有力工具。我们现在掌握的有关如何书写精当的调查问题的知识,许多都来自实验研究。在这样的实验中,我们对试图用于测量同一建构的问题的不同版本进行比较。例如,通过实验,研究者了解了在问被调查人对某一种行为的想法时,使用"允许"一词,还是"禁止"一词,其产生的答案可能会有所差异,即使这备择的措辞与实际使用的措辞在逻辑上含义是完全一致的。有关回答效应研究的文献可谓汗牛充栋。经典的如 Sudman 和 Bradburn(1974),Schuman 和 Presser(1981),以及 Tourangeau、Rips 和 Rasinski(2000)等人的作品。

表1.1概括了调查是如何与其他的数据收集方法并联的。

表 1.1	其他收集数据的方法	
方　法	强于调查的优点	差于调查的缺点
观察	无报告偏倚	不能测量精神状态;不能测量罕见的行为
深度访谈	能自由进行探讨和深入了解	费用高,不能全面涵盖总体
焦点组	能自由进行探讨和深入了解;可以看到社会动态	费用高,不能全面涵盖总体
追踪组	显示随时间的变化	费用高,参与的人数有限
实验	因果关系的强有力测试	难以在实验室之外实施

学科组合

调查研究天生具有跨学科性。抽样和估计有概率论和统计学的理论根据，为了选择一个高效样本，研究者需要具备这些领域中的某些知识。数据收集先会涉及如何说服被调查人的问题，然后，在一定程度上，会涉及被调查人和调查员之间的互动问题。编制问卷和进行访谈需要一定的书写技巧，构建能引出我们想要的信息的问题。使用的语言要使被调查人易于理解，不难回答。使用计算机或互联网的访谈或问卷，需要有编程或其他的专门技术。很少有调查专业人员能具备这些方面的所有实际经验，但是他们的确对成功地实施调查的每一部分究竟需要做什么这样的问题都有一个基本的了解。

与某些科学或学术工作不同，调查通常是一个由拥有各种不同技巧的人协作的团队工作。也许我们可以发现一些调查的设计和实施都由单独一个研究者承担的例子，但这基本上是例外。而且即使是一个编写了研究问题的研究者自己设计问卷和分析问卷，他还是要在样本设计、数据收集和数据库的创建方面有求于他人。无论一个调查是由一个研究组织来承担，还是作为课堂作业，它都涉及分工、任务协调和财务管理。

为了在可资利用的资源范围内设计和实施一个高质量的调查，参与者需要依靠为数不多的统计原理和实践指南。本书的目的就是阐释这些基本原理，并通过实例来说明如何有效地运用它们来进行小到中等规模的调查。

社交和社会环境

调查实践和方法学随我们知识的增长和经验的增加而变化。当然，也与其他领域一样，技术的变化会对调查的设计和实施有所影响。对社会人口和文化变化对调查实践的影响保持敏感也是很重要的。

例如，40 年前，美国大多数的国家级调查都只以英语进行。能流利地说其他语言的那部分人相当少，所以花费一笔专门的费用以这些人使用的语言来做访谈是不必要的。由此造成的覆盖面的降低率小到可以忽略不计的程度。但是在今天，任何重要的国家级调查都会在最低限度考虑到西班牙语的访谈，有时还经常会用其他的语言进行访谈。这使我们得以将根本不会说英语的，和虽然能以英语进行交谈，但用他们自己的第一语言更为自如的这两种人包括进来。与此类似，许多州，或一些较小的地区，都有非英语群体居住的飞地。"加利福尼亚健康状况访谈调查"（The California Health Interview Survey），之所以用几种亚洲语言进行，部分原因就是想覆盖整个州的人，还有一部分原因则是要在这些群体里抽取足够的样本，以便对他们进行单独分析。

调查需要适应不同的语言只不过是我们十分需要认识的不同文化规范的一部分。对这一问题进行更为详尽的讨论超出了本书的范围，在这里，我们只是将这个问题作为一个有关社会内部的变化是如何影响我们进行调查的例子而已。

一般的社会规范也会对调查的实践产生重要影响。人们对是否允许陌生人进自己家的意愿，自20世纪中叶以来，有了很大的变化。在那时，我们惯于进行面对面的入户调查。这样的调查现在我们仍然在做，但是费用和确保调查成功所必需的程序，使这样的调查仅限于那些得到足够资助的项目。无独有偶，在近几十年，电话营销和电话筛选装置的出现对研究者通过电话与一般总体成员成功接触，及一旦成功接触之后，保证他们参与电话调查等一系列问题产生了影响。移动电话和互联网的出现则进一步促进了技术的发展，而这种发展既可以有助于调查的进行，也可以成为调查进行的障碍。我们可以看到的这些因素中对调查实践有影响的一个指标是，用邮递、电话、互联网或面对面方式进行的调查的比率的变化。比率的具体变化如图1.1所示。

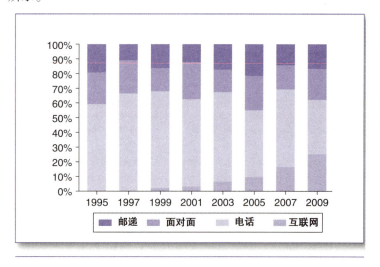

图1.1　不同年代的调查模式

来源：Adapted from information in the newsletter *Survey Research*, a publication of the Survey Research Laboratory, University of Illinois, Chicago and Urbana-Champaign.

社会变迁可能以不同的速度在不同的人群中发生。例如，有些新技术最初更多地为较年轻的人所采用，或更多地为较富有的人所采用。诸如这样的模式可能变成固定的，或者只不过是在人口中广为扩散的路途中的一步。考虑到技术的发展或变化的社交规范,这些问题究竟会对一个调查的设计者多么重要,则可能要视调查的目标总体究竟是什么而定。

善待被调查人

调查的社会环境的讨论潜台词是,调查的设计者必须对被调查人有包容之心。被调查人是我们依靠的志愿者。他们没有义务参与我们的调查,但是他们在多大程度上同意参与我们的调查却会影响调查的成败、费用的高低,并在一定程度上对调查的质量有所影响。后面我们还会详细讨论使被抽样到的人与我们合作的方法。不过,我们能使用的方法并非只是取决于它们的效力。对这些方法而言,存在着我们不可逾越的伦理底线。对如何善待我们的被调查人,有两个重要的概念:知情同意和机密保护。

当我们以万分的努力争取被调查人合作的时候,被调查人必须是基本知情的。这意味着我们一定不能在研究的性质和目的上误导被调查人。我们必须诚实地回答被调查人提出的有关调查的各种问题,这些问题包括调查的资助者、调查的主要目的、需要被调查人花费多少时间和精力、调查主题的一般性质和由调查资料制成的数据的使用等。我们一定不能与被调查人纠缠不休,或想方设法恐吓他们,迫使他们参与调查,或在他们同意接受访谈之后让他们回答一些特别的问题。

一旦被调查人同意接受访谈,我们就要承担起为他们的答案保守秘密的责任。无论是否明确地告诉被调查人这一点,我们都必须这么做。个别被调查人身份的结果或数据集永远不要为其他人所用。

这些伦理方面的指导方针都为重要的调查研究者的组织所认可,并经常受到高校人文学科审查委员会(human subjects review committees at universities)和其他从事人口研究的组织的监督。

无论是涉及一个班级或一个大的团队的调查项目,还是只涉及单独一个研究者的调查项目,这些责任都是一样的,一个也不能少。实际上,在前一种情况中,还有一些其他的注意事项需要我们去观察,因为这种调查有许多人参与样本调查和数据处理,所以往往会存在其他一些在不经意间违反道德伦理准则的可能。

在研究团队之外透露或讨论个别被调查人的答案是不合适的。用被调查人原来答应参与的目的之外的目的再与他们接触的做法,同样也是不合适的。用于一个调查的样本清单,如果没有被调查人的额外应允,是不能为他人所用的(即使是其他正当的研究者)。如果需将数据交付另一方使用,所有那些可将答案与个人联系起来的标示都必须去除掉。

方法和概要

设计和实施一个调查的主要关切是在可资利用的资源范围之内,达到研究或其他数据收集的目的。有的时候,最初的目标可能会在调查过程中有所调整,以适应资源的限制或满足克服实际障碍的需要,但我们却不能因此而失去初衷。例如,在调查的规划阶段,我们意识到自己的预算不能同时满足首选的样本量和调查的问题数。这时我们可能需要减少样本量,并放弃单独分析那些数量过少的子群体,或者缩短访谈的时间,放弃那些比较次要的专题。但我们仍然要继续持有一组清晰的目标。在牢记这些目标的同时,我们还需要对达到我们的目的所需的最低限度的调查质量,即我们需要对"好"的程度有清晰的认识。

"好"的程度可以从许多方面加以规定,以后我们将对它们一一加以介绍。许多有关调查质量的概念都涉及精确度问题,或者正好相反,都涉及误差问题。在下一章,我们将要讨论对调查有影响的各类误差。在这之后,我们将对调查的规划和实施,从主要调查方法的确定到执行一个调查的每一阶段的决策和任务给出一个概括的综述。收集数据的工具及样本的大小是决定调查费用多少的主要因素。在选择数据收集方法时要考虑的因素则在随后的一章讨论。之后的三章,每一章都先讨论抽样,再讨论问卷的编制。在这些专题之后的章节讨论的问题是如何在控制调查阶段的主要误差源的同时,进行数据收集。最后一章,主要介绍数据收集后的重要工作,这些工作包括准备一篇关于调查方法的报告。

两个方法学附录则关系到一些特别重要的专题,具体包括问卷评价工作坊和认知访谈工作坊。另外两个附录则集中在抽样中使用模型和组织调查概要这两个方面。本书从头到尾都强调可资利用的互联网资源的价值。附录 D 列出了一些重要的网络资源。

第2章

调查误差

调查研究者用误差一词来指"那些所得到的调查结果与真正想反映总体的结果之间的偏差"（Groves，1989：6）。在这一章，我们为大家提供一个理解误差问题的框架：

- 调查中发生的误差的类型
- 调查中每一阶段的误差源
- 总调查误差理念

就其本质而言，调查发现无非就是一些概率性的概括而已。抽样过程给我们提供了从调查样本推论总体的统计基础。抽样和数据收集的实际实施都会有误差产生，这些误差将会侵蚀这些推论的力度。

为了想象这种侵蚀是如何发生的，我们来设想一个完美的样本调查。调查设计和问卷满足了调查的所有目的。一张包括用于抽样目的的、有关每一个总体成员的精确信息的清单是可以得到的。选出的样本精准地反映了总体的所有方面和它的五花八门的子群体。工具中的每一个问题都绝对清楚，且都准确无误地抓住了我们感兴趣的维度。被选作样本的每一个人都已经联系上，且都同意参与研究。调查员进行的访谈完美无瑕，且从未因他们的行为，甚至他们的在场而影响被调查人的答案。被调查人按研究者的本意，确切地理解了每一个问题，了解我们需要的所有信息，且总是能诚实而完整地回答问题。他们的回答被如实地记录在案，且被没有误差地录入计算机。这样得到的数据集无疑是一个具有效度和信度的范本。

除了一些微不足道的例子，我们还没有见过如此完美的调查。调查进行中的每一步都有可能使我们偏离这个理想状态，有时偏离一点，有时则会偏离很多。正因为在我们调查中的所有过程和参与者都会对得到有关目标总体的精确信息有所贡献，所以每一个过程和每一个参与者也都可能会使精确性有所降低。我们将这些精确性的降低称为调查误差①之源。之源每一个调查都含有调查误差，它们是无法在我们的有限资源内被完全去除的。

为了设计和实施一个高效的调查，我们必须认识到何种误差源对调查的质量构成了最大的威胁，以及如何设计和实施能使调查免受各种误差源的影响。关键的误差源根据调查的目的、专题、总体和它使用的抽样及数据收集的方法而异。

误差的类型和来源

在我们用调查数据进行工作的时候，一般我们都希望我们的数据能提供一个更为广泛的总体的精确代表。例如，你的一个朋友正在参加一所当地学区委员会的竞选，而你同意帮她做一个调查，了解人们是怎么想这个问题的。如果你的数据显示，64%的被调查人希望学区更加重视阅读技巧，你也希望64%这一数字能成为整个总体的人们想法的精确反映。然而，至少会有三个原因可能使总体的情况并非如此：

- 抽样误差，也叫样本方差
- 样本偏倚
- 非抽样误差

抽样误差

抽样误差指样本并不总是反映一个总体的真正特征这一事实，即使样本是按照非常完美的方案抽取的。例如，如果你抛掷一枚硬币 10 次，然后再抛掷 10 次，再抛掷 10 次，如此这般持续不断地抛掷，你也不会总能从 10 次抛掷中得到 5 次"面朝上"。在任何一个给定的样本中，"面朝上"的百分比会受到机会变差（chance variation）的影响。同样，如果我们问 100 个人，学区是否应削减其他项目，而更加重视阅读这一问题，这一答案的百分比将会受样本组成中的机会变差的影响。

抽样误差的大小为样本大小所控制。极而言之，如果样本包含了整个总体（样本是总体的一个完整的普查），那么抽样误差便等于零，因为样本等于总体。更为普遍地说，随着样本变得越来越大，可能的样本结果的分布将

---

① 注意，**调查误差**一词并非特指错误本身，如错误地输入邮递问卷中的数据，但是这一术语的含义很广，因而也足以包括这种错误。

越来越紧地围绕真正的总体数字,只要样本不是朝某一方向偏倚的。换言之,样本越大,得到的结果更具总体特征。我们在第 5 章、第 6 章和第 7 章将这些观点加以推广,进而告诉大家如何在抽样误差可以接受的基础上,来确定样本的大小。

样本偏倚

样本偏倚是指一种样本成员以某种系统的方式不同于较大的总体的可能性。例如,如果你在进行一个有关学校债券选择(school bond election)的调查,而你将被调查人限制在抚养学龄儿童的人群,那么你得到的结果可能没有反映全体选民的意见;如果没有其他更重要的事情,那么那些抚养学龄儿童的人更有可能支持用债券来支付学校的改进费用。同样,如果你的样本中的老年人的百分比不成比例地大,是因为你没有为找到年轻人而进行必要的回拨(call back),或者你的抽样程序使已婚者相对于单身的人而言,代表性过低,那么就有可能会出现样本偏倚。

样本偏倚一般以三种方式出现。如果总体的某些部分被不适当地排除在了考虑的样本之外,或无法通过研究使用的方法得到,那么将会发生覆盖偏倚。在学校附近对到校接孩子的家长进行访谈,便会将样本限制在那些抚养学龄儿童的人的范围内,如果我们感兴趣的总体是更为广泛的全体选民,那么得到的样本也可能有覆盖偏倚。同样,电话调查意味着将样本限制在那些有电话的人群,而在线调查则将样本限制在那些可联机访问的人,这两种调查会将某些低收入的家庭排除在外。如果这些家庭在测量的题项上不同于较广泛的总体,那么就可能导致覆盖偏倚。

如果总体的某些群体被赋以不成比例高或低的选择的可能性,那么选择偏倚将会发生。例如,如果你用传统的家庭固定电话进行电话调查,且用第一个接电话的成年人作为调查对象,那么已婚者在他们的家中就只有百分之五十的被选择机会(二选一),而单身者被选择的机会则是百分之百(一选一),这样已婚者便会因此而在可能的选民样本中的代表名额不足。

最后,即使样本是完美地被抽取的,如果跨群体的无回答是不成比例的,那么无回答偏倚便会因此而发生。例如,如果通过发电子邮件邀请人们参与一个有关当地学校的问题调查,那么那些对这些问题不太感兴趣的人,就不太可能做出回答。如果调查中的一个专题涉及交高额的税金来支持当地学校的意愿,那么在这个专题上,回答了问题的被调查人和没有回答问题的被调查人之间可能会存在实质性的差异,从而导致无回答偏倚。

与抽样偏倚不同，样本偏倚是不受样本大小控制的。增加样本量与去除样本偏倚无补。相反，样本偏倚却受在抽取样本之前定义的感兴趣总体、尽可能地扩大总体的覆盖面、选择一个能最大限度地代表整个总体的样本和从选择的样本中得到尽可能多的数据的控制。

非抽样误差

非抽样误差由所有与被调查人的抽样无关的误差源组成。非抽样误差包括与调查的实施有关的访谈误差、与给出的答案的精度有关的回答误差和与记录的答案的精度有关的编码误差。如果这些误差是随机的，那么它们将被加到随机的抽样误差上，增加了数据中随机变差的水平。如果这些误差是系统的，那么它们将成为数据中的一个偏倚源，更像一种样本偏倚。

有一种访谈误差被称为欺诈，调查员没有按问卷，或没有按问卷的某些部分进行调查，自行编造数据。欺诈可通过某种方式的验证来控制。这时，督导或第三方将对已经完成的访谈进行验证，并询问一些关键问题。验证一般都在访谈完成之后通过电话进行，无论是面对面访谈还是电话访谈，被调查人会被要求提供一个电话号码，并被告知，一个督导员将会给他打电话，以对访谈进行验证。验证的访谈比率在10%到20%。对那些实地进行的调查，可由督导在同一地点进行验证。而对那些用集中电话访谈设备做的电话调查，验证可以用与访谈同时进行的访谈监控来替代，这样调查员绝不会知道督导正在聆听进行着的访谈。

调查员误差既可能发端于问题的实施误差，也可能来源于探测误差。问题实施误差的发生往往是因为调查员没有按我们的要求宣读问题。有关问题实施的误差可能包括，调查员跳过了一个本不应该跳过的问题，问了一个本该跳过的问题，省略了问题的某个部分，读错问题，添加问题或添加某些可能带有某个观点的声调或肢体语言等。任何这样一些行动，不言而喻，都可能对回答有所影响。至于探测误差问题，如果被调查人给出的回答是模糊不清的，或是不精确的，那么调查员会做一些中性的探询。这种探询既不能假定一种答案，也不能承载某种观点，例如：

● 如果被调查人说，他或她不太明白这个问题，那么调查员只要重读一遍问题就可以了。

● 如果被调查人问某个词的意思，那么调查员就可读一下预定的定义，或回答说"无论您认为是什么都可以"。

● 如果被调查人对一个开放式的问题给出的答案不够详细，那么调查员就可以说"您能否再详细一点？"或"您在说……的时候，指的是什么意思?"

　　●如果被调查人给出的是一个封闭式问题的答案,与给出的类别不匹配,那么调查员可以问"您说的是(再读一遍每一类答案选项)?"

　　如果一个调查员因为未能探询到一个应该被探询到的答案,而用一种改变问题、假定某种答案,或引导被调查人倾向某种答案的方式进行探询,那么任何一种这样的行为都会对答案有所影响。问题实施误差和探询误差可通过调查员培训来控制。在调查员刚被聘用的时候,要对他们进行培训。培训的内容包括一般的原则,如"按书写的文字提问",如何和什么时候进行探询等。随后,调查员将就他们要做的调查,接受具体的指示和培训。这种培训至少要包括一个在督导指导下进行的实际调查。培训进行得越好,发生这种类型的误差可能就越小。此外,数据收集可能由多个调查员进行,这样一来,调查员的个性就会使调查员本身也构成了跨调查员的变差,而非来自单一数据源的偏倚。

　　下一个一般的非抽样误差源是回答误差。造成回答误差的原因至少有三个。如果被调查人未能正确地理解问题,或者不同被调查人以不同的方式理解同一个问题,那么回答误差就有可能发生。例如,在一个校区问题调查中,在问被调查人对一些改进学生阅读技巧的项目,优先考虑的问题是什么这样一个问题时,他们是否了解你所谓的**项目**和**技巧**指的是什么? 其中一些人认为指的是学龄前儿童的教育问题,而另一些人则认为针对的是那些较年长的有阅读困难的学生。这些不同的认识是否会影响他们的回答呢? 理解误差常常源于那些考虑不当或词不达意的问题,它们可以通过细致的问题设计,以及对问卷的预试来保证被调查人按我们的想法来理解问题。

　　如果被调查人不知道问题的答案,或不能确切地回忆起问题的答案,但他们仍然尽他们所能地提供了一个答案,这时就会发生知识误差。例如,如果你问家长,他们的孩子多长时间会有一次在校没有吃掉他们的全部午餐,那么家长是不是知道问题的答案? 如果你问家长,上一个月,他们的孩子在家庭作业上花了多少时间,他们是否能在这一时间框架内确切地回忆起花费的时间? 与其他形式的非抽样误差一样,知识误差极可能是随机的,也可能是系统的,而二者之中的任何一种将会增加数据的方差或偏倚。这些误差一般可通过选择正确的被调查人、恰当筛选知识、以人们确实可以了解的文字编写问题和使问题中涉及的时间框架与相关现象的合理回忆期相配等方法来加以控制。

　　如果被调查人因为某种答案是社会所推崇的或不齿的,或希望保留隐私而可能对提供准确的信息有所顾虑时,报告误差就有可能发生。例如,我们要求父母报告一下他们孩子的学习成绩时,他们有可能会碍于面子而给出高于自己孩子实际成绩的答案。相反,如果我们要求家长报告他们的孩子多长时间在学校得到一次纪律处分时,他们就有可能会少报一些。报告误差可能是随机的,但对于一些比较敏感的问题,它们常常可能是一种系统的偏倚源。这些误差可以用各种各样的方法加以控制,其中包括如何在调查中说服被调查人给出真实答案这样一种职业素养——调查关心的是被调查人是否回答,而不是关心他们回答了什么,或采用一些自我报告法,这样被调查人本人可不必出现在调查员面前。

非抽样误差的最后一个来源是编码误差。对一个开放式问题而言,编码员有可能误解答案,将一个错误的编码输入数据。而对一个类别问题而言,调查员或被调查人可能标了错误的类别。同样,对纸质的问卷而言,调查员或编码员可能选择了正确的编码或类别,但是,在数据输入阶段,有人却可能没有正确地输入数据。为了控制诸如这样的误差源,开放式问题可以安排至少两个编码员,以确定和解决矛盾之处。同样,数据可以进行双录,以确定和解决矛盾之处。此外,我们可对问卷进行编辑,以校验那些似乎是被正确地记录的答案和那些适用于跨题项一致性检验的答案(这个过程在基于计算机的问卷中是自动进行的)。在有些情况中,为了解决显现的错误或矛盾之处,也许要再一次联系被调查人。

总的来讲,只要我们做好了培训和调查员的督导工作,使用设计精良的问卷,对编码和数据严加控制,非抽样误差在一定程度上是可以控制的。

总调查误差

大约在 25 年前,在一次有关调查研究的科学地位的讨论中,格罗夫斯(Groves,1987)对调查误差问题确定了两种路数——量度路数和缩减路数。这就是说,一些人"试图构建调查误差的经验估计值,而另一些人则试图清除调查误差"(p. S156)。虽然我们的讨论主要集中在如何减少误差,但是误差的量度模型仍不失为一种理解误差是如何影响调查结果的有用工具。

方差和偏倚的概念贯穿我们的整个抽样误差、样本偏倚和非抽样误差的讨论。一般来讲,方差指的是反复抽取得到的样本和/或量度之间的随机差异,它被量化为在任何一个给定的实验中的估计的统计值和跨所有的实验的那些统计值的均值之间的平均平方差。在任何一个给定的实验中,来自方差的误差都同样可能产生一个高于或低于均值的估计值。相反,在估计值更有可能在某一个方向,而非另一个方向时,则会发生偏倚,例如产生一个高于真实总体值的估计值。有时我们会把这两种类型的误差连在一起,统称为均方误差(MSE)作为方差加偏倚的平方计算(由随机变差所致的平均平方误差加上由系统误差所致的平均平方偏差）。

诚如我们对误差类型的讨论所示，估计的方差可在调查运行过程中的任何一个阶段——从问卷设计到抽样、数据收集到数据录入——出现。偏倚也同样可以出现在任何一个阶段。正因为如此，我们可以分阶段或从总体上来考虑调查误差问题。例如因抽样而引起的 MSE 无非就是抽样的方差和平方样本偏倚的和。实际上，我们一般不会去实际测量所有这些方差和偏倚，但总调查误差的理念会帮助我们去考虑那些结合在一起影响调查质量的机制。

这一点之所以重要，是因为我们常常会遇到要在各种类型的误差之间做出权衡的问题。例如，你在设计一个有关帮助学校进行债券挑选的问题时，有可能缺少资金和/或在可以进行电话调查的时间里进行大量的电话调查的调查人员。这时在线调查作为一种替代的方法，使我们得以进行大量调查，对于抽样误差（方差）而言，这无疑是一种优点，但如果所有与调查有关的总体并非都能够上网的话，或是我们并没有一张可用以抽取可能的被调查人的完备的清单，那么在线调查就可能产生覆盖偏倚。如果我们的问卷不仅含有一些敏感的问题，而且还有一些开放的问题（没有固定的答案类别），那么我们就必须在两种方法之间有所权衡，因为自填式调查比较适合用于引出敏感问题的准确答案，但探究开放答案则以调查员实施的调查为宜，以确保得到的答案是可以为我们所理解的。

在有关计划的下一章中，我们将向大家介绍在设定设计规范和计划调查的实施运行时如何考虑潜在的误差源问题。在计划一个调查时我们要问：

- 我们正在计划的调查中的潜在误差是什么？
- 我们应该更为关注的是这些误差源中的哪一些？
- 为了减少这些误差源，我们可采取哪些合理的步骤？

深入阅读

理论

在《总调查误差：过去、现在和未来》（Total Survey Error：Past，Present and Future，Groves & Lyberg，2010）一文中，格罗夫斯和利伯格从概念、历史和统计的视角考察了总误差（TES）范式。该文是《公共舆论季刊》（*Public*

Opinion Quarterly)TSE 专刊的一篇。在同一刊物中,还刊登了更多的理论文章,其中比莫和利伯格撰写的《总调查误差:设计、实施和评估》(Total Survey Error:Design, Implementation and Evaluation,Biemer & Lyberg, 2010)一文,则讨论了在将 TSE 作为最大限度地提高**总调查质量**这一大目标的组成部分时的统计和实践问题。

应用

虽然没有什么评估总调查误差的标准的一般方法学,但却会有一些评价调查每一步的误差和质量的程序。有关这些程序的系统介绍请参看比莫和利伯格的相关著作(Biemer & Lyberg, 2003, chap. 8)。

第3章

为设计调查做计划
决策的结构层次

建立初步的设计规范

在这一章,我们将依照调查实施步骤通常发生的次序来介绍调查的各个实施步骤。这些步骤包括编制问卷、选择样本和通过访谈或问卷收集数据。这些步骤的每一步都需要有自己的计划、决策和实施程序。但是在开始制订详细的计划之前,我们必须先对一个调查做出最基本的若干决策,这些问题包括数据收集方法、某些有关访谈长度的想法(即问及的问题的种类和数目)、样本设计与样本大小。这些问题一经决定,就不太容易再做更改。

在这一节,我们将对至关重要的调查目的和资源是如何导致最初的设计规范的,以及这些规范是如何相互关联的做一个概要的介绍。这一节的第一个重点是说明目的和资源是如何给我们将要进行的调查种类设下界限的,第二个重点则是它们是如何影响我们对一个特定的调查最应该关注的误差源是什么这一问题做出判断的。

调查设计者的决策始于目标总体和对将要收集的数据的类型的界定。个体的特征、所需数据的性质和可资利用的资源三者都是确定数据收集模式必须要考虑的问题。在对这三个因素做了通盘考虑之后,如果我们确定要使用一些备择的数据收集方法,这时我们就会考虑每一种方法可能会造成的调查误差。

接着,总体和数据收集方法又会对适用的清单(或抽样框)有所限制。相反,如果只有某些清单是可以得到的,那么我们就可能要对总体的定义加以约束,以使之适合可能得到的清单。问题的关键在于,我们的目的和资源会限制,有时甚至会严重限制可能的调查设计。

　　例如,我们来考虑一个计划进行的一般总体的民意调查。如果时间和费用都很有限,那么个别访谈就不是一种很好的选择,因为这种方法费用昂贵。如果当时可以得到的一般总体清单主要提供了电话或邮政联系的信息,那么互联网方法也无法使用(至少对于一些目的而言)。如果电话调查和邮递调查这两种方法都是可行的,那么接着我们就要考虑总体或调查问题的特性可能造成的误差的大小。如果总体包括了很大一部分受教育程度很低的人,那么电话调查便可能是一种比较合适的方法。

　　在这些决定已经做出且主要的分析需求已经明确之后,我们就有了进行样本设计所需的大多数信息,并至少可以确定一个大致的样本量。但同样,如果那个样本量不是我们所能承担得起的,那么它的影响就不仅是样本量本身,它也会对其他方面的问题产生影响,而分析计划也需要因此而进行调整。

　　也许我们可以从收集有关一个特定总体的数据和用于产生某些类型的统计量或分析数据的知识的需求着手。例如下面这样的统计量:

- 登记的选民对下星期进行的选举的每一个候选人拥护情况的比例
- 有意购买带有新设计的产品的买家数
- 用标准的数学能力评估测评八年级学生的成绩

　　这些调查目标的例子不是很详细,但是每个对某些设计性质都有限制性的含义。而政治民调需要很快完成,只有那些很快就可以实施的数据收集方法才适合,所以邮递调查就不在考虑之列。

　　在被调查人可以回答是否可能购买的问题前,他们必须先看到新的产品设计。必须采用一种允许进行视觉展示的调查方式,清楚地出示一些照片,因此电话调查肯定是不可能的了。

　　对八年级学生的数学成绩进行评估需要有权接触学生和有人在实地监管测试,因此这同样也只可采用某些调查方法。

　　其他目的的调查可能会对调查方式的选择产生间接的影响。我们来考虑一下找出下列问题所需的数据:

- 加利福尼亚和纽约儿童免疫率之间的差异
- 对提供马里兰公共住房小区的三种可选的网络服务,居民偏爱哪一种

　　用于免疫研究的数据必须由特定年龄段孩子的家长提供,而两个免疫率差异的可靠估计值则需要每一个州的大样本。这两个因素都需要采用一

种费用较低的数据收集方式,以及一个能覆盖这两个州的合格儿童的家长的抽样框(或清单)。

有关建议的网络服务计划调查需要一种能使被调查人理解这些计划的重要性质的数据收集方式。如果这个调查由马里兰公共住房管理部门实施,那么一张居民的清单可能唾手可得,否则我们就需要找到某些其他确认和联系符合条件的被调查人的方法。这可以是电话或者邮递调查方法(或者某种派送问卷的方法),但这时,被调查人在理解备择计划方面的困难可能会成为回答误差的一个重要的来源。如果调查员实施的方法是资金所允许的话,那么可以通过给被调查人提供有关计划的问题的(标准化)答案来控制回答误差。

这些例子阐明,在研究者的目的和资源对调查方法有所限制时,我们可采用某些方法。在这些限制之内,可能会有某些选择,能帮助我们控制某种特定的调查误差源。

研究者在可支配的资源范围内可能无法达到设定的目标总体和研究目的。在目的和资源严重失配时,有时我们会无法前行。但根据我们的经验,常常会有这样的情况,只要我们略微改变或降低一下原来的目标,便仍然可以实现调查的主要目标。

下一节我们将介绍调查实施的详细结构。

调查的步骤

进行和完成调查需经过五个一般的步骤,图 3.1 中显示的那些步骤可归结为以下五步:

1. 总体调查设计和初步计划
2. 问卷设计和预试
3. 最终的调查设计和计划
4. 样本选择和数据收集
5. 数据编码、数据文件构建、分析和最终报告

步骤 1:总体调查设计和初步计划

步骤 1 涉及在第 1 章中讨论的那些问题:设定研究题目和调查将要处理的研究问题。这时,我们必须决定研究的目的,以确定如何在可资利用的

时间和资源之内来达到我们的目的。首先，我们需要规定调查的目的。

- 目的是要检验一个假设吗？例如：

  女人是否比男人更可能认为不管出于什么原因都应该允许女人流产。

- 目的是要检验一个提出了一系列相互关联的假设的因果模型吗？例如：

  有传统价值观的人不太可能使用安他非命。

  有吸毒的朋友的人比较可能用安他非命。

  有传统价值观的人不太可能有吸毒的朋友。

- 目的是要估计那些持有某种信念或参与某种特别行为的人的比例吗？例如：

  相信我们的刑事司法系统运行良好的人的比例是多少？

  去年，犯抢劫罪的人的比例是多少？

- 目的是要研究一些特定的专题或一个人群，看一看态度或行为在时间上有无变化，或看一看能否设计一些干预来纠正一些行为吗？例如：

  综合社会调查曾经对在过去的 30 年间成年人口中的流产、宗教活动出席情况、死刑、自我认定的社会等级、邻里地区的安全性等问题进行过调查。

  戒烟的社区干预实验则是一个历时 4 年，涉及 22 个社区的干预项目。其目的是让吸烟的人，特别是那些烟瘾大的人（一天抽 25 支烟以上的人）开始并坚持戒烟。

前述各种目的中，有许多通常都需要得到成年人的一般总体。其他一些目的，虽然可能不涉及一般总体，但却可能涉及总体中某些特定子群体。例如，我们可能想要了解牙科保健员对更换州执照的要求的想法、大学教职员工对参加工会的态度，或移民工人的收入花在医疗保健上的比例。另一种可能是，我们的目的完全与个人无关，但却与组织、团体、企业或政府部门有关。例如，我们可能想要了解某一个州里面的每一所高中或每一个学区的辍学率。明确目标会为下一组决策提供框架：谁或什么是我们的兴趣总体？我们应当采用什么样的方法收集数据？

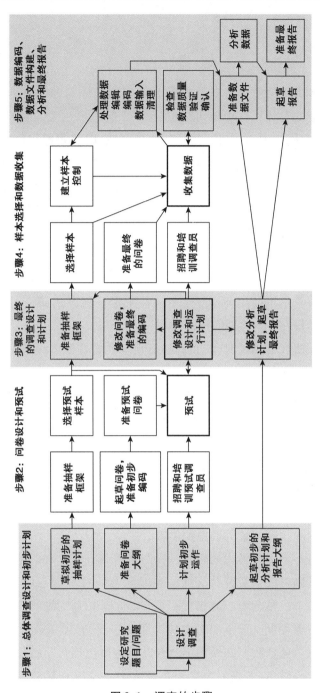

图 3.1　调查的步骤

考虑样本

步骤 1 必须考虑的那些最为基本的抽样问题之一是：谁或什么是我们感兴趣的总体？在个体研究中，有三个问题都在考虑之列：被调查人的年龄范围、我们想要对之进行概括的地理区域，以及我们想包括的被调查人究竟只是那些居住在家庭、集体宿舍中或无家可归的人，还是这些人的组合？例如，如果我们正在进行一个一般人口的调查，那么我们是否应当包括年龄在 18 岁或以上的人？或年龄在 21 岁以上的人？还是应当包括 17 岁的人？在进行这一决策的时候，我们需要牢记研究的问题。如果我们在进行一个有关公众对公共交通的犯罪问题的看法的调查，那么我们就应该将被调查人的年龄下限设在人们开始自行使用公共交通系统的年龄，如果我们是在做一个有关学生使用公共交通系统往来学校地区的研究，那么我们可能就应将年龄设在 14 岁或更小。

在研究群体的时候，我们必须判定谁才是群体或组织中最为知情的人，这些人可以提供准确的信息。例如，如果我们对各种特定类型的外科手术的住院费用这个问题感兴趣，那么我们可能就会想调查样本中的每个医院的财务主管。有的时候，为了确定最佳人选，我们可能需要给调查地点或组织打电话。我们也可能会联系组织的领导，或一个知情的代表来完成我们的访谈或问卷。如果我们需要来自每一群体的不同类型的信息（如白内障手术通常的费用、生育数、癌症病人就诊数），那么信息就可能需要从组织中的几个不同的人身上收集。在谋求得到一个组织的信息时，关键的问题在于确定和找到知情的**消息提供者**。

另一个需要考虑的问题是我们希望调查要代表的地理区域。我们再来看一看调查公众对公共交通的犯罪问题的看法这一例子。在有些城市，公共交通不只是为中心城市提供服务，而且也为一些郊区提供服务。不过郊区的覆盖程度一般不如中心城市那么广泛，且服务常常都由一些不同的公司提供。这样我们必须确定调查究竟应该包括什么范围。是否应当仅仅集中在中心城市，还是整个交通系统或中心城市和某些郊区？不存在什么可以用于这样的决策的魔术般的公式或经验法则，这样的决策必须以特定的研究问题和可资利用的资源为根据。

在做出这些决定之后，我们必须对之加以权衡。参考一下人口普查的数据不失为明智之举，它有助于我们确定在符合条件的被调查人的合格年龄的范围究竟应该扩大还是缩小。正如我们将要在下面讨论的那样，在其他方面相同的情况下，用一个给定子群体或子组织调查的被调查人越多，我们对得到的结果抱有的信心就可能越大。例如，假定我们的财力可支持一个 500 人的电话调查。如果我们的合格被调查人的年龄定义是 21 岁或以上，那么 500 个调查都将在这个年龄组进行。然而，如果我们决定将定义扩展到 14 岁及以上，那么有些调查将在 14 岁到 20 岁之间的人中进行，而在 21 岁及以上的人中进行的调查就会变少。如果我们从普查的数据得悉，14 岁到 20 岁的人占合格被调查人总数的 13%，我们的调查进行得恰当的话，那么将会有 65 个左右（500 的 13% 等于 65）14 岁到 20 岁的人被调查，因而在 21 岁及以上的人中的调查人数将会减少 65 个。这时虽然总调查结果的置信度没有变化，21 岁及以上年龄组的置信度却发生了变化，因为那一年龄组的调查人数减少了。在考虑究竟将郊区的被调查人包括还是排除在研究的范围内这一问题时，我们也必须进行类似的权衡。其中的逻辑是完全相同的。如果我们有一笔固定预算，且决定包括某些或全部郊区，那么有一些被调查人就必定位于郊区，城市的结果的置信度则势必会因此而降低（这种权衡问题将在第 7 章进一步讨论）。

在组织、单位或企业研究中，我们也必须要做类似的决定。例如，如果我们有兴趣研究学校系统，那么我们就必须确定是否应该包括公立学校和私立学校二者。如果感兴趣的总体是医院，那么我们则必须确定我们只研究营利性医院，还是将非营利性医院也包括进来。此外，我们可能想只调查那些有最小号病床的医院，或那些提供特殊服务的医院。我们通过考量我们的研究目的和掂量我们手中的资源来解决这些问题。对于必须做出的决定而言，可能不存在什么绝对正确或错误的答案。我们必须先掂量各种问题的优先顺序，然后参照手中的资源和时间表来对它们加以权衡。

第二个必须处理的抽样问题是用于从研究总体中选取一个随机样本的抽样框的有效性。抽样框是确定总体成员的信息来源（或若干种来源），以便进行可能的选择。有时抽样框与我们要研究的总体完全匹配，例如为研究校区的教育进步而从校区得到的一份清单，可能包含感兴趣的总体的每一个个人或学校。在另一些时候，抽样框可能包括的东西多于感兴趣的总体，因而我们需要对样本成员进行筛选，确定他们是否合格。反之，抽样框也可能没有包括全部的合格的总体成员，这时我们就需要斟酌，它是否适合我们的研究目的。这里我们给出两个抽样框的例子：

1. 如果我们想要调查一所大学所有注册的学生，那么我们可以要求主管注册的老师给我们提供一份当时注册在校的全部学生的名单，上面有学生的住址和电话号码。这份名单就是我们的抽样清单。

2. 如果我们想做一个全美电话调查,那么我们可以得到一份已知的住户①的电话号码清单,确定其中至少有一个住户号码正在运行的电话交换机。然后在这些交换机内抽取一个要用它拨号的十位随机数样本(这是一种"清单辅助随机拨号",或 RDD 拨号法)。在这个例子中,在这些交换机内的所有可能的十位号码的集合便是抽样框。②

抽样框常常未能包括合格总体中的每一个成员。在总体的定义与抽样框不匹配的时候,我们需要问下面这样一些问题:丢失的成员占总体的百分比是多少? 这些人都是什么人? 如果我们将他们排除在外,那么它将会对因变量——这个我们想要考察或估计的变量产生什么影响? 这些问题的实质是,在我们的调查中允许有多大的偏倚。

例如,我们来看一个随机电话号码的抽样框。这个抽样框将没有电话的家庭排除在外。而大部分使用电话调查的研究者都忽略了由此而导致的可能的覆盖偏倚,并没有尽力将这些家庭包括进来。他们之所以这样做是因为:第一,他们假定没有电话的家庭对最终的结果只有很小或微不足道的影响。2000 年美国人口普查估计住户的 2.45% 未安装电话(U. S. Census Bureau, 2000, Table DP-4),而 2003 年 3 月的现时人口调查(CPS)估计,无电话户的比例为 4.5%(Belinfante, 2004)。③ 因为有电话群体远远大于无电话群体,所以只有在以前两个群体之间的差异很大的时候,源自无电话群体的结果才会对最后的总结果有影响。第二,将无电话户包括进来的费用太高,特别是因为他们在总人口中所占的百分比是如此之小。如果住户的 4% 没有电话,我们大概需要个别访问 25 户,才能遇到 1 户无电话户,这会耗费大量时间和金钱。第三,在许多情况下,对于研究者而言,总的样本结果才是最重要的,而子群体的结果则比较次要。

然而在有些情况中,我们必须审慎处置排除无电话户的影响。例如,无电话的比例随国家的地区变化,东北部为 3%,而南部为 5.5%(U. S. Census Bureau, 2003)。收入与电话的覆盖面之间呈现强相关。在南部,贫困线以

---

① 一般来讲,移动电话的交换机与固定电话的不同。大多数 RDD 调查都不包括移动电话。其原因在于:(1)费用,用移动电话打电话,接电话的机主和打电话的机主都要付费。大多数移动电话的机主都没有兴趣给访谈付费,因此拒访率异乎寻常地高。(2)责任问题,例如一个回答人正在开车的时候接受了访谈,如果因此造成了交通事故,那么调查组织者便成了肇事者。(3)选择概率,移动电话产生的是个人的样本,而固定电话形成的则是住户样本,一般户内都含有多个个人,因此在合并的时候需要加权。我们将在后面的章节讨论这一问题。

② 我们将在第 8 章学习一种比较简单,而且也能比较好地适用于电话调查的抽样框。

③ 这些差别的原因之一可能是问题的措辞。人口普查提的问题是"在这所房子、公寓或移动房屋中,有没有你可以打电话和接电话的电话服务设施?"而现时人口调查提的问题是含六个问题的问题系列,因为它的目的是用电话进行一个后续的访谈。它的基本问题是"因为我们将要对包括在这次调查中的住户进行访谈(在以后的 3 个月中可能会多次进行访谈),我们想要用电话进行后续的访谈。你的家中是否有一部电话?"

下的家庭的无电话的百分比高达 16%。就总人口而言，无电话户的比例在业主户和承租户中的比例分别为 1.2% 和 6.6%，而在贫困线以下的人口中，这两类人口中的无电话户比例都有明显上升，分别为 5.9% 和 10.0%。

考虑到这些数字，我们需要考虑是否应当试着把无电话家庭包括到我们的调查中来这样一个问题。问题的答案取决于我们研究的问题、掌握的资源和研究的地点。如果我们感兴趣的问题是失业或贫困线以下人士的观点，我们可能考虑几种方法的组合，或一种电话调查之外的方法，因为电话调查将会排除许多这样的家庭。我们还知道无电话的家庭常常都是那些正在转变中的家庭。[1] 在这种类型中的家庭的人的观点或行为方式，在我们研究的那些变量上与有电话的家庭可能有所不同。对于这一问题，我们的忠告是，我们应该经常查阅有关我们调查的地区的普查数据，或其他可资利用的数据，以帮助我们更好地计划我们的调查。

考量问卷

我们需要从被调查人那里收集的信息的类型，以及如何更好地引出那种信息是我们必须在调查设计阶段尽早决定的重要问题。我们需要知道是否有许多开放式问题，还是绝大多数都是封闭式问题[2]，或二者各占一半？在前一类问题中，被调查人用他们自己的话来回答问题，而在后一类问题中，被调查人则要从一份提供给他们的答案清单中选取答案。我们还应该考虑到我们是否会问到有关态度、知识或行为的问题，以及是否需要确定我们需要的人口学信息的类型，这些决定都会影响数据收集方法的选择。如果必须(a)给被调查人可视的帮助(如我们希望他们评价的图画，要做分类的答案卡片等)，以帮助他们形成自己的答案；或(b)需要被调查人查阅个人记录或执行其他协助记忆的任务，那么个别访谈或自填式调查可能是最好的。无独有偶，如果我们需要问好几个开放式的问题，那么我们就不可以采用邮递调查，因为许多被调查人可能不会完成一份需要他们写很多东西的问卷。我们总是想尽可能简化被调查人要完成的任务，从而最大限度地减少那些会导致被调查人不回答的因素。

确定可资利用的资金和时间

另两个在初步设计阶段应该考虑的问题是我们手中握有的实施调查的

---

① 正在转变中的家庭，包括那些最近搬家的人、移民、失业者、离了婚的人或鳏寡等。

② 大多数调查研究者都不鼓励或支持拷贝调查的问题。比较规范的做法是用相同的问题在不同的总体和不同的时间，进行题项的信度和效度的检验。

资金和时间。我们握有的资金和时间的多寡决定了我们可以负担得起的访谈的数量、聘用收集数据的调查员的数量、对数据进行编码的编码员和每种工作人员的数目。而在有些情况中，我们还可以据此确定调查包括的地理范围有多大。

互联网调查通常是最便宜的，其次是邮递调查，再次是电话调查，而面对面调查则是最昂贵的。在有可能进行一个集体调查——例如用一个班级的学生进行调查的时候，这种调查可能与互联网调查同样便宜。

就时间而言，电话调查快于面对面调查，而就完成的时间而言，二者在一定程度上都取决于样本的大小，或样本的地理分布。邮递调查通常是最慢的方法，因为它要花费很多追问的时间。在第一批邮件发出之后的一个星期左右，需要发出一批提醒被调查人的邮件，再过大约一星期之后，要发出第二封说明信和问卷，而在此之后的一或两个星期，还要再发第三封邮件或打电话。所以，邮递调查的数据收集阶段通常会持续4个星期左右，不论样本的大小和地理分布如何。互联网调查一般快于邮递调查，因为它很快便会收到回应，但是，与邮递调查一样，它所需要的总时间取决于后续工作的时间安排。

考虑数据分析和写报告

在初步设计阶段，我们必须要想一下各种分析方法，因为我们需要回答我们研究的问题；与此同时，我们也必须考虑一下，准备一份研究报告、论文或其他研究成果所要花费的时间。如果我们并非亲自完成所有结尾阶段的工作(即数据分析和报告的撰写)，那么我们必须要想一想，这些任务将如何分配和要分配给它们多少时间。这一步之所以重要，不仅仅是因为这是估算总费用的需要，更因为它是规划完成工作所需的人数和工时的需要。时间表和费用，依据调查工作的类型和范围的不同，往往会有很大的变化。

步骤2：问卷设计和预试

在调查过程的步骤2，我们开始开发问卷，安排调查资源，并测试程序，以了解它的运行状况。

起草问卷

在将问卷初稿合在一起的时候，我们是可以从其他的研究中借用一些问题的，这种做法甚至是受到鼓励的。在我们审视过去进行的有着相同或类似的问题的研究时，我们要注意那些研究者是如何定义他们的概念和用什么问题来测量这些概念的。在同意他们做法的同时，我们可以自由地使用这些相同的措辞，除非这些问题或量表是有版权的。如果我们只是部分地同意他们的做法，那么我们就可以先采用那些我们同意的部分，然后再加上我们自己的想法和文字。使用他人的问题还有另一个好处：它使我们得以将我们的研究结果与先前的研究进行比较。

有两个问题在开发问卷的时候必须牢记在心。第一个是在将他人的，且他人认为是没有问题的问题用于我们的被调查人时，我们绝不要假定那些问题也同样是没有问题的。不论我们从其他人那里借用的问题有多少，我们都必须在数据收集开始之前对它们进行测试。预试就像正式开演之前的彩排，是调查最重要的组成部分之一。实际上，如果我们正在开发或提出许多新的问题，那么可能想要安排两三次预测，以确信被调查人已经理解这些问题，并可用它们来得到我们想得到的东西，至少在小范围内是可以这样的。我们应该连续不断地进行预试访谈，直至我们自己对问卷感到满意为止——这可能需要 30、40 或 50 个访谈——这种做法优于那种匆忙开始主要数据的收集，一旦发现问题，就要停止数据收集来改正发现的问题（这几乎是不可能的），或终止进行那些有明显的测量问题的访谈。

第二个问题涉及问卷的草稿数。可以预期，为了使所有的问题几乎都得到解决，并将需要对被调查人做的解释都纳入问题，问卷可能需要好几稿。一个高质量的研究和一个低质量的研究的差别常常就在于，在前者，研究者都在努力寻找或预判问题；而后者，研究者则假定如果问题得到了回答，那么数据就是有效的。我们应该反对这种错误的假定。

使用调查员

对于电话调查和个别访谈的调查，我们需要考虑需要多少调查员这个问题。与此同时，还要开始着手编撰调查员手册，说明将如何进行我们的调查。撰写培训材料和培训调查员都是必需的，无论使用的调查员是专业的，还是志愿者。

遴选和聘用调查员必须和样本的选择密切配合。对于个人访谈调查，我们希望调查员居住在比较靠近选择的住户的地方，以减少路途耗费的时间和联系被调查人所需的开支。例如在课堂项目上，如果要调查的被调查人居住在城市的北面，那么我们将会安排那些居住在附近地区的学生。因为电话调查的调查员通常都在一个集中且有监督的地方和被调查人联系，所以他们自己居住在什么地方就不那么重要了。

分配给预试的时间长短，决定了我们需要的预试调查员人数。如果我们有一个星期的预试时间,而需要进行的访谈有 30 个,那么我们可能需要聘用和培训 6 个调查员,每个调查员需要联系 5 个被调查人。对于电话调查,我们可能需要使用 3 个调查员,每一个调查员平均需要完成 10 个访谈。如果可能,我们应该使用最好的调查员,因为我们希望得到有关我们的问卷或调查程序的批评性的反馈。

听取调查员汇报

在每个预试结束以后,研究者将在汇报会上会见所有的调查员,回顾问卷中的每一个问题和所有的调查步骤,以确定哪里有问题,并提出可能的解决方法。小组会面可以鼓励思想互动交流。在这样的场合,某一个人的评论有可能会使另一个人想起一些已经淡忘了的想法。那些来自这一方面的反馈,加上对实际访谈情况的了解,会给我们提供一些修改问卷的根据。

确定预试方法

预试可以若干种不同的方法和步骤来进行。在最初的阶段,预试的目的是得到有关个人问卷题项的反馈。后面阶段的预试,其目的则在于对整个问卷和调查的程序进行测试。问卷题项通常以非正式的和正式的方式进行测试。在开始编写问题的时候,我们应该考虑被调查人将会如何对那些具体的问题做出反应或解释。如果我们有恰当数量的总体成员可资利用,那么我们就可以在他们身上实验那些问题,且很快就能得到反应。我们也可以请同事和学生来实验问卷,并请他们提供反馈。问卷第一稿可以在家人、朋友、学生或其他人中进行测试。当这些问题在非正式的实验中显得还不错的时候,我们便可以考虑在调查地区的真正的被调查人中对问卷进行更为正式的测试了。

现在,有两个程序已被越来越多地用于问卷的设计开发。一种是认知访谈,而另一种则是焦点小组。[①] 认知访谈是一种一对一的对话,即一个调查员对一个被调查人。调查员询问被调查人在听到这些问题时,他们有什么想法。此外,调查员常常会向被调查人探问一个特定的词语的含义,或要求他们对一个问题做出解释,以判断他们对它的理解。例如一份问卷可能会含有下面这样一些问题:

---

① 在第 6 章,我们将讨论其他一些测试问题和评价结果的方法,如专家小组、访谈后访谈、用行为编码的视频访谈和在访谈后听取被调查人的意见等。

- 食品安全对你意味着什么？
- 食品安全对你来讲有多重要？
- 生物技术对你意味着什么？
- 你怎样看待将遗传工程或生物技术用于改变我们的食品这一问题？

作为预试的一部分，我们想要了解"生物技术"和"食品安全"这两个词对被调查人意味着什么，以及他们是如何给出答案的。理解被调查人用于回答问题的认知过程，有助于我们写出更好的问题和收集更好的数据。

另一种程序是使用焦点小组，将一小组人集合起来讨论主题、议题，以及其他有助于我们编写问题或更有效地进行调查的事宜。焦点小组的重要应用方式有两种。第一种是在工具开发之前，焦点小组可以用于确保那些重要的问题不至于被遗漏，或相反，使我们对调查的主题有更多的了解。例如在一个低收入者住房问题的调查中，研究者肯定都会对这一主题有所了解，因此可能很容易会忽略某些对被调查人很重要的特殊问题。第二种，焦点小组可以被用作一种测试问卷草稿的工具，特别是在我们设计自填式问卷时。在这种情况中，小组的参与者一般由 8 到 10 个有着相似特征的人组成：男人、女人、年轻的非裔美国男性、工人阶级等（Greenbaum，1998）。小组的组成在一定程度上取决于调查主题。小组的组建要使其成员在交谈时感到舒服。如果调查涉及艾滋病感染的性行为，那么就应该按性别分组，这一点很重要。另一方面，对于一个有关种族问题和态度的调查，按性别分组就远没有按种族分组来得重要。

在近年一个有关家庭和健康的研究中，有一位研究者在问卷设计之前，使用了两种焦点小组。一种小组全由单亲者组成，而另一种则包括了有孩子的已婚者。进行焦点小组访谈的目的是确定不同的家庭结构、关系和经历是怎样影响医疗保健的，以及家庭的互动和关系是怎样影响健康的。例如，给焦点小组提出了如下的问题：您是如何应对孩子的病症的？谁带孩子去见医生？你是否会向家人或朋友寻求建议？您的工作是否对您满足家庭需求的能力有所影响？在您的家中，健康问题是不是一个重要的问题？为了增进良好的健康状况，您做了一些什么事？其中最感兴趣的问题是参与者中存在的差别，以及他们用来描述健康和健康行为的言辞。

在我们感觉问卷草稿已经可以，或虽然已经试着预设过回答人会如何回答某些问题，但还不是很有把握的时候，便需要在一些真正的被调查人身上来测试问卷。一次预试通常需要做 10 到 40 次访谈，确切的访者数取决于感兴趣的子群体数、这些子群体可能会怎样来解释问题、我们对概念测量的精确性的把握程度、有多少问题只适用于一个被调查人的子集（例如已婚的人)、时间表和预算等一系列事项。在完成正式的预试,并与被访问者进行事后交流之后,我们可能需要对问卷和调查程序进行修改。如果修改的量很大,那么我们就应该再次进行测试,并在测试之后再做一次正式的预试。第二次预试的人数多少,取决于我们需要解决的不确定性问题的多少。这样的过程可能需要重复多次,直至我们对问卷和调查程序感到完全满意为止。

预试阶段可能持续一个月或一个更长的时间段。预试阶段,包括问卷和培训材料的最后定稿,持续 2 到 3 个月是很平常的事。

步骤3:最终的调查设计和计划

预试的结果应当用于调查设计和实施计划的改进。例如,在一个有 4 个医生专业群体的电话调查的预试中,有一位研究者得到的回答率为 40% ～ 50% 。在后来的有医生参加的焦点小组中,讨论的重点便放在怎么提高回答率这一问题上。对这一问题提出的一个建议是,给医生以自行选择回答方式的权利。让他们自行选择填写一份邮寄的问卷还是接受电话访谈。这样做是为了让每一个医生选择一种最适合他们的时间表的方法。实践证明,这是一个很好的建议,因为它使主调查的总回答率上升到了 67% 。

预试也有助于确定主调查中的后续接触的时间间隔,以及最后的接触应该用邮寄还是电话的方法。在调查研究中不存在什么一成不变的规则。研究者要善于发现那些可能会影响回答率和数据质量的因素,并随时准备做出相应的调整。

在这一阶段,我们应该对抽样计划、问卷、调查员的培训程序和材料、数据编码方案和数据分析方案做出最后的修改。例如,在一个电话调查的抽样中,我们可能知道为了得到我们想要的访谈完成数,需要选出更多的电话号码,因为我们发现已经停机的电话号码数高于预试所预期的。就问卷而言,我们可能发现,改变一下某些问题的顺序将会使访谈的流程有所改善,或许我们还能将某些最初的开放式问题改为封闭式问题。另一个经常会出现的问题是,总体中某一个特定的子群体,例如 55 岁以上的老年人的答案与其他的子群体的不同,或与预期的不同,或者我们发现这些群体的访谈完成数低于我们所期望的。这时我们需要考虑,为了适合这些子群体,是否需要对问题的措辞或访谈的程序做些修改,子群体样本量是否足够精确,或是否需要对某些群体做超额抽样这样一些问题。

步骤 4：样本选择和数据收集

在这一阶段,我们要选择将要进行调查的样本被调查人,并组织实施访谈。在整个这一阶段,我们需要监控抽样的结果和数据收集活动,并开始编码和准备数据文件。在抽样时,我们希望保证所有的个案都已在考虑之列,从而使那些未被调查的人的情况也能得到完整的反映。电话调查和面对面调查的无回答者,应该在一周中的不同日子和一天中的不同时间和他们再次进行联系。对已经完成的个案的处理结果进行监控也很重要。搞清楚拒访、未接触、不合格和完成的访谈的比率是多少,是否有任何伪造数据的蛛丝马迹。一般我们会安排一个督导进行重访,校订完成的问卷,对每一份回收的问卷的内容的 10% ~ 20% 进行验证(参阅 Johnson,Parker,& Clements,2001)。在重访时,督导不仅要确认访谈是否真的进行了,而且还要确定访谈进行了多长时间,因为另一种伪造结果的方法是删除某些调查的问题。通常我们会对被调查人解释说,重访是质量控制的一个程序。在电话调查中,大量的监控工作一般都在调查进行过程中展开,以取代或补充对被调查人的重访。我们也会每两周或一周使用样本处置报告来帮助发现或预见一些小问题,以免酿成大错。

对调查员的工作进行监控同样也是很重要的。对每一个调查员最初完成的几个访谈,应该进行全面的检查。我们希望确保所有的问题都未被遗漏,完整的信息都已得到,且所有的规定都已得到了遵循。检查发现的情况必须反馈给调查员,这一点很重要,因为这样可以使他们在建立自己的调查模式之前改正问题。我们也应当监控调查员进行调查工作的成功率。新调查员很可能会接受被调查人拒绝调查的推托之词,例如"我太忙了""我对这个问题没有兴趣"等,而放弃对他们进行调查。在培训阶段对这样的情况进行一下讨论是很有用处的,还可以教给调查员一些处理这些情况的方法。如果一个调查员有一个不成比例的拒访数,那么与调查员一起检查一下每一个个案,并提出对那些被调查人进行重访,或讨论在将来处理类似情况的方法则不失为一种解决此类问题的好主意。研究者常常希望,用经过特殊训练的调查员来对拒访者进行重访,并使他们改变态度接受调查,以最大限度地减少不合作的个案数。这些调查员试图说服被调查人转变拒绝访谈的态度,并让他们同意接受重访。在很多时候,这些调查员可以使 20% 到 40% 的最初的拒访者改变态度。

在数据收集之后,我们必须进行编码,并把已经完成的访谈信息输入计算机。这些工作牵涉数据的简化,且通常由另外一组人来进行。在将数据输入之前,数据简化人员要对文件进行校订。他们要寻找那些与调查员的督导正在寻找的信息相同的信息：被跳过的问题，不完整的信息，不正确的、不一致的或不合逻辑的记录。这一校订应当尽可能在访谈完成之后马上就做，比较理想的是在两日之内，最长也不能超过两个星期。时间是重要的，因为要与调查员、被调查人或者与这二者联系接触，以纠正发现的问题。接触的时间越早，就越容易回忆起当时的情形，因而也就越容易纠正这些问题。

步骤 5：数据编码、数据文件构建、分析和最终报告

调查的最后一个阶段包括，编码、分析数据和撰写最终报告或描述调查数据的论文。**编码**是将数字分配给被调查人给予调查的答案。[①] 编码被调查人对每一问题的答案使我们得以估计特征值，或寻找变量中的模式。下面的例子阐述了一个有关马里兰成年人对街头暴力犯罪问题的态度的电话调查的编码，该项目共完成 824 个个案的调查（参见附录 B）。每个被调查人的答案被单独进行编码，并被输入同一条数据记录，通常数据文件中的顺序，都与问题在调查中被问及的顺序相同。无论访谈是用计算机辅助的电话访谈做的，还是用纸和笔的访谈做的，其程序都是相同的。一条数据记录包括了一个被调查人的所有的编过码的回答。此外，每一个被调查人都被给予了一个唯一的，在 001 到 854 之间的识别数字，这一数字都在被调查人的数据记录的初始处输入。

在编码时，每一个问题或变量都被给予了一个在每一个人的数据记录内都相同的指定的列空间量（即相同的列数，译者注）。对每一个问题或变量而言，每一个答案类别都给予了一个指定的编码数字。在有关马里兰的犯罪调查中，第一个问题问及被调查人的邻里地区的犯罪问题，共有四种答案类别，编码为 1 到 4，加上一个"不知道"编码 8。如果识别码为 001 的被调查人，问题 1 的答案是"不太严重"。那么答案的编码就是 3。如果对问题 2 和问题 3 的答案是"很严重"和"差不多"，那么编码分别为 1 和 3。如果数据记录始于被调查人的识别码，那么前六列的编码值就是 001313。编码数码也可以同样的方式分配给第一个被调查人对于其余 49 个问题的答案和其他 823 个被调查人给出的答案。一条应该牢记的简单的法则是，在编写和设计问题答案类别时类别应该是互斥和穷尽的。

在数据分析开始之前，数据应当经过检查和清理，确认并纠正了编码和

[①] 有的时候，字母或符号被用来给答案进行编码。这是一种例外，而非常规，因为这种数据无法进行统计分析。

数据录入的错误。[①] 在清理过程中，对编过码的每个问题或变量的答案的不合逻辑的编码值都要进行检查，且在可能的时候，也要对它们与其他相关的问题的一致性进行检查。如果女性被调查人的编码为 1，男性为 2，那么清理过程就应该显示，不存在 3 或 3 以上的编码值。题项之间的不一致性也以类似的方法进行检查。如果一些问题只与男性被调查人有关，那么我们就应该核实男性被调查人的所有这些问题是否都被合理地编码，因而应将表示"不适用"的编码分配给每个女性被调查人给予这些问题的答案。

在最后一个访谈进行之后要完成所有的数据简化工作，包括编码、清理和准备数据文件，一般需要几天到几个星期的时间。时间的长短，取决于数据收集的方法和调查的复杂程度。在使用计算机收集数据的时候——使用 CAPI（计算机辅助个别访谈）、CATI（计算机辅助电话访谈）、ACASI（计算机辅助自填问卷访谈）或在线访谈——数据检查工作已被挪到"最前线"，因而成为问卷设计的一部分。

数据分析和报告撰写需要的时间取决于调查的目的和承担的责任。在数据清理完成之后，一般可能需要 4 到 6 个星期写报告，将调查程序归档和回答一或两个研究的问题。如果计划更为庞大，那么安排的时间必须要更多一些。

研究时间表实例

前述有关调查的标准的五个步骤使我们得以了解必须要做出的决策的数量，决策时要考虑的多个因素，需要同时进行的一些不同的工作，简要地讲，就是某些调查任务所需要的时间。在下面的例子中，我们给大家介绍一个具体的时间表。该时间表涉及一个全美 1000 户家里有年龄在 18 岁或 18 岁以上的被调查人的 RDD（随机拨号）调查。调查的主题是生物技术和食品安全（表 3.1 列出了调查的主要任务和每一任务分配的时间）。在下面的讨论中，我们将该调查作为一种 CATI 调查。

在我们确定做一个调查是合适的，其规模应该是全国性的，宜于采用 RDD 的电话调查之后，我们需要草拟研究的问题和我们可能会向被调查人提出的各种调查问题。在做这一工作的同时，我们需要搜寻有关文献，包括文章和书籍。在回顾以往研究的时候，我们也需要密切注意那些研究者是

---

① 在数据被直接输入计算机的时候，例如，在使用计算机辅助的电话或个别访谈的时候，编码和清理的说明是在问卷定稿之后，但在主要的数据收集工作开始之前编写的。因此清理和编码检查是作为访谈的一部分来进行的。

如何定义和测量他们的概念的，以及他们在问卷中使用的特定的问题。此外，还应当注意哪些问题是有效的，哪些是无效的，如果可能，最好能与那些研究者接触一下，问一些有关这一方面的问题。

做完这些工作之后，便要草拟问题，并将它们编成一份问卷。编写问题和设计草拟一稿又一稿的问卷可能要花费 4 到 5 个星期的时间。每一稿都可先在几个同事或朋友身上实验，然后在几个不同的人身上实验，之后要进行修订，修订之后要再次进行实验。在进行这一工作的同时，那些负责样本选择的人需要设计开发抽样框，或从学术或商业组织那里购买抽样框。

表 3.1　1000 个随机拨号访谈的调查时间表

工作	所需星期数	星期序数
文献检索和起草问卷	8	1—8
向 10 名被调查人征求意见	1 ~ 2	8—9
修改问卷	1 ~ 2	10—11
进行第一次预试（$n = 25 \sim 40$）	12	12
听取调查员汇报和修改问卷	3	13—15
进行第二次预试（$n = 20 \sim 30$）	1	16
听取调查员汇报，修改问卷，编写培训材料	4	17—20
选取样本（以备预试和主调查）	12	8—19
进行主要的数据收集	8	21—28
数据编码和准备数据文件	12	21—32
数据分析和撰写报告	开放	开放

我们假定在生物技术方面进行过的社会科学研究不多，这样我们也就不知道公众对这一问题的认知和态度。因此，做几个焦点小组访谈或听取意见的访谈来帮助我们开发设计问卷不失为一种明智之举。我们给这一工作分配了 1 到 2 个星期。征募被调查人的时间安排在焦点小组访谈或征求意见的访谈进行前的两星期前为宜。

在第 10 和第 11 星期，我们将再一次修改问卷，并在第 12 星期完成正式的预试准备工作。预试将在全国性的一般人口总体的样本中进行。因此，在第 12 星期前，我们必须选好样本，招聘好调查员，并写好和印好调查员培训材料。在完成预试访谈之后，我们应该马上听取调查员的汇报。这一工作可能需要半天时间。我们希望能据此确定问题之所在。当然如果可能的话，最好也能讨论一下解决问题的方法。

如果调查是用 CATI 做的，安排时间表的关键因素便是 CATI 软件的性能和将问卷输入系统的人的经验。某些 CATI 系统使用的编程语言需要某些有一定编程经验的人来使用。若干种其他的系统对于比较复杂的问卷的处理虽然有些差强人意，但比较容易使用。重要的问题是系统和程序员之间必须很好地配合。

与最初的编程密切相关的问题是排除故障和重新编程。一旦工具已经进入系统，就需要对它进行"压力测试"。这就是说，需要有人试着去仔细检查访谈可能要经过的每一条路径，以确保系统的运作如我们所愿。这时，我们常常会发现一些错误，因此我们需要在时间表中给纠正错误安排一定的时间。

因为我们事先已经料到可能会对问卷做较大的修改，所以我们计划安排了第二次正式的、有 20～30 个被调查人的预试。问卷修改和第二次预试的准备工作将在第 13 到第 15 星期进行，而第二次预试则在第 16 星期进行。在这次预试结束的时候，还要再一次听取调查员的汇报。

这次预试和汇报可能会暴露一些小问题，或者发觉还应该对问卷做一些修改，因而需要再做一次预试。因为一个复杂的研究问题或设计可能还需要做进一步的预试，所以我们大可不必为此而大惊小怪。但对我们的例子而言，我们假定事情进展得颇为顺利。在接下来的 3 或 4 个星期（第 17—20 星期），问卷和培训材料便可定稿。与此同时，我们要遴选和培训编码员，编写编码材料，制订数据清理规范和分析文件。在第 8 到第 19 星期，我们要为预试和主研究进行抽样。

如果我们使用的是纸质问卷，而非一个基于计算机的系统，我们还需要在第 21 星期之前印制好问卷。如果我们计划要完成 1000 个访谈，那么我们便需要准备 1400 到 1500 份问卷，以确保所有的调查员都有足够的问卷，即使问卷有些多余也无妨。我们需要给问卷的印制留出足够的时间和预算，然后将培训材料、问卷、样本分配方案及其他调查实施材料合在一起。

在使用 CATI 的时候，第 17 到第 20 星期的工作仍然是恰当的。此外，在预试和问卷修改之后，修改后的工具也需要用 CATI 进行测试。这是一种与问卷内容完全不同的单独的测试方案。它需要额外的时间和特殊的技巧。如果这一测试过于草率，那么在数据收集期间，这一工具就可能有失灵的危险，导致调查中途停止而造成巨大的损失。如果我们以前没有使用过那个系统，或手头没有一个有经验的程序员，那么就需要学习软件的使用，而这是一个与调查设计和实施完全不同的工作。使用 CAPI 或其他的计算机辅助的访谈（CAI）的情况也同样如此。虽然它们都是有用的工具，但是要能高效地使用，还需要许多特别的经验。

在第 21 星期，我们将要培训调查员，并开始数据收集。我们给数据收集分配了 8 个星期。有几个因素会影响数据收集的时间分配。时间必须足够长，以使我们有恰当的机会访问每一个样本个案。我们希望有足够的时间来联系上那些离家度假、工作日程繁忙、经常离家、生病或住院的人。每一个个案都必须进行彻底的研究，这样样本才将会代表总体的各种性质。我们也必须考虑调查员的问题。每个星期他们可以工作多少小时？预期他们每星期平均可以完成多少份问卷？如果他们在电话中心工作，那么是否有足够的个案保证他们能不间断地工作？如果我们聘用和培训了 15 个调查员，要求他们每星期工作 15 个小时，且没有人在数据收集的中途离职，那么每个调查员每星期需要完成 8.3 个左右的访谈。这个任务比较容易完成，如果没有发生什么大的困难，那么数据调查可以在 8 个星期之内完成。

在调查员培训的同一星期，我们开始培训编码员和编写数据分析规程。编码应当与访谈同时进行，因此要尽快为编码员校订问卷。我们的时间表在数据收集完成之后，给编码分配了 4 个星期的时间来进行编码、数据清理和准备数据分析的文件。如果问卷中只有一两个开放式问题，且调查员承担了所有的工作，那么做一次完整的数据分析可能要不了 4 个星期。完成一个调查所需要的时间取决于几个因素，包括项目的复杂性、样本大小、数据收集的方法、收集的数据的数量和复杂性、分析的具体要求，以及其他一些情况。例如，回答率可能受调查期限的长短的影响。如果分配给它的时间比较长，那么我们就可进行更多的电话回拨和拒访说服，并可以采用诸如邮寄拒访说服信这样的策略来提高回答率，假如能随信附上一些奖励，那么效率就会更高。在其他条件相同的情况下，更长的时间期限将会更有可能提高回答率。

总而言之，一个高质量的调查自始至终需要做许多个决策，还要历经若干个阶段，因而会花费一定的时间。在我们的例子中，研究思路的概念化、项目的实施和数据分析文件的建立一共需要 8 个月左右的时间（不包括数据分析和报告撰写）。然而，我们并不是总有这么充足的时间来做调查。在有些场合调查需要进行得更快，如需要确定公众对一个新事件的反应（例如军事入侵或企图暗杀总统），或要求将完成一个调查作为课堂作业的一部分。

在时间比较短的时候，研究者必须认识到，加快调查过程可能意味着总调查误差的增加，因而需要确定做什么样的变动才能对结果产生最小的影响。例如，研究者可能会在问卷中使用以前调查使用的题项和放弃一些预试程序。如果当前的调查与以前的调查十分相似，那么这种做法可能会节省不少时间，且不会造成很多问题。同样，研究者可以增加调查员的人数，或增加调查的地点，这样既可加快数据的收集，又不会降低调查的质量。研究者的总目标是尽最大的努力把握好任何涉及费用或速度的妥协，以求把对总调查误差可能产生的影响降到最小。

回应式设计:备择计划和实施框架

规范的调查计划和实施路数取决于对几种因素的判断,例如合格的被调查人的筛选率和回答率、调查员的能力、完成一次访谈需要的时间和投入的工作,它们可能随总体的子群体的变化而变化。这些影响调查的因素对费用、时间表、调查目标的实现和数据质量的某些方面会有潜在的影响。近年来,随着一般人口总体变得越来越难以联系和访谈,这些因素也变得越来越难预料。这增加了做调查计划的不确定性程度。不仅如此,这也表明回答率的降低和费用的增加已是不争的事实,调查已经变得更加复杂——例如,混合模式设计、复杂激励结构、其他各种各样的设计路数,以及为目标人口总体或关键子群体量身定制的路数应运而生。

在规范的调查开发设计中,研究者的决策和操作计划是在数据收集开始的时候定下来的。数据收集一旦开始,设计方案就很少有调整的余地,即使它们超时超支,或未完成部分访谈目标,也无可奈何。

格罗夫斯和西宁加(Groves & Heeringa, 2006)开发了一种已经开始流行的备择路数,称为"回应式调查设计"(responsive survey design)。它允许将调查方案的某些性质作为来自实际调查的信息进行修改。例如,在访谈开始之后,我们可以将合格被调查人的筛选、联系和回答率的期望和实际得到的比率进行比较。另一种关于调查运作过程本身的数据[称为参量数据(paradata)]会自动产生或很容易得到。例如,完成一次访谈的平均访谈时间,包括总平均时间、每个人口群体的平均时间、每个调查地点的平均时间、每种居住类型的平均时间或其他感兴趣的领域的平均时间都是可以计算出来的。得到的参量数据的多样性和便捷性随着计算机辅助的数据收集法的普及而增加。[①] 通过对来自关键的调查问题的数据的初步检查,我们也可能确定在不同的人口子群体之间变差是否有所不同。

简要地讲,回应式设计使用了来自调查开始阶段的特定时间产生的信息,那时样本框和设计、数据收集模式、招聘流程和测量过程都已投入运作。这种早期阶段的信息被用于架构调查方案的修改方法,从而改进单位成本

---

① 参量数据是由库珀引进的一个术语(Couper, 1998),虽然它一直都是数据管理工作不可或缺的组成部分,但充其量是把它当作数据收集工作的一个副产品而已。人们现在已经认识到,它还是许多应用的重要资源(Nicolaas, 2011)。当今,参量数据虽然主要还是被用来监控和改进数据收集工作(Kreuter, Couper, & Lyberg, 2010),但是它的可能的应用范围已经广泛得多。例如,库鲁特和卡萨斯-考德罗就讨论过,如何将参量数据用于评估每一种调查误差分量和进行统计调整。有关两种用途的综述可参见库鲁特和卡萨斯-考德罗(Kreuter & Casas-Cordero, 2010)及尼古拉斯(Nicolaas, 2011)的著述。

的关键统计量的质量。例如，最初的方案将投入的精力平均地分配给了与每一个样本户的联系，可能修改为减少某一领域的回拨数，而增加另一个领域的回拨数。

回应式设计的总思路旨在先找到计划的调查方案存在的问题，再用找到的新信息对主调查设计进行最后的修改，与单独进行的试验调查颇为类似。单独进行的试验调查的时间和资源成本往往令人望而却步（因而也许不可能列在要求的时间表内）。

库珀、李普考斯基、阿幸、格瑞斯和格罗夫斯（Couper，Lepkowski，Axinn，Kirgis，& Groves，2009）将回应式设计与"预定式设计"做了对比。他们把回应式设计描述为一种使用有关数据收集结果的参量数据对调查程序进行修正的方法。这些修正或"干预"一般都经过下列步骤：

1. 确定影响费用和第一阶段误差的因素。
2. 设定这些因素的量度。
3. 在第一阶段期间监察这些量度。
4. 根据这些观察的测量值对下面各个阶段的设计方案进行修改，以优化调查的主要目标。
5. 合并来自所有阶段的数据，生成每个变量的单个统计值。

一般情况下调查都有多个目标，但这些目标是有轻重缓急之分的。一旦目标已经清楚，便会有几种供我们在第一阶段的试调查中使用的，使试调查更为理想的方法。回应式设计的详细介绍超出了本书的范围，但是举几个例子，介绍一下支持第一阶段运作的修改方法还是可以的。这些方法包括以下几种：

- 更换后续的拨叫无回答户的号码。
- 修改未曾解决问题的个案的招募方案。
- 为后续联系二次抽样无回应的被调查人。
- 将已经分配的一定资源转移到其他领域。
- 更改给参与者的货币奖励的数量或结构。
- 更改规定，将备择的数据收集模式用于数据收集困难的个案。

一些特别的修改可能会导致下面这样的结果：

- 提高某些特殊领域的回答率，而非试图提高总回答率，可以使调查估计值的精度有所提高。

●较低成本的数据收集模式，加上少量的奖励，其对单位回答的效率的提升，不仅与计划采用的成本更高的模式几乎无异，而且也不会因此而显著增加题项无回答的现象。

这是一个极为简单的回应式设计的概观。如今这些设计经常被成功地用于大规模的个别访谈式的调查，因此独立的研究者可能几乎没有使用过这样的设计。然而，由这种方法学表现出来的问题，却告诉了我们一些带有普遍性的教训。首先，调查程序、成本和误差之间的关系是复杂的，提高总效率的方法可能会有许多。其次，后来对调查计划的关键方面的修改，对于许多调查来讲，可能是行不通的（且实际上还会引进误差和问题）。所以比较妥当的做法还是未雨绸缪，事先制订好调查计划。

补充阅读

《国际方法学手册》（*International Handbook of Survey Methodology*）中利伯格和比莫撰写的那一章（Lyberg & Biemer, 2008），《调查中的质量保证和质量控制》）（Quality Assurance and Quality Control in Surveys），介绍了大型调查和调查质量管理的基本概念和程序。

第4章

数据收集 Ⅰ
选择一种方法

一般来讲，数据收集是调查预算中数额最大的一类。可资利用的资源虽然是方法选择的主要限制，但方法的选择并不一定完全受制于它。

在详细介绍备择模式之前，我们应该做出一个初始的评估：一种可能的选择是否会在调查的某个要求上加上一个严格的限制。正如表4.1所示，我们可以通过对正在考虑的模式提出一系列问题，有计划有步骤地做到这一点。如果该模式加了某些限制条件或有其他的问题，那么它就从另一个角度告诉我们，这个模式有可能会使误差有所增加。这时我们就必须判断一下这些影响是否是可以容忍的。

即使管理模式满足了这第一层考虑，也仍可能还会有其他一些我们想要考虑，或者至少是我们需要认识到的一些因素。

表4.1　调查数据收集的可能约束	
总体	这种方法是否会给目标总体中相当大的一部分人造成困难？
答案质量	这种方法的任意一种特性是否会妨碍答案的精确性？
抽样	这种方法会对得到一个被调查人的样本加上什么样的约束？它是否会允许我们得到一个适当的样本？

评估调查方法的优缺点

不存在什么"最好的"调查方法，每种方法都有自己的长处和短处。重要的是要知道这些都是什么，并参照每种方法的优缺点对研究目的进行评估。与数据方法选择有牵涉的决策必须通过一个一个的研究做出。

在选择数据收集方法的时候，我们必须考虑这三大类因素（含有许多子类）：

1. 管理或资源因素
2. 问卷调查的问题
3. 数据的质量问题

　　表4.2 概括了邮递调查、互联网调查、电话调查和面对面调查的相对优缺点。[①] 在确定一种方法的时候我们必须考虑到那些与每一类因素都相关的问题。涉及管理和资源的因素需要考虑的问题包括可用来做研究的时间和可聘任为调查员和/或编码员的人数有多少；可用来购买硬件、软件和调查所需的物资的资金有多少；是否应当使用物质奖励；是否要购买或构建一张用来抽样的总体清单等。至于问卷问题，我们则必须考虑为了能精确地测量概念和达到研究的目的需要提什么样的问题。此外，我们还必须确定某种收集数据的方法是否比另一种性价比更高，产生的报告误差更小。在考虑数据质量问题的时候要考虑的问题是，是否存在一种比其他方法能得到更多的被调查人合作的数据收集的方法；如果使用调查员，是否就会得到更为精确或完整的答案；以及某种方法是否更有可能包括我们想研究的总体等。

　　许多研究者的研究工作都从评估邮递调查、互联网调查或电话调查的可行性开始。然而，我们却有很多理由证明面对面调查才是最适合的调查，例如目标总体的电话或计算机的覆盖面很低。两个应该最先提出的问题是，"谁是被调查人？"和"我研究的问题是不是更应采用某一种方法，而非另外一种方法？"如果对第二个问题的答案是不，那么时间和资金就是接下来应该考虑的问题。在考虑时间和资金之外，研究者还需对表4.2所列的其他几种重要因素进行评估。下一节我们就来对和表4.2所列的那些因素有着特别关系的每一种方法的优缺点逐一进行讨论。

调查方法	邮递调查	互联网调查	电话调查	面对面调查
表4.2　主要调查方法比较				
管理、资源因素				
成本	低	很低	低/中等	高
数据收集期限的长度	长（10 星期）	很短/短（1～3 星期）	短（2～4 星期）	中等/长（4～12 星期）

---

① 计算机辅助的访谈（CAI）有许多方式：个别访谈（CAPI）、电话访谈（CATI）和自填问卷（CASI）。许多政府和专业的调查组织都使用 CAI。互联网调查是一种自填电子调查方法形式，它也包括电子邮件和交互式话音回答（IVR），故而也称为触音数据输入（TDE）。我们有关电子调查方法的讨论仅限于互联网（WEB）调查，因为它们是无可争辩的、使用最为广泛的电子调查方法。

续表

调查方法	邮递调查	互联网调查	电话调查	面对面调查
样本地理分布	可能很广	可能很广	可能很广	一定是聚集成群的
问卷问题				
问卷长度	短/中等（2 ~ 12 页）	短（<15 分钟）	中等/长（15 ~ 35 分钟）	**长（30 ~ 60 分钟）**
问卷的复杂性	必须简单	**可以复杂**	**可以复杂**	**可以复杂**
问题的复杂性	简单/中等	简单/中等	必须简短	**可以复杂**
问题顺序控制	差	差/尚可	**很好**	**很好**
开放性问题的使用	尚可/差	尚可/好	尚可	**好**
视觉辅助的使用	好	**很好**	一般不可能	**很好**
家庭/个人记录的使用	**很好**	**很好**	尚可	好
关系融洽	尚可	差/尚可	好	**很好**
敏感性问题	**好**	差/尚可	尚可/好	尚可(好,采用 A-CASI)
不具威胁性的问题	好	好	好	好
数据质量问题				
抽样框偏倚	一般低	低/高	低（采用 RDD）	低
回答率	差/好	差/好	尚可/好	**好/很好**
回答偏倚	中等/高（偏向受教育程度高的人）	中等/高（偏向受教育程度高的人）	**低**	**低**
对拒访者和未接触者的了解	尚可	尚可	差	尚可
回答情况控制	差	差	尚可	**好**
记录的答案的质量	尚可/好	尚可/好	**很好**	**很好**

注:黑体字表示该方法有一种在涉及的调查方面优于某种或所有其他的方法。ACASI=视听计算机辅助自助访谈;RDD=随机拨号。

邮递调查

邮递调查要先发一封简明的预先通知信件,然后再发一封详细的说明信和问卷给一个特定的人或地址(Dillman, 2008)。信中要详细说明调查的目的和资助者或数据收集者、调查要求的问卷的填写者、答案的重要性,以及对保密做出承诺和明确问卷返回的时间(通常都在 10 天之内)。

邮递的问卷要求有一份完全无需额外说明便能明了的问卷。重要性的阐述要简单明了,恰如其分,不能夸大其词,因为它必须要使被调查人对说明和问题的理解毫无歧义。如果被调查人不理解自己的任务,或觉得任务很难,太费时间,他们就有可能不愿意填写问卷,或在填写时发生错误。

说明信上给被调查人留一个电话号码,以便他们在对调查的合法性有疑问,或对任何问题的理解有困难的时候与我们联系。然而,我们的经验表明,即使调查包含颇有争议或有关个人情况的题项,也很少有被调查人给我们打电话,打电话的人可能还不到被调查人总体的 1%。在被调查人犹豫不决或感到担心的时候,他们更有可能不填写问卷或直接跳过那些他们感到有问题的题项,而不是因为有问题而给我们打电话。

设计精良的邮递调查要力争能达到较高的回答率,其方法是邮寄一张感谢明信片、一封新的说明函和另一份问卷,并通过电话、邮件或邮递与未回答的被调查人进行最终的"特别的接触"(Dillman, Smyth, & Christian, 2008)。在最初的邮件中,附上物质或非物质的奖励可能也很有效果。

优　点

通常情况下,邮递调查的费用要显著低于电话调查和面对面调查。它需要资金的地方主要包括邮资、购买信封的费用,购买研究总体的姓名和地址清单(一个抽样框)的费用,打印专业形式的问卷的费用,各种工作人员(如整理邮寄材料的人员、追踪调查情况的人员、编码和回收问卷的人员、将数据输入计算机和构建分析文件的人员)的酬金。

邮递调查与电话调查或面对面调查的主要差别在于,邮递调查的数据并非由调查员收集。这种性质既有优点也有缺点。显而易见的优点是费用低。寄出和寄回 8 页问卷(4 张打印纸)的头等邮资,与调查的报酬相比是微不足道的。另一个优点是,无论邮寄的地点远近,邮资都是相同的,即邮寄到阿拉斯加的邮件和邮寄到同城的邮件的邮资是一样的。我们可以用很低的费用调查一个全国性样本,因为不需要任何差旅费或长途电话费。

　　在邮递调查中使用的问卷有几个优点。一个优点是被调查人可以查阅家庭或企业的记录。例如，如果我们需要了解被调查人支付住房抵押贷款的利息数，或在过去的六个月中的医药费，我们可以鼓励他们去查阅记录，而不是只凭记忆来回答。这会大大提高答案的正确性。第二个优点是我们可以使用视觉辅助手段。如果我们希望被调查人在回答问题之前看到一张列有可能的答案的表格的话，我们可以将答案和问题一起列出。如果我们想让被调查人说明他们的上班路线，我们可以在问卷上或附带的一张单独的纸上附上一张地图。

　　邮递调查在收集敏感性问题的数据的使用中一直都比较成功。被调查人在回答医疗问题、个人破产、醉驾获罪或其他在自填式问卷中可能令人窘困的问题时不会感到那么窘困（Tourangeau et al.，2000）。对于这些类型的问题，数据收集方法的匿名程度越高，行为的报告率就越高。然而，我们必须记住，只是在与其他调查方法比较的意义上我们才可以说邮递问卷比较好，尽管如此，它仍然是远非完美的。即使是在匿名的邮递调查中，我们也几乎可以肯定仍然会有许多敏感性行为没有报告或被严重低报。

　　进行一个邮递调查的时间长度是相当稳定的——少则4个星期，通常为8到10个星期——不论样本大小和它的地理分布如何。正如前面所提到的那样，我们不仅需要有足够的时间将问卷寄给被调查人，而且还需要让他们有足够的时间来填写。此外，我们还需要有足够的时间邮寄和回收追踪邮件。所需时间既可能是一个优点，也可能是一个缺点，究竟如何要视具体的调查和可资利用的资源而定。例如，如果我们手头有足够的资源，那么电话调查所需的时间有可能比邮递调查更短——但是，如果工作人员有限，那么邮递调查则更为快捷。

　　邮递调查的回答率的变化很大。我们将回答率定义为填完问卷的合格样本成员数除以合格的样本成员总数。[①] 回答率是调查质量的一个重要指标。一般来讲，回答率越高，调查质量就越高。

　　在调查的问题对于被调查人十分重要的时候，邮递调查的回答率可以达到相当高的水平。例如，对医生进行一个有关医疗事故保险负担和政府对这种情况可以采取什么措施的调查时，就可能得到令人满意的反应。同样的调查，如果在一般人口总体中进行，其结果则可能不尽如人意。这是为什么呢？因为在一般人口总体中，尽管的确会有许多人也认为这个问题是

　　① 在力图将调查最终处置码的使用和报告标准化的尝试中，美国民意研究协会曾编辑出版了一本题为《标准定义：调查个案码和结果等级的最终处置》（*Standard Definitions：Final Dispositions of Case Codes and Outcome Rates for Surveys*）的免费文件。该文件包括了随机拨号（RDD）电话调查、个别访谈调查和邮递调查。它讨论了各种类型调查的完成率和联系率，以及如何报告未知的合格个案、不合格的个案和完成了一部分的访谈。

重要的,但是与医生相比,其对这一问题的关心程度还是相去甚远。

两种有效提高邮递问卷的回答率的手段是物质奖励和反复追踪。我们一直在使用各种不同类型的物质奖励。这些奖励包括现金或支票、书籍、钢笔、钥匙链、领带夹、彩票和彩券、慈善捐助及其他各种物资或承诺。预付的物质的和非物质的奖励确实都会提高回答率,但物质奖励的效果似乎更大(Singer,2002)。在第一次回收完成的问卷之后给的奖励,一般都没有什么效果。奖励是否有效果的关键,是要将奖励随同最初提出的要求一起给出。[1]

缺　点

邮递调查往往都会有无回答偏倚,因为它们得不到那些受教育程度低、不喜欢书写、有阅读困难和对调查问题不感兴趣的人的良好回应。更一般地讲,邮递调查和互联网调查的无回答偏倚可能比其他方法更高,因为被调查人比在其他那些由彬彬有礼,却坚持不懈的调查员进行的调查更容易拒填问卷。

为了评估潜在的无回答偏倚,我们需要尽可能地了解有关无回答的被调查人的情况(拒访和未联系到)。重要之处在于,那些拒绝访谈或没有接触到的被调查人(未联系到),就我们的因变量而言,与那些与我们合作的人有什么不同。[2] 例如,从姓名和地址我们就可能确定男性是否比女性更容易或更不容易合作,住在大城市中的人是否比住在其他地区的人更容易还是更不容易合作。我们的清单可能还含有其他一些能帮助我们进行无回答偏倚估计的信息。

除了无回答问题之外,邮递调查还有几种使它的效率低于用调查员进行的调查的特性。因为被调查人在决定是否填写问卷之前,可能会从头到尾看一遍问卷,所以问卷既不可以太长,也不可以太困难或太复杂。不仅如此,一份邮递的问卷还必须是自明的,因为在被调查人感到不解或问卷太复杂的时候,没有人在他身边帮助他。研究者常常认为,在一个陈述或问题是自明的时候,实际上还会有相当一部分的研究总体成员会对它有所误解。

---

[1]　在美国政府调查中的一些实地实验中,面对面调查一般都能发现金钱激励在提高回答率方面的作用,且不会对数据质量产生反面影响(Ezzati-Rice,White,Mosher,& Sanchez,1995;Shettle & Mooney,1999)。不仅如此,我们也发现,激励对某些难以联系的群体也有作用。这些群体被定义为:(1)在经济上处于劣势;(2)在教育上处于劣势;(3)少数民族人士;(4)青少年、青年、青壮年;(5)瘾君子和有特殊生理问题的人;(6)被频繁调查的专业或精英人士;(7)藏匿和因法律或其他原因不希望被发现的人。(Kulka,1996:276)

[2]　从邮局那里得到有关已经搬迁的被调查人的信息。要求得到一张地址修正卡片,可能会对确定该被调查人是否不再合格有所帮助,因为地理居处或是否继续后续调查都要做出安排。邮局会收取一些提供转寄地址的费用。

被调查人对问题缺乏理解就可能或确实会对调查答案的质量产生影响。对被调查人来讲，他们很容易会略过那些他们不理解或不想回答的问题。

此外，研究者也很难控制被调查人回答问题的次序和问卷的实际填写人。最后，邮递调查中的开放式问题的答案一般都不太完整和详细，较之由调查员进行的调查逊色很多。除非得到调查员的提示，否则许多被调查人都只会提供调查问题的答案所需要的最少量的信息。对于那些受教育程度比较低的，或不喜欢书写的被调查人来讲，情况尤其如此。对那些受教育程度高，表达能力强的被调查人来讲，这些可能就不是一个问题；例如，德-莱乌（de Leeuw，1992）的研究发现，自填式调查和调查员进行的调查得到的四个开放式问题的答案的长度并没有什么差别。

互联网调查

互联网调查正在变成一种越来越普遍的自填式问卷调查，它与邮递调查虽然有许多相似之处，但也存在某些重要的不同之处。有一个不同之处是，可能会存在覆盖偏倚：每一个住户都会有一个邮政地址。但截至2009年，只有68.7%的住户在家中使用互联网（U.S. Census Bureau，2009）。另一个问题是缺乏一个完整的抽样框（或清单）：我们可以得到一份完整的邮政地址清单，却无法得到一份完整的电邮地址清单。

因为缺乏一个完整的一般人口的框架，所以通过互联网进行的概率调查常常使用特定总体的清单样本（list sample），例如在一个供应商的文件上有电邮地址的行业消费者，在团体文件上有电邮地址的协会或团体成员，在雇主文件上有电邮地址的员工，或在学校文件上有电邮地址的学生。互联网调查也可以用那些在由商业研究公司经营的"在线面板"上注册了电邮地址和地理信息的人来做。在这样的应用中，样本是从名单中随机抽取的，因而对更广的总体的代表性的努力会受制于（名单中的）人口配额。此外，在线调查的样本也可以从非在线的来源抽取，而潜在的被调查人则可以用电话或普通的信件来联系。

不论最初的联系是通过电邮、普通信件还是电话，都是为了说明调查的目的和重要性、研究者的身份、给出保密的保证和说明进入调查网站的途径。为了确保只有那些被抽入样本的个人才能填写调查问卷，且只填写一次，每个人都要给一个唯一的身份识别数码（PIN），它们必须先行输入才能进入在线的问卷界面。PIN既可附在最初的联系信件中，也可嵌入电邮中的URL（全球资源定位器）的扩展名中。后一种情况，被调查人只要点击URL，网站便会读取PIN，无需被调查人自己输入。

一个类似,但更为简短的阐述调查目的并鼓励参与的介绍,如果恰当的话,应和如何输入 PIN 的简要说明一起出现在第一页,或网络问卷的欢迎页上,然后再进入问卷。欢迎页上也应该包括我们的电邮地址和/或电话号码,以便那些有问题要问的或回答问题有困难的被调查人与我们联系。

在网上调查的任何时间点,被调查人都可以决定中断或放弃填写问卷。在线问卷的设计必须慎之又慎,以便那些有不同受教育程度、计算机使用能力、硬软件配置和互联网路径的被调查人填写和理解。此外,对那些抽入样本但未在指定的时间内登录调查网址或发回完成的问卷的个人,进行多次提醒联系,对提高回答率是至关重要的。

互联网调查的一般优缺点,应该在样本需要有多好这一前提条件下来考虑,因为不同类型的设计,其差别可能相当大。史密斯在他的论文《互联网调查的代表性是可能的吗?》(Are Representative Internet Surveys Possible?)(Smith,2001)中,在产生总体参数的可靠估计值上,成功地描述了互联网调查的代表性的主要障碍。他认为,基于概率的只用互联网进行的调查有着很扎实的理论基础,尽管与其他调查模式相比,由于回答率通常都比较低,这一优点有一定削弱。

无论研究的目的是估计总体参数,还是支持另一种类型的推论或分析,在选择调查模式时,覆盖面、回答率、框架偏倚等因素都应该在考虑之列,因为它们是最有可能影响调查的效度的因素。

优　点

互联网调查两个最大的优点是数据收集的低成本和高速度。互联网调查不仅免去了面对面调查和电话调查的调查员费用,而且还省去了邮递调查的纸张、问卷打印、邮寄和数据录入的费用。不仅如此,在互联网调查中,样本的大小和地理分布几乎不会对费用产生任何影响。一个全国或全世界样本的互联网调查收集资料的费用,几乎与一个地理位置比较集中的样本完全一样。因为数据收集的费用,在调查总费用中占据了极大的一部分。而互联网调查的数据收集的费用是非常低的,因而允许研究者只要增加很少的总费用就可以增加相当多的样本量。更为重要的是,对于任何给定的样本量,只要用很少的额外的费用就可以进行追踪调查。

数据收集的速度是互联网调查相对于其他调查方法,特别是邮递调查和面对面调查的第二大优点。互联网调查的数据收集期一般为 10 ~ 20 天,且在某些情况中还可以大大缩短。例如,在一个密歇根大学学生的互联网调查中,第一天便收到了完成的问卷的总数的 30% ,第三天就收到了 50% (Couper,Traugott,& Lamias,2001)。然而最大程度地提高回答率,则需要留出足够的发出提示信息和从那些拖延的被调查人那里接收完成的问卷的时间。

在线自填问卷有很多长处。网上问卷可以包括复杂的跳过模式，因为跳过已经被编入问卷，且会自动地执行——被调查人是看不到它们的。网上问卷也可以包括各种可视辅助手段，例如弹出式说明、下拉式表格、图片、视频剪辑和动画片，甚至声频。在在线问卷中，也可以将前面的问题答案合并到后面的问题中。对于这些创新手段的使用的可能性，我们给大家的忠告是，研究者必须小心谨慎，最大程度地减少可能的回答偏倚。我们必须力求得到"最小公分母"，问卷的填答方式要适合那些没有最新的计算机设备和使用接入比较慢的电信通道的被调查人。如果一份问卷复杂到需要很长的时间来下载的程度，那么被调查人就会放弃填写，或发回只填写了一部分的问卷。

互联网调查还有一个优点是可以得到相当完整和详细的开放式问题的答案。数量有限的证据证明，电邮调查的开放式问题的答案的完整性强于邮递调查。不过至今我们还是不太清楚，这究竟是被调查人的受教育程度所致，还是数据收集的方法所致。

一种来自人机互动研究的有趣的理论被称为**社会界面理论**。这种理论假设"计算机界面中的人性化提示可以产生类似用户在日常人际互动中的回答"(Tourangeau, Couper, & Steiger, 2001)。如果情况的确如此，那么人性化的提示对于互联网调查而言，既可能是一种优点，也可能是一种缺点。优点是，虚拟调查员(如传声头像)或其他人性化技术可被用于建立关系更为融洽的感觉，并产生相应的效应。这些效应原本只是在调查员实施的访谈中才会有的。另一方面，这里面也存在着令人担心之处，那就是，人性化的提示可能会在调查敏感或可能会令人窘困的问题(如性行为、酒精和毒品的使用、投票行为和到教堂礼拜)时产生社会赞许效应。然而，令人欣慰的消息是，一个设计用于探索互联网调查的题项的人性化界面特性和个性化技术的效应的实验研究发现，"无论是个性化程度，还是互动的程度都不会对敏感问题的报告产生太大的影响"(Tourangeau et al., 2001, 7)。

缺　点

迄今为止，美国一般人口总体的互联网调查的最大缺点是，成年人口中相当一部分在本书撰写之时还没有互联网的使用权。尽管互联网的使用在美国的发展很迅猛，但是它的覆盖程度要达到电话的覆盖水平，还需要很多年。许多专家对它是否将会覆盖大多数美国成年人口这一问题仍然心存疑问。

缺乏优质的抽样框,即使对那些有互联网使用权的人来说,同样也是一个缺点。基于概率的互联网调查只适用于为数不多的特殊人口总体。因为我们也许可以得到这些总体的一个比较完整和精确的抽样框。这样的总体有高校的学生和教员、某些公司或政府的员工和某些专业团体的成员等。

格罗夫斯等人注意到(Groves et al., 2009),尽管有互联网使用权的成年人比率已经上升到75%(在2008年),但这一事实本身并不意味着被抽入样本的那些人实际上就可以用这种技术联系到。此外,迄今为止,我们也没有开发出用于互联网总体抽样单的好框架。在有互联网使用权的人和无互联网使用权的人之间依然存在着实质性的人口统计学差异,诸如这样的因素加在一起,已经"大到足够引起我们对全部家庭总体进行推论的忧心"。

库珀(Couper, 2000)注意到:并非我们建立的所有的互联网调查在这方面都是相同的。他把网络调查样本分为以下几种类型:

A. 非概率

　　1. 无约束,自我选择

　　2. 有约束,自我选择

　　3. 招聘,挑选的专门团体

B. 概率

　　1. 只可用于互联网

　　　　a. 拦截
　　　　b. 基于清单
　　　　c. 事先聘用的互联网用户专门团体

　　2. 通用

　　　　a. 混合模式
　　　　b. 事先聘用的一般人口总体的专门团体

一般来讲,大多数研究者都会认为那些基于概率的样本更好。有时我们会用一种二阶策略来处理一般人口总体的互联网框架问题。在第一阶段,一个一般人口总体的概率样本从一个覆盖度尚可的框架中被抽出。在第二阶段，将访谈作为一种互联网调查来实施。[①] 这种路数可能解决不了有关互联网调查的所有的潜在的质量问题。例如，史密斯（Smith，2001）谈到过一个实验，该实验对一个高质量的用 RDD 进行的，预先聘用的一般人口总体的追踪组调查和在 2000 年进行的使用多段区域概率样本和个别访谈的社会综合（GSS）调查进行了比较。他用互联网调查对 GSS 调查中的一个子问题集进行了调查。

较之 GSS，互联网调查回答"不知道"的人的比例始终要高得多，不仅如此，在那些以同意/不同意量度的题项中回答也更为极端。在几个特殊的问题上也存在着很大的差异。我们不可能将代表性（覆盖面）、模式和回答率的潜在效应作为观察到的差异的原因进行分解。互联网调查的二阶段样本设计中的 RDD 部分会产生自己的误差源。不仅如此，这一研究还给我们提供了一个有用的警示：即使在我们认为互联网调查是非常好的，比得上其他非互联网调查的时候，也要对它可能存在的问题保持清醒。

史密斯（Smith，2001）在结论中指出："在这些不同形式调查的误差结构中的差异被更好地理解，并能将其模型化和最小化之前，来自不同调查模式的结果都可能会是共同和必须注意的。"（p. 5）

低回答率和它导致的可能的无回答偏倚也是互联网调查的显著不足。尽管来自互联网上实施的概率调查的信息是罕见的，但显而易见的是，它的回答率似乎一般都低于邮递调查。例如，在高校学生的互联网调查中，回答率为 41%（如果包括不完整的访谈，则为 47%），研究者认为这一水平与其他类似的互联网调查并无二致（Couper et al. , 2001）。在几位教授实施的，设计用于比较邮递、传真和基于互联网的调查的研究中，考巴诺鲁、王尔德和莫雷奥（Cobanoglu，Warde，& Moreo，2001）在互联网中得到的回答率是 44%。有趣的是，这个研究就得到的结果与一般认为的互联网调查的回答率低于邮递调查的观点相反，因为邮递调查的回答率只有 26%。另一方面，这几位作者也看到，许多在线调查的回答率不到 10%。虽然会有例外，但是我们同意这一观察报告的观点，"为了将互联网调查的参与率提高到与同样的总体的邮递调查的水平，我们要做的工作还很多"（Couper，2000：486）。

在对互联网调查中的无回答偏倚的概率问题做进一步的考察之后，我们发现那些受教育程度低的、使用计算机经验比较少的和计算机配置较低的人，比那些受教育程度高、有计算机使用经验和使用比较新的计算机配置的人更有可能不填写在线的问卷。

---

① 这种路数为没有互联网使用权的样本成员提供使用权。这一要求限制了这种方法在纵向（同群追踪）调查中的使用。因为对这些调查而言，必须要增加一些额外的费用。

互联网调查有几个与邮递调查共同的特点,这使它的效率也没有由调查员实施的调查那么高。第一,在线的问卷必须都比较短。为了避免高(问卷)无回答、题项无回答和中途放弃,那些用不同长度的问卷做过实验的研究者发现,在线问卷的长度不应该超过 15 分钟,能不超过 10 分钟则更好(Couper, 2001)。第二,与邮递调查一样,在线问卷必须是完全自明的,因为被调查人身边没有调查员来为他解惑答疑。第三,所有被调查人收到的邮递调查的问卷的外观必须相同,在线问卷的外观也同样如此。然而,与邮递调查不同,要设计一份对所有被调查人完全相同的在线问卷并非总是一件很容易的事。问卷的设计者必须了解那些影响在线问卷的外观的因素——大小、计算机监视器的屏幕分辨率、操作系统、浏览器和传输速度等——最大程度地缩小这些因素引起的问卷外观上的差异。第四,虽然设计一份令被调查人按呈现的次序填写的问卷是可行的,但实际上却会因此而带来一些问题。如果我们要求被调查人必须在下一个问题之前回答一个问题,那么那些遇到了不准备回答或不应当回答的问题的被调查人就相当可能会因此而退出调查,从而增大了无回答率。因此在一个互联网调查中,研究者可能无法控制被调查人填写问题的次序。最后,无论是邮递调查还是互联网调查,被调查人都无法控制实际填写问卷的人和填写的环境(例如,被调查人究竟是在家中、工作场所、网吧,还是其他公共场所填写问卷的,或被调查人在回答问题的时候,身边是否有其他的人)。

某些初步研究建议,互联网调查与其他类型的自填式调查不同,并非总是适合进行敏感问题的数据收集。问题可能是因为,被调查人对于网络安全性的担忧更甚于自填式调查的匿名性(Couper, 2000;Dillman, 2000)。诸如这样的担忧会导致敏感问题调查的高无回答率、敏感问题的高题项无回答率、不太诚实的报告,或三者兼而有之。更多的研究还必须确定什么是被调查人认为的敏感问题,以及他们会怎样来处理那些特别的问题。

某些互联网调查可看作是某种形式的拦截调查,在那样的调查中,访谈是在某个地点的访客中进行的。然而,互联网调查则会受到某些常规的拦截调查不会受到的限制。这些限制包括:

●如果问卷是在公司自己网站上发出的,那么样本则限于那些对公司有实际兴趣的人。与之最为相近的调查是一种在零售商店的顾客中进行的拦截调查,这种样本对某些目标而言是比较理想的,但是它肯定无法代表整个市场。

●回答率会非常低,进一步降低样本的代表性。在一个互联网调查中的那些被调查人应该大致上被看作一些自愿参与研究的人。

●对于问卷的限制与邮递调查大致相同。问卷必须简明,问题必须简单(另一方面,可以自动分支)。

尽管有这些限制,互联网调查还是很有吸引力的:它不用支付调查员的报酬、商场的租金、长途电话费和邮资。如果对于给定的研究目的,这些限制是可以忍受的,那么互联网调查可能是一种很有吸引力的方法。

电话调查

在电话调查中,电话号码是用各种各样的方法选择的。电话号码可能是从一本电话簿中随机选择的,或通过某种形式的随机拨号(RDD)选择的。被调查人也可以从一份包括了号码的名单,如一份会员名录中选择。

对调查员在如何与被调查人联系和使用问卷进行访谈两个方面进行培训。将若干需要进行访谈的被调查人或电话号码分配给调查员,并训练他们以一种统一且一致的方式来收集信息。

电话调查的费用介于邮递调查和面对面调查之间,对于一个电话调查,我们需要做下面这些工作:

- 访谈
- 配备电话和有调查员工作空间的集中的工作中心
- 监控设备,如果可能的话
- 总体的一个样本,自行开发设计或购买
- 招聘追踪访谈结果,对完成的问卷进行编辑整理和编码,以及为分析构建计算机数据文件的工作人员;如果使用的是 CATI,那么就要在 CATI 软件中为问卷和样本信息编程,编写数据文件和清理整理规程

调查员实际上都是研究者的代理。我们聘用人来为我们进行访谈,而不是由我们亲自来做访谈。这种做法既有优点,也有缺点。一方面,这会使访谈进度比只由研究者自己来做的访谈大大加快。另一方面,则必须要挑选、聘用、培训调查员,以及对调查员督导。我们必须确保每个调查员都会逐字宣读问题,精确地对答案进行编码,并不会在任何方向上产生调查偏倚。调查员也必定会领取报酬。电话调查和面对面调查都是劳动力密集型的,这正是它们比邮递调查和互联网调查昂贵的主要原因。

至本书面世之时,尽管互联网调查正在迅速赶超,电话调查仍然是使用最为广泛的调查方法。然而,自 20 世纪 90 年代中期以来,电话调查正面临着一些挑战,下面我们就来对它们进行一些讨论。

优　点

电话调查普遍的一个因素是电话覆盖了很广一片人口。在 1960 年,美国家庭的电话覆盖率为 80% ,而到了 2000 年,则超过了 95% (Belinfante,2004 ; U. S. Census Bureau, 2000, Table DP-4),但是某些人口子群体的这一数字还比较低,譬如贫困线以下的那些家庭。不仅如此,任何我们可能希望对之进行调查的组织,如企业、学校、医院或实体都会有一部电话。

除了广泛的人口覆盖之外,许多人也愿意通过电话接受访谈,而这无疑会降低无回答偏倚发生的可能。然而,说外语的群体则可能会对电话访谈感到不太舒服,因而为了调查的成功,调查员最好能使用被调查人的语言。

在使用反复回拨的方法来与那些难以联系的被调查人进行联系时,电话调查的回答率通常为 40% ~ 80% 。我们认为回拨的次数以 6 ~ 15 次为宜。回拨应该在一周中的不同日子和一天中的不同时间进行。电话调查的回答率通常都高于邮递调查和互联网调查,因为它由调查员个人来告知被调查人研究的重要性,商定的访谈时间一般都在被调查人方便的时候,并由调查员宣读问题和记录被调查人的答案。调查的地点也会对回答率有影响:它与被调查的城市大小成相反的关系,在小城市做的调查,达到的回答率优于在较大的都市地区做的调查。

它的另一个优点是数据收集期的长度,电话调查的调查时间与大多数其他调查方法一样长,或者更短。打电话是一种与一个人或一个家庭进行最初的联系的捷径,而回拨电话则是联系那些难以联系的人的重要途径。

样本的地理分布可以很广,因为购买一份美国所有地区的地区码和电话前缀的抽样框,或一份辅助名单样本是很容易并且很便宜的。不过全州或全国性的调查的费用要比地方城市调查的稍微高一点,因为购买和/或选择样本的费用比较高,且我们还必须支付长途电话费。地方城市、全州和全国性的调查,访谈时间的费用几乎一样。主要的差别在于,全国性调查聘用的工作人员,工作时间更长,因为需要覆盖所有的时区,而地方城市和全州性调查则不存在这一问题。

调查员的使用给我们提供了若干优点,提高了问卷的功效和数据的质量。使用训练有素的调查员会使记录的答案的质量有所提高。此外,因为调查员做了所有的工作——宣读问题和记录答案,所以如果调查的主题令被调查人感兴趣的话,访谈可延续 30 分钟以上。不仅如此,因为已经对调查员做了提问方法和提问顺序的培训,所以问卷布局可以是比较复杂的。例如,问卷可采用多重跳过模式,在这种模式中,对某些问题给出的答案决定了要问的或要跳过的其他问题。训练有素的调查员可以熟练地处理各种情形,例如他们可以向被调查人探问那些答案还不是很清楚的问题。

使用调查员的另一个优点是,他们能控制问题的顺序。电话调查的被调查人并不了解接下来将会问什么问题或调查的问题数。如果他们看到了调查的问题有多少,或给出"是"这一答案,将会引出一系列接下来要问的问题,他们就有可能不太想接受访谈或对一系列问题中的第一个问题回答"否"。

最后,调查员有可能通过电话和被调查人建立起比较亲密的关系,从而说服他们完成访谈,相信研究的重要性,并提供完整和正确的答案,甚至对那些比较敏感的问题也能同样如此。电话调查在引出无威胁性问题的答案时,可与其他方法媲美,而在进行敏感问题,如可能会引起某些疾病的性行为、感染艾滋病的高风险行为和类似问题的调查时则更胜一筹。

缺　点

电话调查也的确存在一些不足之处。诸如移动电话和传真机这样的技术的发展,使地区码和电话号码的数目,自20世纪90年代早期以来翻了两倍多,而诸如来电显示、呼叫阻断和应答机这样的技术,使调查员与家庭及其居住者的联系变得更加困难和费时间。与此同时,电话推销已越来越令人生厌,致使联邦贸易委员会(Federal Trade Commission)现在成立了全美谢绝来电登记处(National Do Not Call Registry)。虽然电话调查和慈善、政治组织及被调查人用来做生意的公司都未在限制登记之列,但是登记处的建立无疑是一个明确的信号:一般的公众已经越来越不愿意接听那些不期而至的电话。这些问题发展的结果,使完成一次访谈需要联系的试拨电话的平均数上升,而调查的成功率则已明显下降。

不仅如此,在注意到电话广泛覆盖美国家庭人口的同时,有些情况也必须引起我们的注意。第一,我们注意到,在某些人口子群体,例如南部的家庭、在贫困线以下的家庭和住房租赁者(相对于住房主)中,电话覆盖率都比较低。第二,许多家庭都没有被收进电话名录中,如果我们希望找到进入这些家庭的途径,那么某种形式的随机拨号便是必不可少的了。随机拨号虽然克服了这一问题,因为它选择号码与电话名录无关,但这种做法却会增加电话调查的费用,调查员也需要花费时间拨叫那些未在运行的号码和企业的号码。第三,总体中"只有手机"(CPO)且已不再使用传统座机的人口百分比一直在上升,超过了20%,且在本书撰写之时仍在继续上升。要能从这些人身上捕捉信息,我们需要付出特别的努力,如果我们未能做出这些努力,就会因此给样本带来覆盖偏倚的问题。

　　至于问卷,电话调查的问题必须是非常简短而明了的,读给被调查人听的答案选项也必须数目不多和简短,否则被调查人可能会记不住所有的信息。每个句子的字数最好不要超过 20 个。不仅语言要简练,而且每个问题的答案类别最好都不要超过 4 或 5 个(Payne, 1951)。在句子太长或答案类别过多时,被调查人可能只记得住开头或后头的部分。这就是所谓的**首位**(primacy)或**时近**(recency)效应。

　　不能使用像照片、产品样本或有很多答案类别的问题答案选择表这样的视觉辅助方法,也是它的一个缺点。尽管很久以来,我们一直都在尝试用各种方法来突破这一限制,但结果一般都不够令人满意。例如,如果掌握了被调查人的姓名和地址,我们就可以预先将有关的材料邮寄到他们的家中。有一种邮递调查和电话调查混合的方法也可以采用,在使用这种方法时,我们也需要将一封用以对材料做出解释的说明信在电话调查之前寄到被调查人家中。然而,在一个电话样本中对那些已经登录的被调查人使用预达的信件,其结果却喜忧参半(Parsons, Owens, & Skogan, 2002;Singer, Van Hoewyk, & Maher, 2000)。

　　一种电话-邮件-电话的顺序见于卡尼宁、卡泊曼和哈尼曼(Kanninen, Chapman, & Hanemann, 1992)的报告,但它得到的最终的回答率却十分低。该调查询问被调查人有关他们支付加利福尼亚圣华金河谷的五种可能环境保护项目的费用的意愿。调查员拨叫了一个电话号码的 RDD 样本,并定义了合格的家庭。在最初的电话拨叫期间,调查员向被调查人解释了调查的目的,并要求他们提供姓名和地址,以便能将问卷邮寄给他们。访谈则是用电话进行的。邮寄问卷的目的是帮助被调查人按照问题的回答顺序来充分理解问题。在最初的拨叫时,调查员也要求被调查人明确一下他们方便访谈进行的时间。三分之一以上的合格的被调查人拒绝提供他们的姓名和地址,因此大大降低了最终的回答率,并使研究者为由此导致的回答偏倚而忧心忡忡。大多数拒访都发生在姓名和地址的诉求阶段,因此我们认为这种方法是不值得推荐的。

　　调查员无法控制电话访谈期间的回答环境和解决被调查人在查阅记录时的困难也是一个缺点。在对一个被调查人进行访谈的时候,我们永远都不会知道电话具体在什么位置,房间里是否还有别的什么人,如果有其他人在近旁,被调查人对此有什么感觉。未经事先通知,被调查人也难以在访谈的时候查阅有关记录。

　　另一个不太明显的缺点则涉及对开放式问题的答案的限制问题。可以想象,电话调查的调查员将无法像面对面调查那样,探究被调查人的答案和对答案进行逐字的记录,而事实上,电话调查的被调查人可以,且也的确回答了开放式的问题。然而,他们的回答通常只有一句话或寥寥数语。如果调查员要探究"其他的理由"、解释或澄清问题，则会引起冷场，被调查人并会因此而不想说更多的话，还可能会感到着急或焦躁。电话调查得到的答案往往不像面对面调查的那样详尽（Groves et al. , 2009）。

由常和克罗斯尼克（Chang & Krosnick，2009）做的一个全国性的现场实验，特别涉及了一些研究者对电话和互联网调查的考虑。实验对采用一份相同的多专题问卷，但分别采用电话 RDD 调查、两种互联网调查、概率样本和志愿者样本的自报告数据进行了比较。在用效度、信度和偏倚等几种量度进行评估之后我们发现，互联网自报告数据一般都更为准确。[①]

最后，用电话调查得到的拒访者和未联系到的人的信息都是十分有限的，除非抽样框包含姓名和地址或者其他的身份识别信息。如果我们掌握了姓名和地址，那么就有可能比较不同性别、城市地区和其他可资利用的属性的回答率。而用 RDD 法，我们只可能对其中的一部分这样做，因为我们无法确定一个电话号码是否是住户电话，更不太可能了解户中有些什么人，除非进行过接触或做过一次访谈。

面对面调查

在面对面调查，即所谓的个别访谈调查中，一般信息都是由调查员在家、办公室或其他方便被调查人的地点收集的。关键在于，被调查人和调查员必须身处同一地点。

这是四种调查方法中最贵的一种，因为这种调查需要差旅费和大量的收集数据的时间。一般来讲，访谈本身占总费用的 25%～40%，差旅、答案整理和其他的工作则花费了其余的 60%～75%。为了解所需的差旅时间，假定我们需要进行 800 个访谈，被调查人的年纪在 18 岁（含）以上，居住地则在像芝加哥这样的大城市。假定每一个选中的城市街区平均要做 5 次访谈。如果我们要求每一个调查员平均做 25 个访谈，那么我们就需要 32 个调查员（800÷25＝32）。每一个调查员被分配了 5 个工作街区（25 个调查员÷每个街区 5 个访谈＝5 个街区）。芝加哥市面积约为 234 平方英里（1 英里≈1.61 公里），有 1000 多个街区。因为街区是随机选取的，每个调查员可能需要行走 1 英里、5 英里，甚至更远才能到达那些分配给他们的街区，而为了

---

① 史密斯（Smith，2001）也发现，在从仔细控制样本的电话调查和互联网调查收集到的数据之间存在一定差异，但未在效度上对差异进行评估。

联系到所有选到的人，可能还需往返多次。[1]　显而易见，路途时间耗费了访谈总时间中最大的一部分。

　　既然与邮递调查和电话调查相比，面对面调查费钱又费时，那么研究者为什么还是对它情有独钟呢？正如我们刚才已经简短讨论过的那样，它是某些调查首选的数据收集法，因为对于某些类型的问卷题项和提高数据质量而言，它的长处是显而易见的，对于某些调查来讲，它更是首选的调查方法，特别是在使用计算机辅助个别访谈（CAPI）的时候，情况尤其如此。

优　点

　　尽管面对面调查是一种昂贵的调查方法，但是它在抽样和数据质量方面的确有自己的长处。它的回答率通常都要比电话访谈的高。这是因为我们可将一封信件在访谈进行之前寄到被调查人家中。这种信件的信笺上一般都印有调查发起者的名头，并会对调查的原因、访谈对每一样本户的重要性、数据的用处等一一加以说明，此外还会对被调查人的回答保密等问题做出承诺。这种信件不仅使访谈合法化，还使访谈能更容易得到被调查人的配合。此外，对回答率的提高，它也有一定的优点。在面对面调查中，当面拒绝访谈比在电话调查中只要简单地挂上电话要困难得多。不过，它也存在着几个不足之处。例如，在高犯罪地区，面对面调查可能会有安全问题；在有门禁的公寓大楼进行访谈常常会遇到无法进入的问题等。与电话调查一样，面对面调查在小城镇的合作率一般都比较高，而在大都市地区则比较低。

　　面对面调查的回答偏倚一般也比较低。合作率在各种类型的被调查人中大致相当。因为数据是由调查员收集的，所以面对面调查有许多与电话调查一样的优点。不过，面对面调查比电话调查对访谈的情境能有更多的控制。例如，如果调查员认为被调查人的答案可能会受到房间中的其他人的影响，调查员可以建议将访谈地点挪到家中或办公室的其他地方，以保证访谈的私密性。面对面调查的调查员和被调查人之间的关系比较亲密，因为被调查人可以亲眼看到正在与之交谈的人。经过培训的调查员不仅彬彬有礼、工作专心，而且能与他们的被调查人建立亲密的关系。面对面调查记录的答案的质量可达到优等，因为调查员在如何提问和记录答案方面受过良好的训练。此外，他们的工作受到了督导和编码人员的双重监督。不过这种调查可能也会存在有害的调查员效应。调查员的相貌、举止和表情都

---

　　① 　还有一点也应当注意。调查员不应该生活在被抽取的街区，因为调查员最好要与被调查人不相识。在涉及像家庭收入这样一些个人问题时，被调查人更愿意告诉一个素不相识的人，而不是他们认识的人。因此，为了进行一个样本户的访谈，调查员每次都必须行走 1 英里以上，这使得面对面调查费用高昂。

一览无遗，因而会对被调查人有所影响，而电话调查和其他数据收集方法不会有这样的情况。

　　面对面调查的许多优点都与问卷本身有关。问卷可以比较复杂，因为它是由训练有素的调查员掌控的。正是因为这样，加之调查员和被调查人都同处一处，可以要求被调查人做比较复杂的任务或回答比较复杂的问题。例如，假定我们有一张蹦极跳、高空坠落、骑山地自行车等 25 种行为的清单，这些行为的危险程度有所不同。这 25 种行为分别被列在了一张卡片上，我们希望每个被调查人将它们放入四个板块（选项）中的某一块。这四块是"永远也不会去做""考虑做一下""至少已经做过一次"和"已经做过一次以上"。如果调查员与被调查人在同一房间，当面解释和演示这一任务，那么这种任务对被调查人来讲就会容易得多。面对面调查也允许使用可视辅助手段。对于那些比较长的问题或答案分类，调查员可以递给被调查人一份问题或答案分类的副本，并告诉被调查人，跟随着宣读看着相应的题项，以使被调查人能比较容易地理解问题的含义。不仅如此，面对面调查的调查员还可以对问题的顺序加以控制。

　　对于开放式问题而言，面对面调查也是最好的，因为可以有比电话调查更放松的氛围和更适当的节奏。正因为如此，它使调查员更加容易去探究额外的信息，且被调查人在回答答案之前长时间停顿时，也不会感到那么不舒服，因为他们能看到调查员正在做什么。

　　面对面调查可以比电话调查时间更长，其原因有这样几个：它是在被调查人家中或办公室中进行的，被调查人在聆听调查员讲话、冷场或长时间停顿的时候，不必拿着电话的听筒，而且访谈的问题和任务能更加变化多样、更长且更加有趣。

　　面对面调查还有一个优点，因为访谈是在被调查人的家中或办公室中进行的，所以被调查人有机会查阅有关记录。不过也有这样的可能，有时在调查员在场的时候被调查人反而可能会不便查找合适的信息，除非他们事先得到将会需要查阅有关记录的通知。就这一问题而言，邮递调查和互联网调查可能更胜一筹，因为被调查人可在他们方便的时候，寻找和查阅有关记录。然而，在进行 CAPI 的同组追踪研究时，来自前面的访谈信息可以被编入问卷，并被用于检查被调查人的答案，或帮助他们进行回忆。最后，面对面调查也和其他方法一样，更适合问一些无威胁性的问题。

缺　点

　　面对面调查的主要缺点有四个。第一个是费用。就像我们前面解释的那样，编制住宅单位的清单、支付调查员的差旅费和其他费用是很贵的。一个全国性的面对面调查,费用将是类似的电话调查的两倍。

　　另一个明显的缺点是面对面调查花费的时间太长。一般情况下,面对面调查的整个访谈过程的时间是类似的电话调查的两倍。考虑到调查员的行踪要遍及所有的调查地区,调查员培训需要的时间,完成的问卷和有关材料的往返传送及其他后勤工作需要的时间,面对面调查数据收集阶段的时间,常常可能达到类似的电话调查的三倍。

　　为了节省一些费用,研究者试图在每个选中的街区尝试一个以上的面对面调查。如果某一个被调查人不在家,调查员可以尝试另一个样本户。然而集聚(clustering)或在每个街区做了一个以上的调查可能会产生一些问题。因为有着类似特性(如收入、人口统计学特征和态度)的人往往都住在相同的街区或邻里地区。因此,当我们在每一个街区抽取一个以上的被调查人的时候,在某些变量上,我们会收集到类似的信息。可以想象,有着类似收入和生活方式的人往往都有着类似的价值观和行为举止。一个被调查人可能恰好与她的邻居完全相同,但是与那些居住在数英里之外的人完全相同的可能性就比较小。因此,我们在每一个社区做一个以上的访谈时,可能就捕捉不到样本总体中的所有差异。然而,一个街区中的居民不可能在我们要收集信息的所有变量上恰好都相同。作为费用和缺乏街区差异性的折中,大多数社会科学调查都尝试在每一个社区平均进行 3 ~ 8 个访谈。在一个重要的变量上相同的人越多,我们想要在每个社区进行的访谈数就越少。

　　面对面调查的另一个可能的缺点是,它可能会使被调查人在报告那些非常个人的行为时犹豫不决。我们本来以为数据收集的方法越私密,被调查人就越可能报告那些敏感的行为。然而,有关这一问题的研究却发现,情况并非完全如此。因为有几个研究发现,面对面调查在涉及那些敏感问题时,回答率比较低,而另一些研究则发现不同方法的敏感问题回答率并无明显差异。已经做过的研究涉及的题目比较宽泛,一个因素的效应往往难以从一个模式中分离出来。最近进行的声频计算机辅助自填问卷访谈发现,它的敏感问题的报告情况与纸和笔的自填问卷调查相同。与纸和笔的自填问卷访谈不同,在做声频计算机辅助自填问卷访谈时,被调查人用耳机接听问题,并跟随听到的问题看着屏幕上显示的问题键入或选择答案(Tourangeau et al. , 2000)。克罗伊特尔、普雷瑟和图兰吉奥(Kreuter, Presser, & Tourangeau, 2008)近来发现,互联网调查、计算机辅助的电话调查和交互式语音应答(IVR)得到的报告存在差异,他们注意到被调查人的处事风格和实际状况决定了他们是否把问题看作敏感问题。这一发现支持了一种传统的观点,即诸如“你是否吸食过可卡因?”和“你是否有时谎报纳税申报单?”这样的问题,只有在答案是“是”的时候,才是敏感问题。

一个与之有关联的不足之处是,在面对面调查中,被调查人更可能提供社会赞许的答案。在研究对种族问题的态度的时候,情况尤其如此,给出的答案可能会受到被调查人和调查员的种族特征的影响。在这种情况中,在调查员和被调查人是不同的种族时,答案的模式是最有可能受影响的。在调查员和被调查人的种族不同时,被调查人最有可能给出一个社会赞许的答案。更一般地,被调查人最可能在面对面调查中过度报告社会上赞许的行为,而在邮递调查中则最不可能那样做。

拦截调查

一种备择的面对面的数据收集方法是拦截调查。这种方法在一些消费调查中特别受欢迎,并且也很有效。因为个别访谈的费用过高,大多数美国的消费者调查都会在某些公共场所采用,如大型购物中心或城市的街道拦截顾客或行人来进行面对面的调查。拦截调查使我们能以比在家中调查低得多的费用进行面对面调查,因为差旅费被省掉了。拦截调查也非常适合做探索性研究和预试某些类型的调查。在某些情况下,拦截调查不可用于捕捉一个一般人口总体,而只用于扼要描述被拦截的访客,例如在一个大型购物中心的顾客或动物园的游客。

最为普遍的拦截调查的地点是大型购物中心,因为它给了我们进入对大多数消费者调查比较合适的一般人口总体的通道。实际上,在大型购物中心进行的拦截调查是如此普遍,以致它也常常被称为"购物中心调查"。在大多数拦截调查中,调查员被派往购物中心去招募任何一个看上去像是一个合格的被调查人的人。然而我们也可以使用更为严格的抽样方法(参见 E. Blair, 1983)。

调查员上前与看中的人打招呼,并要求他们在现场参加访谈。如果被他们拒绝,那么调查员便继续物色下一个人。访谈可以由调查员进行,也可以把问卷给被调查人由被调查人自己填写,或坐到一个计算机终端前填写计算机管理的问卷。

拦截调查的样本质量往往都不太好。要找到一个好的拦截地点往往是很困难的,即使能有进入大型购物中心的通道,但过低的合作率会损害样本的质量。大多数购物中心研究者报告的合作率都在50%或以下。我们不必对此感到惊讶,因为许多购物者都只有很限的时间,况且人们到购物中心去的目的并不是参加访谈。

因为拦截调查是面对面做的,它们经常也有着与个别访谈类似的基本的灵活性,所有我们可以找到的证据都证明,那些接受了拦截访谈的人,其给出的答案的质量都可与来自其他调查方法的答案相比。主要的差别在于,拦截调查是在较大的时间压力下进行的。在大多数情况下,访谈时间不应该太长,除非被调查人能得到一些补偿,因为人们一般都不愿自己的活动被长时间地打扰。

使用拦截调查而非个别访谈的主要原因是拦截调查更加便宜。它没有差旅费(因为是被调查人自己来到了调查员跟前),不需要在调查不了的人身上花费时间,也不需要在那些第一次未能联系上的人身上花费再次进行联系的时间。必须花费的费用包括购物中心场地的租金和聘用、培训、督导调查员的费用。在每一个购物中心选取的样本越大,每个访谈必须花费的费用就越低。正因为如此,购物中心样本的大小通常为每个中心 50 到 100 个。

如何选择调查方法

根据各种方法的优缺点,我们给读者下面的一般性建议:

- 在调查只包括一些有关具体现象的简单问题,如曾经买过什么、什么时候买过、在什么地方买的或在什么时候用过这样一些问题时,各种调查方法使用起来都是得心应手的。

- 个别访谈调查比较适合由专业管理人员或专业人士来组织实施,问卷中如果含有许多开放问题,则尤其需要这样做,然而对于大多数有关家庭总体的研究,它的费用实在是太高了。

- 电话调查一般都是一种折中的选择,它允许采用数据质量好的比较大的样本。在我们不能接受邮递调查和拦截调查固有的种种限制,但又承担不了个别调查的高昂费用时,它便是最佳的选择。

- 在必须对被调查人出示产品、包装或广告,但费用却是一个问题时,购物中心拦截调查一般便会是一种比较恰当的方法。

- 邮递调查费用比较低,因而只要它们的那些限制不会妨碍我们的使用,采用邮递调查不失为一种明智之举。因为一般来讲,对于那些受教育程度比较高的被调查人群体,如医生、律师、会计和行政管理人员,如果调查专题、资助组织者或其他一些因素可用于刺激被调查人的应答,那么它便是一种很好的调查方法。

- 互联网调查可能是一种速度最快、费用最低的调查方法,因而在它们的抽样限制不妨碍我们的使用时,这种方法理应在我们的考虑之列。

交叉使用各种不同的方法可以提高问卷的灵活性、样本和/或答案的质量，但随之而来的则是费用的增加。一条普遍使用的法则是：选择能给我们的研究提供可以接受的数据且费用最低的方法。

方法组合

不存在一个调查必须只能使用一种方法的规定。有时，依据研究的问题和表 3.1 中所列的那些因素做出的评估，我们最好能采用方法的组合。

我们用几个例子来阐述这种可能性，第一个例子是在全美内科医生调查中使用的方法组合，这个例子我们已在第 2 章中做过简单的介绍。原来的计划是做一个全美电话调查。资源、时间表和调查的问题表明这是一个最佳的路数。在预试阶段，回答率非常低（不到 50%），即使对某些医生进行了 15 次以上的回拨试联。为了找到一种提高回答率的方式，研究者进行了来自调查总体的医生的两个焦点小组访谈。得到了一个重要的发现是，医生（和其他非常忙的专业人士）需要一种适合他们的日程表的回答方法。具体的建议是，让他们挑选他们愿意使用的访谈方式：电话调查或自行填写的邮递问卷。实践证明，这是一种不错的策略，它使主研究的回答率比三次预调查的任何一次都高了 40% 左右。

在需要在一个住户（例如，一对已婚夫妇的住户）内进行多个访谈时，另一种经常使用的组合是先对一个成员做初始的面对面调查，然后再将问卷留给另一个成员自行填写，并请其在填好后用邮件寄回。

给邮递调查的被调查人提供一份在线的，而非纸和笔的问卷，则是另一种可能的混合模式。有关这种类型的混合模式设计，库珀（Couper, 2000）却给了我们一个警示。他引用了两个例子：普查局的公立学校和私立学校的图书馆媒体中心的调查，以及 1999 年的底特律地区研究。在这两个研究中，问卷最初都用邮件寄到了被抽到的学校/个人那里，也给他们提供了可在网上填写问卷的选择机会。在图书馆媒体中心的调查中，1.4% 的公立学校和不到 1% 的私立学校选择在互联网上填写问卷，而在底特律地区的研究中，选择互联网的被调查人约为 8.6%。不言而喻，在考虑将互联网问卷提供给邮递调查的被调查人时，研究者需要在可能得到的好处和给邮递调查的被调查人提供互联网问卷所增加的费用这二者之间进行权衡。

组合方法的另一个例子是互联网-电话调查。假定我们希望对高校的教职员进行调查。如果大学有一本列有所有教职员姓名、电邮地址、办公室和/或家庭电话号码的名录，那么一个互联网调查与一个对那些互联网调查的无回答的人（或一个无回答人样本）进行电话调查的组合设计将会是一种高效的设计,当然,题目、问卷长度等都必须首先适合进行互联网调查。

　　组合调查方法的可能性只受研究者本身想象力的限制,但是这种想象不是凭空的,它必须斟酌究竟哪些方法最适合调查的题目,并对来自依据不同的数据收集模式的人给出的不同的答案可能造成的测量误差做出评估。迪尔曼(Dillman et al. , 2008)也给我们提供了若干有用的数据收集方法的组合。

新兴技术:智能手机和社交媒体

　　数据收集可能是调查方法中那个最容易受到新技术影响的方面,而这影响可能还是持续不断的。当今,我们正在见证一个史无前例的新设备浪潮(智能手机、平板电脑)、软件(移动应用程序)、服务(社交媒体)和技术能力(云计算)。这些新技术的发展迅速地改变了人们与朋友、同事和陌生人的联系方法(Facebook、Google+LinkedIn),一般的交流方式(blogs、Twitter)、共享信息的方式(YouTube)和互动(Second Life)。云技术给我们提供了价格低廉,有时甚至是免费的数据收集软件和低价的数据存储器,大大有利于调查和研究市场组织。其对于调查的设计、方法学和实践的影响是持续不断的,在有些时候,它的影响之大堪比早年住宅电话的散布和后来的移动电话的应用。

智能电话使用方兴未艾

　　超越传统的电话访谈,智能电话允许以文本信息或电子邮件方式发送参与调查的请求。这种设备也可以让被调查人选择先下载一个应用,再用下载的应用在手机屏幕上回答调查问题。后续的联系或拒访说服,也与最初调查联系的方式一般无异。此外,智能电话也可以将视觉信息加入调查,或用 GPS 收集确定位置的信息。这些能力显然可以给某些调查目标带来很大的好处。

　　当然,新的数据收集设备的好处可能也会伴有一些限制,或对回答行为也会有一些影响。佩特库和希尔(Peytchev & Hill, 2011)在最初的个别访谈之后,给一个小概率的成人样本提供了智能手机,然后进行了一个为期 19 个星期的方法学实验。虽然他们的结果在一些方面,如样本大小($n=92$)受到了限制,但是结果仍然表明,诸如问题的屏幕显示(和如照片这样的图形)、答案选项,以及使用键盘输入答案等因素都可能影响回答行为。

那时，拥有智能手机的人只占美国成年人口的 35%（Smith，2011）。这意味着一个一般人口总体的调查必须使用其他的模式再加智能手机，以达到比较合理的覆盖水平。不同调查模式造成的潜在的回答差异是我们必须要加以考虑的问题。正因为这样，当下，智能手机数据收集的潜在有用性，在很大程度上还要取决于其对目标总体的覆盖范围。

社交媒体使用崭露头角

社交媒体可以在各个方面对标准的调查方法有所补充。例如，纵向调查几乎总是会因为群组成员的失联而有缺损。脸书和其他社交媒体则给我们提供了一种新的寻找离群者的可能的办法。不仅如此，个人数据也是社交媒体的一部分，它对降低招募成本，如教育背景、职业类型或闲暇活动的目标总体等费用很有帮助。

特西托勒和马克里（Tessitore & Macri，2011）提出了一些当目标总体在一定程度上是由脸书会员身份定义的时候，使用脸书来抽样的方法。他们描述了若干种应用标准概率抽样存在的难以克服的困难，因而认为必须使用配额抽样或某种类型的方便样本。答案也是一个问题，因为没有给出回答率报告。

社交媒体潜在的优点很多。与许多传统方法相比，它花费的确认和联系目标总体、收集调查数据和/或得到可以增加计划的分析成果的补充数据的费用更低。当然，在使用社交媒体时需要在抽样方面做出某些妥协，无回答偏倚也可能会有所增加，但是得失相比，得还是大于失的。

尽管调查研究者对于诸如智能手机和社交媒体这样的发展关联的方法学因素的研究还只是刚刚起步，但这些资源已经引起研究者的注意，有很多的应用。不仅许多有关的方法学的研究已经在运作，而且用于这样的研究的指南也已经在设计开发之中了（参见附录 D）。

一些与新兴技术有关的伦理问题

研究者在将诸如社交媒体和云资源这样的新兴技术用于调查时，应当注意一下与之有关的若干伦理问题。技术的新颖和令人激动这一事实并未改变研究者对调查样本成员和调查对象所负有的责任。

让我们先来考虑一下未成年人的问题。在许多调查中，那些年龄在法定的结婚年龄之下的人都被排除在了调查总体之外。在学术和联邦资助的研究中，在对未成年人进行调查时，特别的程序和安全保障须经机构审查委员会(IRBs)的审查[①],而商业的研究者,因为没有 IRBs,因此未成年人的参与须经他们的父母同意。如果样本是经过双向确认或其他自愿的程序,或是从社交媒体上招募来的,那么未成年人就有可能被不经意地包括进来。研究者未意识到未成年人被选择这一事实并不能排除研究者未经父母同意不得调查年龄在法定结婚年龄以下的人的责任。

　　同样,我们也应当考虑一下在云中收集和/或储存的数据。一旦有关个人身份确认的信息被我们收集到了,那么我们就有责任保障它的安全。如果样本和数据存储在研究者无法控制的服务器中,那么履行这一责任就变得很困难或根本不可能。这样的服务器可能有不同于研究者假定的安全层级,或甚至由拥有或管理服务器的公司所掌控。在使用免费或低价的商业性工具来收集和/或处理、储存数据时,研究者如果未对这些问题做过特别的考虑,那么他们就可能已将他们的数据、样本和被调查人的标识搬到了一个不适合的环境中去了。

　　研究者在使用一种新奇的技术或信息/数据来源时的主要伦理责任是对研究程序进行评估,确认原来计划的保障措施是否仍然起作用,以及是否引进新的不期而至的危险。

整合新的访谈技术的框架

　　在康拉德和肖伯(Conrad & Schober, 2008)所撰的《未来的调查访谈展望》(*Envisioning the Survey Interview of the Future*)一书的开篇中,作者对那些普遍适用于调查访谈新技术的主题、可能的好处和注意事项做了十分精当的概括总结。他们认为,"我们必须摈弃那种假定来自某一种(交流)媒介的设计原则对其他的媒体也是正确的观点",转向一种新技术的可能成效已从被调查人的领悟效应扩展到完成问卷的"最不费力策略",以及不同交流媒介之间的自我表露差异(self-disclosure differences)——无论用于自填式调查,还是用于调查员实施的调查都是如此。康拉德和肖伯认为那些相同的误差源——来自覆盖面、抽样、无回答和测量的误差源——都将被关注,但是每一种误差源是如何受影响的,则需要用新方法进行研究和体会。某些可能的决策及其好处和风险则如下文所列:

---

　　① 在大学和其他用联邦基金进行的研究中,要求设立机构审查委员会(IRBs)。IRBs 的基本职责是保护参与研究的人类受试者。其目的是保证受试者受到与伦理准则相符的对待,免受来路不明的、不必要的和不恰当的风险。在招聘或牵涉研究或调查中的样本成员之前,研究计划——特别是那些涉及知情同意和研究参与者权利的方面——必须经 IRBs 的评审和批准。即使一个并非联邦资助的特别研究,也许也要得到 IRBs 的批准。

- 一项新技术在用于调查之前需要达到什么样的普及程度？
- 不采用一项新技术的"损失"多大（例如，在被调查人的认知和回应问题上）？
- 我们是否可以推断人们使用新技术的水平？
- 各种技术对不同文化和语言的人口群体产生的效用是正面的还是负面的？
- 若使用新技术的全部能力，其利弊如何？例如将调查访谈与被调查人的可资利用的其他信息（可能实时地）相联系。

需要考虑的问题有许多，而伦理道德问题的考虑更是十分重要。例如使用某些类型的可资利用的信息或技术能力涉及的知情同意这样的伦理问题。康拉德和肖伯在他们的著作（Conrad & Schober, 2008）和其余著作中对这个问题做了全面深入的阐述。这些阐述不仅很重要和颇有教益，而且文字也很生动。但从研究者的角度看，究竟哪些观点才是最为重要的呢？

首先，我们应该对"调查究竟需要多好"这一问题做出评估。检索一下可以得到的文献，了解有争议的技术在与我们类似的问题中的使用情况。一般来讲，如果有关这种技术的文献寥若晨星，论述不当或根本不存在，那么这种技术的使用将会有很大的风险或意料不到的效应。

在考虑对不同的误差源的可能的正或负效应时，我们应该牢记，这些效应将会随推荐使用的技术，究竟作为比较传统的方法的补充，还是唯一使用的新工具这两种不同的情况而有所不同。不仅如此，我们还要考虑设计的变化是否会减轻负面的效应。例如，如果我们知道一项新技术将会降低费用，但会使回答率降低，那么我们或许可以设法"消除"这一负面效应。一种可行的方法是重新调整不同调查模式的样本量，或用其他的追踪方法进行补救——如用智能手机进行无回答转换、对部分访谈进行更多的回拨或采用不同的调查模式——与此同时，要最大程度地保持其在费用方面的长处。

而在更低的回答率和很差的覆盖面二者同时影响某一特定的人口统计学子群体时，我们又该怎么办呢？如果那个子群在总体上，或对单独的分析来讲是很重要的，那么较低的费用可能是一个得不偿失的节省。

这一问题的重中之重是考虑调查的信度和效度的主要威胁，以及建议采用的技术究竟会降低还是增加威胁。如果我们没有做出这些判断的足够信息，那么做一个某种形式的实验性研究，甚至一个很小的实验，可能不失为一种明智之举。在多数情况下，少量真实数据给我们提供的信息，远胜于冥思苦想或主观的猜测能给予我们的。

补充阅读

奖励的使用可以对调查的回答有显著的效应。奖励也可以用于拒访的说服和降低纵向调查中的被调查人的减员。在其他的应用中，奖励可能会有意想不到的效应，如迫使被调查人参与或建立起对未来的调查的期待。有关这方面的更为详尽的讨论参见辛格等人的有关著作（Singer，Van Hoewyk，Gelber，Raghunathan，& McGonagle，1999）。张（Zhang，2010）报告了国家科学基金系列实验中，有关激励的使用和效应的各个方面的情况。

深入阅读

在有关混合模式设计的详细讨论中，德-莱乌（de Leeuw，2005）对几种常用于数据收集的每一个阶段的调查质量的多重测量的模式组合进行了比较。考虑到目标总体的性质、样本设计和调查题目，降低数据收集某一阶段误差的重要性随调查而异。她对这一问题进行了详细讨论，告诉我们如何在多模式的优点和跨模式测量的等价性问题之间进行权衡。

艾乃克·A. 斯图普（Ineke A. Stoop，2005）的著作《寻找最后一个被调查人：样本调查中的无回答问题》（*The Hunt for the Last Respondent：Nonresponse in Sample Surveys*）是欧洲学者对无回答问题进行的研究，在美国的文献中不仅流传十分广泛且信息量也很大。它主要讨论了无回答的原因，以及在什么时候无回答会引起偏倚等问题，而非只是简单地介绍一些提高回答率的方法。

第5章

抽样 I
样本代表性和样本质量的概念

抽样简史

  抽样问题与所有形式的社会研究有关,抽样理论和实践的大多数发展都是在调查研究的背景下发展起来的。特别是,政治倾向调查已给我们提供了带有最为引人瞩目的事件的抽样史。无论在这些调查中被预测的候选人赢得了还是输掉了大选,政治倾向调查都为我们提供研究程序可以看得见的"严格检验"。

  虽然普查和调查可以回溯到年代久远的年代,但调查研究却是属于起源于 20 世纪的现象,并于 20 世纪 30 年代盖洛普公司、罗珀公司成立之后才得到迅猛的发展。调查给我们提供了指导新大众营销的大众意见,而大众营销的出现则与全国无线电网络和杂志兴起相伴。这些调查也给我们提供了政治倾向的数据和其他形式的作为一种新闻来源的民意。

  我们的时代最为著名的政治民意调查,可能是由《文摘》(*Literary Digest*)杂志进行的一个调查。这个调查是一个大规模的邮递调查,使用电话记录和汽车登记作为它的邮寄地址。那时,有电话的家庭的比例还很低,且有电话的家庭主要是那些高收入的家庭,这样民意就出现了偏倚。这一偏倚在 1936 年的总统选举中暴露了出来。《文摘》杂志预测共和党的阿尔夫·兰登(Alf Landon)将击败民主党的富兰克林·德拉诺·罗斯福(Franklin Delano Roosevelt),但是罗斯福却取得了压倒性的胜利。这成为民意研究史上最为著名的败笔。盖洛普公司、罗珀公司则正确地预测了罗斯福的胜利,它使用的抽样方法远胜于样本很大但却偏倚的邮递调查。这一事件证明:选择**什么样**的人比选择**多少**人要重要得多。

　　盖洛普公司、罗珀公司使用的抽样方法后来变成了定额抽样法。这种方法涉及地理位置，如城市、村庄和农村地区的选择，选择是以它们在总体中的比例为概率的。较大的城市会被分成若干子部分，并给它们配备了调查员。在分配到的地理区域内，调查员可以到任何地方收集访谈，但是各种调查对象的数目是有定额的。如男人和女人的数目，高、中和低收入的被调查人的数目都是有一定配额的。尽管调查员逐户进行访谈也是一种完成访谈配额的方法，但是大多数调查员却更喜欢在公共场所，如公园或街道进行访谈。这种方法已经成为一种为人们广泛接受的常用于民意调查和市场研究的方法。

　　在与此大致相同的时间，第二次世界大战爆发之前，以莫里斯·汉森（Morris Hansen）为领导的美国联邦统计学家们发明了控制性更强的用于政府调查的抽样方法（Hansen，Dalenius，& Tepping，1985）。这些程序后来被称为区域概率抽样法（Area probability sampling）。它选择的地理区域一直到城市的街区或小块的农村地段这样的层次，其概率与估计的人口多少成比例。在选出地理区域之后，再随机地从这些街区或地段选择具体的家户（分别参见 Hansen，Hurwitz，& Madow，1953；Kish，1965）。这种抽样过程的途径控制所有通向单个住户选择的途径。区域抽样去除了调查员对样本的影响，因而它能为总体中的任何住户设定明确的概率。

　　盖洛普公司、罗珀公司和市场研究者公司都不太愿意采用区域概率抽样，因为它显然要比定额抽样贵得多。从抽样的观点看，区域概率抽样需要为在那里抽取被调查人的城市街区或农村区域绘制地址清单。从访谈的角度看，区域概率样本是比较昂贵的，因为如果被调查人不在家的话需要再次拨打电话。定额样本的使用者声称他们得到的结果，其质量并不比那些来自更贵的方法差，因为通常在经过比较之后，并未发现什么大的差异。

　　人们真正开始转向区域概率抽样发生在 1948 年总统选举之后，那时所有主要的民意调查都错误地预测，共和党的挑战者托马斯·杜威（Thomas Dewey）将战胜民主党的哈里·杜鲁门（Harry Truman）。民意测验也因采用定额抽样而饱受批评，尽管后来的分析发现，他们的主要错误是过早地停止了调查，以致未能探测到导致杜鲁门取得最后胜利的最后几分钟选民投票倾向的变化。自那时之后，对选择进行全方位的，一直到个别住户或被调查人控制的概率抽样程序就被人们看作优秀的研究实践规范。

　　在近几十年间，美国的研究实践已与入户调查渐行渐远，而区域概率抽样正是为它而开发的。自 20 世纪 70 年代以来，最为广泛用于收集调查数据的方法是电话调查。从入户调查向电话调查转变的主要原因有两个。第一，电话抽样已经变得更为有吸引力，因为美国拥有电话的住户的比率，已从第二次世界大战前的不到 50%，上升到了目前的 95%，由无电话户缺漏造成的偏倚,在现在的大多数研究中已经微不足道。但对某些有政策目的,特别是对低收入住户有特殊兴趣的大规模调查而言,无电话户问题仍然是一个很重要的问题。

第二个转向电话调查的主要原因是逐户调查费用的急剧上升。导致这一费用上升的主要因素是可以访问的被调查人的减少。美国妇女中出外工作的百分比急剧上升使我们在住户中找到人这件事十分费钱和费事,即使我们把访谈安排在晚间或周末,情况也没有什么大的改观。逐户访谈支出的差旅费巨大,但回报却甚微。电话调查免除了差旅费,因此使调查的费用大大降低。近年来,美国在调查方法上正在发生其他各种转变。电话调查也变得越来越困难,这是由移动电话与固定电话之间的激烈竞争、来电防火墙、来电显示、应答机使用和回答率下降等多种因素交织在一起产生的一种并发症。与此同时,那些拥有互联网使用权的人的百分比却在上升,在线调查的费用低廉,与其他调查形式相比,有着很大的优越性。正因为如此,在线调查开始普遍起来,特别是在那些有高等级的互联网使用权的群体中普及起来。

随着实施管理方法的变化,特定的抽样问题所产生的问题和解决方法也发生了变化。虽然彻底解决这些特定的问题所依据的广博原则都来自《文摘》的惨败和杜鲁门/杜威的选举,即:(1)样本中有什么人比有多少人更重要;(2)最好的抽样程序是那些研究者给了总体中的每个成员以相同的选择可能,且对整个研究过程加以控制的程序。

代表性和误差的概念

我们选择了一个样本,并用它来了解总体的事实。我们对样本本身的兴趣只是在这个意义上:就我们想要了解的信息而言,它在多大程度上代表了总体。《文摘》杂志的邮递调查的意图是代表选民的总统候选人选择。很明显,在这个目标上它失败了。失败的原因部分在于高收入住户的代表性过高。而这些住户群体的确比低收入的住户更喜欢选兰登当总统。《文摘》杂志的样本可能适合其他的目的——如奢侈品市场研究——但是它并不适用于大选结果的预测。

早期采用定额抽样的目的是保证选择的样本能代表一般人口总体的性别和收入分布,其隐含的假定是感兴趣的信息与这些总体特征相关。不仅如此,得到的样本可能就某些目的而言,也比其他的样本能更好地代表总体。

于是问题变成了一个调查选择的样本应该在何种程度上精确反映它所

来自的那个总体。在 1979 年和 1980 年,威廉姆·克鲁斯卡和弗雷德里克·莫斯特勒,这两位现代统计史中的大家在杂志上发表了四篇系列文章(Kruskal & Mosteller, 1979a, 1979b, 1979c, 1980),他们在文中仔细考察了代表性抽样这个特定的专用名词是如何为有着不同目的、一般目的和特定目的人们所用的。当时,统计学家使用这一术语的含义甚为宽泛。克鲁斯卡和莫斯特勒的文章的目的部分在于“提高统计话语的清晰性”。但当我们对那个特定的术语没有很介意的时候,在他们的论文中描述某些方法时,一个样本是可以被说成是代表一个总体的,这种说法有助于阐明,就调查的目的而言我们可以对样本有什么期望。

克鲁斯卡和莫斯特勒的第三篇文章(Kruskal & Mosteller, 1979c),副标题为“当前的统计文献”(The Current Statistical Literature),列出了代表性抽样的四个含义:

- 总体的缩图
- 覆盖总体
- 一种对于一个特定目标足够好的代表性抽样方案
- 一种可以进行精确估计的代表性抽样方案

可以使一个样本成为一个总体的缩图的方法有若干种,其中一种是,假设“总体含有的那些重要特性在样本中有恰当的比例”(Kruskal & Mosteller, 1979c: 250)。要设定,尤其是要对一个给定的调查设定那些“重要的特性”并非一件容易的事,但是定额抽样的目标似乎就是为了达到这一方面的代表性。因为要考虑我们想要控制的这些特性有多少和这些特性究竟是什么,这种路数可能会是相当复杂的,但是其目标却总是很清楚的。

所谓“覆盖”总体是指样本必须反映总体的异质性,这种反映可取强或弱两种形式。弱形式可能会对所有“总体部分……都有一个被选的可能性”这一目标有所限制(p. 254)。强形式可在实际上要求“得到的样本尽可能来自总体的许多部分”。弱形式关注的是抽样方法,而强形式则关注样本达到的构成。但是两种形式对样本是总体的缩图的关注都更甚于对样本覆盖的关注,因为两种形式都不要求这些“部分”出现在样本中的比例与总体相同。《文摘》的民意调查也许对选民总体的所有收入部分的覆盖很好,但却与正确的总体百分比分布相去甚远。

“对一个特定的目的代表性足够好”的例子由克鲁斯卡和莫斯特勒给出(Kruskal & Mosteller, 1979c)。该例子涉及一个医学问题:“如果医生认为所有有一种特别的疼痛的病人[总是]会发展为一种特别的症状,但是一个样本显示有些病人没有那样,这便足以使这一特别的问题得到解决。”

（p. 259）

克鲁斯卡和莫斯特勒（Kruskal & Mosteller，1979c）注意到，选择可以"进行令人满意的统计推论的"样本，"是统计推论的基本理念"（p. 259）。调查的抽样理论主要涉及的便是这种代表性概念，所以我们将会对如何实现这种理念的问题进行讨论。但是我们也注意到，在有些场合，其他的"代表性"抽样法更有用处，或者更为恰当。我们希望在我们的研究需要其他理念或可用其他理念时，不要总是错误地纠结在代表性理念上。

美国调查抽样的发展始终与一个样本怎样才能"代表"总体这一备择概念相伴，发展造就了一门多维度——实质性的、统计学的和操作性的学科。[①] 实质性方面——包括调查目的、要收集的数据的类型和这些数据将会被如何分析——它会影响样本设计和选择。高效的抽样方法需要对基本的统计理论有一定的理解。但从本质上讲，诚如欧梅奇台（O'Muircheartaigh，2005）所言，调查抽样是"[调查]从业者的领地……其面对的问题是在没有测量总体所有成分的资源的情况下，得到有关总体的充分信息"，那样的从业者必须同时兼有"足够的判断设计决策"的精确度的"专业知识"和理解"样本设计和调查实施之间的相依性"的知识。"有关总体的充分信息"的理念并不等同于，但是十分接近于样本需要在什么意义上和在多大程度上精确地代表总体这一要求。

抽样的概念

考虑到这种背景，我们来给抽样的概念下一个正式的定义。首先，我们来给样本下一个定义。一个样本是一个较大的总体的子集。总体或全集是一个我们欲对之下结论的要素的集合。如果一个样本抓住了整个总体，那么它便称为一次普查。

抽样误差和样本偏倚

在我们用样本数据进行工作的时候，一般都希望我们的样本能精确地代表一个更为广大的总体。例如，如果我们在进行一个调查来支持我们的

---

①　当然，这种经验存在于美国，并以某种方式与较大的调查抽样史并行。特别是，概率抽样取代了那种可疑的，认为可以根据专家的判断选择特定的地点来代表更大的总体的观点。"代表地"范式在直觉上是很有吸引力的，因而在过去的数十年间，人们尝试了多种形式（Desrosieres，2002）。

朋友竞选校董,且我们的数据显示 64% 的被调查人希望校区能更加注重阅读技巧,我们希望 64% 这一数字是整个总体的对这方面的要求的精确反映。正如我们在第 2 章中讨论的那样,有三个原因可能会造成这个数字是不精确的:

- 抽样误差,也称抽样方差
- 样本偏倚
- 非抽样误差

在这一章,我们关注的问题是抽样误差和样本偏倚。正如在第 2 章中讨论的那样,抽样误差涉及样本成员可能会与较大的总体有所不同的问题,其原因是样本组成中出现的偶然变异。样本偏倚涉及样本成员可能会以某种系统的方式不同于较大的总体的问题。样本偏倚可以三种一般的方式出现。如果总体某些部分被不恰当地排除在了考虑的样本之外或无法通过研究采用的方法得到,那么就会因此而发生覆盖偏倚。如果某些总体群体被给予了不成比例的,过高或过低的选择的机会,那么选择偏倚便会因此而发生。最后,即使样本是相当完美地被抽取的,但如果跨群体的无回答是不成比例的,那么便会因此而发生无回答偏倚。

抽样误差的高低为样本大小所控制。当样本逐渐变大时,可能的样本结果分布将越来越紧地围绕在总体数字的周围。相反,样本偏倚并不为样本大小所控制,而是为抽样之前定义的兴趣总体,最大限度地扩大总体的覆盖的尝试、一个能相当全面地代表整个总体的样本的选择和从选择的样本得到尽可能多的数据所控制。

对抽样原理知之不多的人往往会认为,对于抽样来讲,最重要的问题是样本的大小。在我们提交最终研究结果时,人们问及的问题更多是关于样本的大小,而非抽样程序。这种对于样本大小的关注,可能是因为样本大小是样本中最容易看到的方面。不论出于何种原因,这样一种对于样本大小的关注都是一种错位。样本偏倚是一种远比样本大小更严重的问题,如果我们未从正确的人那里得到正确的信息,那么无论我们得到了多少信息,或从多少人那里得到这些信息都于事无补。

我们未能对这一点予以足够的强调,以致人们常常会问"为了有一个有效的样本,需要有多大的总体百分比?"或"为了有一个有效的样本我们需要做多少观察?"这样的问题,好像抽样的关键问题是样本有多大。或者,有人会坚持使用一个大却有偏倚的样本,他们的理由是"偏倚可能是小样本的问题,而随样本逐渐变大,样本便会变得更加可靠"。然而,实际情况却并非如此。记住《文摘》杂志的惨败:关键的问题不在于有**多少人**,而在于有的是**什**

么人。样本大小之所以有意义，是因为它关系（随机的）抽样误差，而 2000 年美国总统竞选的大选之夜的新闻报道就表明了它的重要性。那时电视联播网来回报道民主党的阿尔·戈尔在关键的佛罗里达州赢了共和党的乔治·W. 布什。究其原因，至少有一部分是因为他们的"选举投票后民意测验"的样本不够大，因而对于胜败仅在毫厘之间的竞选的推断不够可靠。[1] 然而，在样本大小是有意义的时候，一个老成的研究者几乎总是会采用一个比较小，但是比较好的样本，而不是比较大，却比较差的样本。

概率样本与非概率样本

有两种一般类型的样本：概率样本和非概率样本。概率样本也称随机样本，使用某些随机过程选择总体的成分来作为样本，并给每一个总体成分一个已知的非零的选择机会。非概率样本则不使用随机过程，相反，成分一般都依据主观判断或便利性来选择。

两种类型的样本依靠不同的机制来控制选择偏倚。其理念是，如果选择完全是偶然而为之的，那么一个大样本将自然而然地会含有有代表性的总体横截面。相反，非概率样本依靠的是主观判断、便利性或配额。其理念是，我们可以不采用完全随机的过程产生一个适合我们手头的目的样本。

概率样本的类型

有四种比较宽泛的概率样本形式。简单随机抽样是概率抽样的基本版本。系统抽样是简单随机抽样的备择版本。分层抽样和整群抽样则是可以在某些场合为我们提供提高成本效益的，特殊的概率抽样形式。

在简单随机抽样时，总体成员被编了号，并用抽取的随机数表示样本的号码。如果总体有 100000 个成员，而我们希望有一个 500 个成员的样本，那么便要在 1 到 100000 之间，选出 500 个随机号码。这种类型的样本给所有的总体成员以相等的选择概率，称为简单随机样本，即 srs[2] 样本，而把给总体的每一个成员相等的选择概率的样本叫作 epsem[3] 样本。

---

① 那次选举，实际上的赢家是布什。——译者注
② 英文简单随机样本三个英文单词的第一个字母。——译者注
③ 组成英文术语的单词的第一个字母。——译者注

　　系统抽样是简单随机抽样的一种变形,在使用这种抽样时,总体中每一个随机的起始数之后的每一个第 i 个总体成员都将被选中。如果我们有 100000 个总体成员,而我们希望抽取一个有 500 个成员的样本,那么 100000÷500 意味着抽样间距(i)为 200。在 1 到 200 之间我们要选择一个随机数——这就是那个随机起始点,s——且选中的成员都是 s,s+200,s+400,s+600,等等。严格地讲,系统抽样并不是 srs,因为如果在抽样框中存在"周期性"的话,那么就有可能会引起一些问题。例如,如果一个总体含有 100000个成员,且他们都是已婚夫妇,妻子列在第一,丈夫列在第二,这样所有的奇数都与女性对应,而所有的偶数则都与男性对应,从而造成一个有奇数间隔的系统样本将全部都是女性(如果随机起始数是奇数)或男性(如果随机起始数是偶数)。如果这样的问题不存在,那么一个系统样本可被看作一个功能等价的简单随机样本,而它的抽取也许更加快捷和容易。

　　在分层抽样时,总体被分割成若干个子群体,我们将这些子群体叫作层,每一子群体都要抽取一个单独的样本。例如,在从一所大学抽取学生的样本时,我们可以把学生分成研究生和本科生,并分别对每一个群体抽样。分层样本可以是 epsem 的,如果我们希望是那样的话,但是通常我们之所以要进行分层抽样,是因为我们希望以不同的比率来对不同的群体进行抽样。例如,该大学有比研究生更多的本科生,但我们却希望每个样本的成员数是相等的,以便于在两个群体之间进行比较。

　　在进行整群抽样时,总体被分成了若干个称为群的子组,并抽取一个群的样本。例如,在从一所大学抽取学生的样本时,我们可以随机地选取班级,然后再从选出的班级中选取学生。整群样本通常都被设计为 epsem 样本,整群抽样的目的并不是以不同的比率抽取子组,而只是为了方便才抽取群的样本。我们将在第 7 章对这些作进一步的讨论。

计算抽样概率

　　概率抽样的一个典型特性是总体的每一个成员都有一个已知的、非零的被选入样本的机会。这些概率的计算遵从如下的简单规则。

　　如果选择的程序是随机的,在任何一次给定的抽取中,每一个总体成员都有 $1/N$ 机会被选入样本,N 是总体的大小,或在一个特定的抽样池中总体成员数。如果我们进行了 n 次抽取,那么每个总体成员都有 n 次这样的机会,因而总的选择概率便是 n/N。例如,如果我们从一副有 52 张牌的扑克中随机地抽取一张牌,那么对于任何一张给定的牌,例如红桃皇后的选择机会都是 1/52。如果随机地抽取 26 张牌,那么任何一张给定的牌选择机会就是 26/52，或 1/2。同样，如果我们从一个有 500 个小学生的学校抽取 1 个学生，那么任何一个给定的学生的选择概率就是 1/500。如果我们抽取 100 个学生，那么选择概率就是 100/500，或 1/5，或 0.20。[①]

选择的概率也称为抽样率。例如，我们将抽取 500 个学生中的 100 个这一说法，等价于我们将以 5 分之 1 的比率抽取这一说法。

正如我们的例子所阐明的那样，如果我们知道样本的大小和总体的大小，我们就可以以数字的形式计算选择的概率抽样率。例如，如果样本量为 100，而总体量为 500，且选择是随机的，那么选择概率 n/N 便等于 100/500，而抽样率则等于 5 分之 1。即使我们没有某些这样的信息，我们仍然可以将选择概率定义为一个符号项（n/N），或数字和符号的混合项。例如，假定我们希望从一个有男女学生共 500 名的学校，抽取 25 个女学生。如果我们选到了男学生，我们只要将他们去除就可以，然后再接着抽女学生，直至抽满 25 个女学生为止。这时，任何一个给定的女学生的选择概率都是 $25/N_{女生}$，式中的 $N_{女生}$ 便是学校中的女生数。事实上，我们不知道确切的女生数，并未妨碍我们对这一概率的表达。（注意，我们可以从我们的抽样经验来推测学校的女生数——例如，如果我们必须抽 50 个名字，才得到 25 个女学生，那么我们就可以推测学校的 500 名学生中，有一半是女学生——不过这只是一个估计而已。）

有的时候，我们会增补一些样本，而在这种情形中的选择概率都是加法的。例如说，我们最初抽取一个目标为得到一个有 25 个女学生的 50 个学生的样本，但是样本只产生了 20 个女生。这样，为了再得到另外 5 个女学生，我们还要再抽取一些额外的样本。两次抽样合并而成的样本可以看作是一个单独的实体——一个随机样本加一个随机样本等于一个随机样本——而整个选择概率 $(n_1+n_2)/N$，式中的 n_1 是第一个样本的大小，n_2 是第二个样本的大小，而 N 则是总体或抽样池的大小。在我们的例子中，学校中任何一个给定的女生的选择概率都是 $(20+5)/N_{女生}$，或 $25/N_{女生}$。

同样，我们也可能要对样本进行一些剪裁，这时选择概率是减法。譬如说，我们最初抽取了一个目标是有 25 个女生的 50 个学生的样本，但是样本却产生了 30 个女生，这样我们就要随机抽取 5 个予以去除。这样得到的样本也可以看作一个单独的实体——一个随机样本减去一个随机样本还是一个随机样本——而总的选择概率是 $(n_1-n_2)/N$。在我们的例子里，学校里任

---

①　在这里，以及整本书中，我们将都假定抽样是不回置的。在回置抽样中，在每次抽样之后，选出的总体成员要被放回抽样池，因而有可能再一次被抽到。在无回置抽样中，一个总体成员只可以被抽到一次：这样，如果我们在一个学生的样本中抽取了第 33 号学生，那么在再一次抽到这个号码时，第二次选择就应该放弃，因为这个学生已经在样本中了。几乎所有在社会科学中的抽样都是无回置的，正因为如此，我们才要假定它。在计算抽样概率时，回置抽样稍微复杂一点，因为总成员的总选择机会组成包括了被选了一次、两次和 N 次的概率。

何一个给定的女生的选择概率是$(30-5)/N_{女生}$，或$25/N_{女生}$。

　　我们也有可能会从一个初始样本中再抽取一个子样本，或一个阶段样本，而在这样的情况中，选择的概率是乘法的——那就是说，在第一阶段的抽样中被选择的概率乘以在第二阶段抽样中的被选择概率，再进一步乘以任何后续阶段的选择概率。譬如说，我们抽取一个 50 个学生的，目标为有 25 个女学生的初始样本，但是样本却产生了 30 个女生，这样我们要再从中抽取 25 个女生以符合我们的目标。由此得到的样本可作为一个单独的实体来处理（一个随机样本的一个随机样本也是一个随机样本），这个学校中任何一个给定的女生选择概率是第一阶段被选择的概率，或$30/N_{女生}$乘以第二阶段的选择（保留）概率，或$25/30$，由此得到的总概率为$25/N_{女生}$。我们不必感到奇怪，这一结果恰与我们去除 5 个女生，而非保留 25 个女生得到的结果相同。

　　在所有我们的这些例子中，抽样都是 epsem 的（总体中的每一个成员都有相等的选择概率），而且不论我们是如何来达到 n 的任何一个给定的成员的选择概率都是 n/N。应该强调的是，这些计算都假定某种形式的随机抽样贯穿于整个过程。只要有抽样的任何成分是非随机的，那么样本就不再是 epsem 的了。譬如说，我们抽取了 30 个女生，但是我们只需要 25 个，而我们使用了最初 25 个我们可以联系到的女生，而不是随机地选择 5 个去除的女生，或随机地选择 25 个保留的女生。于是在第二阶段，任何给定的女生被保留的概率是以她的可联系性而定的。虽然我们无法设定这种概率，但是我们几乎可以肯定它是随学生而异的。学生的可联系性越高，这一概率就越高，因而她们就有可能在最终的样本中比例过高。

　　即使抽样自始至终都是完全随机的，如果不同的总体成员的跨不同阶段的选择概率是不等（或不平衡）的，那么一个多阶抽样仍然有可能是非 epsem 的。譬如我们想要从一个学校抽取 25 个女学生的样本，并从随机抽取的 5 个班级（同年级班级）中，每个班抽取 5 个学生得到这一样本。在这一例子中，每一给定的女学生的选择概率是她的教室在第一阶段被选上的机会，$5/N_{教室}$乘以如果她的班级被抽到了，她被选上的可能性，$5/N_{女学生(i)}$，式中的 $N_{教室}$ 是教室的数目，而 $N_{女学生(i)}$ 则是第 i 个教室的女学生数。例如，假如有 24 个教室，而每一个教室内共有 11 名女学生，那么那个教室中的每一个女学生都有一个$(5/24)\times(5/11)$的选择机会。如果另一个教室有 14 个女学生，那么这个教室中的每一个女学生都有一个$(5/24)\times(5/14)$的机会。如果女学生人数随教室而异，那么这个样本就不是一个 epsem 样本。然而，这个样本就某种用途而言，却可被看作是一个"足够好"的样本，只要跨教室的女学生人数大致相同，且在那些班级中不可能有女生太少与太多的偏倚型的班级的话。

　　另一方面，即使总体的不同成员在不同的抽样阶段有不同的选择概率，只要这种差别可跨阶段抵消，那么一个多阶样本仍然可以是 epsem 的。

非概率样本的类型

　　如果我们不能设定选择的概率，那么我们就只能退而求其次，采用非概率抽样。非概率样本有许多种形式。一种就是判断抽样。在这种抽样中，研究者对抽样的控制一直下沉到成分水平，并尽可能地对成分的代表性做出积极的主观判断。判断抽样的一个例子是测试新产品的市场选择。在这种抽样中，根据判断选出代表广大的市场的几个个别城市。判断抽样的逻辑是，对我们手头的目标而言，专家的判断和以往的经验可以保证得到一个精确的样本。

　　另一种非概率抽样形式是方便抽样。在这种抽样中，总体成员很容易就可以得到。如果我们曾经参与过一个信用等级研究项目，那么我们便都是一个方便样本的一部分。这种类型的抽样包括志愿者样本和在购物中心这样的地方抓到什么是什么的样本。方便样本的一般逻辑是，这样的抽样将会产生一个对研究目的足够好的样本。例如，一个研究者可能会说，各种不同的人的气味偏好是颇为相似的，那么一个购物中心的方便样本，对测试家具抛光的气味这一目的而言，与任何其他的样本相比都不逊色。

　　配额抽样是又一种形式的非概率抽样。在配额抽样中，数据收集者被分配给了不同的总体群体（如 18 ~ 34 岁的男性，35 ~ 64 岁的男性，65 岁以上的男性；18 ~ 34 岁的女性，35 ~ 64 岁的女性，65 岁以上的女性）的要收集的观察数的定额，并要求他们要完成这些定额。一般的选择机制虽然是可以设定的——例如一个调查员可能会被告知，要给列在电话簿中的某些页上的人打电话，或对路过调查站的第一个可以进行调查的人进行调查——但是样本最终的组成都取决于配额而非概率。

　　一个样本可以是概率和非概率成分的混合。譬如说，为了检验教育绩效，我们先凭判断选出四所给学生提供笔记本电脑的学校，然后再在这些学校里随机地选择接受计算机的学生。最终，这是一个非概率样本，因为它的判断成分使我们无法完全设定选择的概率。

比较概率样本和非概率样本

　　与非概率样本相比，概率样本有几个优点。概率样本使我们得以使用以概率为依据的方法,如在对样本所来自的总体做推论时,使用置信区间和假设检验。非概率样本却不能。而在研究者们使用统计方法时,普遍地都没有考虑到这一差别,非概率样本在技术上是"不可测量的",不存在从样本推论总体的客观的可测量的根据。不仅如此,非概率样本与各种可能的偏倚都有牵扯,而这些偏倚对概率样本却没有什么影响。这些可能的偏倚包括以下几种:

● 那些很容易得到或志愿参与研究的被调查人对于更广的总体而言,并不具有代表性。这是抽样中最大的问题之一。即使使用概率样本,最为普遍发生的错误也是满足于容易进行的观察,例如那些在我们打电话的时候常常都在家的人。

● 人们也许可以用一个判断样本来达到利己的目的,比如,我们有一位作者遇到了这样一种情况,有一家软件公司正在准备进行一个研究,确定在某些市场中销售下滑的原因。负责这项研究的营销主管想把这一责任归咎于技术服务部门的服务不力,而不是营销部门的推销不力,于是他就想选择那些可以"证明"服务不力问题的顾客。但是,想要使概率样本产生这样的偏倚就不那么容易了,因为(选择的)机会掌控着成分的选择。

● 非概率样本可能会产生朝向总体知名成员的偏倚。例如,如果有人要求你选择 10 所有代表性的大学作为研究学生社会生活的地点。那么你会选择什么样的大学呢?如果你像大多数人一样,那么你的选择中就会有过多的为人熟悉的大学,例如重要的州立学校。

● 非概率样本也造成导向那些"古怪的"总体成员的偏倚。例如在选择代表性学校的时候,大多数人都会排除那些宗教学校,因为他们认为这些学校是没有代表性的。这些排除的效应会使我们低估总体的真实变异性。

正因为所有这些原因,较之非概率样本,概率样本比较不太可能有选择偏倚。除非选择概率是不等的,只要总体成员都是有机会被选择的,就不可能发生选择偏倚,因为它通常都可以自行找出并修正这样的不等性。

除了选择偏倚之外,还有其他一些样本偏倚源,它们是覆盖偏倚和无回答偏倚。与非概率样本来相比,概率样本在这些方面没有大的优点,因为概率抽样和非概率抽样之间的区别仅在于成分的选择方式。然而就实际情况来看,概率抽样在这些方面还是略胜一筹。

总而言之,这是一种过程。为了抽取一个正式的概率样本,我们必须对总体加以定义,并将某种抽样程序施之于它。例如,如果我们希望从一所学校抽取一个 50 个学生的样本,那么我们可以确定,那所学校有 500 个学生,并从一个在 1 到 10 之间的随机起始数开始，每隔 10 个抽取一个。除非我们有了（1）已经定义的学生总体，（2）学生数估计值，（3）找到了某种确定哪一个学生对应于哪一次选择的方法，否则我们就不可能建立这种类型的程序。一旦这些事宜已经清晰，我们就有可能设计一种覆盖整个总体的程序，然后我们才有可能明白我们的资料和程序中存在的覆盖问题。不仅如此，我们的样本也应公平地代表难以得到的人。当然，除非我们为了从这些人那里收集到数据，而加倍努力，否则就不能得到令我们满意的回答率。相反，这些问题在非概率样本中可能并不是那么显而易见。通常，非概率样本的回答率都要比概率样本的高，这并不是因为非概率样本真的不会有样本偏倚，而是因为覆盖问题和无回答问题已经被选择程序所掩埋，致使样本仅限于那些方便的参与者。

好抽样的指南

正如我们已经了解的那样，一个样本是更大的总体的子集，而总体（或全集）则是我们要对之下结论的成分的集合。在某种意义上，我们之所以对样本感兴趣，只因为它是我们理解总体的工具。这就是说，我们一般都希望样本能给我们提供一个目标总体的精确代表——或用另一种方式说，我们希望能将样本结果推广到目标总体。而使样本结果无法加以推广的主要原因可能有三个：（随机）抽样误差、样本偏倚和/或无回答误差。抽样偏倚则依次来自覆盖偏倚、选择偏倚和/或无回答偏倚。总的来说，以下这些要点蕴含了好抽样的实施指南。

第一，我们应该努力缩小覆盖偏倚。兴趣总体应该予以清晰的定义，这样才有可能对抽样资料中的潜在的覆盖偏倚做出评估，我们应该优先考虑使用那些可以扩大覆盖面的程序。例如，假定我们对一个仅占一般人口总体 5% 的群体感兴趣。一种抽取这样的群体的样本的路数是，在一般人口总体中筛选这样的群体成员：这一路数虽然给每一个群体成员一个选择的机会，但是却费用不菲，因为这个群体稀少。还有一种可供我们选择的路数，我们可以从一张群体成员的专门清单，如某一组织的成员清单中抽样。如果这张专门的清单限制了总体的覆盖——情况似乎总是这样的——我们还是应该优先考虑从一般人口总体中进行筛选，尽管它的费用不菲。高昂的费用对于一个预算给定的研究意味着较少的观察数，但是一个含有较小的潜在覆盖偏倚的比较小的样本，往往优于一个比较大的有较大潜在覆盖偏倚的样本。

第二,我们应该努力缩小或调整选择偏倚。我们应该使用概率抽样,且应该搞清楚,该程序是否对总体的所有成员提供相等的选择概率。如果该抽样程序不是 epsem 的,那么我们应该用加权来调整在选择概率中存在的差别。例如,如果抽样程序给了已婚者只有单身者一半的选择概率,那么在相应的样本中已婚者将会被低估,因此他们的数据就应当被做相应加权,以对这种低估做调整。

第三,我们应该努力缩小无回答偏倚。一旦样本已被抽取,我们就应该努力扩大参与度,所以我们应该优先考虑那些能增进这一目的的程序。譬如说,我们正在计划进行一个某种产品的购买者的调查,而我们既可以进行一个有 50% 回答率的电话调查,也可以进行一个回答率只有 5% 的互联网调查。我们就应该优先考虑电话调查,即使它的费用是比较高的。对于任何费用预算既定的研究而言,高费用就意味着较少的观察数,但是一个有较小的潜在的无回答偏倚的较小样本,通常优于一个有着较大潜在无回答偏倚的较大样本。无独有偶,对这样的问题指导原则同样也是以避免或缩小偏倚为先。

第四,在无偏抽样程序环境中,我们应当努力缩小抽样误差。我们回想一下抽样误差可能会因为样本组成的随机变异,而导致一个样本有可能与更广大的总体有差异这个问题。我们也回想一下抽样误差的高低程度与样本大小有关这个问题。在某些情形中,我们有可能通过使用那些有可能从同样容量的样本中提供更多的信息(这正是分层抽样的目的)的程序,或预算相同的更大的样本(这是整群抽样的目的),来降低抽样误差。这样的程序应该在适合的地方使用。

样本必须要有多好?

由于时间、资金或进入通道的限制,我们并非总是可以得到如我们所愿的一个好样本。例如,在校的研究生的研究只能在那些驾车可达和愿意提供进入通道的学校进行。值得庆幸的是,在大多数情况下,样本并不一定要完美才可以使用。重要的问题是,要认识到我们的研究目的对样本有什么样的要求。相关的要点包括以下几个方面。

不完美的样本可用于探索或筛选

鲍勃·迪伦(Bob Dylan)注意到"你不需要一个气象预报员便可知道风向"。如果研究的目的是了解风吹的方向——也就是说,如果一个研究是探索性的，目的在于对一个现象有所了解，或确定那些可能值得进行更为正式的研究的问题——那么，非正式的便利样本便可以满足这样的目的。如果偏倚的方向是可以预测的，那么即使是那些有偏倚的样本也是有用的，例如，如果家长教师协会的成员认为一个改进学校教学质量的项目不值要花掉的费用，那么可能就不应当再对它作进一步的考虑。

当总体在我们研究的变量上是同质的时候，方便样本也是有用的。例如，一位清洁用品的制造商想要测试一种碗碟清洁剂的新气味，且他们知道购买总体在气味偏好上是相对同质的。那么在一个购物中心得到的顾客的方便样本，将会比在家中进行测试的概率样本的费用低得多，并能给我们提供不同产品之间的足够精确的比较结果。

不完美的样本可用于关系的测试

一个研究项目的主要目的有可能是对某些变量进行单变量估计，或对某些变量进行变量之间的关系估计。例如，一个估计加利福尼亚州在校学童中已经接种过某种疾病的疫苗，如麻疹疫苗的百分比的公共卫生方面的研究项目。在这种情况下，项目的主要目的是做有关接种比率的单变量估计。而在另一情况下，项目的主要目的却是估计变量之间的关系，如父母的收入和受教育程度与孩子接种疫苗的可能性之间的关系。如果我们研究的关注点是关系，而非单变量估计，那么样本承担的任务就会轻一些。一般来讲，我们抽取了一个在某一变量上的有偏样本，那么在估计关系时所涉及那一个变量的偏倚将小于单变量估计，因为相关的变量上样本可以有等量、自我调整的偏倚。

表 5.1 阐明了这一点。首先，表左边的那些列显示了为使 X 和 Y 变量的分布是无偏的，我们应做一些什么约定，以及每个变量的均值和变量之间的相关。接下来，该表则显示了一个因"高 X"组的不成比例的代表性造成的有偏样本，及其均值和相关。注意，均值（单变量统计量）显然受到了样本偏倚的影响，但是相关（一种关系量度）却基本上保持不变。

重要的问题在于要注意到关系量度对于抽样偏倚的抵抗力，只有在样本覆盖了相关变量的全域时才能得到保证，而偏倚则发端于不同程度的过高和过低的代表性。如果关系只在跨相关变量的有限范围内被观察，那么就可能会出现问题。在这种情况下，被测量的关系便可能因范围而衰减或由于局部情况而偏倚。例如表 5.1 的右边显示，X 和 Y 的分布因"高 X"组的缺失而偏倚，而这种形式的偏倚似乎对相关和均值都有影响。无独有偶，如果样本被限制在有限的变量范围内，那么被量度的关系便可能被误导。

表5.1　样本偏倚对关系估计的影响					
	无偏样本		不成比例抽样导致的有偏样本		缺失导致的有偏样本	
	X	Y	X	Y	X	Y
	1	1	1	1	1	1
	1	2	1	2	1	2
	1	3	1	3	1	3
	2	2	2	2	2	2
	2	3	2	3	2	3
	2	4	2	4	2	4
	3	3	3	3		
	3	4	3	4		
	3	5	3	5		
			3	3		
			3	4		
			3	5		
均值	2.00	3.00	2.25	3.25	1.50	2.50
相关	0.71		0.71		0.52	

其含义是,只要样本是变化多样的,那么关系量度便会对样本偏倚有一定的抵抗力,但是如果样本的范围受到了限制,那么情况则并非必定如此。出于对推广问题和样本偏倚的抵抗力问题的考虑,样本的多样性是我们所高度期待的。这就使我们又回到了克鲁斯卡和莫斯特勒(Kruskal & Mosteller, 1979a, 1979b, 1979c, 1980)提出的,作为反映总体的全异质性的代表性概念。

不完美的样本可用于学术研究

学术研究的概括性不仅对质量各异的样本有着相当高的稳定性,而且对不完美的样本也有着很高的容忍性。这是因为学术研究主要都是研究关系的,而关系对抽样偏倚具有一定的抵抗力。更为重要的是学术研究有三种概括的途径,因而并不需要为此而完全依靠样本的质量。

第一种,也是最重要的在学术研究中进行概括的途径是通过理论进行概括(理论概括)。学术研究一般都要陈述和检验假设。研究者在见到关系之前就把它称为关系。也就是说,我们并不认为,关系之所以是普遍的,是因为我们在一个好样本中看到了它,相反,我们认为,我们之所以会在样本中看到它,是因为它是普遍的。换一句话说,研究者是在确证,而非推论。任何样本都可以用于这一目的。

第二种概括的路径是通过抽样过程(概率概括)。因为在任何研究中,如果样本质量好,那么我们对学术研究进行的概括就会感觉比较好。

第三种概括的路径是通过复制(经验概括)。在学术研究中,如果一个发现是很重要的,那么其他研究者将会对它进行详述,并尝试确定调节变量、边界条件等。在这一过程中,如果这个发现是一个偶然的样本,或是不稳定的,那么它就会轰然坍塌。

有了这三种概括的路径,再加上关系结果对样本偏倚具有的抵抗力,我们在学术研究中可以对样本质量网开一面。在某种意义上讲,我们总是在对样本质量来回地加括号。我们先通过理论来对它作出规定,然后再通过重复对它进行修补。

样本质量问题上的重中之重

在研究的主要目的是估计总体的,要达到某种精确度的单变量特征值,如均值或比率的时候,样本的任务便会变得很重。而这样的情况经常会在政策研究、民意调查和市场研究中发生。例如,在一个有关公共健康政策的研究中,我们可能需要估计接种某种疫苗的学龄前儿童的比率。在民意调查中,我们可能希望估计支持某一特定候选人的选民的比率。在市场研究中,我们可能想要估计对一种产品感兴趣的可能的购买者的比率,以及他们可能会花费在购买上的钱的平均数。在这些情况中,我们需要特定的单变量估计值,因而我们的概括能力完全取决于样本的质量:我们既不能依靠理论,也不能依靠重复。在这里,最重要的事情莫过于得到一个有总体的完整无缺的覆盖的好样本。

总括性建议

不论情况怎样,都要尽我所能把事情做到最好,同时还要认识到我们的样本的局限。尽可能地使用概率抽样:例如,即使参与教育研究的那些学校已为距离和进入权所界定,但我们仍有可能随机地选择班级或学生。力求使样本具有多样性:例如,即使一个教育研究必须在驾车可达的范围内实施,也要力求得到更多的学校,并力求样本是一个城市/郊区/农村、高收入/中等收入/低收入或其他似乎对研究有关的事物的混合体。不要只满足于做一些容易的观察，要尽可能得到一些不情愿的参与者。此外，即使资金和时间有限，也要安排一些资源进行追踪。不仅如此，当调查终了，必须对样本的局限有足够的了解。不仅不要在超出样本可以承担的范围之外进行推论，还要提供有关样本的足够的信息，以便其他人能对结果做出恰当的解释。

在一个特定的研究中，不论我们的研究目的是什么，也不论我们的资源多么有限：第一，一定要记住我们的研究的有用性和可靠性至少在一定程度上取决于研究的样本质量。第二，我们应当对那些可以用作决策好坏和样本质量评估的问题有所了解。第三，我们应当力争缩小无回答偏倚，而不是只满足于那些容易得到的参与者。第四，在使偏倚缩小之后，我们应当考虑那些可以降低抽样误差的程序，如分层抽样或整群抽样。

在我们总是给你们推荐使用好的抽样方法的同时，也请你们记住，如果完美是不可得的，也一定不要放弃。尽你所能，力求完美，了解我们的样本的局限，并懂得，即使样本是不够完美的，它也可能是有用的。

补充阅读

高级专题

莱斯利·基什在他的《调查抽样的百年战争》（The Hundred Years' Wars of Survey Sampling）一文中，以大约 15 页篇幅，生动地总结了现代调查抽样发展过程中的重大争论和冲突。

理　论

在一篇由罗德里克·J. 李特尔（Roderick J. Little，2004）所撰，适合那些有着很强的统计背景，并对为什么调查抽样在不同的方向上的发展领先于其他的统计领域感兴趣的读者阅读的比较高深的文章——《建模还是不建模？有限总体抽样推论的竞争模型》（To Model or Not to Model? Competing Modes of Inference for Finite Population Sampling）中，作者指出："有限总体抽样可能是基于随机化分布，而非测量的变量的统计模型的主要分析模式的，唯一的统计领域。"（p. 546）

应　用

　　基于设计的推论仍然是调查抽样推论的主要范式，模型在调查实践中仍然有很多用途。在《调查抽样实践中的模型》（修订版）（Models in the Practice of Survey Sampling）中，格雷汉姆·加尔顿（Graham Kalton，2002）对在什么时候和为什么最常使用模型这一问题作了解释。

第6章

抽样 II
总体定义和抽样框

定义调查总体

调查抽样过程的第一步是定义总体。根据定义，一个样本是更大的总体的一个子集。总体或全集是那个我们想要对此推论的成分集合。在选择样本之前，我们必须对要进行研究的总体有一个清晰的概念。没有对需要的总体做认真的思考，常常会导致使用的样本虽然方便，但却与我们的要求不相配。例如，在第5章讨论的《文摘》预测惨败中，问题的实质就是因为研究的是一个方便总体（出现在邮递清单中的高收入人群），而非一个正确的总体（所有合适的选民）。事先定义总体可使我们避免发生这样的问题。

为抽样的目的而定义总体有两个问题是必须回答的：

- 总体的单位是什么？
- 总体的边界是什么？

定义总体单位

定义总体的单位的第一步是定义单位。总体是一个由个人、住户、机构、行为事件或其他什么事物组成的总体？任何一个给定的研究的单位的定义取决于研究专题的性质和研究目的。例如，假如我们正在做一个投票意愿的研究，那么我们可能要研究的就是个人，因为投票都是个人层次的行为。对于一个家庭购买意愿的研究，我们可能要研究住户，因为家庭购买是属于住户层次的购买。然而，如果我们要研究的是家庭的购买行为而非意愿,那么我们的总体就应该由购买交易构成。

重要的问题在于要认识到,数据来源必须与总体的单位相同。个人可以作为住户、组织或事件的报告者。而这样一种报告者的使用并没有改变总体的定义。我们来考虑下面的例子。

一个在大城市中从事组织企业聚会的企业家考虑推出一种新的招待服务:在一家企业要接待来自外地的访客,如未来的雇员或他们的配偶的时候,可以给该企业家的公司打电话,给访客安排一次城市旅游和提供其他的娱乐项目。这位企业家确信他们提供的服务肯定要优于各个企业自己提供的。然而,她不知道那些商人是否会愿意购买这种服务,他们可能为了省钱或表现对访客的兴趣自己来操办这些事情。

为了检验这一想法,该企业家对所有在前两年使用过她的聚会服务的公司做了一个邮递调查。这一总体由 75 家公司组成。该企业家给每个公司寄去两份问卷,一份寄给人力资源部经理(HR),另一份则寄给了首席执行官(CEO)。调查的总回答率是 62%,在那些给了回答的人中,有 46% 的人说他们的公司有兴趣使用正在筹划中的新服务。

如果要求的总体是由个人组成的,那么 46% 的数字便是有意义的(先将非抽样误差的问题搁置一边)。然而这一服务的顾客都是公司,而不是个人。来自这一调查的数据必定会以某种方式被解释为表达的是公司层面的兴趣。例如,只有在人力资源部经理和首席执行官都表示感兴趣的时候,一个公司才能被计为感兴趣的公司,因为每一次购买需要二者都对此有兴趣。

这里还有一个更大的问题:假定这些公司的规模大小有很大的不同,且 75 个公司中的 7 个占了可能收入的 60%。在这样的情况下,如果感兴趣的公司包括了这 7 个重要的顾客,那么这种服务看起来就很有前途,不论其他公司的观点如何。如果感兴趣的公司没有包括这 7 个重要的顾客,那么这个服务则前景黯淡。为了反映这种情况,数据便应当加权,以反映每个公司的可能收入。一个收入是另一个公司 10 倍的公司,应该得到一个 10 倍的权重。

只要我们稍作思索,便不难明白,在这个研究中,要求的分析单位是销售额(美元),不是人,甚至也不是公司。但是只有人才会说话,所以数据都是从人那里收集来的。重要的问题是要记住,尽管这些人都以真的利益单位的名义来说话,然而他们却并非我们真正感兴趣的单位,所以那些结果也必须要根据真正的利益单位做相应的处理。

在一些研究——特别是在一些用于多目的的大规模社会调查中可能会有多个感兴趣的总体单位。例如,全美犯罪被害调查(U.S. National Crime Victimization Survey)对那些被犯罪影响过的住户的特点和那些可能曾经受过害的人的经历这二者都感兴趣。

多人口的总体单位可同时存在于一个单独的调查,只要一个单位嵌套在另一个单位之内,如住户中的个人、公司内的员工、购物者花费的美元等。这一情况与刚刚给出的那种情形并行不悖。被选出的一个总体单位作为研究设计基础(在我们的例子中,那个初始的单位便是公司,每个公司都选出两个人来报告自己公司的态度)而使用加权则是为了以其他总体单位为根据来表达结果。

设置总体边界

一旦总体单位已经定义,那么下一步便要设置总体边界。总体边界是将那些研究感兴趣和不感兴趣的人分割开来的条件。例如,在一个政治倾向的研究中,我们可能只对那些可能会在即将到来的选举中投票的人感兴趣。在一个有关零售商店的研究中,我们可能只对那些生活在相关交易地区和购买相关商品的人感兴趣。一个总体的边界可以用人口学特征(如年龄在 18 岁或 18 岁以上)、地理边界(居住在校区)、行为(在上次选举中投票的人)、意愿(打算在下一次选举中投票的人)或其他的特征来定义。

设置总体边界的关键问题是以一种特殊的可操作的术语陈述它们,以使我们能明确地确定总体成员。"芝加哥地区的成年人"就不是一个精确的定义,因为它没有明确地告诉调查员,他们是否应该调查印第安纳的哈蒙德市的 18 岁以上的人。"啤酒饮用者"也是一个不精确的定义,因为它没有告诉调查员是否应该调查毕生只喝过一次啤酒的人。定义总体边界的测量操作必须清楚明了和详细具体。总体边界的合适的定义常取诸如"年龄在 18 岁及以上,且主要居住地在伊利诺伊的库克县的人"这样一种形式。或"在过去的三个月中至少喝过一次啤酒的人",或"年龄至少在 18 岁,且已登记投票并表示'肯定'或'可能'在即将到来的选举中投票的人"这样的形式。

有的时候,很容易用理论术语来定义一个总体,但却难以用操作性术语来定义。例如,设想你正在负责经营一个护理之家,因而你很想知道顾客对护理之家的看法。可能的顾客的定义是很容易用理论术语给出的,但是要把它操作化却不是一件容易的事。我们是否用年龄来定义总体? 用责任? 最近的购买行为? 还是购买的意愿?

一个可能的定义是:"年龄至少在 18 岁,主要居住地在电话地区码 718 或 281 覆盖范围内,且在过去的 12 个月内曾将一个亲戚安置在护理之家的人。"下面是另一个可能的定义:"年龄至少在 18 岁,主要居住地在电话地区码 713 或 281 范围内,在今后的 12 个月内有可能有亲戚要进护理之家,并对最终选择该设施负有主要责任的人。"

第一个定义的逻辑是：(1)那些已经经历过决策过程的人最有可能形成研究感兴趣的观点；(2)以往的行为比意愿更可靠。第二个定义的逻辑是，最终的兴趣群体是那些将在不久的将来要做这种决定的人。两种定义都没有包括那些将要实际进入护理之家的人（实际假设决策是为他们而做）。两种定义都没有包括可能已有（或将会有）年老的亲戚要在这一地区内安置的，居住在该地区之外的人。两种定义都包括在这一地区内可能有一个亲戚已被（或将被）安置在其他地区的设施内的人。

这些定义是否可以被接受？你更喜欢哪一个？你能否下一个更好的定义？一个普遍认同的观点是，一个已被加到调查计划过程的决定和这一过程产生的结果，将会在一定程度上确定用数据进行推论的限度。

总体边界设置中的其他问题

除了需要明确特定属性之外，总体边界还经常关注研究的成本效益问题。这一点也许就与我们护理之家的例子有关：例如，我们可能会将我们的研究限制在某些会给我们提供大多数客源的电话地区码范围之内，尽管我们认识到某些在该地区之外的顾客可能会因这个定义而丢失。我们之所以这样做，是因为做了一个清楚的假定，因为排除了总体的某些成员而引起的可能的覆盖偏倚，肯定不会严重到值得我们为了得到这些观察而再支付一笔额外的费用。

总体边界也会清楚地反映出一些方法上的限制。例如，如果我们要做一个电话调查，那么无论我们事实上如何陈述总体的定义，操作总体都将限于那些有电话的人。如果我们没有说外语的调查员，那么我们的操作总体只能限于那些说英语的人。如果我们要做一个邮递调查，那么我们的操作总体只能限于那些有读写能力的人。不仅如此，许多调查常常都在操作上限制在那些生活在调查户中的成年参与者。[1] 之所以要将调查限制在成年人是基于年轻的回答人可能提供不了可靠的信息这一考虑。例如，在一个设计用于测量纽约学童对发生在 2001 年 9 月的世界贸易中心受攻击这一事件的反应的研究中，研究者将研究对象限制在 4 到 12 年级的学生，"主要是为了节省时间和费用"，但是同时也是因为"用他们采用的方法来判断年纪太小的孩子身上产生的效果会更加困难"（Goodnough，2002：A1）。这也

---

[1] 限于排除了那些居住在"集体宿舍"的住户。美国人口普查局定义了两种类型的集体宿舍：体制的和非体制的。体制集体宿舍是那些居住被正式监管或监护的人的地方，如监狱或养老院。非体制集体宿舍是任何居住着 10 个或 10 个以上互不相关的人的居住方式，如大学宿舍、兄弟会或姐妹会住房、农业宿舍、合租房屋、群居家庭、宗教场所（如修道院）和无家可归者收容所等。美国全国约有略低于 3% 的成年人生活在集体宿舍（2000 年普查数），但是其中约有 10% 是 18 岁到 24 岁（许多都是大学生），或 75 岁和 75 岁以上（许多都在养老院）的人。

是我们的经验,6 岁的小孩的确也可以是自己的行为的可靠的回答人,但大多数研究还是会将研究对象限制在成年人,以避免从未成年人那里收集资料带来的法律和程序上的麻烦。

当总体成员的分类取决于他们自己的报告(而非来自记录的观察)时,总体的操作边界可能要受总体成员报告的合格的条件或行为的愿望和能力的限制。如果合格的条件是在社会上处于敏感地位的话,如男同性恋者或女同性恋者、使用过非法物资的人、曾经的犯罪受害者、HIV 阳性者,或者甚至有不是十分敏感的问题的人,如收到过交通违章通知的人、与未结婚的伴侣同居的人、收入为某种水平的人,报告误差可能会是一个问题。如果条件是不可观察或模糊的话,认知误差可能会是一个问题。例如,那些 HIV 阳性的人可能不知道自己是 HIV 阳性。那些曾经打过架的人,可能不知道打架在严格的法律意义上是一种犯罪行为。

因为这各种各样的因素,概念上的兴趣总体和实际的操作上的总体之间总是不能完全相配的。通常情况下,误差总是朝向对真正总体的覆盖不足。这是我们在评价一个样本的质量时应该加以考虑的一个因素。

建立总体框

在定义总体之后,抽样开始之前,我们必须得到一个总体框。总体框是用以确定总体成员的一张清单或一种系统方法,这样我们在抽取样本的时候就无需在物理上将总体集合起来。一个单独的研究也许会使用多个框:例如,我们可能用普查的数据来选择我们将要进行研究的地方,并在这些地方之内用当地的一些名录来选择被调查人。

清单一般是框的首选。用列着总体的一份打印的名录或计算机文件,很容易就可以抽选出成员。例如,在大多数大学里,我们很容易就可以从学生名录得到一个学生的样本。不过清单并非总是可以得到的,例如我们想要抽取一个街头嘉年华的访客的样本,以了解他们自身的一些情况和对嘉年华的一些看法,一般在这样的时候,我们可能都无法得到一张可用来抽样的清单。在这些场合,我们可以使用某种系统的计数法来寻觅选择总体成员和对选择予以确认——例如,每四个访客,每隔一个街区的第三所房子等。

我们有关抽样框的讨论先从讨论清单的使用开始,然后再扩展到其他形式的框的讨论。

得到一张清单

用一张清单进行抽样的最重要的也是最为困难的一步是得到一张清单。现存的清单,只要可能就应当拿来使用,因为它们比定制的清单便宜。例如,如果我们想要做一个地方总体的邮递调查来测量民意,那么一种得到一张清单的方法是派一个人挨家挨户地记录每个住着人的住宅单位的地址。第二种方法是使用一本出版的城市名录,显然使用名录作为抽样框,不仅简便,而且便宜。

以下类型的清单可从下述来源得到:

● **全国性的一般人口总体的清单**。这是全国性的美国个人的清单。然而这样一种"列着"住户电话号码的清单,却是由一些公司,如国际抽样调查和创维公司(Survey Sampling International and Genesys)保存的。在抽样过程中通过将随机号码整合进来而将清单的覆盖面扩展到清单上原来没有刊登的住户。这些公司将以比较合理的费用,为我们抽取一个全国性的或定义的地区的电话号码的随机样本,而这也正是目前已经做过的电话抽样使用得最为普遍的方法。

● 各种供应商都可以提供用于邮递调查的全国和地方地址清单的使用权。从理论上讲,每个人都有地址,但是任何可以提供的一份给定的清单,都只是部分地覆盖了全部总体。不仅如此,某些市场研究公司也保存了那些曾经同意回答问卷的住户的全国性的"邮寄专门群体"的地址清单,且这些公司将会为我们从这些他们专有的清单中收集数据而收取一定的费用。从这些专有清单中抽取的样本将在地理上和人口学上达到平衡——那就是说,它们在地理和人口学变量上的分布将被设计为与美国普查相配,但是这不等于我们就可以说样本是从一般人口总体随机抽取的。虽然这种专有清单一般都有成千上万的成员,但这只不过是全部总体的一小部分而已,因此即使在这些专有清单的用户对之感到满意的时候,潜在的覆盖偏倚也仍然存在。

● 在线调查目前面临着两种覆盖问题:第一,只有71%的美国人在家中有上网权(U. S. Census Bureau, 2010)。[①] 第二,没有电子邮件地址的通用名录。我们可以从各种公司购买"选择的"清单的使用权。这些清单最好被看作专门的清单,而非一个一般人口总体的框。这些清单是由那些曾经同

---

① 覆盖问题对某些总体子群体更为严重。这一数字在 55 岁或以上的人中降到了 60% , 在西班牙裔中为 59% ,非洲裔美国人为 58% ,而在高中文化程度以下的人中仅为 35% 。

意(选择的)接受来自同一来源的电子邮件的人组成。不仅如此,在线专门清单也是可以得到的。与邮递专门清单一样,我们有可能从这些在线专门清单抽取地理和人口学上平衡的样本。有一种令人感兴趣的选择是一种由知识网络提供的一组调查对象。这组调查对象是由招自一般美国人口总体的人组成的一个随机样本,作为参与研究的回报给每个样本成员都提供了上网权。

• **人口子群体全国性清单**。没有男性、女性、老人、非洲裔美国人、白人、高收入的人、低收入的人以及其他各种人口子群体的全国性清单,有可以提供这类信息的邮递清单,虽然这些清单对营销组织有一定的导向作用,但对抽取一个严格的样本却用处不大,因为它们并未广泛覆盖相关的群体。也有以特定的群体为目标的选择的邮递清单,这些清单的覆盖性同样不尽如人意。一般来讲,为了得到一个总体的子群体的高质量的样本,我们必须先从一般人口总体着手,然后再一步步筛选出目标群体。

• **一般人口总体的局部清单**。姓名清单(以字母次序排列)、街道和由街道内的号码标明的地址(以字母次序排列)清单可以从城市名录中得到,而这样的城市名录则可以在地方图书馆或商业性机构得到。因为这样的名录每隔2或3年会修订一次,所以街道地址应该是正确的,错失的只是那些新建的建筑。字母清单可能会在时间上有较大的误差,因为许多家庭可能已经搬迁。正因为如此,很少有人将它们用来抽样。

• **地方的电话簿也提供住户的清单**。这些簿子的使用必须倍加小心。它们并不包括只有移动电话的住户,或有电话但未登录在电话簿上的住户,这些住户在大多数大城市中超过了30%。

• **组织成员名录**。组织成员清单通常都可以从组织中得到。问题是组织登录的成员是否很好地代表了我们所期望的总体。例如,美国统计学会的名单是不会包括每个从事统计分析的人的。

• **地方企业名单**。电话簿(白页)上在有关电话的信息之外也会提供一份地方企业的名单。如果我们想要一份特定类型的企业名单,则可以使用电话簿上的黄页,虽然还有许多企业并没有被列出。如果我们的地方商会在研究方面也做得很出色,那么它也许可以给我们提供某些类别企业的更好的名单。

• **全国或地区的企业名单**。有地址和电话号码的经营场所名单是用SIC码(标准产业分类代码)编成的,它可以从商业机构得到。这些名单一般都比较新,包括新建的那些场所,但是那些已经停业的场所却删除得不太及时。

尽管所有的清单都会有误差，但是现存的清单质量通常都比现编的清单更好，或至少一样好。

清单的问题

在得到一张清单之后，我们必须处理清单中的问题。在一张理想的清单中，总体的每个成员仅会出现一次（也就是清单与总体之间是一一对应的）。但是很少有清单能满足这个标准，因而抽样程序必须对清单的这种缺陷进行补救。

清单与总体成员一一对应的偏离有四种方式。第一种，有些总体成员没有被列在清单上。这种方式称为缺失，因为清单上缺了某些总体成分。第二种，清单上可能列出了一些总体中不存在的成分。这种偏离被称为不合格，因为清单上列了并非总体成员的成分，因此将它们选入样本是不合格的。第三种，对应于某一给定总体成员的条目在清单上列了两次或更多次。总体成员重复出现在清单上，这种偏离称为重复。第四种，两个或三个总体成员对应于清单上的一个给定条目。一个清单成员对应于一个总体成分聚集，这种偏离称为聚集。

这四种清单问题和它们的影响，可以通过考虑用电话簿作为成年人的清单的示例来加以阐述。

● 第一，电话簿上缺失那些新近搬来的、没有登录电话号码或没有电话的人。正因为这样，这些人便会缺失在任何从电话簿抽取的样本中。这便会导致一个新居民、未婚妇女、学校教师、未登录电话的富人和没有电话的穷人这样的群体被低估的样本。

● 第二，许多电话簿的条目都是针对企业的。这些条目对于一个成年人的样本来说是不合格的。如果未能对这些不合格条目加以修正，那么一个来自电话簿的样本将产生比较少的我们所希望的合格选择。

● 第三，有些人如医生和律师可能会有两个条目，且条目没有清楚地说明哪一个条目是办公条目，因而是不合格的。如果我们没有对这些重复做一些工作，那么样本中专业人员的数目将会不成比例的大。为了弄清楚这一点，我们不妨来想一想选择的抽取是从清单，而非直接从总体进行的这一事实。如果总体的专业人员构成是 5%，但清单上却是 10%，那么一个从这个清单上抽取的样本，职业人员的比例将会是 10%。

● 第四，大多数住户都只在电话簿上列了一个电话号码，不论户中住了多少个成年人。那些住在两个成年人户中的人，其被选择的机会只有住在单人户中的人的一半。这是因为聚集的总体成员（如已婚夫妇）在电话簿上合用一个条目,因而只会有一次选择机会,也即几个人分享一次选择的机会;而单身的成年人却不和他人分享一次机会。换一句话说,如果单身的成年人在总体中占5%,但却占了10%的电话条目,那么样本的10%将会是单身的成年人,如果我们没有对聚集问题做一些工作,那么从电话簿抽取的样本将会高估单身的成年人,这些人中的许多人都是比较年轻或比较老的人。

　　值得庆幸的是,尽管这样那样的清单问题在大多数研究中是避免不了的,但是我们还是有一些方法来处理它们。表6.1概括了这些方法,我们将在下面对它们进行讨论。

表 6.1　抽样框可能存在的问题

问　题	解决方法
缺失(清单缺失总体成分)	忽略缺失 加大清单(包括随机拨号、开放间隔和双框)建立新的清单
不合格（清单成分不在总体之中）	丢弃不合格成分并做等同量调整
重复（中体成分有多个条目）	交叉检查清单 子样本复制 对数据加权
聚集(每一条目有多个总体成分)	取整个聚集 取聚集内子样本 对数据加权

应对缺失问题

　　最为普遍使用的应对缺失问题的方法是忽略它们,并希望由此产生的偏倚不太严重。如果清单含有90%以上的总体,且没有缺失重要的子群体,那么这种路数通常是行之有效的。随着清单的覆盖率的下降,对清单的缺陷进行补救就会变得越来越必要。我们将讨论三种这样的方法:(1)随机拨号,这种方法在电话调查中普遍使用;(2)使用半开放间隔,采用个别访谈收集数据的时候这种方法最为有用;(3)根据清单的入选标准进行分层。

　　当然清单的覆盖问题的评估需要有一个总体大小的可靠的外部估计值。这类估计值常常以美国普查数据为根据来计算,但是有时它也需要做一个测试研究来发现目标总体成员,并确定它们在清单中列出的百分比。

　　随机拨号。电话调查刚开始在美国普遍使用的时候,我们普遍使用公开出版的电话簿作为住户总体的清单。而现在我们已经很少有电话调查再用电话簿来作为抽样框了。这是因为未登录的成员占了相当一部分,占了城市（如纽约、芝加哥和华盛顿特区）全部居民数的一半以上。而现在，研究者都使用随机拨号（RDD）来联系未登录的和登录的电话号码。随机拨号是在正在运行的电话交换台的随机号码拨叫，所以未登录电话号码也可以被包括其中。

第一次使用 RDD 的研究者经常问，"未登录电话号码的那些人是否会因为接到电话感到恼火而拒绝参与？"实际上，未登录电话号码的人的合作率几乎和登录电话号码的人的一样高。虽然大多数人不登录电话号码是为了避免研究访谈，但是并不介意接听为这一目的而打来的电话。有些未登录电话号码的被调查人会问调查员他们是如何得到这个电话号码的，这时调查员就应当给他们说明一下抽样的程序，不过在任何调查中这都是一种不错的做法。

随机拨号的问题是，在拨到那些未登录的电话号码的时候可能会费用不菲，因为这可能会是一大堆营业场所或未在运行的电话号码。几种程序可用于减少在随机拨号时得到不能用的电话号码的数量。一种早先由米托夫斯基和沃克斯伯格（Waksberg, 1978）开发的方法历经 20 多年，至今仍然主导着 RDD 抽样方法。这种抽样方法，先从一个正在运行的电话交换台随机选择的电话号码的甄别拨叫开始。如果拨过去的电话断定这个号码是一个运行的号码，那么就要对一个 100 个电话号码的堆积内的一个个电话号码做依次拨叫，直至拨到的那个电话号码可确定为住户电话号码为止，通常只要再拨叫三到五次便可得到这种电话号码。例如，假设我们拨到的电话号码是 217-555-1234，且恰好是一个正在运行的电话号码，那么便在电话号码堆积 217-55-1200 到 1299 之间再进行依次拨叫，直至拨到想要的住户电话号码为止。如果初始的电话号码不是一个正在运行的电话号码，那么就不会再需要对那个电话号码堆积进行额外拨叫。这一程序的主要节省之处在于会将那些未在运行的电话号码堆积迅速删去。米托夫斯基和沃克斯伯格抽样法通常可以产生 50% 左右的正在运行的住户电话号码。

米托夫斯基和沃克斯伯格的程序执行起来相当笨拙。在成功呼叫一个正在运行的住户电话号码之后，我们将要从这同一堆积中的其他住户中找出一些电话号码：譬如说其他三户的电话号码。这样我们就要在该堆积内抽取三个随机电话号码，并拨叫它们。并非所有这三个电话号码都会是正在运行的住户电话号码，于是我们需要替换这些不再运行的电话号码。我们将连续不断地重复这一过程，直至我们有了想要的运行号码数。这一个过程是非常耗时的，需要在数据收集和抽样之间来回地忙。

一个比较简单，使用比较普遍的 RDD 法是清单辅助抽样法。诸如 Genesis 和 Survey Sampling 这样的公司都存有美国登录的电话号码的清单，且以数字顺序做了分类。这些公司也有编撰的来自黄页的企业电话号码清单,因而我们可以比照两份清单来去除那些已知的企业电话号码。这样得到的清单被用于确认那些至少有一个登录的正在运行的住户电话号码的堆积,并去除堆积中那些没有登录的正在运行的住户电话号码。然后再从剩下的堆积中抽取随机电话号码样本。

稍微宽松一点的 RRD 法常将电话簿与随机拨号合在一起使用。两种这样的方法是:(1)从刊印的电话簿中抽取一个电话号码样本,并在每一个选出的电话号码的最后一位"加1",这样 555-1234 便变成了 555-1235;(2)从电话簿中抽取一个电话号码样本,并用一个两位的随机数替代每一个电话号码的最后两位。在理论上讲,"加1"和"替代两位"都是有偏倚的,因为电话簿已经印刷成册,所以我们势必会丢失一批新增加的电话号码。不仅如此,这种做法还有利于电话簿中列出的比例较高的那些数字。不过,实际上这种偏倚对大多数研究来说都不太严重。

"加1"或"替换两位"抽样都很适合地方总体的学生项目,因为这些方法不仅很容易实施,而且允许我们不用花钱就可以抽取一个 RDD 样本。清单辅助的抽样很适合州或全国范围项目,因为与这些项目有关的电话簿的收集编辑十分麻烦。如果我们手头有一些可以花在项目上的钱,那么我们强烈推荐购买一个清单辅助的样本。这些样本的质量是有保证的,且它们在做研究中的费用效应远远高于制造这些样本的费用。

移动电话覆盖。为了能跟上不断变化的电话技术和所有权模式,我们需要有高成本效益的电话调查,而这一需要则促使抽样方法学的不断改进。特别是,高效的抽样策略必须要处理涉及只有固定电话、只有移动电话和兼有两种电话的住户总体。我们希望能用已知的概率和这三种类型的电话用户在总体中的占比,或可以进行调查后的加权调整对多次入选机会加以纠正的方法,对这三种类型的电话用户抽样。

一种在概念上简单明了的抽样路数是,分别从固定电话框和移动电话框抽取样本,然后再将两个样本合并。布莱克等人(rick et al.,2007)给我们描述了一个专门设计用来评价双框架设计的研究。用一些由国际调查抽样公司(SSI)抽取的样本,一个清单辅助的 RDD 样本,与一个来自卓讯科技(Telcordia)的数据库中被定义为细胞样本的1000个号码的区块的移动电话样本合并。调查后必须对两个样本之间发生的重叠进行加权调整。该研究证明,用移动电话框进行抽样和数据收集是可行的,但是有一些重要的事项必须予以注意。移动电话样本的回答率显著低于固定化样本,不过一定的金钱奖励可以使这个差别有所降低。给移动电话用户打电话的时间表也不同于固定电话样本。样本单位是住户,这样居住在户内的任何知情的成年人都可作为回答人。这使我们得以免去户内回答人的选择。

移动电话抽样法的最新总结是由美国舆论调查研究会（AAPOR）〔American Association for Public Opinion Research（AAPOR）Cell Phone Task Force，2010〕移动电话研究组提供的一份名为《如何筹划和实施用手机在美国做 RDD 电话调查，调查研究者的新思维》（*New Considerations for Survey Researchers When Planning and Conducting RDD Telephone Surveys in the U. S. With Respondents Reached via Cell Phone Numbers*）的报告。这份报告也谈及了怎样用地址为根据的样本作为一种替代移动电话交换台的样本的方法。[①]

根据地址抽样。最大化覆盖住户的双框架电话设计的最主要的备择方法是根据地址抽样（ABS）。在美国，邮政局（USPS）可提供它服务的所有的顾客的地址文件。这种允诺使我们得以从一个覆盖率很高的框中，以很便宜的方式抽取样本户。数据收集可以直接通过邮递或个别访谈。然而，如果要做电话调查的话，还需要做进一步的工作。商业性数据库可用来将抽到的地址与电话号码（包括座机和手机）相配，虽然不同地理区域的配对率有所不同，而且移动电话号码的配对效率比固定电话的更低。失配的样本经常用邮递来调查，因而会增加数据收集的时间，并有可能会因此而产生模式效应。

ABS 调查法在不断地变化，且常常都很复杂，与此同时，它也在不断发展和改进。一篇总结当今的 ABS 方法学的文章的开篇写道，我们"飞快地看（这篇）文章。在我们看完的时候，它的某些部分可能已经过时"。ABS 调查在握有充足的资源和专门技术的研究组织中正在变得越来越普遍。更为广义地讲，USPS 框架是研究者筹划一个邮递调查的好选择。我们要提醒诸位的是，在采用多模式路数时，务必倍加小心。

半开放间隔。另一种补救缺失的途径是使用半开放间隔。在这种方法中，可能的总体成分集合被分成了若干个子群体，每个子群体都有一个成分被设计成"开放"。如果这个开放成分被抽为样本，那么我们便要对整个子群体进行未登录总体成员搜索，而在这一过程中被发现的任何成员都将被包括在样本中。

例如，在一个用个别访谈做的住户调查中，我们可能会把总体分成街区，并将那个以"01"结尾的街道号码设计为那个开放成分。这样，如果我们抽到的地址是南茂大街 3701 号，那么我们便将在 3700 街区搜索未登录的居住单位，并将它们加入样本。半开放间隔法给未登录的成分以与之相连的开放成分相同的被抽入样本的机会。

在使用半开放间隔法的时候，要使子群体保持比较小，以减少有很多未

---

① AAPOR 专门研究组的报告可以从其官方网站上下载。

登录的成分的样本为一个单独的子群体所吞没的可能性。我们曾经遇到过这样一种情况,在这个情况中一个开放成分把我们引向了一个未登录的,有几百个居民的高楼,而这个调查设计的调查的家庭总数只有 200 户。在这样的情况中,通常的应对方法是只取一部分,而不是全部未登录成分。究竟要取多少,将多少未登录成分包括进样本才不至于压垮数据这一问题则取决于主观判断。

双框设计。前面我们已经在从两个分开的清单——一张座机清单和一张手机清单中抽取电话号码的设计介绍中提到了双框设计。一种使用更为普遍的缺失补救法是将总体拆分成两组,登录组和未登录组。已登录成分可从清单抽取,而未登录成分则用其他工具追寻。例如,我们正在做一个有关政治上比较活跃的人的研究,且从一个当地政治组织那里得到了一张成员名单,于是我们便可以从这张清单中进行那个组织成员的抽样,而那些并非该组织成员的政治上活跃的人的样本,则可以通过对一般人口总体进行筛选来抽取。因为那些未登录成分的确认的费用可能是非常昂贵的,所以他们的抽取比率可能会比较低,而总结果则可通过两个组的一个加权组合来计算。这是分层抽样应用的一种。我们将在本书第 7 章介绍分层抽样问题。

处理不合格

不合格的处理是简单明了的——不去选择它们。因为它们不在总体之中,所以它们也不应该在样本之中。

有两种将不合格条目置于样本之外的途径。第一种,在抽样之前对整个清单进行合格性甄别,将所有不合格的条目清除。这一途径常常缺乏可操作性,因为清单中的合格因素并非一目了然。例如,一本电话簿不会显示上面登录的人是否落入了某个目标年龄组。第二种,在抽样之后对选出的成分的合格性进行甄别,将这一次选出的那些不合格的成分去除。这也是我们惯常采用的方法。

去除不合格条目只是意味着去除它们,而不是替换它们。没有经验的研究者有时会认为,那些不合格的应该用清单上的下一个名字来替换,但是这一程序给了那些清单上列在不合格的后面的成员额外的选择机会,因而有可能会引起样本偏倚。适当的方法是只要对样本的量因遇到和去除不合格条目而引起的收缩进行调整。对样本量的调整应该像下面这样做:如果 $e\%$ 的清单是合格的,那么调整的样本量就应该是 n/e,式中的 n 是预想的样本量。例如,如果我们想要一个某一所给定的大学的 300 个新生的样本,而在学院的名册上只有 20% 的名字是新生,那么从这一名册中选取的调整的

样本量就是 $300 \div [0.20] = 1500$。一个从这一名册抽取的 1500 个名字的样本将会产生 300 个新生。

合格率的估计值可以从先前的经验，或通过一个小测试样本的研究得到。因为这些估计值可能不会十分精确，因此明智之举应该是取估计的合格性的低侧，以保证得到一个足够大的样本。譬如说，我们想新学生占到从大学学生名册抽取的条目的 20%，但是我们认为任何一个给定的样本的合格率可能在区间 15% 到 25% 的某一点。那么最好用 15% 这个数值，换一句话说，如果我们想要有 300 个合格者，那么我们就要抽取一个 $300 \div [0.15] = 2000$ 的初始样本。然后，如果这个样本产生了 400 个合格成员（一个 20% 的合格率），我们可以随机抽取要保留的 300 个，或取出要去除的 100 个。得到的结果将仍然是一个随机样本：一个随机样本加上一个随机样本等于一个随机样本，而一个随机样本减去一个随机样本也等于一个随机样本。

在合格性需要通过甄别访谈才能确定的时候，我们在考虑样本量的时候应该同时使用合格性的高低两个估计值。在我们的例子中，最低估计值 15% 意味着一个 2000 这么大的样本可能能产生 300 个合格者，而最高估计值 25% 意味着只需要一个较小的 1200 的样本（$300 \div [0.25] = 1200$）。在这样的情况中为了尽可能少做无用功，我们可以先从那个 2000 的样本中抽取一个样本，而不要对整个样本进行甄别。如我们可以从 2000 中抽取一个 1200 的子样本，发放这一子样本，并手握其他 800 个选择以备不时之需。如果第一次 1200 个选择产生了 240 个访谈（一个 20% 的合格率），那么还要在保留的 800 次选择中再选择 300（$60 \div [0.20] = 300$）次。这一程序既可给我们需要的数量那么多的选择，又不会产生昂贵而不需要的数据。

常见的错误是抽了一个较大的样本（在我们的例子中的 2000），发放整个样本进行数据收集，且在期望的合格数得到之后，就草率地停止研究。这种做法是不正确的，最初得到的那些观察都是那些容易的观察；例如在某一个调查中，这些观察都将是家庭主妇或退休的老人。任何发放用于数据收集的样本都应该完整地工作，以避免观察偏倚发生。

顺便提一下，在为使合格者能进样本而调整样本量的时候，我们也可以对期望的合作率进行调整。调整的样本量是 n/ec，其中 n 是想要的样本量，e 是合格率，而 c 则是期望的合作率。如果我们想要 300 个能用的观察，并期望 20% 的选择是合格的和 60% 是合作的，那么我们就需要一个 $300 \div [0.20 \times 0.60] = 2500$ 的初始样本。

虽然在概念上合格性的甄别是简单明了的，但是在实践中，它将给调查的计划增加费用和不确定性。与人联系和进行甄别，无论是合格还是不合格都需要一定的费用。我们可能会遇到不确定的合格率，因此我们需要准备不同的费用，就像我们的大学生例子那样。最后，在甄别过程中，可能会有理解误差、知识误差和/或报告误差。

处理重复

如果样本是从一张含有某些重复成分的清单中选得的，但是这些重复成分没有一个被选上了一次以上，那么这样的重复会引起什么问题吗？答案是"会的"。

重复造成的基本问题是，它会给总体成员群体不成比例的被选入样本的机会。即使个体的重复成分未曾被选中一次以上，但它们的群体却是以更高的比率被选择的。总体成员在清单上出现两次的那个总体成员群体被选中的比例将是那些只出现一次的群体成员的 2 倍，而那些在清单中出现三次的总体成员群体则要高 3 倍，如此等等，以此类推。如果这些重复成分在某些变量上与那些无重复的成分有所不同，那么这种过高的比例将会引起样本偏倚。

纠正重复条目的途径有三个。第一种方法是蛮力法（brute-strength method），这种方法要求我们对清单中的条目进行反复核对，确定重复条目，并将它们去除。如果清单已经计算机化，那么我们是可以做到这一点的。在对一张清单进行反复检查时，同一住户有可能由不同名的人代表，而同一个人可能以各种名字或街道来代表。如果我们看一下寄到家中的"垃圾邮件"，我们就有可能对重复的这些类型的变种有所了解。这些变种的存在，致使计算机化的交叉查重通常都无法去掉清单上的所有重复条目，但是它会使它们有一定程度的减少，使由此而引起的样本偏倚变得微不足道。

第二种方法是抽取样本，并且只检查选到的成分，以确定它们在总体清单中重复了多少次。然后，复原选择的等概率，把那些列了 k 次的样本成员以 $1/k$ 的比率保留——那就是说，那些在清单上出现两次的成员将以 $1/2$ 的比率保留，出现三次的以 $1/3$ 的保留，如此这般，以此类推。这一方法对未计算机化的清单十分适合。它会使样本量有所缩小，它可以用与处理合格性缩小的同样的方法来处理。

第三种能用于调查的方法是问已经选到的总体成员他们在清单上出现了多少次。在使用这种方法时，所有收集到的数据都要保留，因为丢弃已经完成的访谈就是一种浪费，但是观察将会用在清单中的次数的倒数来加权。这就是说，那些说自己在样本中出现 k 次的样本成员，将用 $1/k$ 来加权。

这最后一种方法显然需要样本成员知道自己在清单中被列了多少次。它只能在我们有理由认为这一假定为真，且对清单进行检查是十分困难或不可能的情况下使用。

处理集聚

我们的最后一个清单问题是集聚。集聚与重复颇为相似，它涉及某些总体成员群体的不公正的代表问题，而非整个的排除或包括问题。不同之处在于，集聚的成分是在样本中被低估了，而重复的成分则是在样本中被高估了。

这里有一个集聚的例子。一个小镇有 100000 个成年人，其中 50000 人已婚，50000 人未婚。50000 个已婚者来自 25000 户，每户有一个电话号码。50000 个未婚者来自 50000 户，每户也有一个电话号码。一个 300 个住户电话号码的电话调查的样本，将产生 100 个"已婚者"电话号码和 200 个"未婚者"电话号码号（因为单身者占了电话号码的 2/3）。如果在一个电话号码上调查一个成年人，那么样本将包括 100 个已婚的人和 200 个未婚的人。这是一个公正的住户样本，而非一个公正的个人样本。已婚的人占了小镇成年人的 1/2，因为他们在清单上是集聚的，所以他们只占了样本中的成年人的 1/3。

有三种处理集聚问题的基本方法：

● 第一种，我们可以在选出的集聚中的所有总体成分那里收集数据。例如，在我们的已婚/未婚的例子中，我们可以从每个"已婚者"电话号码的两个成年人那里收集数据，这将会给我们来自 200 个已婚者和 200 个未婚者的数据。如果我们的调查预算只允许我们有 300 个观察值，那么我们就必须对初始样本做一些调整。这个方法给总体每一成员提供了一个公平的选择机会。遗憾的是，正如已婚/未婚例子所显示的那样，它也给我们生成了一个含有牵涉集聚成员的样本。在那个样本中，总体成员有 400 个，其中 200 个互相牵扯。因为这个问题，只有在集聚是比较小和数目比较少的时候，取整个集聚才是一种比较好的解决办法。

● 第二种，我们可以以某种固定的比率，在集聚内抽取样本总体成员。抽取户内的个人通常使用的比率是 1/2。在已婚/未婚例子中，我们将保留一半"未婚"户（并丢弃另一半），和在"已婚"中随机抽取的一个人身上收集的数据。这将可能产生一个有 100 个来自 100 个"已婚"户和 100 个来自 200 个"未婚"户的，容量为 200 的样本。为了得到 300 个访谈，我们需要对样本量进行调整。

● 第三种，从每一个集聚随机选择一个总体成员，并用集聚的大小对观察加权来对集聚进行补救。

住户内抽样是在对个体消费者感兴趣的电话调查中使用最为普遍的处理集聚问题的方法。一种随手可得的在户内选择一个人的方法是问户内哪一个人最近要过生日。这个程序将产生一个对所有的实际目的都是随机的个人样本（O'Rourke & Blair, 1983）。与之类似，但稍微复杂一点的程序，则适用于相当大一部分住户只有两个成年居民这样的情况，在这些户内，一半时间，被调查人就是接电话的那个人，而另一半时间，被调查人则是另一个人，即不是接电话的那个人。在三人或更多人的户中，接电话的成年人被选的概率是 $1/N$，其中 N 是成年居民总数，如果不选那个成年人，那么则可用最近的生日者，或另一种方法来选择被调查人（Rizzo，Brick，& Park，2004）。

无清单建立总体框架

在某些市场研究项目中，抽样必须在没有总体清单的情形下进行。例如，我们想要做一个拦截调查来扼要描述一个购物中心的顾客的概况，那么你就得不到一张顾客的清单。抽样将在没有清单的情况下，像下面这样，由"计数框"来进行。

1. 估计总体大小。
2. 选择一个在 1 和 N 之间的数目的样本，N 是总体大小。
3. 计数总体，并从适当的编号成员那里收集数据。

例如，在一个购物中心的顾客样本中，如果我们预期有 10000 个购物者会在调查期间进入商场，而我们想从这些人中选择 500 个人，那么我们可以在 1 和 10000 之间随机地选择 500 个号码。此外，我们也可以在某个随机起始数之后，取每一个第 20 号（10000÷500＝20）。方案决定后，我们将要计数进入购物中心的顾客，并对那些号码适合的顾客进行调查。

计数框存在着与清单一样的问题：缺失、不合格、重复和集聚。缺失源自对总体（或总体子群体）大小的低估。例如，我们估计来到购物中心的顾客数为 10000，但这个数字却太小，这样所有超过第 10000 的顾客便将都没有选择的机会，因为他们都没有出现在抽样框中。

不合格源自某些数到的成分不能满足总体的标准。例如，在计数一个购物中心的顾客时，如果我们计数每一个顾客，那么有些顾客可能满足不了我们设定的总体的要求（涉及年龄、性别、产品的使用）。不合格也可能源自样本（样本子群体）大小的高估。我们的样本可能会小于我们的预期，因为在调查期间到购物中心的购物者只有 9412 个，而我们预期会有 10000 个。

实际上，第 9413 到 10000 号便是我们的样本框中的不合格号。

重复和集聚通常都源自计数的单位与总体的单位之间的错配。例如，我们想要一个在某购物中心购物的人的样本，但是隐含的计数单位却是商场的访客。某些人造访中心的次数会多于其他的人，而这些额外的到访便构成了计数框中的重复。

一般来讲，可资利用的解决计数框中的问题方法，比解决清单问题的方法更有限。缺失的解决方法无非就是按高侧来估计总体大小。不合格的解决方法是甄别不合格。重复和集聚的解决之道是，在数据收集之后，对数据进行加权。因为没有编制清单的文件，我们无从在数据收集之前对抽样框进行清理或检查。

深入阅读

高级专题

有关为比较困难的总体下定义和建立框架的例子，请参见加尔顿的《对罕见和流动总体进行抽样的实用方法》（Kalton，2001，*Practical Methods for Sampling Rare and Mobile Populations*）；E. 布莱尔和布莱尔的《罕见总体双框架互联网——电话抽样》（E. Blair & Blair，2006，*Dual Frame Web-Telephone Sampling for Rare Groups*）；滨松、布莱、许布纳和伍兹的《里斯本调查抽样，同性恋和双性恋》（Binson，Blair，Huebner，and Woods，2007，*Sampling in Surveys of Lesbian，Gay and Bisexual people*）。

其他阅读

发表于《公共舆论季刊》的《美国移动电话号码和电话调查》（*Cell Phone Numbers and Telephone Surveying in the U. S.*）（特刊，2007）。

第7章

抽样 Ⅲ
样本量和样本设计

对于小规模调查,最常考虑的样本量问题依次为费用、分析计划和估计的目的。对于任何调查,作为一种选择,不管是什么样的调查,我们都可以通过一种将样本大小和抽样误差连在一起的计算方法来设定。抽样误差是指即使抽样的程序是无偏的,偶然的变差也会在一定的程度上造成大多数样本与总体有所不同这样一种理念。

在这里,我们将先对抽样误差以及它与样本大小的关系加以阐释。然后,我们将给大家介绍如何能将这种关系用于计算样本量的大小,以得出设定的抽样误差水平。这种设定样本容量的方法可以说是一种遵循"置信区间"的路数。我们也可以考虑用一种"强力分析"路数来设定样本的大小——置信区间路数的一种变种,它与设定样本大小的各种非统计程序一样,可能也是很有用的。

我们有关样本大小的最初的讨论假定使用的方法是简单随机抽样。我们也可以用分层或集聚(而非 srs)使样本更有效率。使样本更有效率的办法有:(1)降低与任何给定的样本大小关联的抽样误差;(2)降低得到样本的费用(这样,用同样的费用便可以得到更大的且有较小的抽样误差的样本)。我们将给大家介绍如何使用分层和集聚的抽样设计来得到这样的效率。

抽样误差例释

抽样误差的概念最好用一些可以找得到的,来自一个小总体的样本例子来解释。表 7.1 显示了一个小总体——共有 5 个人,名为安、鲍勃、卡尔、戴夫和易德娜。安是一位 24 岁的女性,鲍勃是一位 30 岁的男性,卡尔是一位 36 岁的男性,戴夫是一位 42 岁的男性,易德娜是一位 48 岁的女性。这个总体的平均年龄是 36 岁,且 60% 是男性。

　　表 7.2 显示了所有可以从这一总体抽取的所有样本量为 1、2、3、4 和 5 的,假定没有一个总体成员在一个样本中是重复的样本。当然,一个容量为 5 的样本是总体的普查。表 7.2 还显示:(1)每个样本的年龄均值;(2)每个样本中的男性比例;(3)跨某一给定大小的所有样本的平均数。此外,这些样本是可以从我们 5 个人的总体抽取的所有样本。

　　我们可以从表 7.2 中看到三个重要的事实:

- 第一,在计算某一跨给定样本量的样本的所有样本均值的时候,这些样本有与整个总体相同的平均数。这就是统计学家所说的样本均值的"期望值"等于总体均值这句话的含义。
- 第二,任何单个样本的均值不必与总体均值相同。实际上,大多数样本均值都与总体均值有所不同。在常识意义上使用期望这个词,我们不期望一个样本均值恰好等于总体均值。
- 第三,样本均值的分布,随着样本数量的加大,将变得越来越紧密地集中在整个总体均值的周围。在统计术语中,样本均值的方差(跨特定大小的样本)将随着样本量变大而逐渐变小。

表 7.1 　一个小总体		
成　员	年　龄	性　别
安	24	女
鲍勃	30	男
卡尔	36	男
戴夫	42	男
易德娜	48	女

表 7.2 　来自我们的小总体的所有可能样本		
成　员	均　值	男性百分比
$n=1$ 的所有样本		
安	24	0
鲍勃	30	100
卡尔	36	100
戴夫	42	100
易德娜	48	0
平均数	36	60

续表

成　员	均　值	男性百分比
n=2 的所有样本		
安、鲍勃	27	50
安、卡尔	30	50
安、戴夫	33	50
鲍勃、卡尔	33	100
安、易德娜	36	0
鲍勃、戴夫	36	100
鲍勃、易德娜	39	50
卡尔、戴夫	39	100
卡尔、易德娜	42	50
戴夫、易德娜	45	50
平均数	36	60
n=3 的所有样本		
安、鲍勃、卡尔	30	67
安、鲍勃、戴夫	32	67
安、鲍勃、易德娜	34	33
安、卡尔、戴夫	34	67
安、卡尔、易德娜	36	33
安、卡尔、戴夫	36	100
鲍勃、卡尔、易德娜	38	67
安、戴夫、易德娜	38	33
鲍勃、戴夫、易德娜	40	67
卡尔、戴夫、易德娜	42	67
平均数	36	60
n=4 的所有样本		
安、鲍勃、卡尔、戴夫	33	75
安、鲍勃、卡尔、易德娜	$34^{1/2}$	50
安、鲍勃、戴夫、易德娜	36	50
安、卡尔、戴夫、易德娜	$37^{1/2}$	50
鲍勃、卡尔、戴夫，易德娜	39	75
平均数	36	60
n=5 的所有样本		
安、鲍勃、卡尔、戴夫、易德娜	36	60

　　抽样误差这一术语涉及样本均值分布的标准差(即分布的方差的平方根)。用统计符号表示可写作"$\delta_{\bar{x}}$"。那个将样本误差与样本大小关联的方程是

$$\delta_{\bar{x}} = \sqrt{\frac{\delta^2}{n}\left(\frac{N-n}{N}\right)\left(\frac{N}{N-1}\right)} \qquad (方程 7.1)$$

　　式中的 $\delta_{\bar{x}}$ 是估计的测量的变量的样本误差,δ 是估计的整个总体的这一变量的标准差,n 是样本的大小,而 N 则是总体的大小。

　　这一方程中的最后两项,$(N-n)/N$ 和 $N/(N-1)$ 称为"有限总体校正因子"(fpc)和"无回置抽样校正因子",二者相乘,简约为 $(N-n)/(N-1)$。这一联合项是微不足道的,除非样本构成了总体的相当大的部分(譬如说,10% 以上)这种情况经常发生在体制型总体的调查中,但却很少发生在住户型总体的调查中。在它微不足道的时候,我们常把这一项从方程中去掉,而只留下

$$\delta_{\bar{x}} = \frac{\delta}{\sqrt{n}} \qquad (方程 7.2)$$

决定样本量的置信区间路数

　　在这一章的前面那些段落中,我们已经阐明样本均值一般不等于总体均值,尽管在重复抽样中,样本均值的平均数大致等于总体的均值。这一原理对于任何一个我们用样本计算的统计值,如均值、比例、相关、回归系数或其他的统计值也都适用。

　　这便产生了一个问题,在大多数研究项目中,我们只得到了样本的结果。我们知道这一样本一般不会完全精确地反映总体的统计值,因为在样本组成中存在随机变差。然而,我们却无法确定任何一个特定的样本与整个总体的差异究竟有多大,除非我们有总体的数据,而如果我们有了这些数据,那么我们就无需再做研究。

　　我们**可以**做的事情是用抽样误差来表达我们的样本结果落入总体数字的某一范围内的概率。例如 $\delta_{\bar{x}}$,样本均值服从"正态"分布,而那一分布的标准差就是抽样误差。因为在一个正态分布中,95% 的均值落入离那个分布的均值的 ±1.96 个标准差内,这就意味着 95% 的样本均值将落入平均的样本均值的 ±1.96 个 $\delta_{\bar{x}}$ 内。例如,如果在一个总体中,估计的生日礼物的年支出的标准差是 30 美元,那么这就意味着样本均值将有 95% 的机会落入总体均值的 ±58.80 美元内(1.96×30 美元 = 58.80 美元)。用统计术语表达,我

们便可以说我们有一个 95% 的置信水平的 ±58.80 美元的"置信区间"，或简单地说"95% 的置信区间"是 ±58.80 美元。

样本量的置信区间路数不仅要采取这种计算方法，而且还是反向进行的。其逻辑如下面所述：

1. 先确定我们想要的置信区间，并计算产生这一区间所需的抽样误差。例如，如果我们想要一个 ±58.80 的 95% 的置信区间（$I_{95\%}$），那么需要的抽样误差是

$$I_{95\%} = 1.96 \times \delta_{\bar{x}}$$
$$58.80 = 1.96 \times \delta_{\bar{x}}$$
$$\delta_{\bar{x}} = 58.80/1.96 = 30.00$$

2. 将这一抽样误差代入方程 7.1；或者，如果总体比较大，便可用方程 7.2。例如，我们将一个我们想要的抽样误差 30 代入方程 7.2，得到

$$30.00 = \frac{\sigma}{\sqrt{n}}$$

3. 现在，如果我们估计 δ，即正在研究的变量的标准差，那么我们便可以求得 n，它就是产生我们想要的抽样误差的样本量，因而也就是我们想要的置信区间所需的样本量。

为了使计算条理化，步骤 1 和步骤 2 可以合并成一步，将样本误差的中间计算省略，例如，如果我们用方程 7.2 来计算抽样误差，那么"一步式"计算就是

$$I_{95\%} = 1.96 \times \left(\frac{\delta}{\sqrt{n}}\right)$$

重排这一式子，可将它变成

$$\sqrt{n} = (1.96 \times \delta)/I_{95\%}$$

于是

$$n = \left[(1.96 \times \delta)/I_{95\%}\right]^2$$

表 7.1 到表 7.2 阐述了这些结果。它们显示产生我们想要的置信区间所需的样本量。或者，如果我们更喜欢另一种方式的表述，它们显示了与一个给定的样本量关联的置信区间。以下是有关这些表格的一些评述：

● 表 7.1 到表 7.2 将置信区间用于两类常见的估计量：比例和均值。

均值都是平均数。在我们回答"一个变量的平均值是什么"这一问题的时候,我们将要估计一个均值。比例都是百分比,在我们回答"总体有某种特征的百分比是多少"这一问题时,我们将要估计一个比例。

- 表7.1 到表7.4 显示的表格和方程都是针对95%的置信区间的。如果我们喜欢使用90%的置信区间,那么在方程中应该使用1.645,而不是1.96。

- 表7.1 到表7.4 都以方程7.2为根据,且都没有使用有限总体修正因子。如果样本将是总体的相当大的一部分,那么表7.1 到表7.4应该予以扩展,以将有限总体修正因子包括进来。

为了用表7.1确定样本量,我们需要有一个要被测量的比例 π 的初始估计值。有三种方法可以得到这一估计值。一种方法是,用50%作为我们的估计值,因为50%产生最大(最保守)的样本量需要量。另一种方法是以其他类似的研究或变量得到的结果为根据估计 π。第三种方法是通过预试来估计 π。这种预试也可以用于检验问卷和实地程序。

同样,为了使用表7.2,我们也需要一个 δ,即被测量变量的标准差的初始估计值。在这里,我们不能利用50%产生保守的估计值这一事实的优越性,因而我们最佳的选择是:(1)根据其他类似研究或变量得到的结果估计 δ;(2)通过预试来估计 δ。

为了使用表7.1 或表7.2,我们还需要确定我们想要的置信区间。如果我们无法确定我们想要的置信区间,那么比较恰当的做法是:(1)用某种非统计的方法设定样本量,具体方法我们将在本章后面的段落介绍;(2)使用表7.2 或表7.4计算关联的置信区间;(3)考虑一下,就我们研究的目的而言,这些置信区间是否符合要求,如果不符合,那么就要试一下其他一些样本量,直至符合为止。

每次我们在调查中希望测量的分析,都将使用它自己需要的样本量。如果我们想要做子群体分析——例如,在政治调查中,我们希望不仅仅了解整个已经登记选民对候选人的偏向,而且还想了解各类选民对候选人的偏向,那么每个子群体就将有自己需要的样本量,它取决于主管人员为子群体估计值设定的置信区间目标,无论它们是什么样的。总的来讲,大多数研究项目都有许多目标,有些目标要求小样本,而有些目标则要求很大的样本。资源的限制通常都会要求我们在那些非常困难的目标上,做出某些妥协。

样本量的效力分析路数

　　样本量的置信区间路数假定我们希望估计的是总体中的某些关键统计量,并希望估计能到达一定的精确程度。然而,我们也可能对统计量的估计不是那么感兴趣,相反,我们的兴趣在于检验一个假设,这在学术研究中,情况尤其如此。

　　例如,假定我们正在测量公众对某一政策问题的意见,且我们希望检验一个同意这一政策的人数的百分比在男女之间的差别的假设。在这种情况下,我们就不好说我们想要一个在总体值的±0.20 左右的,95% 的置信区间。我们也无法说我们想要男女分别为±0.02(±2%)的 95% 的置信区间。我们真正想要的是我们的假设检验能有足够的效力达到统计显著性,如果数据是服从期望的模式的话。

　　按照下面这样的做法,我们便能达到这一目的。首先,我们需要确定用于检验的假设的程序究竟是 t 检验、F 检验,还是其他检验。第二,除了样本量之外,在这次检验中我们期望的一些数字的估计值。第三,求需要的样本量。

　　例如,假定我们期望在那些同意一个政策的人中,男女之间的比例差异约为 0.10(10%)(这个估计值可能来自一种普遍的经验或咨询意见、以前类似的专题研究或试调查)。这种差异的统计显著性,将用下面这种形式的 t 检验进行检验。

$$t = \frac{(p_1 - p_2)}{\sqrt{\dfrac{p_1(1 - p_1)}{n_1} + \dfrac{p_2(1 - p_2)}{n_2}}}$$

式中的 t 是 t 统计量,p_1 是同意这一政策的女性的比例,n_1 是女性样本量,p_2 是同意这一政策的男性的比例,n_2 是男性样本量。

　　用双尾显著性检验,如果 t 值至少为 1.96,那么我们将能在 95% 置信水平上支持我们的假设。将这一值和(p_1-p_2)的估计值 0.10,即两个群体之间的差异一起代入方程。再将值 0.50 代入方程中的分母 p_1 和 p_2。我们期望两个比例之间的差异为 0.10,但我们却设定两个在 0.50 的值,这将最大化 $p×(1-p)$ 项,这将会给我们最大或保守的样本量。由此得到的方程是

$$1.96 = (0.10) / \sqrt{\left[0.5 \times (1 - 0.5)/n_1\right] + \left[0.5 \times (1 - 0.5)/n_2\right]}$$

假定两个群体有相等的样本量(即 $n_1 = n_2$),要求的是 n_1(或 n_2),的值,只要解这一方程,我们便可得到

$$1.96 = (0.10) / \sqrt{\{[0.5 \times (1 - 0.5)/n_1] + [0.5 \times (1 - 0.5)/n_1\}}$$

$$n_1 = 192.08$$

这样，如果女性和男性之间的差异是我们所愿的 0.10，且同意这个政策的人的百分比，在每一组都是 0.50 左右，那么我们将需要有 193 个男性和 193 个女性的样本量的样本来达到这一差异的统计显著度。

如果我们发现，我们难以进行这种类型的直接计算，那么我们可以通过模拟来得到同样的结果。构造一个小数据集，或做一个试研究。复制这些数据（例如，如果我们有 20 个观察，将这些数据复制四次，制造出 100 个观察），在各种样本量中检验我们的假设，直至发现达到了统计显著度的那个点为止。

样本量的非统计路数

在设定样本量时，也可以使用几种非统计的路数。这些路数包括：

- 根据以前的实践设定样本量。
- 根据典型的实践设定样本量。
- 用"魔数"（magic number）设定样本量。
- 根据产生计划的子群体分析中的最小格的大小设定样本量。
- 根据资源限制设定样本量。下面我们来对这些方法进行更为详细的讨论。

使用从前的样本量

研究者在做重复的项目时，常常根据以前做过的工作来设定样本量。例如，我们知道一家制药公司，通常用 50 个医生的样本量来测量医生对他们的新药的看法。如果有一种新药，他们认为十分重要，那么就可以使用 100 个医生。公司决策者已经习惯了这些数目，因而使用它们会使他们感到很舒服。

如果情况相似，且以前的样本量已属最佳，那么最简单的重复样本量法则不失为明智之举。然而，重要的问题在于要认识到，不同的情况往往需要不同的样本量。每次只是做相同的事情，可能会使我们相对于信息的价值而言，投入不是太多就是太少。

使用典型样本量

一种与设定样本量相关的路数是"从众"，使用与其他研究者使用过的样本量相同的样本量。复制样本量有着与重复自己的样本量相同的逻辑——"如果它以前适用，那么它应该仍然适用"。不过，它也有着与使用从前的样本量同样的问题。因为不同的情况可能需要不同的样本量。

使用魔数

用于确定样本量的另一种路数是使用一种我们称为"魔数"的方法。这个意思是有一个适合那些需要支持基于研究做出的决策人的数字。这在一个研究意欲挑战保守的思维，并提出一种新的行为方式的时候尤其有用。尽管我们都不需要研究告诉我们按老套路做事，然而一个建议一种新的行为方式的研究几乎总是会面对某些抵制。研究结论的怀疑者和反对者将会想方设法来否定或废弃那个结论，而他们最为常用的手段是说，研究"只以" X 个观察为依据。

为了加大研究结论的接受度，进而使它们更加有价值，最重要的事情就是研究者要在研究项目开始之初便要设法了解什么是能使用户相信研究结果的合适的样本量。研究者应该直截了当地告诉用户"您知道，有时调查研究会产生一些意想不到的发现"，进而问道"如果这个项目产生了意想不到的发现，那么什么样的样本量会令你认为这些发现是合理合法的，而不是侥幸？"我们应该连续不断地探究这一问题，直到我们从那些将要接受和实施项目发现的重要客户那里得到了答案为止。然后，我们要确保样本量超过这些期待。这些预警措施虽然不能预先制止所有对样本量的批评，但至少可以使它们有所减少，而这正是使研究能在直觉上使用户感到满意的一个重要举措。

而在一个进行许多研究的组织中，"魔数"可能就是与以前相同的样本量。在这个用 50 和 100 的标准样本量测量医生对新药的反应的制药公司中，这些样本量已经变成约定俗成的无需反映在统计表上的数字——没有人会质疑它们，而以它们为根据的研究发现也都为人们所欣然接受。如果研究部门用一个其他的样本量做研究，譬如 40 或 72，人们就会把注意力放在那个不寻常的样本量上，而不是研究结果上。研究会因为违反了已为人们所接受的组织标准而受到抵制。

在学术研究中，"魔数"可能是在该领域中已经发表的研究的典型数字。在计划我们的研究时，请检索一下我们希望在那里发表研究结果的刊物，以能对样本量的规范有所了解。

预期的子群体分析

我们设置样本量的第四种非统计方法是预期的子群体分析和设计最小子群体的最小样本量。例如假设，一家医院打算测量病人（那些至少在医院住了一个晚上的病人）对他们在医院得到的服务的满意度。医院打算对各个病房——整形外科、妇产科等科室分别进行分析，且设想所有的报告最少要以 50 个病人为根据。不仅如此，我们还假设神经病房是最小的病房，只占就诊病人的 4% 。在这样的情况下，医院的病人满意度调查必须采用下列方法中的某一种：(1) 用至少 1250（50÷0.04 = 1250）个的总样本量，这样样本将产生至少 50 个神经科病人；(2) 超额抽取神经科病人，以满足子群体的最小样本量要求，尽管总样本量会小于 1250；(3) 不准备发表神经病房的报告。

根据资源限制设置

第五种非统计方法是根据资金来源的限制来设定样本量。通常在采用这种方法时，将依照以下的步骤：询问决策者他们希望为一个特定的项目付多少钱；从这一个数目中减去那些固定的费用；将剩余的预算数除以再次观察的预期成本，得到基于资源的样本量。

譬如说，一个医院的管理者愿意用不超过 20000 美元的费用做一个病人满意度的电话调查。一个研究公司可能需要预算编写问卷、得到医院批准、数据分析、准备报告和发表报告的时间。这些时间的预算可根据适当的，包括基本费用和利润的付费标准来做。该研究公司也将预算调查员做预调查、计划和督导试调查、专门用于预调查培训和进行主调查研究、专门用于准备预调查培训材料以及其他必需的时间。这些就是该项目的固定费用。

比方说，这些固定费用加在一起为 6000 美元。这剩下的 14000 美元可作为可变费用。现在该研究公司必须估计每个访谈的可变费用，而这一费用取决于筛选率、筛选和主问卷的长度、任何长途电话的费用、编辑和编码的费用（这取决于开放式问题的多少），以及其他可变费用。只是作为一个例子，我们说这些费用加在一起，完成每个医院满意度调查访谈的费用为 25.00 美元。因而，一个 14000 美元的可变费用预算，允许我们有一个 560 个访谈的样本量（14000 美元÷25 美元）。

根据我们的经验，基于预算的路数是在预算有限的时候设定样本量采用的最为普遍的方法。这一路数的诉求直截了当,因为它允许项目的资助者以美元的多少来谈论研究,而这正是他们所理解的语言。这一路数也植根于财务的现实。与其他路数不同,它基本上是以一个研究的预算为根据,并询问项目的资助者是否愿意支付预算提出的费用,基于预算的路数使研究工作适合我们可以得到的资助。

　　基于预算的路数的不足之处是,它未能清楚地考虑到信息的目的。例如,560 个访谈可能多于一个医院了解整个病人的满意度的需要,或者根本无法满足了解部分服务区病人满意度的需要。正像统计计算必须对照预算来审核,以了解样本是否负担得起一样,我们也需要对照信息需求来审核基于预算的样本量,以了解样本是否令人满意和有效。

分层样本设计

　　迄今为止,我们有关样本量的讨论都假定抽取的样本是一个简单随机样本。在理论上,简单随机样本是一种最为基本的选取一个概率样本的方法,但是从样本效率的角度看,它却不是一种降低抽样误差或提升成本效益的最佳设计。此外,还存在这样一些情况:一个研究项目的成本效益可以使用能降低抽样误差的分层抽样来加以提升。

　　分层抽样先将总体分成那些称为“层”的子群体,然后再从每一个子群体选取随机样本(图 7.1)。用这种方式做抽样会增加一些额外的工作和费用。然而在某些条件下,从分层样本得到的估计值,其抽样误差会大大小于相同样本量的简单随机样本的估计值的抽样误差。这使我们得以用比简单随机抽样需要的样本量更小的样本量来满足既定的抽样误差目标的需要,进而降低研究的总费用。

什么时候应当使用分层样本?

　　有四种情况可使用分层抽样来提升成本效益:(1)在分层是我们直接感兴趣的时候;(2)在研究的变量在不同的子群体有不同的方差的时候;(3)在数据收集的费用在不同的子群体有所不同的时候;(4)在我们感兴趣的一个变量的先前的信息随总体的子群体而异的时候。这些条件已在表 7.3 中列出,我们将在下面对它们进行讨论。

假定我们要对某一个特定行业中的公司进行抽样。这些公司的规模有小、中和大三种。如果不同规模的公司要在某些维度上进行比较，或者在比较的公司之间存在比较大的变差，那么我们必须使用分层抽样。

首先，将公司分成小、中或大三层。

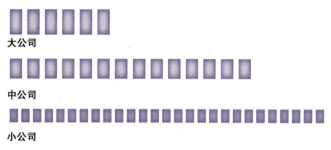

然后从每一层抽一个随机样本，每一层不必抽取相同数目的公司。

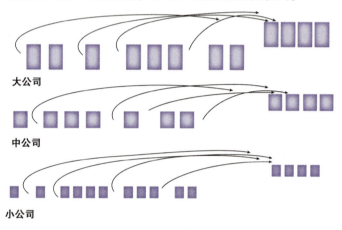

图 7.1　分层抽样是怎样进行的

表 7.3　分层抽样的原因
1. 直接对层感兴趣。
2. 层间方差不同。
3. 层间费用不同。
4. 各层以前的信息不同。

在直接对层感兴趣的时候

在第一个条件下，分层抽样是高成本效益的，因为那时层是我们直接感兴趣的。在主要的研究目的是比较总体的子群体时，或者如果想要对总体的子群体单独进行估计，并希望这些估计值能满足目标置信区间时，情况便会如此。

例如,假设我们希望在调整了年龄、教育、工作经验、物质状况和家中是否有孩子等与失业率相关的因素之后,比较非洲裔美国人和其他属群之间的失业率,确定非洲裔美国人的失业率是否比其他族群高。这样一种比较的最佳的样本设计是一种子群体的样本量相等的设计,因为这将会使比较的标准差最小。如果总体中的子群体大小不同,那么它们就必须以不同比率抽取,以使样本量能相等。不言而喻,这就意味着分层抽样。

更为普遍的是,每当我们对不同的子群体有着不同的置信区间目标时,即使我们的目的并不在于比较这些子群体,分层抽样也会是一种适当的抽样方法。例如,我们希望分别报告非洲裔美国人、西班牙裔美国人和其他族群的失业率,并且想要每个子群体的估计值有相同的置信区间,那么达到我们的目标所需的样本量便要是每个群体相同的。群属置信区间目标的存在产生了对群属样本量的需求。

当然,在样本为群组比较或估计值而优化时,它对整个总体的估计就不再是最优的了。如果我们的兴趣并不在全部总体的描述,那么我们大可不必介意,但在对总体感兴趣的同时也对子群体感兴趣,这种现象并不少见,例如,在估计总体失业率的同时,比较关键子群体的失业率。对这种情况最为普遍的两种应对方法是:(1)确定可以接受的总体抽样最小的总样本量;(2)确定最小的子样本量,并用剩余的资源改进总估计值。

在方差随层变化的时候

在第二个条件下,总体的子群的某一个研究变量有不同的方差,这时分层抽样将是高成本效益的。因为总样本的平方抽样误差,或样本方差可表达为如方程 7.3 所示那样的跨层的抽样方差的加权组合。在该方程中,$\delta_{\bar{x}}^2$ 是感兴趣的变量的总加权抽样方差,π_h 是第 h 层含有的总体的比例(即 N_h/N),而 $\delta_{\bar{x}_h}^2$ 则是第 h 层的层内抽样方差(即 δ_h^2/n_h)。

$$\delta_{\bar{x}}^2 = \sum \pi_h^2 \delta_{\bar{x}_h}^2 \qquad\qquad (方程 7.3)$$

由于总抽样方差是层抽样方差的加权综合,因此它有可能通过给方差较高的层以更大的样本而得到一个比较小的总抽样方差。

在一篇堪称经典的论文中,内曼(Neyman,1934)告诉我们,如果每层的样本的分配与层的大小和层中研究的变量的标准差成比例,那么我们便可以得到最小的总抽样误差。因此,层的最佳样本量由方程 7.4 给出。在方程中,n_h^* 是第 h 层的最佳样本分配,π_h 是那一层含有的总体的比例,δ_h 是层内感兴趣的变量的标准差,而 n 则是该研究计划的总样本量。

$$n_h^* = \left[\frac{\pi_h \delta_h}{\sum (\pi_h \delta_h)} \right] n \qquad\qquad (方程7.4)$$

如果各个层的方差相等——因而标准差是相等的,那么方程 7.4 可被简化为能显示每一层分配的样本量与它的大小成比例。然而,在各层的方差不同的时候,不成比例的抽样则更加好,应在方差较高的层做更多的抽样。

这样的情况会在什么时候出现呢? 对于大多数社会研究的变量,不同家庭和个人的群体之间的方差的差别是非常小的,即使在群体均值有很大差别的时候,情况也是如此。一般来讲,大组织展现的变差都大于小组织。因此,我们应该根据大小来对机构分层,并对较大的组织使用较高的抽样比率。

如果在研究实施之前我们不知道组织中的方差,这时便可用那些组织大小的量度来接近方差,因为研究已经证明大小量度与方差是高度相关的。大小量度可能是以组织的年度收益、雇员人数、学生人数、患者人数等为根据的。如果存在一个以上的大小量度,那么应该使用那个与关键变量关系最密切的量度。使用大小量度的最佳样本选择方程在方程 7.5 中给出。式中的 MOS 是将要使用的大小量度和层的总量的代表,即平均层元素量乘以层的元素数。

$$n_h^* = \left[\frac{MOS_h}{\sum MOS_h} \right] n \qquad\qquad (方程7.5)$$

我们用一个来自苏德曼(Sudman,1976)的例子来阐述层的样本量分配。假设我们想要做一个有关医院雇员的制服的市场研究。在这个研究中,我们想要调查 1000 家医院,且希望我们的样本有制服支出的估计值的最小可能抽样误差。我们预料制服支出与雇员人数是高度相关的。

假定表 7.4 列出了这些数字。表 7.4 根据大小将医院分成了六层,并列出了:(1)每一层的医院数;(2)每一层的雇员数;(3)每一层的每一个医院的雇员数的标准差。

表 7.5 使用这一信息给跨各个层的总样本量定为 1000。表中的第一列分配显示了根据每一群的医院数确定的成比例的分配数。例如,那些有 50个以下雇员的医院占了医院总雇员数的 24.6%(1614/6570),这样它们就被分配了样本的 24.6%,或 246。第二列分配列显示根据方程 7.4,用作为制服支出的标准差的代理的雇员数的标准差(来自方程 7.5)给出的最佳分配数。这最后一个程序使用了每一个床位数类别的中点来作为那一层的平均大小的量度,并假定最高一类的中点是低界的两倍。因此,我们的大小量度是 25、75、150、250、400 和 1000 乘以每一层的元素数。

表7.5 底下的那一行显示了三个样本的估计的样本方差。注意，在第二配置列的最佳配置产生的抽样误差只有成比例样本（假定雇员数的标准差是制服支出的标准差的精确的代理）的四分之一。换一句话说，1000 个医院的分层样本产生了与4000 个医院的样本相同的抽样误差。不仅如此，大家注意，使用床位数作为大小量度的最佳配置，其表现之好，与使用标准差几乎不相上下。

表7.4 美国医院的特点

床位数	医院数	雇员数（以千人计）	雇员数 δ_h
50 以下	1614	429	25
50 ~ 99	1566	601	51
100 ~ 199	1419	2106	95
200 ~ 299	683	2124	152
300 ~ 499	679	3910	384
500 及以上	609	6677	826
合计	6570	15847	

表7.5 层分配

大小类别（以床位数分）	根据比例分配的 n	根据雇员人数的 δ_h 的 n^*	根据床位数的 n^*
50 以下	246	36	28
50 ~ 99	238	71	83
100 ~ 199	216	120	150
200 ~ 299	104	93	120
300 ~ 499	103	232	191
500 及以上	93	448	428
合计	1000	1000	1000
雇员的 δ_x^2	71.0	16.5	17.2

在某些情况下，使用大小量度的最佳配置可能会产生一个最大组织层的大于那个层的组织数目的样本量。在遇到这样的情况时，解决的办法是取这一层的所有元素，然后把它称为一个"确实"层，因为它的所有成员都被包括在了样本中。

在费用随层变化的时候

内曼（Neyman，1934）发表于 1934 年的著名的论文还显示，跨层样本最佳样本配置取决于在不同的层收集信息的费用。尤其是，最佳配置与不同层的变量（每单位）的数据收集的费用的平方根成反比的时候。将这些结果与方程 7.4 合并起来，便可在方程 7.6 中给出更为普遍的最佳结果，在那个方程中，c_h 是在第 h 层的每单位数据收集的费用，其他各项则与前面相同。

$$n_h^* = \left[\frac{\dfrac{\pi_h \delta_h}{\sqrt{c_h}}}{\sum \dfrac{\pi_h \delta_h}{\sqrt{c_h}}} \right] n \qquad （方程 7.6）$$

如果是费用，而不是方差随层而异——这种情况在有些调查中可能会发生，那么方程 7.6 便可简缩为方程 7.7。如果既不是费用，也不是方差随层而异，那么这个方程便可以缩减为成比例分配：

$$n_h^* = \left[\frac{\dfrac{\pi_h}{\sqrt{c_h}}}{\sum \left(\dfrac{\pi_h}{\sqrt{c_h}} \right)} \right] n \qquad （方程 7.7）$$

在调查研究中，费用随层而异的情况主要有两种。第一种，发生在几种将数据调查方法组合在一起的时候，例如用电话调查进行跟踪来提高研究的成本效益的邮递调查。

第二种费用随层而异是因为我们感兴趣的是一个特殊的总体，例如西班牙裔或非洲裔美国人，且该总体还是在地理位置上聚集的，因此筛选费用就会因地点不同而有很大的不同。例如，假设我们想要在某一地区抽取西班牙裔美国人的样本。为了简化我们的例子，我们假定在这个地区居住的西班牙裔人有一部分居住在那些 100% 都是西班牙裔的地方，而另一部分则居住在只有 5% 西班牙裔的地方。假定每个访谈的费用是 25 美元，且筛选住户以确定他们是否是西班牙裔，每次需要 10 美元。因此，在 100% 西班牙裔的地方，完成每个访谈的费用是 25 美元，因为不需要做任何筛选；而在只有 5% 西班牙裔的地方则需要 225 美元，因为每完成一个访谈需要进行 20 次电话筛选，每次需要 10 美元，因为 $\sqrt{（25 \text{ 美元} / 225 \text{ 美元}）}$ 等于 1/3，所以在这些西班牙裔相当稀少的地方的抽样比率应该是完全都是西班牙裔的地方的 1/3。

从前的信息随层而异

在最后一种情况中,分层抽样之所以是高成本效益的,是因为从前的信息随层而异。如果在一开始,我们掌握的某些信息,有些层要多于另外的一些层,那么在那些我们不太了解情况的层收集不成比例地多的信息,则不失为一种明智之举。

爱立信(Ericson, 1965)告诉我们,在某些信息已为我们所知的时候,贝叶斯分析可用来确定最佳的分层样本量。我们不准备在这里详细地介绍这些计算方法。在这里,我们只是请大家了解一下,在做跨层配置样本量的时候,是可以将从前的信息考虑进去的。在某些情况中,这些计算可能会使某个层根本不用被抽到,如果(1)从前的信息是可以得到的;(2)收集额外信息的费用也会很高。

分层的其他用法

有的时候有些不相信概率的人会要求对样本进行分层,以使某些变量,如年龄、种族、性别或收入和普查数据完全一致。换言之,他们要求进行成比例分层,以控制样本,而非不成比例的层,使样本更有效率。这样做的费用是相当高的,因为它需要做大量的筛选工作和花费很多额外的抽样费用,而它的好处却是子虚乌有的。分层不应当被用来保证样本有完全的代表性。只要有一个足够大的样本量,无控制的机会便会很好地生成一个代表性样本。

有时,研究者也会在数据收集之后进行**后分层**,以降低无回答偏倚。即使样本不是用不成比例的分层设计的,不同的无回答也会导致某些群体比另一些群体代表性高。在这些场合,研究者可以对这些群体加权,把它们变回成比例的代表性。其逻辑与对有计划的不成比例的分层加权是一样的,但是有一个重要的差别。在群体的代表性的差异系由样本设计所致时,这些差别已事先被按计划汇入样本,因此我们确切地知道我们怎么做就能将它们去掉,进而将样本带回等价于 *epsem* 的代表性。在群体的代表性的差别是由无回答造成的时候,这一事实并非计划中的结果,而是在以后观察到的,因而我们不是十分清楚加权是否能真的纠正那些潜在的偏倚。我们将在后面的第 12 章来讨论这个问题,并告诉大家如何来做这样的加权。

旨在增加成本效益的整群抽样

与分层抽样一样,整群抽样也能在某种条件下增加研究的成本效益。在整群抽样中,总体先被分成了称为整群的子群体,然后再抽取一个整群的样本。总体成员的进一步抽样可以在整群内进行,因而多段的整群抽样是有可能的(即在整群内抽取整群)。表7.6 给出了一些有时可能在调查研究中使用的各种整群的例子,而图7.2 则给出了整群抽样的图示。

表 7.6 整群实例

总 体	可能的整群
消费者	标准都市地区
	县
	购物中心
	电话交换站
	普查区
	街区
	住户
大学生	大学
	宿舍
	班级
初中或高中	小区
	学校
	年级
	班级
企业	县
	聚集地
	厂址
医院病人	医院
	病区

假定我们要抽取一个特定行业的公司样本。这些公司位于不同的城市。如果必须出差到每个公司进行研究，且我们还想减少城市的数，那么整群抽样将是高成本效益的。

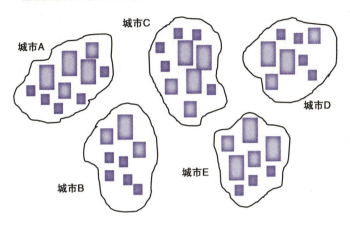

首先，我们将总体分成不同的整群（在这一例子中是城市），然后抽取整群（城市）的样本。在这里，我们选到了整群B和D。

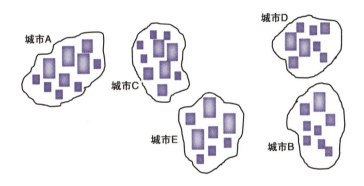

然后，我们在每一个选出的整群内抽取一个样本，生成一个（总）样本。

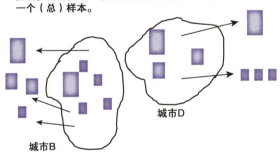

图 7.2 如何进行整群抽样

　整群抽样与分层抽样不同，整群抽样使用一个整群的样本，而分层抽样则在每一个层中抽一个样本。整群抽样和分层抽样的不同还在于，分层抽样关注的问题是降低抽样误差，而整群抽样则旨在降低费用。整群样本实际上比等容量的简单随机抽样样本有着更高的抽样误差，不过在正确的条件下，整群样本允许将样本量提高到足够大，以抵消它们的低效性，这样对于任何给定的预算，抽样误差都可有所降低。

　　整群抽样的逻辑可见诸全美家庭调查。假定我们想要一个 500 户的全国样本，且访谈将在被调查人的家中进行。一个来自全国有 100000000 个家庭的容量为 500 的简单随机样本，有时会产生下面这样的情况，即选到的样本户散布在全美各个州：爱荷华的锡达拉皮兹（Cedar Rapids，Iowa）一户，佛罗里达的迈尔斯堡（Fort Myers）一户，蒙大拿的赫勒那（Helena，Montana）一户，等等。不言而喻，这样的样本的调查差旅或/和培训的费用将是惊人的。为了做一次访谈，调查员必须从一个城市到另一个城市，因此每一次访谈的费用要包括至少一次城市间的差旅费（如果需要电话回拨，那么费用还会更高）。

　　如果 500 户是整群，而不是被单个地选择的，那么费用将会大大地降低。例如，我们可以在全国抽 25 个县，每个选出的县选 4 个地方，每个选出的地方选一个普查区，每一个选出的普查区选一个街区，并在每一个选出的街区选 5 户。我们将仍然会得到 500 户，但访谈将集中在 25 个县，每县有 20 个访谈，且每个县的调查员只需去 4 个地方。这种路数的费用大大低于简单随机样本。或者，在同样的预算下，这个路数将允许做大大多于 500 个的访谈。

在什么时候应该使用整群样本？

　　在三种一般条件下，整群抽样有相当大的好处：

　　●第一，在差旅费因整群抽样而降低时，整群抽样便是合适的抽样方法。这种情况发生在访谈在家中或办公室进行的时候，因为那时调查地点分布在广阔的地理区域。这种情况不会发生在在线调查、邮递调查或电话调查中（电话调查中的长途电话费的变化，还不足以促使我们从用本地的设施进行访谈转为整群访谈）。

　　●第二，在每一调查点都有一笔相当大的固定费用的时候，整群抽样将是高成本效益的。例如，如果我们聘用一家研究公司在一家购物中心对那里的人进行访谈，不论访谈的数目是多少，一笔固定的组织设置和培训费用是免不了的。如果我们能在每一个购物中心多做几个访谈，那么这笔固定费用便可分摊到几个访谈上。

　　●第三，在我们有一张整群的清单，但却没有单个总体成员的清单时，整群抽样便会大有用处。例如，如果有人要求我们做一个地方的企业经理对地区经济发展活动的态度问题的调查时，我们便可从一张地方企业的清单开始，先从这张清单上选取企业，然后再从选出的公司内选取经理。

最佳整群法

如果费用是设计整群样本唯一关心的问题,那么合乎逻辑的路数是在一个单独的整群中收集所有的数据。如果我们可通过将 500 次访谈分到 25 个县,每个县做 20 个访谈来省钱的话,那么我们何不将所有 500 个访谈都放到一个县来节省更多的钱呢?

显然问题与样本的代表性有关。一个地区每个县的住户都可能有与其他县不同的特点。因而来自一个县的研究结果,无法在整体上给我们提供国家的完整的图景。作为一个例子,我们来看一下在一些有"红"(共和党)或"蓝"(民主党)倾向的县进行的政治调查。

从统计学的角度看,整群将会因为整群成员之间的相关而加大抽样误差。在爱荷华的锡达拉皮兹的两个住户,他们的行为和态度,比分别在爱荷华的锡达拉皮兹和佛罗里达的迈尔斯堡的两个住户更高地相关。相关更高意味着将来自锡达拉皮兹的第二户加入样本,比将来自迈尔斯堡的第二户加入得到的新信息要少。事实上,锡达拉皮兹户的住户是完全同质的,致使来自锡达拉皮兹的第二户没有增加任何新的信息,因此没有任何研究价值。

整群内的同质性(或相似性)用一个叫作"群内同质系数"的统计量来测量,并用希腊字母 ρ(rho)表示。函数 ρ 与相关系数类似——一个值为零的 ρ 表示一个整群内的成分是完全不相关的,而一个值为 1 的 ρ 则表示整群内的成分是完全同质的。作为一条普遍的法则,比较小的整群往往同质性都较高,因为那些彼此为邻的人,往往比分居镇内各处的人有更多的相似之处。住户总体的与经济有关的变量也有较高的同质性倾向,因为彼此住得近的人,往往在经济上也颇为相似。一般来讲,ρ 将不超过 0.05。

汉森、赫维茨和麦多(Hansen,Hurwitz,& Madow,1954)已经证明,最佳整群量可由方程 7.8 确定,它使用(1)ρ,(2)与每一个整群关联的 c_1,(3)每个访谈的费用 c_2。这一方程常为那些适合整群抽样的研究项目产生 20 到 25 的最佳整群量。这样,对于一个 500 个样本的例子,它将会分配 20 个数据收集点,每个点有 25 个观察;或者 25 个数据收集点,每个点有 20 个观察。

$$n_c^* = \sqrt{\frac{c_1}{c_2}\left[\frac{1-\rho}{\rho}\right]} \qquad (\text{方程} 7.8)$$

抽取整群样本

整群样本会随样本量的变化而呈现很大的差别。然而可以证明，在从每一个整群取相等的样本量的时候，抽样误差将会最小化。所以抽取整群样本的巧妙在于在每一个选出的整群中抽取相等的样本量，使大小整群中的总体成员都有相等的选择概率。

例如，假设我们希望在常规的非营利性的美国高校抽取一个 2000 个学生的整群样本。假定整个总体共有 8000000 个学生，并希望有一个 2000 的样本，这样整个抽样比率就是 1/4000（2000÷8000000 = 1/4000）。

此外，假设我们计划在 40 所高校（也就是说我们将有 40 个初级整群）进行我们的研究。假定美国有高校 1600 所。因此，如果我们给了所有的高校一个相等的选择概率，那么每一所给定的高校的选择概率将是 40÷1600 = 1/40。为了保持单个学生被选择的等概率和得到一个容量为 2000 的样本，我们就必须使高校内的抽样比率为 1/100，因为［1/40］×［1/100］= 1/4000。

这最后一步计算使用了多阶抽样的选择概率等于每一阶的概率的积。在我们的例子中，一个高校学生所在高校被选的概率，乘以如果所在高校被选上的那个学生被选的概率，等于那个学生被选的总概率。

使用高校内 1/100 的抽样比率，从一个有 30000 个学生的大学选择的样本将为 30000×（1/100）= 300 个学生，而从一个只有 1000 个学生的文科学院选取的样本将只有 1000×（1/100）= 10 个学生。这种变差并非我们所愿。

为了既能达到单个总体成员选择的等概率，又能在整群内得到相等的样本量，整群就必须用不等概率来选取。特别是，整群必须要以与它们的大小成比例的概率来选取（这称为"PPS 抽样"）。PPS 抽样是按下面的步骤进行的：

1. 列出所有整群。

2. 依次按每一个整群，记录总体大小的累计量度。如果第一个整群是一所有 30000 个学生的大学，那么累计点就是 30000，并将这一个数值记下来。如果下一个整群是一所有 1000 个学生的大学，那么这一点的累计便是 31000，并将这一数值也记录下来。如此这般，一个接一个连续不断地做下去，直至将所有的整群都累计完和将整个总体都考虑到。

3. 将总体容量除以想要的整群数，求得抽样间隔。在我们的高校例子中，间隔将是 8000000÷40 = 200000。

4. 在 1 到 i（抽样间隔）之间选择一个随机起始数。使用随机数字表或随机数生成器（例如，可在 Excel 中得到的那种），假定我们得到了一个随机起始数 100973。

5. 用这一随机起始数和计算得到的间隔抽取一个系统样本。在我们的例子中,选出的数字是 100973(s);300973($s+i$);500973($s+2i$);700973($s+3i$)等。如果一个选出的数字落入了这个数字系列,也即一个选出的数字大于所有前面的群的累积和,但小于或等于包括这一群的累计和,那么这个群便被选中。

6. 任何大于抽样间隔的整群都肯定会落入样本,而这些整群中的某些整群有可能被选上一次以上,这样这个整群内的样本量也将会得到相应增加。在我们的例子中,一次高校选择将意味着有 50 个学生被选择(2000 的总样本量除以 40 个整群,等于每个整群50),两次选择则意味着 100 个学生被选择。

7. 如果我们希望确保在我们的样本中得到大和小的整群(在我们的例子中是大和小的高校)的混合,我们可以在抽样之前将所有整群(高校)按大小来排列。这样就不至于在按清单抽取整群时跳过那些小的整群。

我们很容易明白,PPS 抽样总是给学生一个相等的选择概率,因为一所高校被选择的概率直接与它们的大小成比例,而一个学生被选择的概率则与高校的大小成反比。因此,高校的大小被抵消了,从而使所有高校的学生都具有相等的选择概率。

计算抽样误差

如果我们使用整群或分层抽样来使我们的抽样更有效率,那么那些用于计算简单随机样本的抽样误差的程序便不再适用。在这些情况中,简单随机抽样的误差会误报(有时是极大的误报)量度精度。

一种用来应对这种问题的方法是使用一种用于将复杂样本设计和加权程序考虑在内的计算抽样结果的软件包。适用于这一目的的使用最为广泛的软件包是三角研究所(Research Triangle Institute)的 SUDAAN[1] 和威斯达特公司(Westat Corporation)设计编制的 WesVar。这些软件的使用详细介绍超出了本书的范围,但是文字的操作说明和短期的课程培训都不难得到。

另一种方法是伪重复计算法。记住,抽样误差的定义涉及重复样本这一概念,所有来自相同总体,并使用相同程序得到的样本都会展现出偶然变差。抽样误差则被定义为在单独的样本上观察到的统计量的值之间的方

---

[1]　调查数据分析英文"SUrvey DAta ANalysis"中三个单词的字头。——译者注

差,而这一方差的平方根就是抽样误差。在任何一个给定研究项目中我们都只有一个样本,但是这个样本却可被拆分为子样本,而这些子样本之间的变差则可被用来估计抽样误差。用这一原理计算复杂样本的抽样误差的方法有若干种。这些方法以诸如自举法(bootstrapping)和折刀法(jackknifing)这样的名称被编入了标准的统计软件。

其他资源

在样本设计比较简单时,我们有可能手算抽样误差,或使用类似本章中的那些表格。在抽样误差的计算需要考虑权重或其他复杂因素时,我们可以使用几种专门的软件包中的一种。某些标准的统计软件包也可以为我们所用,尽管有时它们采用的公式不尽恰当。如果我们打算使用任何一种诸如这样的软件包,请大家务必查询一下美国统计协会(American Statistical Association)的主页,它有那些可资利用的应用软件的评论的链接。(表 7.7—表 7.10)

表 7.7   达到要求的围绕比例估计值 95% 的置信区间需要的样本量

我们以前研究的比例估计值(π)	95%确信我们研究后的估计值在真实比例的±I之间所需要的样本量					
	±I=0.1%	0.5%	1%	3%	5%	10%
1% 或 99%	38032	1522	381	43	16	4
2% 或 98%	75295	3012	753	84	31	8
5% 或 95%	182476	7300	1825	203	73	19
10% 或 90%	345744	13830	3458	385	139	35
20% 或 80%	614656	24587	6147	683	246	62
30% 或 70%	806736	32270	8068	897	323	81
40% 或 60%	921984	36880	9220	1025	369	93
50%	960400	38416	9604	1068	385	97

发现不在这张表格内的结果,应用方程

$$n = \left(\frac{1.96}{I}\right)^2 \pi(1-\pi)$$

式中的 I 是我们想要的置信区间。

表 7.8	为了达到我们想要的有 95% 的区间围绕在均值估计值的周围这一目标所需的样本量					
我们以前研究的标准差（δ）的估计值	95% 确信我们的研究后估计值在真实均值的 ±I 之间所需的样本量					
	$I = 1$	5	10	50	100	500
5	96	4	<4	<4	<4	<4
10	384	15	4	<4	<4	<4
30	3457	138	35	<4	<4	<4
50	9604	384	96	4	<4	<4
100	38416	1537	384	15	4	<4
500	960400	38416	9604	384	96	4
1000	3841600	153664	38416	1537	384	15
5000	96040000	3841600	960400	38416	9604	384

发现不在这张表格中的结果，应用方程

$$n = \left(\frac{1.96}{I} \right)^2 \delta^2$$

式中的 I 是我们想要的置信区间。

表 7.9	确信得到的置信区间的 95% 围绕比例的估计值（给定各种样本量）						
我们以前的研究的比例估计值（π）	给定样本量（n），我们 95% 确信，我们的研究后估计值在真实比例的 ±I 之间。						
	$n = 50$	100	200	300	500	1000	5000
1% 或 99%	2.8%	2.0%	1.4%	1.1%	0.9%	0.7%	0.3%
2% 或 98%	3.9%	2.8%	2.0%	1.6%	1.3%	0.9%	0.4%
5% 或 95%	6.1%	4.3%	3.0%	2.5%	2.0%	1.5%	0.6%
10% 或 90%	8.4%	5.9%	4.2%	3.4%	2.7%	1.9%	0.9%
20% 或 80%	11.1%	7.9%	5.6%	4.6%	3.5%	2.5%	1.1%
30% 或 70%	12.7%	9.0%	6.4%	5.2%	4.0%	2.9%	1.3%
40% 或 60%	13.6%	9.6%	6.8%	5.6%	4.3%	3.1%	1.4%
50%	13.9%	9.8%	7.0%	5.7%	4.4%	3.1%	1.4%

发现不在这张表格中的结果，应用方程

$$I = \frac{1.96 \sqrt{\pi(1 - \pi)}}{\sqrt{n}}$$

表 7.10　95% 确信得到的置信区间围绕均值估计值（给定各种样本量）

我们以前的研究的标准差(δ)的估计值	给定样本量，我们 95% 确信，我们的研究后估计值在真实均值的 ±I 之间。						
	$n = 50$	100	200	300	500	1000	5000
5	1.39	0.98	0.7	0.57	0.44	0.31	0.14
10	2.8	2	1.4	1.2	0.9	0.7	0.3
30	8.4	5.9	4.2	3.4	2.7	1.9	0.9
50	13.9	9.8	7	5.7	4.4	3.1	1.4
100	28	20	14	12	9	7	3
500	139	98	70	57	44	31	14
1000	278	196	139	114	88	62	28
5000	1386	980	693	566	439	310	139

发现结果不在这张表格内，应用公式

$$I = \frac{1.96\sigma}{\sqrt{n}}$$

方法学附录1

在抽样中使用模型

导　论

在本附录,我们集中讨论概率抽样问题。在抽样技术发展之前,普查被认为是得到可靠的总体信息的最好的方法。在寻找成本更低的备择方法的过程中,我们曾经尝试过一大堆各种各样用来选择精确地代表总体的样本的理念。[①] 概率抽样因此作为一种标准的理念应运而生。

概率抽样"用样本的选择概率来作为它推论的根据"(Brewer, 1999)。基于概率的推论之所以强而有力是因为它不需要有任何有关总体分布的先前知识,便可被应用于任何有限总体。为了从样本数据中得到估计值,我们需要做的全部事情就是了解产生样本的那个设计(如简单随机、分层、整群等)。正因为如此,概率抽样有时也称为基于设计的抽样,它允许我们进行基于设计的推论。

在以下条件下,可考虑采用那些用来简化基于设计的抽样的备择方法,如:

● 在可得到可用于提高样本设计的效率(即降低调查估计值的方差)的信息的时候。

●在遇到有根本无法实施基于设计的抽样方案时。

●在基于设计的抽样因相当大一部分总体成员没有已知的非零选择概率而难以实施的时候。

---

① 参见伯利恒(Bethlehem, 2009)针对这些发展的非技术性历史的著述《调查抽样的兴起》(*The Rise of Survey Sampling*)。

● 如果主要的研究目的不需要一个基于设计的抽样方案。

用于改进或取代基于设计的抽样方法可分为两大类，这两大类都依赖于模型。用于与基于设计的抽样有联系的那些方法被称为模型辅助的方法。用于非基于设计的抽样的方法称为基于模型的方法。两种类型的方法都可像我们将要看到的那样，用来进行样本设计、估计或同时用于这二者。①

举一个基于设计的抽样和估计的例子。譬如说，我们希望估计一下某个行业的季度产量。我们有来自该行业的厂商调查的报告，且我们知道样本是一个用不成比例的分层概率抽样设计的样本。那个设计将行业分为大厂商和小厂商两层，且大厂商的样本是以较高的比率抽取的。如果这个有关样本设计的知识已知，那么（a）将调查的答案按层分开；（b）用数据估计每层的产量；（c）将层估计值加总；（d）于是，我们便有了这个行业的总产量的无偏估计值（假定那个报告是无偏的）。

现在让我们来考虑一下模型对调整样本设计和估计的使用问题。假定历史数据证明，较大的厂商一般占总行业产量的 80%，小厂商只占 20%。因此我们可以设定一个模型：

$$总产量 = \frac{大厂商产量}{0.80}$$

如果这个模型已定，那么我们可以只对大厂商抽样，先用调查数据估计这一层的产量，再用模型估计总产量和/或小厂商的产量。例如，如果调查产生的大厂商的季度产量的估计值是 1000000 个单位，那么模型将产生一个总行业产量为 1250000 个单位的估计值，而小厂商产量的估计值则为 25000 个单位。

---

① 基于模型的估计常常利用使用一个或多个变量（回归量）和表示未知信息的"残差项"的回归模型（Knaub，1999）。例如，下面这样的简单线性回归模型：

$$y_i = \beta_0 + \beta_1 x_i + \xi_i$$

该模型显示了那个我们希望知道它的值的因变量 y 和值来自调查数据的自变量 x 之间的关系。为了叙述的简便，我们先忽略一个给定的模型的特定值 β 和代表模型误差项的 ε。设想 y 的值（对所有感兴趣的总体成员）散布在二维坐标平面的一条轴上，而 x 的值（对观察的样本）散布在另一条轴上。通过使用来自样本的每一个 x 值，模型（即方程）在平面上产生一条回归线。在使用这个模型时要注意：

- 我们只有手中的 x 值。
- 模型产生的直线并不取决于选择样本过程的性质，而只取决于 x 和 y 之间假设的关系。
- 虽然每一个 y（在总体中）并不存在一个对应的来自样本的 x，但回归线却可以用来估计 y 的值。
- 模型产生 y 的所有的可能的值，并不只是那些对应于手中的有限总体的值。

让我们来考虑一下更多的例子。首先,我们设想(a)普查和商业调查的结合使我们得以估计一个行业的雇佣人数;(b)我们可以确定大的厂商,并对它们进行抽样,但是大多数大的厂商却不愿意回答有关产量的问题;虽然(c)小厂商比较愿意回答这个问题,但我们却没有可用于对它们进行抽样的好的清单。在这种情况中,我们可以取任何我们可以从大厂商得到的无论什么样的答案,从我们可以确定的无论什么样的小厂商中抽取样本,先使用组合的数据来计算每一个雇员的产量,然后再将那个数字乘以行业雇员总数,得到总产量的估计值。这时我们使用的模型是:

$$总产量 = b \times 总雇员数$$

我们正在使用任何我们可以得到的信息来估计 b,而且明确假定 b 是跨厂商恒定的,不论抽样的过程是什么。为了更恰当地阐述这一假定,我们将假定:只要我们能有一个大厂商和小厂商的混合样本,我们便能得到一个合理的 b 的估计值。即使这些数据存在总体覆盖问题和无回答问题。

现在让我们来设想一种相同的情况,只是我们不知道行业的雇员人数。我们只知道厂商的总数,并可计数大厂商的数目(因为我们可以确认它们),并通过减法确定小厂商的数目。在这种情况中,我们可以(a)取任何可以从大厂商得到的答案,计算这些厂商的平均产量,将这个平均数乘以大厂商总数,估计这一层的总产量;(b)同样,用任何可以确定的小厂商抽取小厂商的样本,计算这些小厂商的平均产量,并将这个平均数乘以总小厂商数,估计这一层的总产量;(c)将这两个数加在一起,估计总的行业产量。在这里我们使用模型:

$$大厂商产量 = b_L \times 大厂商数$$
$$小厂商产量 = b_S \times 小厂商数$$

我们正在使用任何可以得到的信息来估计 b_L 和 b_S(每一层的每个厂商的平均产量),而后清楚地假定 b_L 和 b_S 是跨厂商恒定的,不论抽样过程怎么样。

这些例子可以清楚地告诉我们这样两点,第一点,基于模型的估计值的好坏,只取决于产生它们的模型。在我们第一个建模例子中,如果大厂商的产量并非占据我们感兴趣的行业季度总产量的80%,那么总产量和/或小厂商的产量的估计值将会因此而失之偏颇。在我们第二个和第三个例子中,如果 b 并非跨厂商恒定的,那么我们的估计值也可能是有偏的,诸如这样的偏倚称为模型偏倚。

第二,将模型用于论证或替代概率样本的途径有很多种。我们可以设想一些超出在这里给出的示例的例子,包括复杂的乘法模型。正像研究者会考虑任何一个给定的项目的各种概率抽样设计,并选出一种他们认为对给定的可资利用的资源和限制而言能得到最好的估计值的设计一样，研究者也同样可以考虑各种论证或取代概率样本的路数，并选取一种他们认为将会产生最好的估计值的路数。

基于模型抽样的应用

调查研究者主要在以下场合使用模型辅助的抽样：(1)降低估计值的方差；(2)作为一种处理违反概率抽样假定的手段，在这样的情况下根本无法实施基于设计的抽样计划，或基于设计的抽样的实施十分困难等。前者的例子包括：(a)分层概率设计中的样本分配；(b)截止抽样；(c)小区域估计等。后者的例子包括：(a)处理缺乏精确的框架问题；(b)处理高无回答率的问题；(c)非有限总体估计等。我们将依次对它们进行讨论。

用模型降低估计的方差

分层概率设计中的样本分配

先来看一下本附录给出的第一个例子，一个对大厂商做了高比率抽样的不成比例的分层概率样本。使用这样一种抽样方案的原因在于，我们预料大厂商中的产量方差大于小厂商，且通过给方差较高的层分配较多的样本，我们可以降低总行业估计值的方差。换一句话说，我们可以使样本更有效率，并降低抽样误差。

为使样本尽可能高效，跨层的样本最佳配置将与每一层的产量的方差成比例。然而，在我们进行调查之前，我们并不知道这些方差。相反，我们将会使用某个可以得到的、我们认为与产量的方差相关的变量。例如，如果我们知道每层的雇员总数，那么我们便可以用这个变量作为方差的代理。在这样做的时候，我们假定一个模型数的总雇员数与产量的方差之比是跨层恒定的，并使用这种模型，以能用的雇员来替代最佳样本分配计算中的方差。

可以设想，这种模型并非完全正确，因而样本配置也非真正最佳。然而，只要层的雇员数与层方差的确相关，那么得到的样本就会比成比例样本更有效率。不仅如此，如果雇员数是我们可以得到的最佳代理，那么这就是我们可以采用的最佳方法。而且因为我们将会在所有的层内进行概率抽样，因而我们将会生成每层和总体的无偏估计值。这些方差可能高于最佳配置的方差，但是调查估计值的效度并不会受到影响，而估计的抽样误差将会反映真的抽样误差,因为概率设计仍然是推论的基础(Kalton,1983)。

这种方法可被看作是模型辅助的抽样的一个例子。在这种方法中,虽然一个模型被用来填补优化样本设计所需的信息,但是样本本身却还是基于设计的。在这个例子中,模型允许我们在提高样本效率的同时,保持行业产量估计值无偏。

截止抽样

在本附录给出的第一个基于模型的例子中,我们只调查了大厂商,并根据大厂商的产量用一个模型来估计总的行业产量,这个例子便是一个截止抽样的例子。它是分层抽样的合乎逻辑的扩展。组织或机构的总体常常会有数量不多但规模很大的对估计十分关键的实体,以及数量众多的小实体。对许多我们感兴趣的变量——例如产量——实体中的方差与它们的大小有着很强的关系,因而通过给高方差层配置较大的样本,便可降低总产量估计值的方差。实际上,如果我们握有允许我们阐述总产量(或小的实体)是如何与大实体相关的比较精确的模型的信息,那么我们只要将所有的数据收集的资源分配给大实体,便可得到估计值的最小可能方差。一个截止样本便是这么做的,一直都选择大实体,直到抽样的截止点为止。

正如我们已经指出的那样,截止样本很容易产生模型偏倚,这便要求我们在抽样误差和可能的样本偏倚之间依据某些因素加以权衡。第一,我们可以降低多少估计值的方差,一般来讲,这在一定程度上取决于总体成分大小的差异。第二,我们认为我们的模型究竟有多好,这一般取决于它的经验支持的强度。例如,大厂商产量占总行业产量的80%的观点是以历史记录,还是以主观的估计为根据的? 第三,我们用偏倚换方差的愿望取决于模型偏倚可能对我们的估计值的影响程度,这一般取决于我们究竟能捕捉到多少总体。例如,如果我们捕捉到的样本通常都占到行业产量的80%,没有覆盖到的占20%,那么为了对总估计值有1%的影响,没有覆盖到的实体将必须增加或减少它们产量基础份额的5%。而在覆盖率为95%时,为了有一个1%的影响,没有覆盖到的实体必须增加或减少基础份额的20%。

考虑到这些因素,截止抽样一般都用于估计企业的数据,如高度集中的行业收入、产量或雇员人数。在这样的行业中,企业规模有很大的差别,为数不多的厂商占了很高的活动百分比,且存在大量历史和/或附属数据,可作为建模的参考。在这些应用中,小实体调查可能更费钱——例如,大企业能在线回答问题,而小实体则更有可能要求电话调查或面访——小机构往往占据了调查无回答的很大一部分,这样,截止抽样还有进一步降低费用和/或减少无回答偏倚的优点。想要进一步了解截止抽样问题,请参见克诺博的著作（Knaub，2008）。

小区域估计

基于设计的抽样可能非常适合总体估计，但是却不太适合子群体估计。例如，提供小地理区域的估计值，在大规模调查中常常是一个虽然重要，但却是次要的目标。基于设计的路数在理论上具有能够非常好地提供这样的估计值的能力，因为小区域样本是主概率样本的一个子集。它的主要的估计问题是样本量太小，虽然它能够产生无偏的估计值，但对于我们要达到的目的而言，它的抽样误差太大。一个在国家层次大的样本，在州的层次就可能会变得有问题，而到了县这一层次就可能是毫无用处的了。

例如，如果我们希望估计某个行业的季度产量，且我们有一个覆盖全部总体的分层概率样本，那么我们就可能在国家水平使用基于设计的估计值。然而，如果我们想要估计州（或更低）层次的产量，基于设计的估计值的方差对于我们的目的而言便过于大了，因而我们可能要使用基于模型的程序（如将产量作为一种就业率估计），以降低这些估计值的方差。

用模型处理违反概率抽样假定问题

处理缺乏精确框架的问题

概率抽样的前提是有一个精确的总体框架，我们可以据此用每一个总成员的一个已经给定的已知非零的选择机会来抽取样本。但是如果那些可以得到的框架含有严重的缺失值，或者我们根本就没有任何框架，那该怎么办呢？例如，我们一般都不会有互联网用户总体的完整的，用来为一个网上调查抽取样本的框架。在这样的情况中，我们则可寄希望于基于模型的路数，因为我们根本无法用基于设计的抽样得到可靠的结果。

我们的第二个和第三个基于模型的估计的例子在这里也有重要的意义。在这两个例子中，我们都没有小厂商的精确框架。在小厂商中，我们也有严重的无回答问题。在第二个例子中，我们取任何可以得到的数据，用这些数据拟合一个将产量和雇员人数联系在一起的模型，并以此为根据估计产量。在第三个例子中，我们取任何可以得到的数据，用这些数据拟合一个将产量与大或小厂商层成员联系在一起的模型，并以此为根据估计产量。虽然这样得到的结果肯定会有模型偏倚，但是至少这个过程是透明的。我们知道做了什么假定，且可以给这个结果一个实际的评估。

　　第三个例子与配额抽样的情况类似。配额抽样有赖于在定义的配额类别内的选择可以是非随机的假定,即假定配额将反映总体的分布和配额变量都是正确无误的。根据我们的经验,选择的配额样本所做的推论与使用概率样本类似,但缺乏概率样本具有的统计基础。

　　另外一种处理不完整框架的方法是某种形式的滚雪球式抽样,如被调查人驱动的抽样(RDS)。RDS 依靠一个最初的个人样本来选择目标总体的其他样本成员。RDS 使用一个复杂的,基于模型的估计程序。它的选择方法所依靠的假定虽然常常是不尽合理的(Gile & Handcock,2010;Lee,2009),但对于有些研究目的而言,它是可以接受的,尽管它有这样那样的缺点。

处理高无回答率的问题

　　低回答率对调查的估计值的效度和/或信度构成了越来越大的威胁。研究者经常用加权和估算插补模型(imputation models)来解决这个问题。我们第二个和第三个建模的例子,特别是第三个例子,也与这一问题有关。

　　无回答加权调整是以那些没有回答的被调查人的分布模型(如加权类调整),或产生无回答的机制的模型(如回答偏好)为依据的。例如,加权类调整假定在每一类(如人口学子群体)内,没有回答的被调查人是随机缺的,它的意思是在一个类内,被调查人和没有回答的调查人之间基本上是没有什么区别的。这是我们在第三个例子中做的假定。在这个例子中,在大和小层中的被调查人是作为这些层中的没有回答的被调查人的代表来处理的。如果这一假定大体上正确,且有充分理由相信加权类变量与调查的因变量相关,那么对被调查人进行加权便会降低无回答偏倚。如果不是,那么用这种方法降低无回答偏倚的效果就不是很理想。

　　我们将在第 12 章讨论加权和估算问题。

非有限总体估计

　　基于设计的抽样给我们提供了一个对样本从中抽取的有限总体的特征值进行估计的基础。但是如果我们并不想对这种特定的总体进行推论呢?

　　在有些情形中,将总体视为是非有限的也许更有用处。例如,加尔顿(Kalton,2002,p.133)描述了一种情况,在这种情况中,在 2001 年选取的一个八年级学生的样本将被用于对 2002 年的八年级学生总体(一个完全不同的个人集合)进行推论。在这种情况中,"为了推论 2002 年的总体,需要一种……模型。一种构建这种模型的方法是假定一个超总体模型,[二者]

2001 年和 2002 年的学生总体是按随机实现（random realizations）从中抽取的。"

结　论

在基于设计的抽样方案低效或有缺陷时，调查研究者可以用基于模型的方法来改进样本的选择或估计。基于设计的推论的强处是可在事先不知道总体分布的时候用于任何有限总体。然而，由于项目费用限定等种种限制，数据从中得到的已经实现的样本可能与设想的概率样本完全不同。基于模型的推论的优点是无瑕地使用那个已经实现的样本。

基于模型的估计的致命缺陷是它的精确度完全取决于模型的正确性。有鉴于此，在使用基于模型的方法时我们需要考虑以下几个问题：

- 一个模型很少是完全正确或完全错误的。
- 在备择模型之间进行选择十分耗时费力。
- 因为一个模型的假定可能并不是完美的，随之而来的问题是，它对这一假定的某种偏离的敏感程度如何。如果这些假定未被完全满足，那么自变量的估计值是否仍然接近它们的真值，还是有实质性差异？这种对模型假定偏离的敏感性有时被描述为它的稳健性。不言而喻，模型的稳健性正是我们所高度期待的。
- 如果模型的假定失败了，那么我们怎么才能知道，并可对此采取什么措施呢？
- 模型一般都是变量特定的。某些简单的模型可被用来估计不同的总体值。而模型越复杂，应用多个自变量的可能就越小。

基于设计的推论可以在事先不知道总体分布的情况下，应用于任何有限总体这一事实，使概率抽样变成了调查研究中的主范式，在学术、商业和政府的调查机构中被广泛用于估计总体参数。这种范式一直在主导调查研究，其原因有几个，其中许多都与大规模调查的主要用途是估计有限总体的描述量度有关。

然而，大多数大规模调查的性质可能与独立研究者的需求有很大的差异。例如，我们前面提出的一个样本对它的特定目标究竟应该多好的问题。E. 布莱尔和金坎（E. Blair & Zinkan，2006）则认为这个问题应该从无回答对为不同的目的选择的样本的影响的角度来考虑。他们注意到，在研究概括的偏倚完全是理论的时候（如检验假设），对于回答率的担忧就比较少，甚至也许是根本不用担忧的。

此外,与基于设计的抽样的需求直接有关学科的研究文化,在方法上也不尽相同。在一个富有洞见的与一个特定调查的样本设计有关的,如何将来自多个学科的研究者的需求熔于一炉的讨论中,迈克尔和欧莫齐泰(Michael & O'Muircheartaigh, 2008),在诸如这样一些问题上对学科进行了对照比较。这些问题是:(1)对于预设的依靠程度;(2)预期的分析的主要形式;(3)对研究的内部和外部效度的强调程度;(4)感兴趣的总体的概念化程度,所有这些问题都会对设计的估计值的需求有所影响。①

基于模型的抽样和估计是比较复杂的方法学问题,这方面文献有很多。本书只能给大家提供一些有关这个问题的一般性原理。有志于对这一问题全面深入了解的读者,可以从加尔顿(Kalton, 1981, 1983, 2002)的系列论文和模型辅助的调查抽样的经典教科书(Sarndal, Swennson, & Wretman, 1992)入门。

---

① 　为了阐述不同学科的研究问题的建立是如何影响它们所需样本的性质的这一问题,迈克尔和欧莫齐泰(Michael & O'Muircheartaigh, 2008)用了一个简单的回归模型:

$$Y = a + bX + \xi$$

在他们的例子中,X 是某种类型的暴露(exposure),而 Y 则是那种暴露的结果。假定研究者认为这个关系是普遍的,那么每一个人的 b 都是相同的,譬如,如果 Y 是对 X 的一种生物反应,情况就可能如此。在这种情况中,只要 X 能被精确地观察到,任何样本都会满足需要。因而一个非概率样本是可以接受的。而在另一种备择场景中,研究者则认为矩阵 **W**(即用 W 表示若干个因素的集合)确定了 b,不仅如此,研究者还料定,**W** 对总体中的每一个人都是不同的,不同的人将会有不同的 b。为了根据样本来估计总体的 Y,那么我们便需要 b 的均值。而为了估计那一个均值,我们便需要有一个概率样本。

第8章

问卷开发设计 I
测量误差和问题编写

研究调查的问卷是一根导管,通过它,来自日常行为和观念世界的信息流进了研究和分析的世界,将我们与想要研究的现象联系了起来。本书第 8 章到第 10 章将集中讨论如何将研究问题转变成可供研究使用的问卷。

本章中的大多数(尽管并不是全部)例子都来自两个项目:马里兰成人对街头暴力犯罪的态度的电话调查和马里兰大学学生对派克学院校区当时存在的几个问题的看法的自填式问卷调查。[①] 这两个研究给我们提供了用于一般人口总体和特定人口总体调查的问卷的实例,并使我们能注意到由调查员操作的和不是由调查员操作的工具之间存在的重要差别。电话调查或个别访谈的设计和实施与邮递或互联网之间的确存在一些差异,但它们在问卷设计上的基本问题却是相同的。

测量误差和回答误差

我们希望编写出能引出精确答案的调查问题。每一个答案最终都以数据集中的某一个数字来表示。这个数可以是态度量表上的一个点(例如工作满意度),某种行为(例如看病)发生的次数,或个人的一种史实(例如工作年数),以及其他,等等。每一个数都是某种事情的一个量度,而我们的目标是力求测量的精确。

测量误差是指我们应当在数据中看到的真值和我们确实看到的观察值之间存在的差异。测量误差可能源于调查人误差、回答误差或数据缩减误差。本章的重点是问卷在引起或限定这样的误差中的作用。虽然对于诸如

---

① 电话调查实际上是由马里兰大学的调查研究中心实施的,学生调查是由若干个在马里兰大学的学生中实施的独立的研究组成。

这样一些误差我们都很关注,但对回答误差则尤其关注。

被调查人不能按问题的本来含义理解它,或所有的被调查人不能以相同的方式解释它的时候,调查问题就会因此而产生回答误差。一个编写精当的问题将会清晰而毫不含混地将信息需求传达给被调查人。此外,问题常常也对答案应该如何提供作了规定——答案类别。

被调查人为执行调查任务所做的——回答问题——可能很简单,甚至是不假思索的,也可能很复杂,需要做一番思索努力和判断来得出答案。不同的被调查人可以使用不同的路数来回答一个给定的问题。在回答"上星期使用了多少个小时的计算机"这个问题时,有人可能考虑的是每天每次使用多少时间,然后再把它们加起来。另一些人则先考虑每天大约使用了多少小时,然后乘以 7。第三种人只是简单地选择提供的类别中的中间那一类,认为自己和那个类别大致上就是平均数。还会有一些被调查人虽然未对这个问题做任何思考,但出于能尽快结束调查的考虑,他们也会随意选择一个答案类别。虽然这个问题并没有要求答案必须来自一组特定的任务,但是它的确明确了那些任务应当产生的答案的特性。这个答案应当是在上星期的特定时间**使用计算机**的小时数,且那个数字应该与适当的答案**类别**相匹配。

回答过程模型

编写问题和构建问卷的一个主要目的是减少严重的回答误差发生的可能性。我们先从一个较为普遍的角度来看一看调查问题的要求,进而指出由调查问题造成的,有可能使回答任务的难度超出调查需求的几种最为常见的方式。

回答任务常以一种回答过程的描述模型的形式来描述。这些模型的不同版本已经被开发出来。就我们的目的而言,我们使用一种将这些版本的某些性质合在一起的模型。我们以两种方式来使用这一模型:第一种,注意回答问题中的一般任务和这些任务与问题编写的关系;第二种,先考虑几种可能发生的回答误差类型,再考虑如何确认和降低它们的概率。

这个模型将调查回答描述为一个系列过程,这种过程未必总是真实的,但却总是一种很有用的简化手段。在一个四阶模型中,被调查人必须首先理解问题,然后回忆与形成和答案有关的信息,接着再用回忆起来的信息构建一个回答,最后才用问题的答案类别或其他格式报告答案。

假定一个被调查人看了电话调查中的这个问题和回答类别:

在过去的 12 个月中，你有多少天因为生病或伤痛不能工作或进行日常的活动？（因怀孕或生育而占据的时间除外）

- 没有
- 1 天
- 2 到 5 天
- 6 到 10 天
- 11 到 15 天
- 16 到 20 天
- 21 或更多天

    一个被调查人需要先明白这个问题在问什么：因生病或伤痛而导致无法工作或其他非正式的活动的天数。这个数字应该只计在一个规定的时间期的天数。这个天数不应该包括那些因为怀孕或生育而占据的天数。

    被调查人需要考虑这种时间，并以某种方法（也许是计数、估计或猜测）来给出天数的答案。依据天数究竟是怎么得出的和得出的方法究竟是什么（例如每一天的几个不同的时间，或一个星期的一段时间加另外几天），被调查人必须要做一些脑力劳动，来把他们记住的东西转变成一个单独的天数。最后，被调查人必须选择一个包括了那一个数目的回答类别。

    诸如这样的调查问题，可被看作一种给被调查人执行那个任务清单的指令。但在实施这些步骤之前，被调查人必须要做几件其他的事情。被调查人必须对要求的信息做一番回忆。也就是说，在问题问及的 12 个月内，这些伤病事件必须都要被"编码"，并牢记在心中，随时可以被调出。我们不会深究这种事情为什么一个也没有发生或没有全发生。我们也不会描述在调查之前那段时间的那些经验是如何影响这些回忆的，尽管对某些目的而言，这些经验可能并非无关紧要。简而言之，如果信息不在被调查人的记忆中，那么被调查人就将在某种程度上不能正确地回答这个问题。

    另一种编码形式对于我们的目的也很重要。调查问题本身不仅必须被编码，而且在问题被回答之前要一直牢记于心。被调查人不仅必须仔细聆听（或阅读）问题，保证不会错过它的任何一部分，而且必须要将问题或至少将它所包含的有关信息记在心中。如果被调查人因为走神或分心而漏听了问题的某些部分（例如不包括怀孕和生育的时间），那么她就不会将那个条件考虑进去。如果被调查人在聆听读给她听的答案选项时，忘记了 12 个月的期限，那么她就不会有意识地将天数的计数限定在这 12 个月内。无论哪一种错失，都会对她能否精确地回答问题产生影响。为了避免在对问题编码和已经编过码的信息之间发生混淆，我们将使用问题同化（或简称为同化）一词来指称给问题编码。

在测试问题的时候,就像我们以后将要看到的那样,我们有时会要求一个被调查人用他自己的话来重复一遍问题。这时我们经常会发现,被调查人的释义往往会略去问题内容中很重要的一小部分。尽管这种现象的发生并非总是因为问题同化的失败,但它肯定是原因的一种。

我们将把同化作为回答模型的最初阶段。五阶模型的这种最初的概念假定一个系列过程:首先,同化发生,随后是理解、回忆、构想和报告答案。

1. 同化调查问题和有关指令。

2. 理解(或解释)问题和回答格式。

3. 回忆要回答的信息。

4. 构想或估计答案。

5. 报告(将答案编辑整理为适合)问题答案的格式。

每一个阶段的产品都将被带到下一个阶段。被调查人解释对调查问题做出了什么样的同化;那个解释决定了被调查人将确定什么才是那些要回忆的,用来确定问题答案的有关事实。

这个描述极大地简化了那些实际上可能发生的心智过程。但是这种相当机械的五阶陈述只可作为我们考虑两个问题的根据:第一,回答任务是怎样造成回答误差的;第二,在编写每一个问题的时候,我们应该如何考虑可能会发生的回答误差。

回答任务问题

回答过程的每一阶段都有可能造成问题答案的不精确性。就有关缺失工作天数这一问题而言,我们把一个调查问题看作是给被调查人的一个指令。问题的答案是下面那个指令的结果。显然,指令可能会被不完全地执行。误差有可能从一开始,如在开始同化问题的时候,或在随后而来的各个阶段中的任何一个阶段进行的时候被引进。

例如,一个被调查人可能非常仔细地听(或看)问题,并且非常完整地记住了问题,但却未能正确地做出解释。理解可能并非完全正确或完全错误。一个被调查人可能把"工作"的含义解释为任何一种体力或脑力活,而研究者却是指有报酬的就业。根据被调查人自己的具体经验,诸如这样的误解可能会也可能不会导致一个不精确的答案。另外一个被调查人可能很好地领会了问题,但是却记不起来所有应该包括进来的天数。这时,某些日子的缺失便会导致被调查人选择了一个错误的答案类别,或者由于缺失的天数很少,以致他仍然选择了一个正确的答案类别。

在做了一番这样的详细考察之后，我们便可以了解误差的确是可以经由许多途径引进并影响问题的答案的。我们也应当明白，回答一个调查问题需要被调查人做好一些工作。

我们希望编写出不难回答的问题。表8.1列出了一些在问题起草时就可以避免或识别出的会给完成回答任务造成困难的障碍。

表8.1　完成回答任务的常见障碍
1. 同化
（a）问题过长
（b）包括的条件过多
2. 理解
（a）使用许多被调查人可能不懂的词汇
（b）使用含混不清的词汇
（c）使用的语法结构模糊不清或难以进行语法分析
（d）将问题的要点埋在废话中
（e）将两个问题并成一个
3. 回忆
（a）期望回忆过去相当长时段的（尤其是并不怎么突出的）事件、事实或行为
（b）要求过于详细
4. 构建或估计
（a）要求被调查人做复杂的心算
（b）要求被调查人做非常精细的区别
（c）要求被调查人对数目众多的题项排序
5. 报告
（a）没有提供足够的回答类别
（b）使用了不太恰当的与问题不怎么相配的类别
（c）含有重叠的类别

迄今为止，我们都假定被调查人力图以他们可以做到的最好的程度来解释问题，并以他们可以达到的精度来回答问题。但是情况并非总是如此。在回答问题之前被调查人在编造自己的答案的时候就可能会发生有意谎报的情况。大量的证据证明，敏感问题调查报告的精确度，往往会因为许多被调查人故意错答而降低（Sudman & Bradburn，1974；Tourangeau & Yan，2007）。有关违法使用毒品、流产或性行为这样一些题目的调查答案可能会因为被调查人想要避免陷入窘境，或担心他们的答案的机密性而受到影响。错报的程度会受真实答案的性质的影响（例如被调查人是否有某种特别的行为），也会受调查设计方面的影响。被调查人需要感觉到提出的问题对于给定的调查目的而言的确是一个合乎情理的问题。他们也需要相信调查数

据的确是保密的。调查模式也可能影响诚实地回答敏感问题的意愿,其程度与问题措辞可能有的影响相仿(例如 E. Blair, Sudman, Bradburn, & Stocking, 1977)。

作为一种过程的问卷设计

我们一定不能将问卷的开发设计任务孤立起来,而应当将它置于在有限的资源内达到我们的研究目的这一背景中。在这一任务的末了,我们必须要答出几个问题,并知晓如何就我们的工具开发设计做出几个关键的决策,这些问题包括以下几个方面:

- 被调查人是否能提供我们想要的信息?
- 我们能够怎么样帮助他们提供精确的信息?
- 为了我们所需的信息被调查人必须做些什么?
- 怎样把每个研究的问题重新编写为一个或多个调查题项?
- 什么样的问卷题项应为我们所收纳?
- 所选题项是否测量了我们感兴趣的维度?

问卷构建的逻辑过程与调查设计和实施的其他部分一样,它涉及一系列有计划的步骤,系列步骤的每一步都需要一些特殊的技巧、资源和时间。与此同时,还需要做出一些决策。

职业的调查研究者通过各种途径来开发设计问卷,而个别研究者甚至可以通过那些针对不同项目的备择途径来进行工具设计。例如,我们有可能在整个工具结构确定之前,开始编写一些特别的问题。我们也许可以从编写最感兴趣的题项,或处理那些特别困难的量度着手。我们也可以先专注于调查将要包括的若干专题中的某一个,如果那个领域需要更多新编写或有一些特别困难的量度目标的话。

对那些经验不多的人来讲,按照一个系统过程来设计问卷是很有用处的。我们给大家建议一组广泛适用的步骤。虽然这一组特定的活动系列,未必比其他途径高明,但它的确是一个合理的途径。这个过程的目的是保证没有任何重要的地方被忽略,并帮助我们制订更为恰当的时间表和预算。这个过程的步骤如下面所列:

1. 列出研究的问题。
2. 在每个研究问题下列出调查问题的专题。

3.列出所有所需的附属信息(背景变量等)。

4.从互联网上和文献中搜索那些来自其他调查的问题。

5.对照数据分析总计划评定变量清单。

6.起草调查介绍(或附信)。

7.起草新问题。

8.计划提出问题的顺序。

9.如果需要,修改"发现的"问题。

10.在一个同事身上实验草拟的工具。

11.开始校订。

12.不时在同事身上"测试"修订版问卷。

通过这些步骤来系统地进行问卷设计将帮助我们澄清调查的目标,并开始实施它们。我们也可以开始了解如何在编写新题项、测试工具和其他任务之间进行平衡。

无论一个特定的项目有没有正式的研究问题,至少都会有一组感兴趣的专题。先列出这些专题,再将每一个专题都拆分成比较小的所需信息的描述。这个工作可以以调查问题的形式进行,但并非必须都要这样做。例如,就高校学生调查而言,我们会列出感兴趣的问题,并在每一题下专门列出我们想要发现的事情究竟是哪些类。我们是否只想知道学生对譬如大学有关酗酒和毒品的政策的了解和观点,还是也想了解他们的个人行为?我们是否想要知道他们认为当前学术咨询系统应该有什么样的改变,还是只想知道他们使用它的经验?列出问题研究的问题或专题,并列出每一个问题或专题的相关子专题。这样的清单看起来会像下面这个样子:

涉及大学酗酒和毒品政策的可能专题

- 对当前政策了解的情况
- 对当前政策的修改建议
- 被调查人的行为
- 被调查人朋友的行为
- 被调查人对其他学生的行为的看法

涉及学术咨询的可能专题

- 对当前系统的了解情况
- 当前系统的普遍用途

- 当前系统对被调查人的用途
- 使用该系统的经验
- 对系统变革的建议

在列出这些专题领域的时候,我们可以很容易就看到调查结果将会涉及的和不能涉及的问题。

随后,我们会考虑对什么样的附属信息感兴趣。基本问题是,我们是否打算只是要对总体做整体的陈述和求总体的整体估计值;还是对总体的子群体也有所考虑,对子群体分别进行研究和/或对它们进行比较。如果我们对子群体有所考虑,除非对被调查人进行分类的信息能从抽样框中得到,否则我们就将要在调查中得到它。这个信息包括简单的,我们经常想得到的人口学信息,如年龄、性别、教育、种族和/或收入。我们可以从其他的研究中得悉我们的大量问题关联于这些人口学特征和其他属性的答案(或者我们可能想发现情况是否果真如此)。对于高校学生研究而言,我们应当考虑一下,究竟什么样的附属信息可能是有用处的。如果我们想要进行子群体分析,以了解行为和观点是否随学生的特征而异,那么为了看到差异,究竟用什么属性来做子群体分析才是合理的呢?

更困难的是,那些可能对我们的分析很有帮助的总体的其他特征。例如,在犯罪调查中,了解被调查人或他们的熟人是否曾经受过犯罪的侵害是否对调查有用处? 举一个例子来说,有关量刑的属性可能比人口学特征与犯罪被害的关系更为密切。就我们的研究目的而言,无论我们对这个因素还是其他的因素感兴趣,我们都有必要收集这些信息。因为不这样做,我们就有可能做不了某些分析。

如果可以通过其他调查得到有用的问题,那么我们就可以省去很多工作。如果一个主题完全是针对一个特定的总体或研究项目的,那么就不可能从其他调查来得到有用的问题,因而必须要靠我们自己来编写。然而,对于许多专题而言(如那些关系犯罪被害和刑事司法体系的研究项目),以前的调查,包括正在进行的大规模的联邦调查,都已经涉及过相关的问题。

为了确定是否能找到有用的问题,我们不妨在互联网上做一下专题的搜索。当然,我们不能因为一个问题从前已经被用过,而认为它是没有缺陷的甚至是完美无缺的。一种常见的错误是,因为一些调查问题"已经被用过多次"或"一些有经验的研究者用过多年"而接受它们。因为一个不怎么样的问题在过去被未经批判地使用,并不能成为我们仿效的理由。"有经验的研究者"可能在他从事的特定学科内负有盛名,但是在调查设计方面却可能是一个新手。调查问题的优劣,就像其他任何产品一样,最好让买家(或像在这里,由借用者)自己来判断。

在工具开发设计期间,我们请大家要特别关注将来如何做分析的问题。许多研究者都在还没有对照自己的分析计划之前(如果他们还做过对照检查的话),就几乎已经完成了自己全部工具的设计。这样做常常会将那些没有什么实际分析目的的题项或背景变量包含在调查中,而那些重要的题项或背景变量却被排除在外,或虽然被包括了进来,但却未能以一种最适合它们最终使用的方式来提问。

当然,要事先知道全部要做的分析几乎是不可能的。但是想一想频数分布本身有什么是令人感兴趣的,更为重要的是想一想怎样用人口学或其他子群体来分析变量,或怎样将变量在简单的交互表中一起使用这样一些问题,可能会是很有用处的。这样做固然是必要的,但却不必耗费过多的时间和精力。若耗时不多,甚至可以建一些简单的表格或绘制一些图表或图示,这对研究设计是很有用处的。

最初的有关调查介绍(或附信)的预备性工作是十分重要的,因为它关系到合作问题。此外,练习简明扼要地编写调查介绍和附信所需要的调查目的介绍是很有用处的。这一步工作,可以迫使我们进一步澄清调查的基本目的。把调查的目的简明地告诉可能的被调查人是十分必要的,我们不可以过快切入主题。当然我们也不可以矫枉过正,对调查目的介绍得过于详尽,介绍务求简明。我们给被调查人提供的信息只要足以取得他们的合作就可以了。

我们应该按照这些步骤来草拟问题,有序地编排它们,然后再进一步构建和测试问卷。下面各节我们就来向大家介绍这些问题。

问卷开发设计要素

在我们进行问卷开发设计和问题编写的时候,我们主要关注的问题是回答过程、单独一个问题的功用,以及单独一个调查问题和整个访谈这二者的结构。为了这一目的,我们继续来简要地总览一下问卷与调查研究过程的拟合之处,以及研究者、调查员和被调查人这三种角色在数据收集中的关系。

在开发设计问卷的时候,我们必须牢记调查进行的背景和环境。调查员—被调查人的互动可被看作一种"有目的的交谈"。按照这种观点,调查的访谈为"交谈的规范"所主导。一组有关日常交谈如何有效地进行——交谈的合作原理——的不言而喻的假定可表达为一些引导交谈的准则。斯沃

茨(Schwarz,1996)提出的,源自格瑞斯(Grice,1989)的如下一组准则[1]:

- 避免晦涩。
- 避免模糊。
- 言辞要关系到正在进行的交谈。
- 言辞的信息符合当前交谈要求的目的。
- 言辞的信息要恰如其分。
- 不说假话。

违反这些准则导致的理解和回答问题的方式有很多。马丁(Martin,2006)在列出被调查人对调查问题的七种反应方式时,对这一问题做了澄清[2]:

1.(误以为)问一个问题就意味着被调查人应该能够回答它。
2.被调查人以一种他们认为是问题所愿的方式解释问题。
3.被调查人以一种与自己的情况相关的方式解释问题。
4.被调查人刻意地回答问题。
5.被调查人不报告他们确信自己已经知道的事情。
6.被调查人不报告他们认为自己已经提供过的信息。
7.被调查人假定答案类别中至少有一个是"正确的"回答。

马丁(Martin,2006)描述了若干种常见的被调查人对构建得很差的问题做出的反应。被调查人试着对一些措辞含混不清的问题或他们认为是多余的要求给出一个解释。他们不会将一个问题在字义上要求的或指称的全部东西包括在内,如果他们认为某些信息已经提供过了,或者是应该已经知道的话。他们不会自愿提供一个未作为一个答案选项列出的答案。

近几十年来,认知心理学家和调查方法学家合作,在调查设计方面,特别是在问题—回答过程方面做了大量跨学科的研究(Jabine, Straf, Tanur, & Tourangeau, 1984),而这些合作研究的大多数方面大大超出了本书讲授的范围,一种建议用于整个调查过程的模型(Presser & Blair, 1994;Tourangeau & Rasinski, 1988),包括被调查人的任务,都是我们工具开发设计的很有用处的指南。在这里,所谓**模型**无非是对一个过程或现象运行的一种正式的描述。模型的目的是描述过程的成分,并显示它们是如何在一起运

---

① 这张清单是从施瓦兹(Schwarz,1996)书中的一张表格中摘录的。

② 引自马丁(Martin,2006)著作中的表格。

作的。

在这种调查过程模型中(参见图 8.1),研究者开发设计调查问题并说明它的分析使用。问题由调查员或被调查人自行掌控。但被调查人则必须同化问题,解释问题,回忆相关信息,确定一个答案和向调查员报告答案。这些答案将被输入一个数据集,而研究者将分析这些结果,在兜了整整一圈之后又回到了原来已经说明过的题项的分析使用。在设计问卷时,我们需要牢记调查员和被调查人扮演的角色、承担的任务和分析计划,这是问题将会被用到的分析用途。

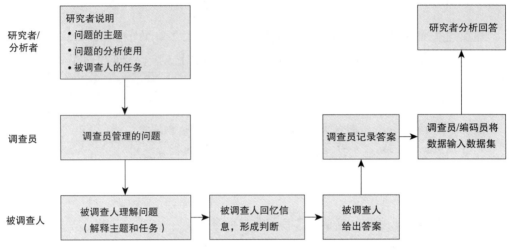

图 8.1　调查数据收集过程模型

在继续讲解下面有关问卷设计的程序、技术、研究、经验法则和技巧之前,我们必须明确我们的目的。一份上佳的问卷具有什么样的特点呢? 在目的已经达到的时候,我们怎么才能知道? 调查模型将会是我们在这方面的向导。

在这一章,我们已经了解一份上佳的问卷的许多特点,但其中有三个最为重要,因而它们将居于我们的清单的前列。

在研究者说明每一个问题的主题和分析用途的时候,很清楚,其潜台词是我们将要在调查中得到一个有效的量度。除此之外,该工具必须要量度我们的研究所需要的态度、行为或属性。每一个研究问题需要一个或几个调查题项。但是,如果最终我们未曾沿着恰当的维度测量到我们感兴趣的因素,那么我们其他的工作都将付之东流。所以每个题项的分析使用说明都必须要在我们可以编写(或借用)调查问题之前弄清楚。

即使我们的问题都是有效的量度,我们还必须在此之后说服被调查人与我们合作,提供可以接受的精确信息。如果我们开发设计了一份问卷,尽管它是有效的,但是只有少数被调查人愿意回答,或者虽然愿意,但是却不能给出可靠的答案,那么我们就失败了。被调查人必须如研究者期望的那样来理解问题,并以问题要求的形式给出答案。

为了实现这些目标,我们务必不能使我们的假设、构念或研究概念的语言过于理论化,以避免陷入除了专家之外只有少数人才能理解的窘境。一份问卷即使能得到被调查人的合作,也很容易回答,但如果是以歪曲我们所追求的量度为代价的,那么它也是不能令人满意的。还有一些其他的因素也会对一份上佳的问卷有所贡献,不过这三种因素是最为主要的。

假设我们的研究问题中有一个是"大多数人都认为刑事司法系统运行得很好?"我们可以设想一个基本上未做任何文字修改的第一稿,直接把这个问题作为调查的题项:

您是否认为,大多数人都认为刑事司法系统运行得很好?

1. 是

2. 不是

3. 不知道/不确定

假定,通过预试或仅仅是通过进一步的沉思,对这个问题提出了如下的批评意见:

- 被调查人无法很好地报告人们一般是如何来评价刑事司法系统的。
- 被调查人对于刑事司法系统的含义的理解是不同的。
- 被调查人反对只是在"是"和"不是"两个选项之间做出选择,他们的观点被限定在这两个备择选项之间。
- 被调查人想要讲一些系统的具体问题,而不是做一般的判断。

我们还可以就这个问题说出更多的批评意见,但是就这里的批评意见已经能使我们对出现的问题的类型有所了解。尽管这个问题恰好就是我们感兴趣的问题,但是它并非一个很好的调查的题项。现在我们来看一下下面这个版本,它对三种批评意见做出了处理:

您是否认为那些受到刑事判决的人,几乎总是,大多数时间,有时,或几乎没有得到公正的判决?

这个题项也有一些问题——请大家把它作为阅读本章之后的一个练习,把那些问题一一列出——不过这个修改确实对原来版本的三种批评意见做了处理:它问的是被调查人自己的想法,而不是其他人的判断。它去掉了含混而复杂的刑事司法系统这个术语。它提供了一系列回答类别来测量形形色色的意见。但它在使问题变得更适合被调查人的胃口的同时,使我们有了一切,但却失去了研究的问题:大多数人是否都认为刑事司法系统运行得很好? 为什么会是这样呢?

新题项至少在三个方面是不成功的，当然，可能还有其他方面的问题，但主要是这三个方面。第一，它限定的范围过于狭窄。刑事司法系统涉及的问题并非只是判刑，尤其是它还具有逮捕和教化的功能。第二，那些与系统无关的因素，如被告的财源多少，可能决定判决有多么"公正"（如果有的话）。第三，题项并没有全面地界定一个系统的概念，可能只是涉及了系统的某些部分。这个问题是一种复合型的问题，因而调查的相当大的一部分内容都与它有关。如果这个版本也非一个上佳的选择，那么我们可以考虑一下下面这个版本。这个版本有一个简介、多个题项和开放式的后续题项：

刑事司法系统的三个重要方面是警察、法院和监狱。我想问一下这三个部分的每一部分的工作情况。

A.您认为警察的工作做得非常好、好、一般，或不怎么样？｛如果一般或不怎么样｝那么您希望他们在什么方面有所改进？

B.法院的工作怎么样？他们的工作是非常好、好、一般，或不怎么样？｛如果一般或不怎么样｝你希望看到他们做些什么？

C.监狱的工作做得怎么样？他们的工作是非常好、好、一般，或不怎么样？｛如果一般或不怎么样｝你希望看到他们做些什么？

在这个版本中，我们不但避免了问题第一稿的问题，而且也没有丢失关键的研究问题。我们对刑事司法系统这一术语做了定义，以确保所有的被调查人回答的都是同样的事情。我们分别询问系统的各个组成部分，如果人们对这些部分某些方面的感受有所不同，就会被我们捕捉到。对那些认为系统的某一特定部分工作得不好的人，我们便可探究其原因何在。诸如这样的多重问题，固然增加了我们的分析的复杂性，但也使分析变得更丰富和真实。

在将研究问题操作化为调查题项时，我们必须将问题具体化，正确无误地明确我们究竟想要从被调查人那里得到什么样的信息。这一任务可能会使我们必须再去审视一次某些研究问题。这种做法有百利而无一害，如果我们认真地这样做，并考虑到诸如这样的再审视对我们的分析计划的效用的话。在这个决策的关键时刻，我们需要问下面这些问题：我们究竟需要什么样的数据？我们能否得到它们？我们计划如何使用它们？

接下来，我们来讨论模型中被调查人的作用：理解问题、回忆相关信息和形成并报告答案。首先，大家要注意，被调查人的理解要求解释问题的主题和任务二者。例如，假定在高校学生调查中，我们想要了解一个高年级学生从进校以来究竟上了多少门数学课。我们草拟了一个问题："你上过多少门大学数学课？"被调查人在得出答案时，不仅需要明白问题的主题——高校数学课程,还要了解他们究竟要计数什么(任务)? 这看起来似乎是一个简单的问题,但实际上并不是。我们来看一下,下列内容是否应当包括在课程内容中:

1. 现在正在听,但尚未完成的课程
2. 大学水平数学课程,如在高中听的微积分
3. 在大学听的补习课
4. 转校生在以前的大学听的课程
5. 上学期听过,但考试不及格的课程
6. 主要内容是数学,但是是别的系开设的,或未列作为数学课,如统计学
7. 不计学分的课程
8. 考试不及格的选修课程
9. 进修或复习课程

在遇到一个名词可能一般会被人们理解为包括不同的事物的时候,构建这样一种清单常常会是很有用处的。做一个练习,试着写一个包括课程类别3、4 和8,但不包括其他类别的新问题。诚如你所见,即使是这种简单的有关大学数学课程的问题,也需要研究者做一些决策,这些决策将会对问题怎么定稿和结果将意味着什么有影响。因此,在编写问题的时候,我们必须仔细考虑在我们提出诸如计数或估计这样的任务时,我们究竟要被调查人做什么。如果我们将计数这个问题留给被调查人,那么不同的人就会理解成不同的事情,从而将测量误差带进得到的数据。

在理解问题之后,被调查人需要回忆有关的信息。许多调查问题都要依靠被调查人回忆信息的能力,因此我们有必要对这个问题进行详细的讨论。在考虑回忆在调查访谈中的作用的时候,我们关心的问题固然是被调查人想起和报告的具体事实、事件或行为。然而,我们也应该认识到,即使是观点问题,也会牵涉记忆问题。如果一个被调查人被问到了他对某事的看法,并且他在先前的访谈中已经考虑过这个问题,那么现在对被调查人而言,只不过是回忆一下从前做出的判断而已。如果被调查人从前没有想过这个问题,或访谈中的某些事情又令他做了额外的思索,那么被调查人就必须回忆相关的信息,以引申出自己的看法。这个信息将被用于形成那个随后要报告的判断。

在开发设计一份问卷的时候,我们不会讨论有些被调查人的记忆力比别的被调查人差的问题,而是要讨论某些回忆任务的固有难度比其他任务更高的问题。参照被调查人过去的经验,他们的一般记忆天赋、认知努力和

使用的回忆策略都会交互影响他们回忆信息的能力。在决定我们在一个访谈中可以问什么问题的时候，首先取决于我们对一个问题合理程度的判断，即被调查人能够回忆起来的我们需要的信息的程度。其次，我们要尝试通过问卷的预试来确定这个判断的正确程度。

回到我们的高校学生调查这个例子，假定我们想要了解学生对学院内是否有适当的治疗酗酒和吸毒的项目这一问题的看法。有些学生可能会对这个问题有着较多的考虑或具备更多的知识，这也许是因为他们与这一项目已经有过接触。他们便会用以前形成的判断，很容易就做出回答。那些未曾形成过自己观点的被调查人将需要对此做一番思索，仿佛他们曾经看到过这些项目一样；或者，也许需要去回想一下他们熟识的人的经验。

如果在另外一个例子中我们让高年级的大学生列出上学期修过的课程，可以料到，所有的学生都可以很容易地做到。假使我们要这同一批学生列出他们在九年级时上过的课程呢？尽管有些学生仍然可以做到，但是另一些人却可能做不到。不言而喻，这个问题对他们所有的人来讲本来就更难。许多因素合在一起使任务变得更难：时间的消逝；干预事件，如插入其他的课程；九年级的课程本身对于高年级大学生来讲并不具有特别的重要性等。假使我们现在要求他们列出上学期的成绩，那么我们可以再一次料到，他们全部都能够做到，尽管花费的时间要比回想他们上过什么课要略为长一些。那么他们在初中的成绩怎么样呢？无疑，这个问题对他们所有的人来讲都更困难，因而我们也可以料到，给出的答案必定是参差不齐的。在回想学习成绩这个任务中，另一个因素——一致性在起作用。对那些学习成绩全部都是A（或成绩全是C）的学生，这个任务是很容易的，因为这些学生不必去回想每一门课程的成绩。

我们不难明白，与回忆能力一样，任务的性质同样也是因素之一。而就这两种因素而言，我们更为了解的常常都是后者。在设计一个研究的过程中，研究者常常会（在握有或没有来自研究的证据情况下）考虑特定的回忆任务对被调查人的困难程度。问题应该包括什么和怎么问在一定程度上都取决于对问题性质的判断。

我们还必须承认，通过一个调查弄清每一个感兴趣的研究问题是不可能的。有时，一个任务仅仅是因为对大多数被调查人过于困难而使合作度过低、数据不精确或使二者同时发生。例如，65岁及以上老人青少年时期的详细的健康史无疑是流行病学家或老年病学家非常感兴趣的问题，但是有许多与此有关的事件并不怎么重要，并且已经过去了多年，这就有可能使从一次访谈中得到这些数据的任务变得过于困难。

在开发设计问卷的过程中，我们常常使用刚刚介绍过的那种推理。这种路数不仅使我们能决定把什么问题包括进来，而且还能使我们决定如何来组织它们,从而帮助被调查人更好地进行回忆。例如,我们来考虑一下有关数学课程的问题。我们不要只是想构建一个单一的题项,因为这样的题项可能会造成被调查人回忆的任务过于困难。相反,我们应该将这个任务拆分成一个个分开的题项,一学期一学期地询问课程情况,或询问不同类型的数学课程(如正式、旁听、考查课程)。

我们做出的决策会影响被调查人回答我们提出的问题的好坏程度和他们尝试回答问题的意愿。有一点是可以肯定的,我们的调查之所以会得到很低的回答率,常常是因为我们提出的问题对许多被调查人来讲过于困难。

编写问题

现在我们至少已经对将我们研究的问题操作化为调查题项的目的有了基本的了解,那么我们究竟应该从什么地方着手来构建一份问卷呢?

我们既可以从其他调查那里借用已经使用过的问题,也可以自己来开发设计问题,两种方法在伯仲之间,各有长短。从以前的研究借用问题的优点是,我们可以将我们的结果与从前的发现进行比较。如果我们的问题不同于那些从前使用的问题,那么诸如这样的比较就会成问题。此外,因为来自其他调查的问题已经在从前的调查中使用过,所以已经做过大量的检验,因而可为我们节省很多的时间和精力。

有一类问题可能很值得借用,那就是用作筛选的问题。这样的题项一般都在问卷的开始部分,用来筛选适合研究的被调查人。例如,假定我们正在寻找一种特别的性质的被调查人,如犯罪受害者,而我们估计的合格的被调查人的住户的比例的估计值是以从前的调查为根据的。在最初几个问题中,就应当询问潜在的被调查人是否是一个犯罪受害者。如果这个有关犯罪受害者的问题不同于从前的调查,我们可能就会发现犯罪受害率的不同,从而影响我们的筛选率和相关费用。这就是说,如果我们期望某种比例的被调查人能被筛选出来进行访谈,而实际的比例却低于期望,那么为了得到我们想要的样本量,我们就需要增加费用,或者不得不勉强接受个案较少的现实。

一般来讲,我们必须弄清借来的问题是否真实测量了我们想要的变量。想用一个"接近的"问题节约时间和精力,在分析结果的时候,可能就会知道这是一个得不偿失的假节省。

即使是借来的问题也必须进行预试。语言的用法和含义会随时间变化,而且我们的问卷的语境也可能与从前使用的问题不同。如果我们的实施模式与原来的不同,那么借来的题项的预试同样也是必要的。一个在自填式问卷中用得很好的问题,在电话中可能会听不太清楚,或者有可能产生其他问题。最后,我们应该注意原问题使用的总体。一个适合医生调查的问题,可能对病人或一般人口总体的调查完全不适用。尽管有这样那样需要注意的事项,但我们还是可以找到很多非常好的调查问题,对它们置之不理无疑是十分愚蠢的。然而,为了能将借来的问题用到我们的研究中,我们必须让它们通过与我们自己编写的问题相同的标准的测试,下面我们便来讨论这些标准。

调查问题的考核标准

因为我们必须在有限的资源内设计和实施我们的调查,所以我们也许无法将每一个研究可能感兴趣的问题全部包括在内。每一个问题都需要一笔费用,并必须经过证实。表 8.2 列出了一个问题在被用于研究之前,应当满足的几个标准。这一决策指南对许多与这个主题有关的问题做了一个概括,并将它们循序渐进到一个程序中,它可应用于考虑被纳入研究的每个问题。确定一个问题是否满足这些标准则取决于判断。有些调查问题需要在做出决定之前进行预试;而对于其他一些问题,答案则可能是显而易见的。对这组简单的标准的咨询应贯穿整个问卷的开发设计过程。

表 8.2　关键决策指南：问题的功用

A. 调查问题是否测量了某个调查问题中的某一方面?

B. 问题提供的信息是否为某个其他变量所需?

{如果 A 与 B 都没有,那么放弃此问题。如果满足一个及以上标准,留用做进一步处理。}

C. 是否大多数被调查人都理解这个问题,并且理解的方式都相同?

{如果不是,修改或放弃。如果是,留用做进一步处理。}

D. 大多数被调查人是否都需要回答它?

{如果没有,放弃。如果有,留用做进一步处理。}

E. 大多数被调查人是否愿意回答它?

{如果不是,放弃。如果是,留用做进一步处理。}

F. 为了分析这个问题是否还需要其他信息?

{如果不需要,留用做进一步处理。如果需要,如果其他信息可以得到,或从调查中得到,留用做进一步处理。}

G. 这个问题是否应该问所有的被调查人,或只是一部分被调查人?

{如果全问,留用做进一步处理。如果只问一部分,那么只有这部分人可以预先,或通过调查的问题确定,才留用做进一步处理。}

指南中的前两点与研究问题的需求有关,其余部分涉及获取信息的可行性。不言而喻,如果一个题项测量了某一个研究问题的某个方面,我们应该考虑将它包括进来。如果一个题项虽然并没有直接处理一个研究问题,但它确实是另一个题项的必要成分,我们也应该考虑把它包括进来。例如,假定我们提出了问题 A:"自从在这个邻里地区居住之后,你是否给警察打过电话?"回答是的,被调查人接着将被问问题 B:"打过几次?"为了对被调查人进行比较,我们可以问一个额外的题项,即问题 C:"您在这个邻里地区已经住了多久?"尽管问题 C 本身并非我们感兴趣的问题,但在分析问题 B 的时候,它可能是有用处的。

调查问题的结构

研究者可以得到的调查问题的类型是各种各样的,但大多数调查只需要其中的少数几种,并且它们大多数在表面看来并不复杂。正如我们将要看到的那样,许多题项乍一看来似乎十分简单,但实际上却会给被调查人带来严重的问题。这需要研究者做出艰难的决策,还要花费大量资源进行测试和修改,通常比新手研究人员分配给问卷开发的时间和其他资源更多。

在编写问题的时候,我们必须考虑数据收集过程模型的两个部分:被调查人和调查员。我们想要设置这两个角色都能很合理地执行的任务。尽管我们关注的问题主要是给被调查人的任务,但是我们也必须牢记,调查员必须能流利地宣读问题,清楚而毫不含混地读出每一个词(特别是在电话调查中,调查员不能依靠看得到的线索来察觉被调查人的迷惑),并清楚地掌握记录答案的指令。对于这些需要考虑之处,我们增加了一个非常重要的因素:我们并不想从这样或那样的角度来影响被调查人的答案。故而,在开发设计问题的时候,我们必须经常问自己,我们是否将偏倚引进了数据收集过程?

我们想要写一个直截了当和简单明了的,像律师在质询时提出的那种清晰和专一的问题。如果调查由调查员实施,我们想要编写的问题就应该听起来很自然,如果由被调查人自己填写,它就应该阅读起来很顺畅。重要的问题在于要认识到调查问题是一种带有非常清楚而专注的目的的特殊构念。调查问题并不是一种简单的交谈形式,因此我们要投入尽可能多的精力来使它们自然通顺,合乎理想的调查问题的文字应当已经去掉了日常语言常有的模糊、矛盾、冗余和离题问题。另一方面,尽管我们的确会尽力确保问题要反映我们的研究目标,但这些问题一般也不会使用社会科学的语言。这就是说,问题使用的词比驱使它们的科学意图更简单。既不同于日常交谈,也不同于科学论述,调查问题必须在没有任何补充解释的情况下自己发挥作用。调查问题一旦编成,调查员必须每次都以相同的方式来用它进行提问,既不能增加用词,也不能减少或改变用词。尽管我们常常不清楚,为什么不同的措辞会产生不同的结果,但诸如这样的影响的发生确实是不争的事实。通过调查研究得到的数据的可靠性,在很大程度上取决于问题使用的一致性和被调查人对它们做出的解释的一致性。

对那些我们选择从草稿开始编写的问题,在问题措辞的精炼、提出的顺序、答案的维度和供被调查人选择的答案形式的确定等问题上,我们可有若干种选择。我们先从某些选择的定义开始,指出一种一般作为首选的路数,然后再讨论为什么有时对那种路数的偏离是必需的或可取的。

无论电话调查、面对面调查还是自填式调查,问题都可以是开放的或封闭的。在前一种问题中,我们并没有给被调查人明确的答案选择;而在后者,我们则给出了。我们建议要尽可能多地使用封闭问题。来自开放式问题的数据基本上都是叙述性的,在调查结束之后研究者仍然还得不到可以进行高质量分析的结果,还必须先要进行转译和编码。

封闭式问题有两个部分:问题陈述部分和答案类别部分。我们需要对两个部分予以同样的关注。我们要尽可能直截了当地陈述问题,并要求给出的答案使用提供的答案选项中的一个,且一般只使用一个。问题常常还会附带一些特别的标准或条件,它们也是问题的一部分。这些增加的成分将问题意义限定在与我们的研究目的相配的范围内。最简单的例子便是是—否选项。例如:

去年您的人身或财物是否遭遇过犯罪或有犯罪意图的事情?
1. 是
2. 否

即使在答案选项的选择是比较直白的时候,我们也必须做出某些决策,例如是否要包括"不知道"或"不确定"选项。究竟是否要包括这样的选项要取决于我们的判断,即有多少被调查人的回答答案只是简单的"是"或"否"这样的问题。

设想一个被调查人有一天回家的时候发现一楼的窗户被打破了。这是否意味着有人想要破窗而入呢,还是只是小孩不小心搞破的呢?尽管她可能对这个问题想得很多,但是可能仍然无法确定。现在我们再来考虑一种情况,几个月之前一个被调查人的计算器在上班的时候被人偷掉了,就在她把它搁置在一旁的时候。她觉得这个东西并不怎么值钱,且找回来的希望不大,因此她并没有向警察和保险公司报告。在她听到我们的调查问题的时候,她想不起这个微不足道的偷窃事件的确切时间。同样,她可能也无法确定事情是否发生在去年。

这样,对于这个问题,比较恰当的做法是加上一个"不知道"选项。但是这些例子阐明的意义不止如此。它们还告诉我们,对每个问题我们都需要全面深入地考虑一下,判断它是否合情合理到使大多数被调查人都能以我们期望的方式来回答它。我们自己用几个假设的例子做深入考虑或把问题提给自己的同事看看常常就能很快揭示其中存在的问题。这样一些不太正式的判断和交谈固然不能取代正式的预试,但的确对它是一种补充。作为一个练习,请大家想一想,对于下面这些调查问题,被调查人可能会有一些什么样的困难。请对问题的答案予以特别的关注。

出于对犯罪的担忧,您有时是否回避去那些您本来想去的地方？这种情况对您来说是:

1. 总是
2. 经常发生
3. 很少发生
4. 从未发生
5. 不知道[被调查人主动提供]①

去年,您是否觉得**暴力犯罪**问题在**您的邻里地区**有所好转,还是没有什么变化？

1. 有所好转
2. 变得更坏
3. 没什么变化
4. 不知道[被调查人主动提供]

调查问题中限定词的使用

诚如所述,许多时候我们需要将问题限定或限制在一个或几个方向。这经常被用来使被调查人的任务(例如回忆过去的时间)变得更容易,使复

---

① 一般情况下"不知道"或"dk"这种答案的编码为8(或88),而拒绝回答的编码为9(或99),这使我们可以将同样的编码用于整个问卷中的这些结果,而不论答案类别数是多少,这种做法简化了数据分析。在这里列举的例子中,虽然调查员并没有提供"不知道"这一答案选项,但是被调查人却有可能自愿给出这一答案。

杂的现象或判断(如给满意度的不同程度打分)变得更简单,或将调查题项剪裁成与研究问题相适宜(如集中到那些在一个特定的时期发生的事情)。这里我们给大家一张列有调查问题的常见(并非全部)成分和它们的一些例子的清单。

特定的时间框架

在相当多的时候,研究问题可能只发生在一个特别的时间框架内,例如:

这学期,即今年二月份以来,你是否常去图书中心购物?
或者
去年您的人身或财物是否遭遇过犯罪或有犯罪意图的事情?

在大多数情况中,我们都需要对时间加以限定,以使被调查人能提供行为或事件的精确计数。确定什么样的时间框架对大多数被调查人是合适的,这一问题取决于我们测量的频率和现象的独特性或频繁性。被调查人能够回忆起一年前发生在他们身上的犯罪的详情,但是却想不起来一两天前食品消费的详情。

在另一些情形中,我们可能因为某些重要的原因,只对某一个特定时期感兴趣。如果我们想要比较去年的犯罪态度和前几年的犯罪态度的看法,那么不言而喻,我们必须将访谈报告限定在去年。

总结判断

有时为了避免使用过多的限定,或为了认识一个问题的复杂性,我们要求被调查人给出一个总结判断。

● 一般来讲,您认为在您的邻里地区犯罪问题是很严重,比较严重,不怎么严重,还是一点也不严重?
● 总的来讲,您对您的学术指导人是否满意?

没有这些限定,某些被调查人也许会在回答的时候语焉不详,说某些种类的犯罪问题好了一些,但是另一些类型的犯罪问题却变得更坏了。无独有偶,有些学生会说,有的时候对学术指导人很满意,但另一些时候则不太满意。这些限定旨在引出一种"将所有的事情都考虑在内"的判断。

形容词和其他限制条件

就像我们可以将报告限定在某个特定时间一样,我们也可将它限定在一个特定的地方(被精确或广义地定义的),或某一类事件。

去年,您认为**你们邻里地区**的**暴力**犯罪的情况好了一些,坏了一些,还是几乎是老样子?

这种路数经常在研究问题需要进行同一问题不同方面的比较的时候使用。例如,不同地方的不同的犯罪类型。

行为的原因

如果研究问题或者假设设想了行为(或者,更为困难的观点)的原因,那么问题就必须引出这些原因。

出于对犯罪的担忧,您是否常常为了自卫携带武器?

作为一个练习,请用四个版本来书写问题:"您去看过医生多少次?"一个加上参照时间的版本,一个只包括出于一个特殊的原因去看医生的版本,一个只包括去看一些特殊类型的医生的版本和一个涉及所有这三者的版本。为了使练习更有趣,请不要采用给出的例子。

答案类别

通常,答案类别都是清晰的。它们的选择在很大程度上确定了我们的数据看起来将是什么样的。在开始考虑高效的答案类别的某些特征之前,我们先来对答案类别测量的一些事情做一番考察。

调查问题可以测量的问题范围很广:态度,如赞成或反对流产、当地警察的效力;工作满意度;行为,如到电影院看电影的频数;个性或事实,如年龄、收入或种属种族;知识,如怎样得知艾滋病(AIDS)是有传染性的。在一个访谈中,这些测量的好坏不仅取决于提问的精确程度,而且也取决于答案类别的适宜程度。有时恰当的类别会自然而然地跟随在问题之后。例如,在问"在你进入马里兰大学之前,你在什么样的学校上学?"时,我们只需要简单地考虑以下这几个学生可能来自的地方，如：

　　高中
　　从一个两年制学院转学
　　从一个四年制学院转学
　　休学之后复学

　　如果我们不确定是否包含了所有的可能性，可以加上一个"其他（请加以说明）"类别。

　　在问题涉及一个事实或态度时，什么样的备择答案这个问题常常是很清楚的。但在有关意见的问题中，类别，甚至正确的维度可能都是不清楚的。例如：

　　依据案例的具体情况，对有些被发现拥有和/或使用毒品的学生，可考虑用对他们进行两年随机药物测试来替代将他们开除出大学的处罚。你对这个政策很满意、比较满意、不太满意，还是很不满意？

　　我们可能会关注使用什么样的"满意"类别问题，但是更为重要的是"满意"一词本身的问题。满意这个词是否是我们想要的那个词？也许那些对这一政策曾经有过一定经验的学生会说，他们说的是对该政策结果的满意程度，而这样的说法与我们本来的问题多少有些不同。而对其他未遇到过这种政策的学生而言，所谓满意度最多也只不过是一种模糊不清的感想而已。也许我们真正想知道的东西是这个政策是否**公正**或**恰当**。

　　在其他一些情形中，答案类别被整合进了问题，因而只需要将它们列出，以作编码之用。一个简单的例子是"在课程完成之后，你将把你的书卖掉还是继续留着？"答案类别显然就是"卖掉"和"留着"。但是即使在这种比较一目了然的例子中，我们也需要确信所有的可能性是否已经都被覆盖。我们如果对这个例子做一番更为缜密的考察，就会发现，一个学生也可以选择"卖掉一些和留下一些"，于是我们必须加上这一选项。是否还会有任何其他的可能性呢？譬如教科书租赁？

　　一个更为复杂的整合了答案类别的问题来自犯罪研究。假设我们想要了解被调查人对备择的犯罪刑罚的看法，即对一种投入监狱之外的刑罚的看法。我们可以开发设计一种像下面这样的问题：

　　您认为犯了抢劫罪的人应该被投入监狱，还是应该要求他们每月向假释官报告一次，或每天报告一次；或是让他们接受电子监控，以便在**所有**的时间都知道他们在哪儿?

　　答案类别再一次成了问题的核心,因而也需要和问题一起开发设计。但是在许多时候,在问题有关态度、等级评定或行为的时候,在构造答案选项时,我们有着相当多的选择。表 8.3 列出了一些测量态度、行为和知识的常用答案类别。尽管这个表还不够详尽,但是作为一种答案类别的导引还是可以的。有关量表和问题构建的更多例子,请参见 Schaeffer & Presser,2003。注意,这些类别中的一些很容易就可用于其他的维度。例如,"很/有一些/不太/完全不"等量词,适用于诸如"有帮助""严重""关心""可能"和"感兴趣"等问题的测量。

表 8.3　常用的答案类别量词
意见
完全满意/大体满意/还算满意/不满意/很不满意
很重要/有些重要/不太重要/根本不重要
反对/支持
强烈反对/反对/支持/强烈支持
知识
很熟悉/还算熟悉/不太熟悉/完全不熟悉
真的/假的
很多/一些/一点/没有
事件或行为的频率
(时间的数字范围)每天/每星期/每月/每年/从来没有
总是/经常/几乎没有/从来没有
全部/大多数/有一些/很少/没有
经常/有时/很少/从没有
评级
变好了/变坏了/没什么变化
极好/好/一般/差
大大高于平均数/略高于平均数/平均数/略低于平均数/大大低于平均数
很公正/公正/不公正/很不公正
高/中/低
大/中/小

　　最重要的是要认识到在这些术语中,许多并没有绝对的含义。虽然它们彼此依序排列,但是它们的含义却要由被调查人判断,一个人的"好"可以是另一个人的"一般"。此外,表 8.4 中列出的大多数答案类别都使用了三或四种选择。我们提倡使用比较小的类别数,特别是电话调查。因为在电

话调查中，被调查人在确定他们的答案的时候必须要把所有类别都记在心中。

等级量表

构建等级量表的方法有两种。量表可以是单极的，也可以是两极的。一个单极量表，例如一个像从完全没有兴趣到极为有兴趣这样的量表，只有一个效价（正或负），要求被调查人沿着那个维度给出一个选择。一个双极量表，如从强烈同意到强烈不同意，有着一个中点，正在这里转为负。中点可以被看作是中性的。在是否将这种中点明确提供给被调查人作为一个答案选项这一问题上，至今调查研究者之间尚未达成共识。

如果我们提供了一个中点，那么就会有很大一部分被调查人选择它，但是跨其他类别的相对分布通常都不会受到很大影响。造成这现象的一个可能的原因是，那些选择中间类别的人，他们的观点强度不同于其他的被调查人。一种备择的方法是将中间类去掉，但在这个问题之后要有一个测量强度的题项。

布拉德伯恩、苏德曼和文森克（Bradburn，Sudman，& Wansink，2004）在对可以找到的研究发现做了一番考察之后提出："将中间类包括进来，除非存在令人信服的不将它们包括进来的理由。中间类的加入一般并不会改变支持对反对的比率……中间类答案的多少可以给我们提供有关态度强度的额外信息——那些信息是在强制选择情形中所或缺的"（p. 142）。他们还认为对那些居中的被调查人，"不应当强求他们表达自己的观点"。

最近，克罗斯尼克和普雷瑟（Krosnick & Presser，2010）引用欧莫齐泰、克罗斯尼克和海利克（O'Muircheartaigh，Krosnick，& Helic，1999）的发现，指出把一个中点加到等级量表会提高评级的信度和效度。克罗斯尼克和普雷瑟的研究总结显示，中点答案的吸引力一般都与受教育程度无关，但与缺少对专题的兴趣，感觉主题不怎么重要，因而很少会有强烈的态度有关。这些发现说明，问题不在于是否选择中点，而在于选择的理由是否合理。在一个特定的调查中，特定的总体、问题和答案的维度，以及研究的目的都可以帮助我们确定是否要用中点。我们来看一下下面的例子。

根据我们对总体和主题的了解，如果我们预料许多被调查人对问题的感觉将不会强烈地趋向一个或另一个方向，那么使用一个中点便不失为一种明智之举。如果情况果真如此，那么我们的问题在提出总体的位置量度时，可能最好要包括备择的中点选择，例如：

1. 强烈反对
2. 反对
3. 无所谓
4. 同意
5. 强烈同意

一个中点可能会提供重要的信息——例如,在一个时点比较两种产品。(我们打算在今后通过比较来评估变化的话,它可以给我们提供一个有用的基准量度,例如,如果我们的目的是使人们脱离中间类。)

1. 变得坏多了
2. 变坏了一点
3. 没什么变化
4. 变好了一点
5. 变得好多了

如果主题对我们的研究重要到足以使我们愿意使用两个问题——一个评级问题和一个相随的强度量度,那么将中点删除可能会提供更多的信息。然而,如果我们的调查有一系列评级的问题的话,这样的选择可能会耗费很多的访谈时间。

如果我们料想许多人还没有形成自己的观点,但我们又想要发现他们倾向哪个方向,那么一个没有中点的量表便是比较合适的。如果对于一个特定的维度,我们还不知道它的中点在哪里,那么使用一个没有中点的量表也是比较明智的。例如,一个像下面这样的,曾被建议用于测量一个研究的难度量表:

1. 很困难
2. 困难
3. 一般
4. 容易
5. 很容易

那个中间类别表达了什么意思呢?

在单极和双极这两种问题中,研究者也必须决定是否要清楚地提供与量表分开的"不知道"或"没有想法"选项。与有中点和无中点一样,如果我们提供了这些无明确意义的选择,那么我们可以预料将会有为数不少的被调查人选择这些选项中的某一项。在大多数评级中,我们都不会明确提供"不知道"这一类别,尽管依据数据收集模式的不同情况,被调查人有可能会自愿选择"不知道"这个答案,并令我们接受这一答案。

我们究竟是否应该为单极题项提供"没有意见"这一类别,则依据问题内容的不同而有所不同。对于双极尺度问题,我们认为还是提供一个某种类型的"没有意见"答案选择项为好。双极题项没有提供"没有意见"选择会造成的问题是,那些的确没有意见的被调查人将会去选择量表的中点,这就会使这一个点实际上包括了"没有意见"和"无所谓"两种人。

这是调查问题设计中若干个还没有共识的领域中的一个。然而,在若干原则问题上达成一致还是有必要的,唯有这样,才能使答案类别高效和可靠。这些需要达成一致之处我们已经总结在了表8.4中。

另一种类型的回答格式,只标明了量表的终点,例如下面这样:

在一个 1 到 10 的量表中,1 表示一点也不严重,10 表示极为严重,请问在校园内犯罪问题有多么严重?

这种路数对答案做了比较好的区分。然而它也确实将复杂性引进了分析。为了明确犯罪是否已成为一个问题,我们究竟应该计算平均等级,将量表合并成高、中或低三类,还是要使用某种水平的临限值(如大于 7 的评级)? 所有这样和那样的做法都是可能的。如果使用自填式工具,这时如果量表上有许多点且可清楚地看到点的范围,那么被调查人可能会感到容易一些。

表8.4 答案类别设计指南
1.类别必须是穷尽的(覆盖所有可能的答案)。
2.类别应该彼此互斥,如果被调查人只能选择一个的话。
3.一般来讲,不要将"不知道"或"无答案"作为答案类别列在问卷上。
4.答案顺序应该按一个潜在的维度排列。
5.有序的类别应该由高到低,或由低到高有序列出。
6.一般来讲,数量应该用确定的数目而不是用不确定的形容词测量。

我们应该认识到观点问题的主观性和固有的复杂性。在两名学生各自回答问题"你对图书中心的特别订购服务满意程度如何?"时,满意这个词的含义对每个学生可能略有不同。对于一个学生,满意的等级可能受到一次与收银员的特别不愉快的遭遇的影响,而对于另一个学生,决定他的满意的等级的可能是商品的平均花费。每一个学生都理解**满意**这个词,但是他们都在上面加上了自己的意思。

　　我们还能从这一观察得到其他几个有关问卷设计和访谈的教训。第一，如果对我们的研究来讲，得到被调查人对满意的理解是问题的关键，那么就像本例那样，使用多重问题可能是必需的。在得到通用的量度之后还必须接着再问一些题项。在本例中，我们可以用一个诸如"什么是你(满意/不满意)的**主要**原因"。

　　第二，被调查人也许想知道我们想要了解的是哪一方面的满意。在他们问调查员这个问题时，标准答案应当是"不论你认为它是什么"，让被调查人自己决定选择什么样的事件来考虑。[①] 在遇到这样的情况时，调查员极有可能会对被调查人有所影响，特别是，如果被调查人对特定的问题没有什么强烈的观点的话。正因为如此，我们特别强调调查员不仅要逐字宣读问题，而且还要不做画蛇添足的解释性"帮助"的评论。

　　最后，在我们再一次看到潜藏在看似简单的情形中的复杂性时，我们可以选择在我们的预试事项中增加一些内容，以探讨被调查人如何在特定的问题情形中理解一些专用词，如满意、严重和其他词。这可能也必定会对预试方法的选择产生一些影响。我们将会在第 10 章对这个问题进行详细的探讨。

　　在构建事件或行为的发生频率的类别时，可选择用类别数和次数来表示，每一种都以我们对于事件或行为可能发生的次数认知为依据。如果我们过高或过低地估计这一频率，那么大多数被调查人就会被并入一类，因而使我们对有关情况一无所知。例如，"上学期无、1、2、3 和 3 以上"这样的量表类别，对于请教一个学术顾问的次数这样的问题可能是非常适用的，但是对于想去咖啡馆多少次这样的问题就不太适用。可以推测，对那些经常光顾咖啡馆的学生来讲，一学期光顾咖啡馆的次数肯定多于三次，因此我们的答案将会堆积在这一类。

　　有时，我们并不十分清楚正确的选择究竟是什么。在这样的情况中，我们可以在预试中选择问一个开放式的问题(没有清晰的备择答案)，以了解行为(或其他类别)的频率可能是什么。而后再用得到的信息构建主研究问卷中的封闭类别。例如，我们不知道学生每学期请教学术顾问的平均次数，那么预试问题便只要问"上学期你总共去请教过你的学术顾问多少次？"在检查了被调查人在预试报告中的数字之后，我们可能就能创建一个像"一学期无、1、2、3 和 3 以上"这样的类别。另一方面，如果预试数据显示，学生请教学术顾问的次数更多，那么我们就可以以得到的这个信息为根据来构建一组类别。

----

　　① 　注意，这是一种与我们在有关态度或某种事件或行为发生的问题上采取的策略相反的策略，那时询问的"目的"已经定义得很清楚，如车主身份，而我们想要确保的是被调查人给出的报告的一致性。

　　如果即使在预试之后，我们也不能确认什么样的频数范围才是有意义的，那么最好问一个开放式的问题，即使在主研究中，最好也要这样做，以后再对答案进行编码。[①] 这种情况是有可能出现的，例如，在一个问题中，只有一部分被调查人被问及，这时预试可能并不能得到足以使用我们能开发设计类别的信息。

避免或确定调查问题中常见的薄弱环节

　　与一般的作文一样，编写调查问题在很大程度上也是一个不断重写的过程。为了在下一个版本中改进问题，我们必须首先批判性地审视每一个问题，找出毛病。对这个过程很有帮助的是邀请多个读者，无论分别还是成组地请他们看我们的问题。在很多情况下，如果有五个人仔细读过我们的问卷，虽然有时许多人指出的都是同一个问题的毛病，但是他们中的每一个人也都会指出一些其余四个人没有指出的毛病。几乎任何问卷都可以从多个读者那里受益。

　　调查问题也许会有许多毛病，有些还是很隐蔽或很复杂的，或只会影响那些有某种特征的被调查人。但是在很多时候，问题的失败只是因为一些非常简单的原因。

　　调查问题中最为严重的问题一般都与理解有关。即使在把问卷草稿交给其他读者之前，我们常常也可以通过检查问题是否违反了好问题应具备的基本性质找到潜在的理解问题（参见表 8.5）。

表 8.5　最大限度减少问题的理解问题指南
1. 一定要具体。
2. 明确谁、什么、什么时候、什么地方和怎么样。
3. 明确答案应该如何给出。
4. 使用简明的语言。
5. 力求使用只有一个含义的词汇。
6. 用数字（而不是不确定的形容词）来测量数量。
7. 一次问一个问题。

　　一种可以减少不同的被调查人对一个问题得出不同的解释的可能，是避免使用那些在日常谈话中使用的意味着不同事情的词。这方面的经典著作《提问的艺术》（*The Art of Asking Questions*, Payne, 1951）给出了一份看似

---

　　① 注意，这种类型的开放性问题会引出一个单独的数字或每个时期的次数，但这并不会引起开放式叙述难以编码的问题。

简单但却会在问题中引起误解的那些词的"花名册"。因为对这些词,不同
的人会以不同的方式进行解释(参见表8.6)。

表8.6　佩恩"问题词名册"[1]
任何(any、anybody、anyone、anything):可能意味着"每""一些"或"只有一个"
公正(fair):其含义包括"平均""完美""不坏""赞许""公正""诚实""按规则行事""朴实无华"或"公开"
恰好(just):也许意味着"精确""接近"或"仅仅"
最(most):如果它位于另一个形容词之前便会有问题,因为不清楚它是修饰形容词的还是名词的,譬如"最有用的工作"
看到(saw)、**看**(see)、**被看到**(seen):可能意味着"观察"或意味着"看医生或律师"
你(you):可能用于指称个人或住户这样的群体

　　在问观点问题时,很容易会在不经意间鼓励被调查人给出一个特定的
答案,产生一个"有价值倾向"的问题。我们可以用一些方法来避免诸如此
类问题的发生,表8.7列出了这些方法中的其中几个。

表8.7　避免有价值倾向的问题
- 避免使用"天使"或"魔鬼"这种被调查人赞许或厌恶的词。例如,"你是否支持工会沙皇们迫使每一个美国工人都参加工会时所做的工作?"这个问题,并没有给想要的答案留下多少疑问的余地。"工会沙皇"和"迫使"都有一定的价值倾向。
- 避免使用像**总是**或**从不**这样的极端词汇。例如,"你认为石油工业正在尽一切可能来保护环境,或你认为他们在这个方面能有所改进吗?"谁能尽一切可能? 谁不能有所改进?
- 避免诉之规范。例如,"你是否像大多数人那样,认为大气污染已经对我们的未来构成了严重威胁?"(有时我们可能想借助诉诸规范来鼓励人们承认那些不为社会赞许的行为,否则他们有可能会隐瞒这样的行为。)
- 不要问带有"是/否"答案的主观性问题。例如,我们应当问"您给东区医院的医疗质量的评级将是非常好、好、一般,或差?",而不是"您是否认为东区医院提供了好的医疗?"是/否选项问题容易引出赞许性答案,因为被调查人不愿意显得不太礼貌。
- 在给出对比的备择选项时,要力求在它们之间保持平衡。例如,"您认为百事可乐比可口可乐更好还是更坏?"就是一个有价值倾向的问题,因为被调查人把**更坏**看作一个比**更好**更强烈的词。[2]我们不妨试一下这样问,"您认为百事可乐比可口可乐更好还是认为二者差不多,或是百事可乐差一些?"

[1]　表8.6中括号中的词系英文原词,它们在英文中可能都有多个含义,但在中文中情况可能有所不同。请领会问题词指称的实质,不要硬性照搬。——译者注

[2]　在英文中,"worse"的使用语气比"better"更强烈。——译者注

有些问题结构存在一些内在的问题。我们建议避免的一类问题是同意—不同意这样的格式。在这种类型的问题中,我们给了被调查人一个陈述,并问他们同意或不同意。通常提供的类别数有二、四或五种。下面便是一个同意—不同意格式的例子。

我将要给你宣读一些有关刑事司法系统的陈述。对于每一种陈述,请告诉我你是强烈同意、同意、不同意或强烈不同意。

警察的工作很出色。你是强烈同意、同意、不同意或强烈不同意?

尽管这种格式是相当普遍的,但它却是很有问题的。研究显示,不论问题的内容是什么,这种格式的问题都有一种偏向同意的倾向(心理学上称为默许心向反应)。我们有证据证明,这种倾向与教育有关,受教育程度较低的被调查人会显示出比受教育程度高的被调查人更高的同意倾向。萨瑞斯、莱维拉、克罗斯尼克和沙菲尔(Saris, Revilla, Krosnick, & Shaeffer, 2010)在描述他们从一些比较使用同意—不同意答案选项的问题和使用指定的答案类别选项问题的质量的方法学实验的发现之前,对这方面的文献做了全面的总结。指定答案类别项的问题结构如下例所示。

医生在决定治疗方法之前,他们会和患者讨论它:
从不或几乎从不
有时
大约一半时间
大多时间
总是或几乎总是

这个问题的同意—不同意格式将使用如下这样的陈述:

医生在决定治疗方法之前,他们通常会和患者讨论。
强烈同意
同意
不同意
强烈不同意

萨瑞斯等人(Saris et al., 2010)发现,一般来讲,根据问题质量的多个标准来看,指定答案类型问题得到的结果要优于同意—不同意型问题。

另一种要避免的问题类型是双括弧问题。这种问题有两个部分。每一被调查人对每一部分的感觉可能会有所不同。例如，"你认为警察和法院的工作做得非常好、好、一般或差？"一个认为警察的工作很差，但法院的工作好的被调查人就无法回答。与同意—不同意题项不同，双括弧问题并不会反映出偏倚或研究者的偏向，然而它们却有着一种结构上的缺陷。解决的方法几乎总是将一个题项拆分成两个问题。双括弧题项常常出于节省篇幅的考虑，误将多个专题并成一个问题。这会使问题难以回答，难以做有用的分析。

　　模糊不清是最难以从调查问题中去除的毛病。如果我们从一开始就去除了模糊不清，那么其余的工作就会变得比较容易。《提问题的艺术》（Payne，1951）一书给了我们一份非常好的编写问题的注意事项清单，其中有些事项就与模糊不清的问题有关。

　　当然，那些在清单中被定为"缺陷"的缺陷，在作为设计者的我们看来可能并非什么缺陷，但至少我们现在有了一个和"读者"讨论可能存在的问题的基础。一旦我们发现了一个问题存在的不足之处，就意味着我们朝着改进问题的方向迈出了重要的一步。然后我们就可以在保留问题测量目标的同时，修改问题去掉缺陷。我们常常也会碰到一些特殊的题项，在它们能变成我们满意的版本之前，需要进行多次修改。

　　有成效地修改一个问题可能会是很困难的，但是，一个问题一旦被发现，常常只要经过简单的修改，即使不会使它变得完美无缺，至少也会使它有很大的改进。纵然修正版无法令我们完全满意，至少也使我们有了一个重要的开端。当然，无论我们变得多么能干，我们也总是会遗漏一些缺陷。这正是为什么预试是很重要的，即使对于那些最为有经验的调查研究者来说，情况也无一例外。

补充阅读

理　论

　　在《调查访谈互动中的认知过程模型和交谈原则》（A Model of Cognitive Processes and Conversational Principles in Survey Interview Interaction）一书中，奥格纳和德克斯特拉（Ongena & Dijkstra，2007）描述了一个调查员—被调查人互动模型。该模型将交谈原则和认知过程二者整合在了一起。

应　用

克罗斯尼克和普雷瑟（Krosnick & Presser, 2010）的著作《问题和问卷设计》（*Question and Questionnaire Design*）基于自己推崇的几种问卷设计方法对方法学研究做了详细的讨论。

第9章

问卷开发设计 Ⅱ
问卷结构

　　一般问卷都是按照抽样计划、数据收集程序和问题管理方法的逻辑来编排的。大部分问卷都由访谈简介、被调查人选择程序、实质性问题、背景或人口统计学问题和几个可能的调查后题项组成。尽管用于这每一个组成部分的形式和方法因特定的调查和调查实施模式而异,但是,它们的目的则如下面所描述的那样都是相同的。

简　介

　　在被调查人(或户内的知情人)为访谈而与我们进行接触的时候,他们都应该得到足够的有关调查的信息,以使他们能与我们合作,这是不可或缺的一步,即使我们事先已经发出了有关我们的研究的通知。

被调查人选择

　　这一步通常发生在一般人口总体的分析单位是个人的调查中。一般来讲,这时样本户都已从抽样框中通过一个或几个阶段选出,但我们还需要在每个样本户内随机地选出一个个人进行访谈。在一个分析单位是个人而非户的研究中,一个考虑周密的被调查人选择程序的缺失会将严重的偏倚引进样本。例如,那些最喜欢接电话或开门的人被选上的可能性就会比户内其他合格的成员大得多。

实质性问题

　　在问卷的这一部分,我们要问的问题都是为了解决我们研究目标涉及的各个方面的问题。它是问卷的核心部分,占据了数据的绝大部分,因而我们绝大部分的精力和开支都要花费在这个上面。

背景问题

在一般人口总体的调查中，我们一般都需要得到某些背景信息，这些信息通常都是有关被调查人的人口统计学方面的信息。有关这方面的信息，并没有一套统一的标准，不过性别、年龄、种族、受教育程度、婚姻状况和收入常常都是我们使用的问题（一组格式化了的使用较为普遍的人口统计学题项可参见附录 B 中的犯罪调查问卷）。我们之所以要得到这些方面的数据，一般有三个理由。第一，我们的分析可能需要它们。我们可能已经假设它们会有助于我们回答实质性问题中存在的变差。例如，我们认为对刑事司法系统效率的看法，白人和黑人之间存在着差异，那么我们就需要知道每个回答人的种族。第二，我们可能想要比较我们研究中的人口统计学分布，以评估我们的样本的代表性。第三，如果我们决定使用后分层加权（参见第12 章），那么这些数据也将是我们所需要的。

对于特殊人口总体调查，如学生调查，背景问题可能也要被包括在内，但究竟应该包括一些什么样的背景变量则要视分析的需要而定。例如附录 A 中的学生综合调查可以问有关年级排名、年级平均成绩和其他诸如这样的题项。但是我们必须在把每一个这样的问题加入问卷之前，清楚地知道我们将要如何使用它，因为背景问题都会增加访谈的时间，因而都需要一定的费用。

访谈后问题

在访谈完全完成之后，可能还需要为被调查人或调查员，或者为这二者准备几个额外的问题。这些问题通常会有两种类型。第一种，我们可能想要了解一些有关刚刚完成的访谈的一些信息。例如，我们可能想要问调查员，他给被调查人对问题的理解程度打多少分，或被调查人对某些题项的回答是否勉强。同样，我们也可以问被调查人他们是否会有任何无法确定其确切含义的问题，或他们之所以没有回答某些题项究竟是因为不想回答还是不能回答。这样一些脚本化的访谈后问题，在潜在的困难或敏感性工具的预试中固然特别有用，但是它们同样也应该包括在某些主数据的收集的问卷中。然而我们必须牢记，访谈后问题是会增加调查费用的，正因为如此，这样的问题是不可盲目使用的。它们也必须与其他问题一样，通过同样的有用性测试。

第二种，在访谈之后，有时我们可以向被调查人要一些第二来源的姓名地址(亲戚或其他那些知道他们搬家后下落的人)，如果我们计划再次与他们联系或给他们寄一份调查结果的话。

转换陈述和辅助信息

在问卷的这些主体部分之外，有时我们需要在被调查人回答问题之前，给他们提供一些信息。例如，我们想要了解被调查人对两个社会服务项目的偏向，我们可能需要对他们描述一下这两个项目。在其他的情况中，我们需要在问题之前编写一些有关一个新的题目的转换陈述。

提供给被调查人的帮助信息或转换陈述有可能导致偏倚。我们必须加倍小心，以防止我们提供给被调查人帮助他们回答问题的信息，引起他们的回答偏倚。对于一般公众，偏倚常常表现为有意去做一些影响答案的事情。当然，这样的情况是肯定会发生的，但是影响更大的也许是那些无意而为的影响答案的事情。偏倚也是在编写转换陈述时令我们担心的问题。转换陈述应该是一种简短中性的陈述，目的在于架起一座跨越问卷不同部分之间的桥梁，提醒被调查人下面的问题将转入一个新的专题。

转换陈述的另一个功能是在那个包含敏感或威胁性内容如性行为或某些非法行为的题项的段落前面，重申数据的保密性。虽然我们已经在访谈开始的时候做过保密性承诺，但再一次重申有助于在调查的关键之处降低题项的无回答率。

在问卷中提供信息或转换陈述时应当注意的地方我们已经在下面列出。每个类型的问题都跟随着一个转换陈述或段落简介的例子。

● **社会赞许**。"学生健康服务正在开发一个新的项目，教育学生懂得酗酒的危害。下面这些问题都与你的饮酒习惯有关。"

与饮酒有关的问题多少都有一些敏感。社会不赞许过量饮酒。这种转换陈述很有可能会增加问题的敏感性，导致被调查人低报饮酒频率和数量。

● **形容词传达正面或负面的品质**。"去年，学生会顾问为了提高学术顾问提供的推荐服务(referral service)做了很多工作。推荐服务是咨询过程中一个不可或缺的部分。本调查的目的之一就是了解像你这样的学生认为那些顾问提供的意见有多么好。"

而这种转换和信息也可能对随后的问题作出正面评价，有某种鼓励作用。当然并非所有的学生都会受到它的影响，但是对有些学生，特别是那些事先对咨询服务没有强烈的观点的学生,就可能会产生这样的作用。

● **与权威有联系。**"大学校长和理事会曾经提出过一个组织学术咨询系统的计划。有些团体反对这一计划。下面的问题有关你对这一计划的看法。"

在这个例子中,一边是有声望和权威的重要的管理者,而另一边则是地位含混的反对团体。有些被调查人在评估这个计划时,会因此而转向哪一边呢?

有什么办法可以使我们能避免转换陈述和背景信息导致的偏倚呢? 最简单的办法是尽可能减少它们的使用。在很多时候,我们并非真的需要使用这些信息。第二,避免使用可能会产生强烈情感的语言,访谈并不需要那么多姿多彩。绝不要表明对一个问题的看法。如果转换陈述和信息是必需的,那么要使它们尽可能简短、平衡和平淡。最后,在问卷测试阶段,不要忘记转换和信息也是问卷的一部分,因而也应该对它们进行同样的仔细评价。问卷的每一部分都有可能对答案产生影响,因而我们应该给它们与问题本身同样的关注。

介绍研究

调查介绍用于多个目的。它提供了一份简要的调查前言,告诉被调查人研究的题目、目的、资助者和其他一些详情。它给未来的被调查人提供了有关研究的足够的信息,以满足知情同意的需要。最为重要的是,它会争取到被调查人的参与。

在进行调查简介的时候,我们假定被调查人已暂时决定参与,但是却没有承诺诚实地回答每一个问题或坚持到调查访谈全部结束。被调查人可能没有完全听清或抓住有关调查目的的信息和它包括的问题类型。

包括在简介的第一部分的调查取向就像一个单独的调查问题,还没有被充分地吸收。虽然有些时候,研究者可借被调查人要求的更多的信息和进一步澄清的机会,相机行事做一些补充,但是在通常情况下,这样的机会并不存在。因此,自填式问卷中简介应该适当地长一点。而在调查员实施的问卷中,调查员或可适当地重复或剪裁一下简介。同样,在自填式问卷中,提示一下可能得到其他的信息或要回答的调查问题可能是很有帮助的,这就像在调查员实施的问卷中,在调查开始时,让调查员给被调查人特别提供一次提问的机会。究竟我们应该在这一方面做到什么程度,则取决于研究者的判断。判断必须要考虑到调查的专题和目的,有时还要考虑到总体的性质。

所有这些目的都必须非常快地达到,特别是在电话调查中,因为在这种调查中,被调查人可能事先都倾向于拒绝一个自行打进来的电话提出的请求。不仅如此,重要的是我们必须要认识到,介绍中的每一个词和每一句话都有可能会对所有三个目的产生影响,因而我们也可以利用这一事实来顺利实施我们的调查。例如,一个简单的介绍语句"我们正在为马里兰州最高当局做一个有关暴力街头犯罪的研究",就表明了调查的题目和资助者。与此同时,它也告诉被调查人,调查数据将为州当局使用,并且可能会用于与犯罪有关的问题。

问卷设计目的之一是使潜在的被调查人相信调查是很重要的,是值得他们为此付出一些时间和精力的。我们想要被调查人严肃地对待研究,并尽力提供完整和精确的答案,使被调查人愿意这样做是我们的首要任务之一,而要做到这一点则必须自调查的介绍开始。

在过去几年,参与问题已经变得特别重要。一般人口总体调查的回答率——特别是电话研究,已经严重下降。虽然回答率下降的原因还有待进一步探讨,但回答率严重下降已经是一个不争的事实。在计划和实施一个调查的时候,我们花费在考虑如何增进参与的各个方面的时间和精力,应该与得到正确的答案同等重要。如果回答率很低,即使我们花大力气开发设计了工具的其他部分,其价值也不会太大,因为过低的回答率将会损害研究的信度。虽然有些研究显示,低回答率可以在没有严重的无回答偏倚的情况下发生(参见 Curtin, Presser, & Singer, 2000; Keeter, Miller, Kohut, Groves, & Presser, 2000),但是相反的证据却付诸阙如。事实是,低回答率终将降低调查结果的信度。

至于如何设法使被调查人愿意参与这一问题,重要的是要认识到调查专题本身和特定的研究之间可能是有区别的。仅仅用专题本身来吁请被调查人参与是不够的,研究也必须显现出自身的价值是值得被调查人花费一定的时间和精力的。例如,一个被调查人可能对犯罪问题很感兴趣,并认为这是一个很重要的社会问题。但是这并不一定意味着那个被调查人就一定会认为我们的特定犯罪研究是重要的。

向被调查人介绍研究可以从随邮寄问卷一同寄出的一封告知函、电话调查或个别访谈之前的预达函或调查员在被调查人家中的"冷"接触中的介绍开始。在考虑如何设计开发适合每种方法的介绍时,我们应当了解被调查人对一个调查经常会有的各种问题。这些问题包括以下几种:

研究的是什么？谁来做这个研究？

资助者是谁？

调查为什么重要？

研究结果将会被用来做什么？

这些问题是被调查人在同意参与一个研究之前想要知道的一般性问题。被调查人对这些问题感兴趣应该是一种自我证明，但是许多研究者忽视了被调查人在决定参与一个研究时的这一常识基础。被调查人可能想要得到回答的其他问题包括以下几个：

为什么这个研究与我有关？

为什么选上了我？

有些被调查人可能想要对调查有更多的了解，但是介绍中究竟有多少信息可以快速地传达是会受到一定限制的。下面列出的便是在大多数一般人口总体和许多特殊人口总体调查中都会遇到的问题。我们可能会发现，对于一个特定的研究而言，一些额外的信息可能是很重要的。例如，如果一个研究需要问敏感或非法的行为，那么这就可能需要我们特别做出保密的承诺。如果这个样本是从一张特殊的清单，如一张协会成员名单中选出的，那么最好要告诉被调查人，我们是从哪里知道他们的名字的。

电话介绍

我们怎么确定电话访谈的介绍应该包括的内容和如何最好地传达它们呢？下面就是马里兰州随机拨号（RDD）的电话犯罪调查介绍的草稿：

您好，我叫_____。我在马里兰大学调查研究中心给您打电话。本调查研究中心正在进行一个州长交办的暴力街头犯罪调查。调查结果将会用于帮助通过预防犯罪项目、青年教育项目和法律强制措施，以降低犯罪率。您的家庭通过一个随机选择过程被选中。您的参与是完全自愿的，但是对我们的调查的代表性却是很重要的。您的所有答案都将被严格保密。

让我们花一点时间来检查一下是否所有前面列出的那些潜在被调查人想要我们回答的问题都已在草拟的信息中予以说明了。然后，在进一步往下看之前，我们再花一点时间来想象一下，如果我们听到了这种介绍，可能做出什么样的反应。记住，被调查人不仅事先没有想到会有这个电话打进来,而且也没有收到预达的信件。他(她)对调查的全部了解都来自这一介绍。

　　虽然介绍已经回答了所有的问题,但是它实在是太长了。在被调查人接电话之后,我们要求他听一段话。记住,我们想要传达这些要点给被调查人,但是要快。

　　下面是经第一次修改之后的介绍。请将它与原稿做一番比较,并分析我们所做的改动。

　　您好,我在马里兰大学给您打电话。我叫_____。我们正在为州最高当局关心的街头犯罪问题做一项犯罪研究。结果将用于帮助制定一些降低犯罪率的方法。您的家庭通过一个随机选择过程被选中。您的参与是完全自愿的。您的所有答案都将被严格保密。为了这项研究,我需要和您家中年龄在18岁或以上(**接下来第一个**过生日)的成年人交谈,他(她)是您家中的哪一位?

　　首先,我们在介绍调查员的姓名之前,先提到了打电话的地方。记住,许多拒访都发生在刚刚开始接触的时候。如果被调查人一开始听到的是一个不熟悉的名字,这可能会是一个负面的信号。听到一个组织的名字,一个听起来合理合法的组织,会提醒被调查人这是一个有正事要办的电话,而非拨错或推销电话。虽然这是一件小事,但是在问卷设计中的许多决定,就其本身而言,都是小事,然而它们却会有累积效应。

　　第二,我们用**研究**一词来代替**调查**。有证据表明(Dillman,2000),调查这个词带有某种负面的含义。此外,推销电话有时也被设计为调查,因而有些被调查人对此比较敏感。

　　对研究结果使用的详述做了删节。在第一个版本中这方面的文字太多。提及州长的文字也被去掉了。提到州长的做法,可能会有助于许多被调查人的合作,但是其他一些被调查人可能对州长并无好感,提及州长反而会减少他们的合作可能性。将资助者限于马里兰州将给我们提供最广泛的吸引力。

　　此外,有关被调查人家庭是怎样被选中的信息和保密承诺对这一特定的调查似乎并不是很重要。即使我们并没有说访谈要用多少时间,但是如果被调查人问到访谈时间的长短时,调查员也必须要以实相告。调查员应当说访谈平均花费的时间,但是对于任何一个特定的人,可能会长或短一些。同样,其他那些我们决定不保留在介绍中的信息,也应该允许调查员使用,以保证对每个被调查人的访谈都能顺利进行。

　　户内被调查人的随机选择被收入了修改后的介绍。这使我们能从提供有关研究的信息平稳地过渡到对被调查人的第一个要求。就这样，我们用一个巧妙的过渡结束介绍，进入访谈的提问阶段。

介绍的最终版本又对文字做了进一步的精简：

您好，我在马里兰大学给您打电话。我叫_____。我们正在为州最高当局关心的街头犯罪问题进行一项犯罪研究。我需要和您家中年龄在18岁或以上（接下来第一个过生日）的成年人交谈，他（她）是您家中的哪一位？

预达函件和告知函件

预达函件或告知函件可能成为调查的一个重要组成部分。一封预达函件有时会在调查员与被调查人接触之前寄到被调查人那里。在在线调查中，预先联系也可以通过电子邮件进行。告知函件都附有一份问卷。尽管它们的关注点略有不同，但是预达函件和告知函件的目的十分相似，因此我们把它们放在一起介绍。

在两种情况中，其目的都是用函件来争取合作。为了达到这一目的，预达函件和告知函件提供的信息虽然与访谈介绍十分相似，但也有着重要的差别。第一，与调查员实施的介绍不同，预达函件和告知函件必须立足于函件自身。第二，较之调查员，函件更容易为人所忽视。正因为如此，这样的函件必须很吸引眼球（还要很专业）、清楚（但简短），并且能激起兴趣（但是中性的）。函件必须要明显不同于那些大多数被调查人收到的垃圾邮件，并必须为研究者向被调查人喊话，解决合作的主要障碍。

诚如迪尔曼（Dillman，2000）所言，这些函件以特定的顺序，包含着以下的内容：

- 研究是关于什么的；研究为什么重要；研究结果将如何使用
- 被调查人为什么对研究很重要
- 被调查人是如何被选择的
- 保密承诺
- 如果被调查人有问题可以拨打的电话号码和电话联系人的信息

告知函件应当不超过一页，并应打印在有抬头和个人签名的公文纸上。

在邮递调查中，告知函件起到了介绍调查的作用，因此最好不要在问卷中重复这些信息。问卷中应该给被调查人一套回答问题的简要说明。工具

的每个部分都应该标以不同的字形，以清楚地提醒被调查人调查内容的
变化。

在线调查的诉求遵循的类似规则应与在线环境相适应。出现在被调查
人收件箱中的联系信息的来源应当是可信和有吸引力的：UMD_Survey_Re-
search_Center@ umd. edu，要比 John_Doe_@ umd. edu 更好，因为前者是马里
兰大学调查研究中心的电邮地址，而后者则是一个个人的电邮地址。同样，
线上联系信息的题目也应该是可信和有吸引力的，这样才能使被调查人去
打开那封邮件。信息的主体也应该阐明与邮递调查的告知函件相同的问
题，但是必须尽可能地简明。正因为如此，有些介绍性材料可能要保留在问
卷中。被调查人点击进入问卷的链接应该是研究的名字［如 UMD Student
Survey（马里兰大学学生调查）］，并且登录页面的所有方面［包括 URL（全球
资源定位器）］也应当是可信的。

问卷应该从什么样的问题开始？

在引导被调查人通过介绍之后，我们马上就可以提第一个问题。我们
应该按照什么样的指导方针来选择这些问题呢？我们的心中应该牢记两件
事情：第一，被调查人参与调查的决定是阶段性的；第二，问卷的题项或段落
之间是有逻辑关系的。

关于什么原因可促使被调查人参与一个调查的文献并不是很多（参见
Groves，Dillman，Eltinge，& Little，2002）。但是我们的确有很多证据证明，
大多数拒访都发生在研究介绍或调查员实施的问卷的最初几个问题的时
候。因此把被调查人看作一个根据预达函件或告知函件和介绍已经初步决
定试着参与（至少倾听）调查的人是有帮助的。[1] 接着，被调查人听到（或看
到）了第一个问题。

下面是我们建议的最初几个问题应具有的性质，但是研究者对其可能
产生的负面效应应该有所警觉。例如，正如马丁（Martin，2006）所言："问
一个使被调查人觉得他们能够回答的问题。"这意味着，只要可能，最初的问
题应该在被调查人的知识或经验范围之内，这会使被调查人觉得调查对他
们是有意义的。开始的几个问题可能不适用于所有的被调查人，或不能令
所有的被调查人感兴趣，或者在这些具体问题之外，问题使用的文字可能引
起的困难都会影响被调查人对他可能面临的问题的看法。

---

[1]　在访谈结束时问及他们参与的主要原因，有相当一部分被调查人会报告说他们是在无意之中被邀请，且在
没有真正对它做过什么考虑的情况下开始访谈的。这些情况才是没有决定不参与的意思（J. Blair & Chun，1992）。

有些调查的题目或要求的保密性比其他的调查更高，或有一些需要花更多的工夫才能克服的特性。调查问题，特别是最初的那些问题不仅仅只要求被调查人提供一些信息，而且也是在给被调查人传达一些信息。我们建议，最初的那些问题不要在不经意间触发保密性承诺问题（如详细询问那些可以帮助我们清楚确定被调查人情况的人口统计学问题），或要求被调查人提供一些可能会引起他们不安的信息。

最后，在一开始，被调查人正在形成对调查的性质和结构的最初印象，即形成对问题难度、可能的侵袭性、那些会导致需要更为详细的回答的子主题或综合性问题的印象。这时，即使仅对即将面临的问题有一个大致的了解，也能使被调查人感到放心。第一个问题应该有下面这些特性：

● **与中心主题有关**。我们并不想告诉被调查人研究与犯罪有关，而且随后问的第一个问题却是有关教育年限的，例如，那个被调查人曾接受过多少年在校教育。虽然这个问题可能与分析非常相关（将会在后面问到），但许多被调查人却会问自己（或调查员）："我的受教育程度与犯罪有什么关系？"而这正是我们一般不在一开始就问有关人口统计学问题的原因之一。最初的几个问题应该直接来自调查介绍，并且清楚地与阐述的调查目的有关。其作用不仅是将被调查人引进调查，而且也是在提供更多的有关为什么要做这个调查的信息。

● **易于回答**。大多数调查包括的各种问题对于被调查人来讲，回答的难度是不同的。因此最好一开始问的问题，要尽可能是大多数被调查人觉得比较容易回答的。尽管有些被调查人可能会觉得困难的问题是很有趣的，但是许多其他的被调查人却不知如何应对，从而可能产生一种挫败感，进而也许会因此而终结访谈。记住，我们想要得到的是尽可能多的被调查人的合作。作为一个练习，请读者在看完这一章之后，看一下附录 A 和附录 B，并标出哪些问题你觉得是易于回答的，哪些问题你觉得是难以回答的。

● **有趣**。在调查研究的文献中，很少谈及有趣的问题。有些调查员——被调查人关系融洽的调查直接提及过这一问题，但是他们几乎都把它作为一个独立的因素。然而，常识告诉我们，在其他条件相同的情况下，任何人都更愿意回答一个有趣的而不是一个乏味的问题。一般来讲，人们更有兴趣给出一个观点（"您认为在你们的镇上，暴力犯罪的量是在上升、下降，还是没什么变化？"），而不是一个事实（"您是否每天看报？"）。

● **适用于大多数被调查人，且大多数被调查人都能回答**。一种肯定会使被调查人失去兴趣的方式是问一连串许多被调查人将会回答"不知道"的问题，因为这些问题并不适合他们。我们不妨想一下这样一个问题："一般来讲，你认为大学图书中心软件价格的合理程度如何？"无疑，许多被调查人必定会回答不知道，因为他们从未购买过软件。

● **采用封闭格式**。尽管有些被调查人喜欢回答开放式问题，这样他们可以不受答案选项的限制，但许多其他的被调查人却认为这是一种比较困难的开始访谈的方式。如果在访谈之前，被调查人从来都没有想过手中的问题，那么情况就会尤其如此。

尽管这些指南对我们决定用什么样的问题来开始我们的访谈会有所帮助，但是有时我们却可能必须偏离这种理想状况。重要的问题在于知道这是一种什么样的情况，以及在这种情况发生时我们应该怎么做。最为常见的必须发生偏离的情况发生在筛选被调查人的时候。在调查目标总体和抽样框总体有所不同的时候，我们必须在访谈一开始就问一些用来确定住户或个人是否适合目标总体的定义的问题。例如，

在这个户内有多少个年龄在 18 岁以下的孩子？

＿＿＿＿＿＿键入数目，然后继续

（没有）结束访谈

在问像这样的"筛子"问题时，必须注意不要显露对调查而言，究竟什么样的目标户才是合格的这一点。有些被调查人会用一种意图将自己被排除在研究之外的方式来回答这一问题（如一个有孩子的男子对前面的问题回答"没有"）。为了避免这种情况发生，我们可以采用一种平衡的问题，这样被调查人就无法看出究竟是哪一种答案会使访谈终结（如，"这个户内住着多少人？其中 18 岁或 18 岁以上的成年人有几个？18 岁以下的孩子有几个？"）。在许多时候，筛选问题都是完全无害的。例如，在目标总体是由某一特定地理区域内的住户组成的时候，如县和小区，筛子问题只要问一下所在的地方就可以了。在其他的场合，问题可能比较敏感。例如，在只有那些特定的收入类别内的住户才是我们所感兴趣的住户的时候。在为数不多的场合，诸如这样的问题可能十分敏感，以致它们是否可行都成了问题，例如在同性恋调查中，情况就是这样。

布拉德伯恩等人（Bradburn et al. , 2004）指出，对于被调查人来讲，敏感性常常在很大程度上都取决于提出的问题。例如，一个有关非法使用毒品的问题，对于那些不使用毒品的被调查人来讲，就是不敏感的。而其他的题项，如一个有关性行为的问题，则对大多数人都是敏感的。一般来讲，我们建议那些刚刚入门的研究者，要设法很好地掌控敏感题项，尤其用作筛子问

题的敏感题项。在中等敏感的问题必须在最初的阶段被问及时,我们应该遵循下面这些指南:

- 只问很少几个为确定目标总体中的被调查人身份所必需的问题。
- 对被调查人讲清楚为什么必须问这样的问题。
- 如果经费允许,考虑在筛选题项之前插入一两个有趣的、开放的和不敏感的"缓冲"问题,以与被调查人建立某种比较融洽的关系。

最后,如果问卷的某些部分只适用于带有某种特性的被调查人,那么我们在考虑开放问题的时候,就不必再遵循本指南。例如,如果问题的第一部分是有关那些抽烟的人的,那么我们必须先问被调查人是否抽烟,以确定是否需要问抽烟部分的问题。

将问题组成段落

我们现在已经对如何编写问卷的开始部分的问题有所了解,下面我们来讨论如何确定余下的大量问题的次序问题。有关这一问题的研究很少,因此我们将再一次使用一套指南。我们也从那些在挑选我们最初的访谈问题中考虑过的特质,如有关联、容易、有趣和现有的知识开始。因为大多数拒访都发生在访谈刚开始的时候,所以这些同样的问题不仅成了挑选第一组问题的指南,同时也可能会给我们指明后面的问题的顺序。

在这些问题之外,我们还需要考虑两个问题:内在逻辑和整个问卷的平稳推进或流畅。不言而喻,如果某些问题取决于前面的答案,那么这些题项的顺序就取决于那个逻辑。使被调查人感受到工具的流畅和自然也是很有用的。无论是由调查员实施的工具,还是被调查人自我实施的工具,都值得我们花一点工夫在这上面。应当让被调查人感到访谈进展顺利且问卷有望很快完成。我们要避免使那些属于一个特定专题的问题散布在问卷的各个不同的段落。不仅如此,如果一套问题使用的都是相同的量表,那么对于被调查人来讲,把它们放在一起就比较容易。

现在我们将这些指南应用于本书引用的犯罪调查。表9.1列出了调查的专题,我们在问卷中应该怎样来编排它们呢?

表 9.1 马里兰犯罪调查的专题

A. 背景（人口统计学问题）

B. 个人的犯罪经历

C. 对刑事司法系统的看法

D. 担心他们或他们的家庭将受到犯罪的侵害

E. 对邻里地区和本州暴力犯罪的感觉

F. 对邻里地区和本州非暴力犯罪的感觉

G. 为使自己免受犯罪侵害而做过的事情

H. 对于替代的惩处措施的看法

I. 对邻里地区和本州的犯罪问题的一般感觉

我们希望第一组题项是容易回答的。不言而喻，对被调查人来讲，回答一些他们从前曾经考虑过的问题肯定比那些他们从未考虑过的问题要容易得多。虽然有些被调查人曾经考虑过刑事司法系统的问题，但是许多被调查人却从来没有考虑过。不仅如此，像我们已经了解的那样，那组题项被调查人回答起来可能会有一定困难。个人的犯罪经历比较容易满足这一标准，颇似被调查人为了保护自己免受犯罪的侵害而专门做的一些事情。然而这两个主题都有略为敏感这个缺点。或者，如果媒体也很注意犯罪问题，许多人将会因此而对犯罪的严重性有所感知，而这个主题也同样与我们的调查目的有关联。因此，我们可考虑从犯罪的感知问题开始正式的访谈。

还有一种更为可能的情况是，人们曾经考虑过他们居住的地方，而不是其他地方的犯罪问题。因此先问邻里地区的犯罪问题，然后问州里的犯罪问题，这样可能使被调查人比较容易回答。我们是否应该先问暴力犯罪问题，然后问其他类型的犯罪问题，最后问总的犯罪情况；或者我们是否应当按照其他的顺序？究竟是什么在指导我们的选择？有时一个问题的答案可能会影响后续题项的答案，也就是说，被调查人可能会受到他们回答问题时的语境的影响。这些语境虽然常常是难以预期的，但它们是非常有可能发生的，所以重要的是，我们不仅必须要清醒地意识到这一点，而且还必须了解它究竟会发生在什么地方。

例如，一个一般性的评估可能会受到那些已经给出的比较详细的等级评定的语境的影响。在提供一个一般性评估时，被调查人有时会不考虑他们曾经给出的关联的详细答案。苏德曼和布拉德伯恩（Sudman & Bradburn，1982）把这种现象称为"冗余效应"（redundancy effect），并推荐"先总后分，如果你要问一连串的问题，其中有一个是一般性的，而其余的则比较具体，那么最好先问那个一般性问题"（p. 144）。不过研究表明，还有一种更为复杂的情况。例如，一个具体的问题先于一个一般性问题，那么许多被调查人就可能会将具体问题答案从一般性问题中排除（Tourangeau et al., 2000）。在有几个具体问题先于一般性问题之前时，在一般情况下，被调查人更可能会将他们给具体问题的答案概括为一般性问题的答案（Schwarz, Strack, & Mai, 1991）。

遵从这一建议，我们可以先问一般的犯罪问题（I），然后问暴力犯罪和非暴力犯罪问题（E，F）。因为感知会受到个人经历的强烈影响，所以在访谈的时候回忆任何犯罪的经历对被调查人来讲，可能会比较容易。如果还记得记忆力对被调查人回答问题的作用是举足轻重的这一点，那么我们就会认识到，这可能是一个在访谈中问任何个人犯罪经历（B）的好时机。虽然少数被调查人或他们的家庭（尽管这可能多于我们的猜测）曾经受到过犯罪的侵害，但是这个问题肯定会引发他们对于受到侵害的担忧（也许令他们想到他们都看到的某个事件，或发生在一个朋友身上的事情）。因此有关犯罪的担忧问题似乎自然应该在这时来问（D）。然后，因为要采取的保护自己和他们的家庭的行动，至少有一部分是以感知、经历和对犯罪的预期为根据的，逻辑告诉我们，这应该是接下来的那一题项（G）。

最后，我们还剩下有关刑事司法系统和替代处罚的题项。那么我们应该选择什么样的顺序呢？在这里，我们又遇到了一个问题的一般和具体情况问题。我们先问一般的刑事司法系统问题（C），然后问系统的具体部分，处罚问题（H）。我们将会看到，替代处罚问题多少会困难一些，把它们放在最后，以加强这一争论。像一般的电话调查那样，我们用人口统计学题项（A）来结束我们的问卷。这最后的顺序（至少到我们预试的时候）已在表 9.2 中列出。

在讨论了全部的问题排序之后，我们把关注点转向不同资助者的各种专题的本科生调查。这个研究是为了得到为各个校园的管理者制订计划所需的信息，因而它是一个由一组研究问题驱动的研究。这种多目的研究叫作综合研究。

问卷被设计为自填式，样本单位为班级。答案是匿名而非保密的。与那些研究者可以用名字、电话或地址与被调查人联系做访谈的保密调查不同，匿名调查防止任何人，即使是研究者，将答案与被调查人个人联系起来。这种方法有时会用于那些有一些非常敏感的问题或有关非法行为的问题的调查。如果调查的专题如表 9.3 所示，请确定它们的排列顺序。然后，请看一下附录 A 中那份作为一种它们可能的排序方法的例子的问卷。

表 9.2　为马里兰犯罪专题确定的顺序

- 对邻里地区和州内的犯罪问题的一般感知
- 对邻里地区和州内的暴力犯罪问题的感知
- 对邻里地区和州内的非暴力犯罪问题的感知
- 个人犯罪经历
- 对自己或自己的家庭将受到犯罪侵害的担心
- 防止自己受犯罪侵害所做的事情
- 对刑事司法系统的看法
- 对替代处罚的看法
- 人口统计学问题

表 9.3　学生综合调查的专题

- 大学图书中心的使用,购买习惯和满意度
- 学术咨询的使用和对咨询系统的看法
- 人口统计学资料
- 酒精和毒品:使用,对校园政策的看法,对教育和治疗服务需求的感知
- 关于校园种族关系

问卷长度和被调查人负担

　　电话调查的访谈或实施一般要花费 10 到 20 分钟,不过有些调查的访谈可能只要 5 分钟,而有一些调查的访谈则需要 1 个小时。个别访谈大多数要用 30 到 60 分钟,尽管长达 2 个小时或更长时间的访谈也是可能的。在正常情况下,如果可能,在线调查都应在 10 分钟左右,但是,有些调查的时间可能略短于 10 分钟,而有些则可能大大多于 10 分钟。邮递问卷一般为 4 到 8 页,但是,许多问卷可能会略短一些,而有些则会更长一些。我们不禁要问,为什么会有这些差异呢? 一份问卷究竟应该有多长呢?

　　与调查涉及的许多决策一样,访谈长度需要权衡几个因素,在很多时候常常都不存在什么我们可以遵循的明确的规则。我们主要应该考虑的问题一般包括可能得到的资金,需要的信息的数量和类型等。但是预期的被调查人的兴趣或动机,以及实施模式的限制也应该在考虑之列。

　　不论我们可得到的资源或我们所需的信息量如何,都必须要被调查人愿意花费时间来完成这份问卷。不考虑访谈的货币补偿问题,被调查人在

我们的研究上花费自己的时间的动机是什么呢？如果研究是有趣的，那么人们就更有可能愿意做。如果感觉它是一个重要的社会问题，那么这又会给被调查人增加一种额外的动机，如果将以调查问卷为根据来采取某些行动，那么动机就会进一步加强。

对于邮递调查和其他自填式调查（如电子邮件调查或互联网调查）而言，问卷的外观是一个必须予以仔细考虑的至关重要的问题。长度的外观可能是与实际的页数或问题数一样的对被调查人有着重要影响的因素。我们只从调查—回答模型角度，提醒大家注意诸如这样的格式化的几个关键方面。

在决定是否参与调查的时候，被调查人对调查只有一个一般的想法。这时，他们对于负担大小的感知将会主导他们对参与调查与否的决策。被调查人可能会很快地看一下自填式问卷的布局，包括空间、字号大小和问题的长度。一个空间局促、字号很小、问题很长的问卷，将会使很多被调查人望而却步。

被调查人可能会很快因为回答问题的说明过长或过于复杂而将问卷搁置一边。我们希望被调查人为我们提供所需信息要做的事情不会太多或尽可能更少。含混不清的说明也可能会增加那些参与调查的被调查人的回答误差或题项无回答。

我们建议（基于 Dillman 发表于 2000 年的著作）为邮递问卷的格式化采用下面这些指南（可扩展到括弧中的在线调查）：

- 将工具的长度限制在 8 页（在线调查则限制在 10 分钟）之内。
- 对答案类别预先进行编码，预先给它们分配一个数字，以备被调查人圈选（在在线调查中，他们一般点击与数据库中的数字码相连的"单选键"）。
- 留出类别空间，这样可以很容易圈选一个答案，且不会触及相邻的答案，垂直地编排一个一个类别，一个在另一个的下面，不要水平编排，使它们散布在页面的各处。
- 提供的说明不要超过两句，说明一下问题如何回答就可以了，例如，"请在你选择的答案的数字上打一个圈。"
- 对问题、答案类别、转换或段落标题使用不同的字型。
- 尽可能使用箭头来做跳过的指示（跳跃在在线调查中已经编程，因此不再需要跳过指示）。

在自填式问卷的设计中，我们想提一下两种使用较为普遍，但却是不可取的做法。第一种，像在一般问卷设计中的那样，我们建议尽可能减少开放式问题的使用。这些问题经常会导致模棱两可的答案（现场没有调查员对这些答案做进一步的探询），而在邮递调查中，这些问题可能会使我们受困于潦草的书写。这些问题可能会合在一起，在编码和分析时给我们造成严重的问题。

第二种是在自填式问卷中常常插入了一些不恰当的复杂题项，这样的题项或使用专用术语，或文字晦涩难懂。这种现象的原因可能是在预试时使用的问题没有与被调查人做过讨论。因此我们建议，通过以下做法，对自填式问卷的语言文字做真实性检验：

- 这些词是否是日常使用的词，譬如在一份报纸的日常新闻报道中使用的词？
- 是否有更简单的，基本上传了相同的事情的词？
- 如果题项使用的词属于某一专业团体使用的专门术语，那么它是否经过该团体的某些成员检查？（即使是技术术语，特别是物理学之外的术语，所有的人的理解或使用往往也不尽相同。）

最后，为自填式问卷选用的预试方法应该能允许得到来自被调查人的反馈。我们得到的完整的问卷，即使是那种看起来合乎情理的问卷，也无法保证这个工具的运作能完全如我们所愿。被调查人在回答他们不能完全理解的问题时，常常要做一番猜测或试探。在我们有关大学毒品政策的问题中，使用的略显专业的替代（in lieu of）一词，也许可为大多数学生所理解，但也会有一些重要的学生不能确切地理解这个词的含义，因而只能随便给出一个答案。如果没有使用可以得到被调查人反馈的预试，那么这种情况往往会被我们所忽视。

此外，对于在线调查而言，观察几个被调查人的回答可能很有用处。可能会有一些涉及浏览工具、定位信息或为完成调查所需要的说明和其他那些不适用于传统的纸质的自填式工具的"使用性"问题。这些问题将在论述预试问题的第 10 章进行详细讨论。

多模式数据收集的格式化工具

多种数据收集模式正在变得越来越普遍，即使对那些规模比较小的调查情况也同样如此。这是因为在访谈费用越来越昂贵的同时，人们对回答率的下降也越来越担心。一种使用特别普遍的路数是从调查一开始就配上一种低成本的方法，以能用最少的资源来收集数据。互联网调查便常被用于这样的设计。

一个普遍出现的问题是采用不同的实施方法，同一问题是否能得到相同的答案？这方面的研究相当多，答案是肯定的。在面对面调查或电话调查中，选答社会赞许的行为的人数可能较高。但是对大多数问题，跨不同方法得到的答案却是差不多的。这意味着我们可以严格按照费用和数据的局限性来选择一种实施方法，而如果必要的话，我们可以将几种方法结合起来。

然而，在使用多模式的时候，如果表示的不一致性会导致量度的不一致的话，就可能会产生量度误差。一种我们可以考虑使用的降低这种量度误差源的方法是设法使不同的工具，尽可能既可行可比，又不失每种方法各自特有的优点。近年来，普查局对这个问题进行了研究，并产生了一套指南（Martin et al.，2007）。作者推荐遵循一条基本的通用表示原则，并对这一原则的两个关键之处做了阐述：

- 所有的被调查人应被示以同样的问题和答案类别，不论模式是什么。
- 问题的含义和意图及答案选项必须一致。

所谓收集跨模式的等价的信息，其含义是"同一个被调查人对一个问题，不论实施模式如何，都将给出相同的真实的答案"，为了达到这一目的，马丁等人（Martin et al.，2007）提出了 30 条详细的指南。其中 11 条的简略形式已在表 9.4 中列出。

在这一章，我们给大家提供了一个调查问卷结构的简单的一般模型，以及设计开发问卷结构中的每一组成部分的建议。

表 9.4   多模式数据收集通用表示普查指南

- 回答过程的前言和说明，措辞要尽可能适合各个不同的模式，不应在模式内存在差异。
- 实质性说明和解释应当跨模式一致。
- 应当尽一切努力使问题跨模式地保持一致。
- 选择性加强语气的使用应该跨模式一致。用于进行交流的那些编排方式（如黑体字、下画线、大写、斜体字等）可以跨模式变化，如能一致更好。
- 所有的模式都应该使用同样的答案类别。对封闭问题而言（例如那些有固定类别的问题），所有模式工具的答案类别展现顺序必须相同，且都必须与问题一起展示。
- 在有一个模式将"不知道"作为一个正式答案类别提供给被调查人时，其他所有模式也必须要同样提供。
- 所有模式的问题顺序都应该一致。
- 由一个问题形成的基本回答任务应该跨模式一致，尽管实施的方式不尽相同。

- 一个问题中列举的例子和列举顺序在所有模式中都应该一致。如果有证据表明,增加或去除一个模式中的例子可提高数据的质量(如降低题项无回答),则情况会有所例外。除非掌握了这样的证据,否则不应该在单个模式中引进(或去除)例子。
- 例子的位置和表示可以随模式变化。用于互联网调查的例子应该显示在屏幕上,而不只是通过超链接才可得到。
- 所有的模式都应该以某种方式提供易于理解和有关联的帮助。

在自填和多模式的调查中,问卷的外观也可能会影响合作和回答行为。在这方面已经有了大量的文献,且文献的数量,特别是互联网工具的文献数量还在增加。这些文献就问题表述、格式,各种提高答案的精度,减少被调查人的负担给出了许多有益的建议(如 Dillman,2000;Ganassali,2008)。很多其他的著作,也为编写旨在减少语境和其他回答效应的问题做出了贡献(如 Bradburn et al.,2004;Foddy,1993)。这些问题的阐述常与问题总顺序的建议相伴,且与我们已经给出的那些建议颇为相似。

补充阅读

布拉德伯恩等人(Bradburn et al.,2004)谈及了几个可能会影响问卷设计的其他因素。特别是,他们还提供了一张表格(pp. 312-313),对不同数据收集方法影响开发设计和问卷实施的每一阶段都做了比较。

方法学附录2
问卷评价工作坊

评价一份问卷的第一步是考虑研究目的和研究背景。问题是否的确阐明了研究目的,经此得到的答案是否会给我们正在研究的决策和假设提供清楚的指南?此外,问卷是否也已经考虑到了围绕感兴趣的现象的那些背景?例如,问卷关心的问题是个人的医疗选择,那么这份问卷是否也将家庭成员的作用、护理提供者和这些选择中的保险覆盖考虑在内了?如果没有,那么这些在随便看看时似乎是简单明了的问题,对那些必须回答它们的人而言,就显得不合适或不完整。

其次,一个一个地看一下每个问题。看看它们是否清楚易答?所有的被调查人是否都会以相同的我们想要的方式来解释它们?

现在,我们再来思考一下整个问卷,问卷是否有开头和结尾?问卷是否是从容易的无胁迫性的问题开始的?问题顺序是否恰当?问卷的纸质版是否便于使用?

最后,要看一下问卷将如何实施。问卷的长度对于采用的方法是否合适?问题的格式是否与采用的方法一致?潜在的数据安全问题是否得到了控制?问卷实施说明和答案编码说明是否清楚?

同样的过程和原则也主导着问卷的修改。在修改一份问卷的时候,也要从研究目的和研究背景开始。如果当前的问卷和研究设计与研究目的相符,且反映出了对背景有着很好的理解,那么我们只需对问卷做一些"微调",去掉发现的各种技术缺陷就可以了。然而,如果问卷或研究设计不太符合我们的目的,或对有关我们感兴趣的现象的假定反映很差,那么就要进行重大的修改,甚至可能必须把现在的问卷推倒重来。

在"微调"问卷(或设计开发一份新的问卷)时,要考虑到调查误差可能发生的方式。如果我们修改过的问卷解决了这些问题——被调查人将会理解这些问题,知道问题的答案,并愿意和能够给出答案——那么我们就成功了。

记住,要将我们的关注点放在研究目的上。如果一个修改过的问题仅仅是文字比原来的好,但却不适合研究目的,那么它仍然算不上是一个比较好的问题。在这一问题上,重要的问题是数据的连续性。如果现有的问题在先前的研究中使用过,那么一般来讲,这个问题就应该原样保留,得到的结果也就会有比较的价值。

在介绍完这些理念之后,让我们来将它们诉诸实践。我们现在来讨论两份作为范例的问卷。每个例子都按下面给出的格式进行讨论:

- 首先,我们要给出有关研究项目和研究目的的某些背景。
- 接着,我们编写问卷。
- 然后,评价这份问卷。
- 最后,作为一个例子,我们提交一份修改过的解决了我们在评价中确定的那些问题的问卷。

我们建议,在看我们的修改稿之前,你们要作出你们自己的评价和你们自己的修改。你们将会发现,你们并不是总是同意我们的评论和修改的。这种情况在问卷设计中是常有的。如果你将一份问卷的文稿发给了 10 位专家,那么你将会回收到 10 份不同的问卷。所有这些问卷都有相似之处,但每一份也会有自己独特的满足研究目的的路数和文字风格。并不存在什么任何一条“正确的”编写问卷的方式;问卷设计的原则与其说是告诉你如何编写一份好的问卷,不如说是告诉你如何避免编写一份坏的问卷。

例　一

背　景

我们的第一个例子涉及一个有餐桌服务的廉价的连锁饭店。为了有效地提高连锁效应,必须要使各个连锁饭店的食品和服务质量保持一致。因此,该公司在一个持续的基础上,给它的每一个连锁饭店设计了一个监管项目。

该项目将按下面这样运作:在该公司饭店的每一张桌子的架子上摆上一份拟就的调查问卷。这份问卷要求顾客对食品、服务和价格进行评价。填好的问卷先由男女服务员收集起来,然后交给值班经理。经理把收到的问卷放进一个盒子。每个饭店需每月计算和报告一次问卷的结果。

问 卷

拟就的问卷如表 A2.1 所示。

表 A2.1 　问卷 1
请提宝贵意见！
我们想听到您对我们的饭店的宝贵意见。
1. 食品质量如何？
很好_____好_____一般_____
2. 服务如何？
很好_____好_____一般_____
3. 价格如何？
很好_____好_____一般_____
4. 其他意见

问卷评价

我们先来看一下这个研究工作的某些优点（包括问卷）：

1. 拟订的研究项目使用了一份在"跟踪"基础上的固定问卷和数据收集方法。得到的结果对于任何一个给定的饭店可能没有什么意义，但是跨地点和时间的比较却可使公司能确定那些经营水平低于平均水平和/或趋于下降的饭店。

2. 问卷的长度十分适合数据收集的环境。问卷只能收集很有限的数据，可能是一个不足之处。然而，一份饭店顾客的自填式问卷必须简明。饭店的顾客是不会有时间完成一份很长很详细的问卷的。

3. 问卷简洁，题目选择得当。如果连锁饭店关心的主要问题是食品和服务质量，那么第三个问题——价格问题看起来似乎的确是一个好题目。

4. 封闭式问题很适合数据收集的环境。

现在我们来看一看研究中的一些问题。

1. 结果有可能给出一幅错误的顾客总满意度图，因为只有很少的顾客会填完问卷，而这些人也许都为特别好的或坏的用餐经历所驱使。这种潜在样本偏倚,即所有顾客和这些填写了问卷的人之间的差别,如果结果在不同地点和时间一致的基础上使用,则可能不是问题,但这终究并非我们所愿。

2.这里存在一个数据的安全问题。因为它会促使有些服务员销毁那些对服务提出批评的问卷。同样,它也会促使某些分店经理销毁那些批评他们的饭店的问卷,并用通过只将正面的问卷投入意见箱的方法,来"管理"他们的结果。

3.诚如前述,问卷是有很大的限制的。这也许是必需的,如果数据收集的环境如此,但是这也意味着得到的结果只有很小的诊断价值。如果顾客对食品不太满意,那么究竟是因为原料质量、新鲜度、备餐、上菜时菜品的温度,还是其他什么原因? 这令我们进一步考虑研究目的。如果我们的主要目的是提高各个连锁店的一致性,那么这也许就足够了。它已经告诉饭店经理,他们的食品的满意度正在滑落,并把问题留给分店经理自行探究和解决。

4.没有给被调查人一个意见箱来接受他们对食品和服务的负面意见。如果有一些顾客认为食品和服务太差,那么问卷也应该有地方能容纳这些意见。

5.这份问卷打破了答案类别应该垂直排列的,以使它们比较容易被人发现的一般规则。然而水平排列却有助于使问卷"一目了然",且就这个例子而言,也确实不会因此而引起任何问题。

6.即使填完了问卷,它也没有告诉被调查人这份问卷要用来做什么。

总的来讲,这个研究项目的关键问题是样本偏倚问题和数据的安全问题。问卷的修改版本也解决不了这些问题。要解决这些问题,并不只是简单地修改一下现有问卷,我们建议该公司考虑采用那些能降低样本偏倚和解决数据安全问题的不同方法。

其中一种方法是使用拦截调查,而不是卡片调查。在拦截调查中,我们可以让调查员与将要离店的顾客进行访谈,要求他们回答几个有关饭店的问题。这种方法会减少数据的安全问题,并能提供一个比较好的顾客样本。这也使我们有可能使用一份长一点的问卷。与卡片调查相比,拦截调查的不足之处是费用比较高,且只能周期性实施。

另一种评价服务质量的方法是使用服务买家(即那些接受了一定报酬而来光顾一家饭店或商店,做一次消费,并在一张准备好了的单子上对服务进行评定的人)。这是一种与调查相反的观察数据收集形式。与卡片调查相比,服务买家的优点是更好的数据安全性和详细得多的评价。服务买家的缺点是，对任何一个给定的饭店的月度评价只是以少数服务邂逅者为依据。

　　如果连锁饭店接受了拦截调查项目，那么这个项目也会需要一份问卷，但是这份问卷将不只是现行问卷的一个简单的修改版本。如果连锁店采用服务买家项目，那么就需要有一份评级表，但这份表同样也不是现行问卷的一个修改版。

　　总的来讲，这一例子阐明了有关问卷问题的以下几点：

- 问卷不可以离开环境和研究动机来评价。
- 我们经常要在问卷长度和我们的量度的详细性之间进行取舍，其解决之道取决于我们的研究目的和实施模式。
- 问卷设计规则不可拘于一格。
- 编写精良的问卷也无助于未曾精心考虑的研究。有时，上乘之选并非修改问卷，而是回过头来重新设计整个研究项目。

例　二

背　景

　　我们的第二个例子有关一个小城的公园和娱乐部门。该部门希望测量小城居民对公园和娱乐项目的满意程度。

　　特别是该部门的运行组织涉及（a）公园的采购，（b）设施建设，（c）养护，（d）安全性，（e）体育和娱乐项目。该部门除了想了解本部门承担的各项工作的执行情况，还想了解如何回应城市管理者的一些要求，如居民对于他们可以在街道和人行道上漫步、慢跑和/或骑自行车的满意程度。城市管理者一直在这些事项方面受到埋怨，因为该城的居民得悉邻城最近重铺了街道，更新换代了人行道。城市管理者还想知道，这样的埋怨是否很广泛。最后，该部门还想适当地了解人口子群体之间的差异的背景问题。

　　项目的资金和人员都非常有限，于是该部门计划进行一个互联网调查。大约花200美元便可购得一个基本软件包。这个软件包可用来在网上建立这个调查和指向该调查的链接，从而能将调查分发给潜在的被调查人，软件包也可记录答案，将数据输出到电子表格。该城的水政部门同意在下一个月的水费单上附上一张请求参与调查的卡片。这些卡片会被送到那些私有房主的手里，但一般到不了住在公寓里的那些人的手里。调查的链接将贴在城市及公园和娱乐部门的主页上。吁请参与的屏幕截屏和提供的链接将显示在该城市市政有线电视的频道上。该部门还希望地方报纸能对调查做一些报道。

问　卷

我们建议采用的问卷已在表 A2.2 中列出。我们打算在一个单独网页上显示该调查，这样被调查人必须在屏幕上向下滚动来完成这个调查。该部门知道，网络调查通常都被分成几页，但是该部门却想使被调查人能一下子就看到整个问卷，这样问卷不会显得很长，以鼓励被调查人去完成它。

问卷评价

问卷虽然会比例一的饭店评级调查的问卷长，但是考虑到实施模式的不同，这种差异也是在情理之中的。问卷似乎能得到我们想要的那些信息，并且没有过多额外的问题。

现在我们来考虑一些问题：

1. 如例一所示，我们也面临一些抽样问题。私有房主的参与程度可能会高于公寓居住者。公园爱好者比其他人更有可能参与，这些都有可能使调查结果有偏。究竟我们想要一个人说说他们家中的情况，还是说说自己的情况，这个问题还不是很清楚。如果是前者，那么究竟应该由谁来回应呢？如果是后者，那么青少年是否是合格的被调查人呢？我们如何防止不合格的被调查人参与呢？我们怎么防止有多个回答人回答问题呢？有些问题我们可以在问卷中解决。如果我们问了被调查人住在家中还是公寓，且手中握有美国普查每一类人口的百分比的数据，那么我们就能针对这一因素对结果进行加权（参见第 12 章）。如果我们测量了被调查人是否使用公园和娱乐项目，或使用的频次，那么我们至少能显示用户和非用户之间的差异，即使我们不能确定一般人口总体中，每一种群体的确切人数。我们可以告诉被调查人我们是否希望每户只由一个人来回答问题，如果情况的确如此，那么应该由谁来回答。我们可以告诉被调查人，谁能够参加我们的调查。

表 A2.2   沃德威尔城的公园和娱乐调查

请您花几分钟时间完成这个调查。您的投入对城市公园正在进行的涉及市民的改进工作的决策
很重要。

1. 请给下列公园和娱乐方面的满意度评级

	很满意	比较满意	一般	不太满意	很不满意	没想法
A. 城市公园数目	○	○	○	○	○	○
B. 城市公园的维护	○	○	○	○	○	○
C. 城市公园的设施	○	○	○	○	○	○
D. 城市公园的安全	○	○	○	○	○	○
E. 城市游泳池	○	○	○	○	○	○
F. 城市街道的步行/慢跑道,自行车道的可得性	○	○	○	○	○	○
G. 成人娱乐和体育项目的可用性/ 可得性	○	○	○	○	○	○
H. 成人娱乐和体育项目的质量	○	○	○	○	○	○
I. 青年娱乐和体育项目的可用性/可得性	○	○	○	○	○	○
J. 青年娱乐和体育项目的质量	○	○	○	○	○	○
K. 城市街道的步行/慢跑道的愉悦性/安全性	○	○	○	○	○	○
L. 城市街道的自行车道的愉悦性/安全性	○	○	○	○	○	○

2. 总的来讲，您对沃德威尔城的公园和娱乐部门的看法如何?

很满意   比较满意   一般   不太满意   很不满意   没看法
○   ○   ○   ○   ○   ○

3. 在您看来，哪一个关系沃德威尔城的公园和娱乐部门的问题，最应该在今后两年受到本城
领导的重视？（请把您的意见写在下面的方框中）

现在请您回答一些帮助我们对回答进行分类的问题。

4. 您的年龄属于哪一个范围?
   ○ 18~24岁   ○ 25~34岁   ○ 35~49岁   ○ 50~64岁   ○ 65岁或以上

5. 您的收入与下面哪一组最接近?
   ○ $30000以下   ○ $30000~$59000   ○ $60000~$99000   ○ $1000000或以上

6. 您的性别是?
   ○ 男   ○ 女

7. 您有几个孩子?
   ○ 1   ○ 2   ○ 3   ○ 4   ○ 5或以上

8. 您居住在本镇的哪一部分?

   谢谢您的回答！

2. 至于问题的顺序，我们可能想把对于公园和娱乐的一般评价（Q2）放在具体问题（Q1）之前。在一个一般问题跟随具体问题的时候，被调查人常常将它作为具体问题的加总，而非一个单独的整体判断来处理。如果我们不想发生这种情况，那么可将一般性问题移到具体问题处（不过 Q1 和 Q2 这个顺序可能并不会带来什么差别，如果问卷显示在一张单独的网页上，且被调查人在回答问题之前可以同时看到二者的话）。

3. Q2 的措辞应该和 Q1 的一致，除非我们想要表达什么不同的问题。

4. 问卷不需要（A）、（B）等来区分问题内的题项。这样做并不会带来任何实质性的损害，因为它们并没有任何实质需要。不同的人评阅一份问卷的时候，这些问题内字母使得它比较容易与特定的题项相连。题项字母可以在开发时使用，定稿时应予去除。

5. 便利设施（Amenities）在 Q1C 中是一个比较难的词。被调查人是否会理解它的含义，是否所有的被调查人对它的理解都是一致的？[①]

6. 同样，在 Q1D 中，被调查人对安全性的理解也有所不同。有些人可能会从受伤的角度来理解安全性，而有些人则从犯罪的角度来理解。如果我们对此有特殊的定义，那么就应当写明白。

7. Q1F 到 Q1L，可被看作是"双通道"，一个题项中有两个（或更多的）问题。如果步行道和自行车道在城市街道中是分开的（Q1K、Q1L），那么在"山道"（Q1F）中是否也应该分开？我们是否应该区分可用性（availability）和可得性（accessibility）（Q1G、Q1I），如果不区分，那么为什么 Q1F 只涉及了可用性？我们是否应该区分康复和体育项目（Q1H、Q1I），区分愉悦性和安全性（Q1K、Q1L）？

8. 与之相关的一个问题是某些量度是否应该更加具体一点？例如，可获得性可与项目数、时间安排、注册方便，甚至价格相连。质量可以与项目

---

① Amenities 一词，在英文中是多义的，不同的场合，单复数的含义有所不同。——译者注

适合被调查人的偏好程度（如瑜伽和游泳）、被认可的程度及其他一些题项相关联。和例一一样，在这里我们也面临在问卷的长度和问题的具体程度之间做取舍的问题。

9. Q3 可能会在这一方面有所帮助。虽然许多被调查人会给这个问题留下空白或回答"无"，但还是会有一些答案告诉我们一些有关被调查人的具体的兴趣情况。Q3 还有两个其他的目的，提高结果的可实施性。跨地区分布答案将给我们提供一个被调查人对改进问题考虑的优先性量度，这可能并不是那些给 Q1 打分最低的地区。此外，如果让被调查人一次考虑一个答案，有些人可能会有好主意。这个问题好比是一个意见箱——你永远也想不到，究竟在什么时候你就会得到一个好主意。

10. Q7 应当允许有零这个答案。此外，这个问题的定义也有可改进之处。我们是否对成年孩子也感兴趣？更为普遍的情况是，答案的分类究竟与什么东西关系更密切？被调查人有多少个孩子，或他们的年龄应该分成几组？

11."您住在镇上的哪一个部分"这个问题定义不清，因而会产生各种各样的答案，如"靠西一点""靠近琼斯小学""另一地区""靠近林登和奥德公司"等。

总的来讲，这一例子再一次强调了这一观点：一份问卷是不能离开研究目的和环境来评价的。此外，我们也必定经常要在问卷长度和量度的具体程度之间有所取舍。这个例子还阐明了问题表面价值的超越问题和对所有有关被调查人可能做出的解释或回答它的不同方式的问题的思考。

问卷修改

根据上面讨论的几点，公园和娱乐部门表明了以下几点：

- 不希望将步行道与慢跑道分开，但是却希望与自行车道分开。
- 对涉及犯罪的安全性问题特别感兴趣。

● 对被调查人对项目可用性的一般感受感兴趣，但不希望将它与可获得性加以区别，或再用一个额外的问题来区别项目数、项目的时间安排及其他诸如此类的问题。

● 同样，感兴趣的只是在整体判断上的"质量"，且认为被调查人将会明白和能够回答那种格式的问题。

● 认为区分"成年"和"青年"项目是重要的，且被调查人也是能够做出这样的区分的。这种区分将会导致有关其他可能的区分问题（如老年人项目、学龄前儿童项目、男性与女性项目）。公园和娱乐部门最初表达了对所有这些区分的兴趣，但考虑到这将会使问卷的长度大大加长，因而最终决定止步于区分"成年"和"青年"。

● 不希望将"体育"与"娱乐"项目分开，实际上是认为被调查人需要一些指南来进行这种区分，并可能会比较容易对那些比较广泛的分类做出回答。

● 同样，娱乐部门也认为，被调查人是会比较容易地区分城市街道上的步行/慢跑/自行车道的"愉悦性和安全性"的。

● 娱乐部门指出，基于这些考虑，它更感兴趣的是孩子的年龄，而非孩子的数目，并将孩子的年龄分为学龄前、小学、初中和高中。

● 城市是用主路定义的象限，且它的主要兴趣是能够确认那些来自无公园的东北象限的居民。

表 A2.3 中列出一份修改过的问卷，已将上面指出的几点考虑了进去。这种修改是否真的是已经做过的？可能不是。我们希望评价和修改这份问卷的练习能够对大家认识如何编写一份精良的问卷这一问题有所帮助。不过我们要提醒大家注意：并不存在任何一种"正确的"编写问卷的方法。问卷设计的原则与其说是告诉你如何编写好的问卷，不如说是告诉你如何避免编写坏的问卷。

表 A2.3　沃德威尔城的公园和娱乐调查

请告诉我们您关于沃德威尔城的公园和娱乐方面的意见。您的投入对我们正在进行的市民参与我们城市的讨论的工作很重要。

我们希望每家有一个被调查人——不管是谁,只要他/她清楚公园和娱乐的使用情况就可以。参与调查的人年龄应在18岁以上,且只能参与一次。谢谢您为我们的社区的改进给予的帮助。

1. 请给沃德威尔城的公园和娱乐的总满意评级

很满意	比较满意	一般	不太满意	很不满意	没想法
○	○	○	○	○	○

2. 请给下列公园和娱乐方面的满意度评级

	很满意	比较满意	一般	不太满意	很不满意	没想法
公园数目	○	○	○	○	○	○
公园内的设施和装备	○	○	○	○	○	○
城市公园的维护	○	○	○	○	○	○
城市公园防范犯罪的安全性	○	○	○	○	○	○
城市游泳池	○	○	○	○	○	○
路边步行或慢跑道	○	○	○	○	○	○
路边自行车道的可得性	○	○	○	○	○	○
成人娱乐和健身项目的可用性	○	○	○	○	○	○
青年娱乐和健身项目的质量	○	○	○	○	○	○
青年娱乐和健身项目的可用性	○	○	○	○	○	○
成人娱乐和健身项目的质量	○	○	○	○	○	○
在城市街道或人行道上步行或跑的愉悦性/安全性	○	○	○	○	○	○
在城市街道上汽骑车的愉悦性/安全性	○	○	○	○	○	○

3. 在您看来,在今后两年,最应该受市领导重视的沃德威尔城的公园和娱乐问题是哪一个(请把您的意见写在下面的方框中)?

下面是一些帮助我们对答案进行分类的问题。

4. 您的年龄属于哪一组?
　　○ 18~24岁　　○ 25~34岁　　○ 35~49岁　　○ 50~64岁　　○ 65岁及以上

5. 您家的收入属于哪一组?
　○ $30000以下　　○ $30000~$59000　　○ $60000~$99999　　○ $100000或以上

6. 您的性别?
　　○ 男　　　　○ 女

7. 您家里有孩子吗?

	有	无
学龄前?	○	○
小学?	○	○
初中?	○	○
高中?	○	○

8. 您家住在沃德威尔大道的什么位置?
　　○ 沃德威尔大道的北边　　　　　　○ 沃德威尔大道的南边

9. 您家住在主路的什么位置?
　　○ 主路的东边　　　　　　○ 主路的西边

10. 家中是否有任何人,包括您本人,上一个月在沃德威尔城或其他地方做过下面的事情?

	有	无
去公园?	○	○
在路边的跑道上步行或慢跑?	○	○
在路边的跑道上骑自行车?	○	○
在街道/人行道上步行或慢跑?	○	○
在街道/人行道上骑自行车?	○	○

11. 去年,您家中是否有任何人,包括您本人在沃德威尔城或其他地方做过下列任何一件事情?

	有	无
去公共游泳池?	○	○
参加成人娱乐或健身项目?	○	○
参加校外青年娱乐或健身项目?	○	○

谢谢您的回答!

第10章

问卷开发设计 Ⅲ
预试

预试的目的

问卷的第一稿绝不会是一个已经最终完成的产品。不仅每一个单独的问题可能写得很好或不是太好,而且整套题项也可能会有一些需要改进的地方。一份问卷草稿虽然不可能都是缺点,但是它应该被看作是一份有待改进的稿子。虽然在开始主数据收集之前,对一份问卷草稿进行实验的原因可能有若干,但是预试的最主要目的是确定问题。在预试期间我们可能会发现,一个特定的问题并没有测量预期的构想,或问卷是调查员难以操作或存在着一些其他的缺点的。这些问题固然都是我们在预试中应该关注的,但是预试最主要的关注点应该放在发现那些回答方面的问题。

预试是一种用于找出那些被被调查人误解、不愿回答或不知道如何回答的问题的工具。题项中存在的问题不仅表现形式不同,而且严重程度也不同,一般情况下,构想很不周密或文字很粗糙以致大多数被调查人都无法理解或回答的问题不会太多。然而,一个足够大的样本中的几乎任何一个问题都可能会被一些被调查人不理解、拒绝回答,或导致他们不能回答。即使在较小的预试样本中,我们也可能会碰到某一个对问题有着其他人没有的困难的人。

回答误差对调查的量度误差的影响程度,取决于一个个不精确答案发生的频度、时间和不精确程度。例如,假定问题"您拥有多少辆汽车"中的汽车一词,作者的原意包括了卡车和越野车,但一些被调查人却将这些类型的车辆排除在了这个词之外。那些拥有卡车或越野车,且没有像作者期望的那样解释汽车这一词的被调查人,将不会正确地回答这一问题。显然,这种回答误差的发生频率首先取决于那些拥有卡车或越野车的被调查人发生这样的误解的频度。但每次误差发生时,对答案的影响究竟有多大?这当然取决于被调查人拥有多少车辆和有多少辆卡车或越野车。估计值(如总的汽车拥有量的估计值)会偏小,而这种偏倚的大小取决于这两个因素。

理想的情况是,我们希望先确定所有的回答误差源,然后修改这些问题,以降低或去除回答误差。但在实际工作中,我们满足于去除最常见和最严重的题项中存在的问题。对于那些预试确定的问题,我们则需要确定哪些是最有可能发生的和对答案有着实质性影响的。

回答问题的类型

我们试图以一种减少回答过程中的每一步中的困难的方式来编写问题。在考虑各种不同的预试问卷的方法之前,我们先回过头来看一下回答模型和几种可能发生的问题,以及回答行为会受到一些什么样的影响。

诚如前述,回答过程的每一步都可能会有误差。我们在前面列举了一些这方面的例子:

- **同化**。我们首先期望被调查人能注意和记住相关问题的组成部分/条件/说明。那种同化可能是不完整的或失真的,也就是说某些内容可能没有被注意到,在被调查人未能仔细聆听问题的时候,情况就会如此。其他一些内容可能被注意到了,但是很快就被忽略了,如一个问题要求的参考期限被忘掉了,就属于这种情况。
- **理解**。如果被调查人未能很好地同化问题,这样他也就不可能很好地理解问题。即使是被调查人很好地消化了的问题,他也可能会不太理解某些措辞。不仅如此,解释也可能将上下文、会话的含义或其他在问题中不明确的一些因素考虑了进去。前面的问题可能会对当前的问题有影响。例如,如果一个被调查人在被问到是否受到过暴力犯罪的侵害这个问题之后,再被问到是否受到过财产犯罪的侵害,他就可能会认为后一个问题涉及的是非暴力的财产犯罪。
- **回忆**。如果被调查人未能正确理解问题,那么他也就不能回忆起恰当的信息。即使他的确理解了问题,但他回忆的我们所需的信息也有可能是不完整或不精确的,甚至对此一无所知。例如,问医院从前的病人对医院收费处的满意度时,可能会问非其人——问的是那个没有去交费或想不起相关细节的人。
- **判断**。被调查人必须用回忆起来的信息来形成自己的答案。如果他未能回忆起恰当的信息,那么他也就无从形成自己的答案。即使他的确是回忆了,但是却可能确定不了是否应该包括某些事件,或者可能回忆要计数的事件实在太多,因而只能粗略地估计一下。

●**报告**。被调查人必须愿意且能够使自己构建的答案合于我们提供的答案选项中的一个。如果他发现自己的答案与答案类别的匹配不是太好,那么他可能会发现,要使自己的答案符合某一选项并非一件很容易的事。被调查人也可能不愿意透露自己的信息。当然,也存在另一种可能,如果被调查人在回答过程的前面阶段已经偏离了要求的话,那么他就可能真的不知道应该如何回答后面的问题。

被调查人可能会意识到这样一些问题,如不能确定一个词的含义;但却意识不到另一些,如忘记使用特定期限。当一个被调查人遇到困难的时候,他可以选择更努力地想办法,寻求帮助,尽管有困难但仍然坚持完成问卷,拒绝回答或回答“不知道”。而在很多时候,被调查人只是简单地取一个可能的类别来了结这个问题。诸如同化、理解、回忆、判断、报告中存在的这样一些问题,并不总是会阻止被调查人去回答一个问题,或产生完全不精确的答案。但是这些问题却有可能引起回答误差。

我们力求通过预试来确定诸如这样的问题究竟存在于问卷的何处。如果真的发现了,那么我们应该怎样解决它们呢?

预试的样本

在讨论那些可能用于预试问卷调查的方法之前,我们先来看一下那些可能在预试中出现的抽样问题。当然,我们的确可以用与计划的调查数据收集相同的方法来选择预试样本,但我们并不建议这样做。因为为预试选择的样本,其目的与以某种方式提供一些好的估计值来代表目标总体相去甚远,其涉及的问题有以下几个方面:

●我们使用的样本应该有多大? 预试样本一般都比较小,有时只有几个被调查人而已。然而,也有些场合是要使用比较大的样本的。这一般取决于资源或他人曾经使用过的样本大小。不过这个问题的答案要考虑到预算的调查费用,我们想要在什么程度上检验总体的子群体和我们使用的预试方法。正如下面我们要讨论的那样,有些文献认为,样本大小与问题发现率或预试发现的信度有关。

●样本应该怎样组成? 问卷中常会有一些只用于部分有某种特性的人。在这个特性是一种常见的特性时,如性别,任何样本都是可以的。但是在有些时候，问卷的某一部分可能只用于 65 岁或以上的女性，这时我们就需要做某些特别的工作，以确保这一群体在预试样本中具有代表性。否则，问卷的这一部分可能会达不到预试效果。

●我们是否应该使用概率样本？因为预试样本可能都比较小，所以为了保证样本能覆盖我们所关心的特殊群体，判断或配额抽样可能更为适合。

预试的程序

预试是一组用来确定问卷是否以研究者预期的方式运作，并给我们提供了感兴趣的态度、行为和特质的有效和可信的量度。在某些情况下，预试会在某些从主研究的被调查人中选出来的人身上进行，以测试一下问卷。尽管有些预试方法并不需要被调查人，但这些方法也应该与基于被调查人的程序连在一起使用。

尽管几乎每个人都认为预试是很重要的，但我们认为对它为什么是很重要的这一问题做一番较为详细的考察还是很有用处的。因为这样的考察不仅能使我们能更好地理解问卷，还能帮助我们从一组可供选择的预试方法中作出明智的选择。

在设计问卷的时候，我们要做出许多决定和假定，有些是有意而为的，有些却不是。构成问卷草稿的是我们做出的各种判断，这些判断包括：被调查人将会知道什么样的事情？他们能理解什么样的措辞？什么样的信息是他们能够也愿意提供的，什么样的回答任务是他们愿意执行的？在我们给被调查人提出备择的选择时，我们的心中已经对一个答案的合适维度有了一些想法，实际上我们已经开始设想我们的数据将会是什么样的。我们的很多工作都微妙地受到以下因素的影响：我们对人们将如何回答我们的问题的感觉，相信我们问的问题是合乎情理的，或对被调查人的世界如何运作的某种看法。

在问题第一稿中，有些假定可能是错误的，或至少对某些被调查人来讲是错误的。例如，是否所有的被调查人都会理解输出（export）这个词？是否所有的被调查人都知道自己每星期行驶了多少英里？是否所有的被调查人都能记得过去的 6 个月里他们去了一家饭店多少次？所有这些都是我们可能在一个调查中使用的题项。不言而喻，被调查人的知识、记忆和尝试回答即使是中等难度的问题的意愿也是因人而异的。

在写问卷的第一稿时，我们已经假定绝大多数的被调查人能够并愿意做调查要求他们做的事情——我们的结果有赖于这一真实的假定。研究者,特别是那些初入此门的研究者,在编写问卷时要做到不将自己作为普通的被调查人是很困难的,尽管很多时候将自己作为被调查人的做法并非有意而为。在将自己当作被调查人的时候,研究者假定被调查人也能做他们能做的事情,理解他们知道的词汇,愿意尽力回答他们感觉很重要和很有趣的问题。研究者做出这样的假定是再自然不过的,就像他们并不认为自己曾经做过这样的假定一样自然。只要诸如这样的假定可以被我们识别,进而予以批判地审视,那么问卷编写就可能从中受益。

在第一次预试之后,我们有了评判某些问题(尽管不是全部)的假定的数据。许多文字冷僻难懂的问卷,其症结所在都被预试得到的被调查人给出的答案所揭示,经修改后"浴火重生"。

被调查人对答案的理解和回答能力的重要性

在预试中我们先要判定的一件事情是被调查人对我们提出的问题提供一个好的答案的能力。所谓"好的"答案,我们的意思是这些答案是有效的和可信的。首先,效度要求问题量度了我们感兴趣的维度或构念;其次,要求被调查人按我们的期望来解释问题。信度主要是指重复实验中回答的变异度。例如,如果另外一个研究者用我们的问卷,在同一个总体中,遵循所有我们遵循的程序进行另一个样本调查(与此同时,我们的调查也在进行),那么他应该得到(在抽样误差内)与我们相同的结果。

有一些可用于确定被调查人对调查问题理解程度的预试方法学。虽然已经有一些研究曾对这些方法(学)进行过比较(如 Bischoping, 1989;Campanelli, Rothgeb, Esposito, & Polivka, 1991;Cannell, Fowler, & Marquis, 1968;Presser & Blair, 1994;Willis, Trunzo, & Strussman, 1992),但是它们都没有明确地告诉我们适用于一个特定场合的最好的预试方法。同样,我们还是必须根据自己做出的判断和通用的指南,制订出资源分配的最佳方案。

用于确定被调查人理解能力的方法因实施的模式不同而有很大的不同。我们先讨论由调查员实施的数据收集(如电话或面对面调查)的预试方法,然后再考虑自填式调查(如邮递或互联网调查)的预试方法。

预试中的重要资源是工作人员(主要是调查员的工时)和可利用的时间。其他的资源,如材料也是需要的,但是总费用主要取决于数据收集人员的工时。预试也需要一笔不小的预算,因此应该在项目计划中予以足够的考虑。没有给周密的预试分配充足的时间和资金是一种严重的错误。

常规预试和调查员汇报

在常规预试中，要对为数不多的被调查人（通常在 20 到 40 个）进行访谈。样本应该足够大，以容纳来自目标总体的各种子群体的人，确保问题和答案类别能得到合理的测试。预试遵循的程序应与计划在主研究使用的完全一样。在预试访谈完成之后，要举行一个调查员汇报会。这一做法十分普遍，以至于大多数人一般也把它看作预试。

我们的确有理由喜欢只用那些最有经验的调查员。但我们有时也会遇到需要混合使用经验参差不齐的调查员的情况。在可以混合使用调查员时，缺乏经验的调查员有时可能发现一些那些比较有经验的调查员几乎都会自动把它们处理掉的问题。一般来讲，有经验的调查员更有可能知道被调查人可能经历的许多类型的问题，因而能在它们发生的时候认识到这些困难。

在预试访谈之前，做这两件事情是很有用的。第一，要完全按在主研究中计划要做的那样培训调查员。特别是要逐题（Q-by-Qs）将所有说明提供给调查员。如果我们想要调查员回答被调查人提出的一些有关术语，如**医疗卫生专业人员**或**刑事司法系统**的问题，就应该在预试时对它们进行测试。这些 Q-by-Qs 将会影响被调查人的答案。当然，在一个小型的预试中，可能没有被调查人会询问一个有潜在麻烦的术语。例如，有一小部分被调查人不能确定**医疗卫生专业人员**的含义（在访谈的语境中），那么一个小规模的预试可能无法探测到这个问题。而这正是我们要使用多种预试方法的原因之一。

第二，如果调查员以前已经做过预试，那么花一点时间来讨论一下预试的目的和什么样的信息是我们希望调查员应予以注意的这两个问题不失为一种明智之举。如果调查员知道我们对被调查人是否询问了一个术语的含义，或被调查人是否能记住答案的类别这样一些问题有兴趣，那么在试调查中他们就会对被调查人的这些行为保持警觉，并带回更有用的汇报信息。指示调查员在每次预试访谈之后在每份纸质问卷上做一些注释，是一种简单的使汇报更丰富和精确的方法。

但我要提醒大家一点：我们可能会在不经意间将问题"植入"调查员的脑海中，使他们在汇报会上过分地重复这些问题。如果我们告诉他们"我认为有些人在确定'家中【某个人】有多大可能遇到抢劫或谋杀时，'真的会有问题"，调查员可能就会过分报告被调查人在这个问题上的纠结程度。有的调查员甚至还可能会盼着有问题，不给被调查人足够的确定答案的时间，或者更愿意接受"不知道"这样的答案。这种做法会对结果有影响。有鉴于此,我们建议在给调查员有关他们应该注意的各种事情的指示的时候,最好要宽泛一些,不宜过于具体。

调查员汇报一般都像下面这样组织:

●预试综述,包括任何被调查人拒绝参与整个调查或某些特定专题这样的严重问题。

●逐个确定问题中的问题,要依次询问每一个调查员被调查人对题项有过的任何问题。

●逐个对问题提出修改建议,使调查员可以提出处理已经确定的问题的备择意见。

●扼要总结一下预试实施情况和在实际数据收集或另一次预试开始之前有待解决的问题。

注意,虽然我们感兴趣的是被调查人的理解能力和其他的被调查人问题,但是汇报却是由调查员的一系列报告或意见组成的。重要的问题在于要牢记,实际上调查员的作用是作为预试的被调查人的代理。在汇报会上,将调查员感悟到的被调查人可能会有的问题与实际已经遇到的问题做一个区分常常是很有用处的。

此外,在汇报中得到所有调查员对有关被调查人的经验和反应的评论也是很重要的。汇报常常会被一两个健谈的调查员所左右,其他调查员尽管也有很多有用的信息,但却一直得不到说话的机会。一种解决这种问题的方法是依次询问每一个调查员,请他们评议每一个问卷题项。

另一个要提醒大家的问题是一些异乎寻常的"奇闻轶事"。极端的访谈情况不仅总是会被生动地记在脑中,而且还几乎总是会在汇报会上被报告。这里我们来举两个常见的例子,它们分别涉及有知识的和异乎寻常的被调查人。在第一个例子中,譬如说在我们的犯罪调查中,一个调查员有可能调查到一个律师,他谈及了许多调查问题中的专业问题,指出了一些备择的答案类别,并提出了许多问卷未曾包括的问题。在第二个也来自同一个研究的例子中,一个调查员有可能遇到一个被调查人,他列举了一大堆他的家庭成员遇到过的各种犯罪使访谈变得异乎寻常地长。当然,我们或许有理由怀疑,他这样东拉西扯是为了避而不答有关家庭成员的行为和预防犯罪的问题。诸如这样的情况会加长汇报的时间,特别是这种情况发生在一个健谈的调查员身上时。每当遇到一些发生在这两种回答人身上的事情时,我们必须要记住,他们是非典型者,因而必定不能让他们主导我们对问卷修改的思路。大多数被调查人既不是专家,也不是会经常受到犯罪侵害的人。

另一方面，预试还常常揭示一些被调查人抵触的，他们认为是不真实的问题的例子。考虑一下我们关于替代性判刑的问题：

您认为犯了抢劫罪的人应该被送到监狱，要求每月向假释官报告一次，或每天向假释官报告一次，还是被电子监控，以全天候地了解他们的行踪？

固然会有许多，甚至大多数被调查人愿意回答这样一种形式的问题，但还是有一些被调查人会坚持说他们的答案要视具体情况而定。他们想知道是否使用了枪支，是否有任何人受到了伤害，抢劫者是否有前科，以及其他一些问题。我们可以决定继续使用这种通用形式的问题。但是如果这个专题是我们的研究中心，那么也许应该改而设计开发该题项的一种更复杂一些的形式。在这个例子中，我们也许可以在询问意见的备择项之前，提供一个扼要的介绍。[①]

假如一个[20]岁的人在街上抢了一个人100美元。他[用一把枪]威胁受害人。他有[4]次前科。

然后我们再询问被调查人那个人应该定什么罪。这些在括弧中的名目可随访谈的变化而变化。变化遵循的模式要使得到的数据集能分析不同环境的选项变化。不言而喻，这个问题实施起来要比那种我们一开始使用的版本复杂得多，但它不仅更加真实，而且信息也更加丰富。我们固然会因此而对手头问题有更多的了解，但天下没有免费的午餐，费用也会一如既往地不菲。

常规的预试是一种强有力的工具，但是很难用好它。我们已经了解某些它可能在汇报中发生的问题。主持人应该对汇报做好充分的准备，并有掌握汇报会的高超技巧。不仅如此，有的时候在汇报会上会有相互冲突的发现——例如，有些调查员可能会认为某个题项是有问题的，因而需要修改，而另一些调查员却认为这个题项如我们所要求的那样，运行得很好。有时一个经验丰富和口才很好的调查员可能言之凿凿，令人信服，但是实际的预测所得却并不支持他的观点。常规预试的长处是可以找出可能存在的问题，短处则是提供不了太多的解决问题的线索。

---

① 参见康弗斯和普雷瑟（Converse & Presser, 1986）调查中的小片段的作用的讨论。小片段调查有时也叫作析因调查。在使用这种路数的时候，因素（在例子中的括号中）是变化的。在使用多种因素时，版本数目可能会增加得非常快。为了确定哪几种因素能区分处于该调查问题的不同位置上的被调查人群体，需要进行细致的预试。

访谈后访谈

另一种常用的方法是,通过与刚刚做过访谈的被调查人进行访谈后的讨论得到有关理解问题的信息。这种方法是以贝尔森(Belson,1981)早期的经典著作为根据的。在那部著作中,一个调查的被调查人由不同的调查员联系接触,并询问一些有关第一次访谈的题项含义的问题。贝尔森发现许多被调查人并未按预期来理解原访谈问题。而最近的做法则是在访谈完全完成之后,立即询问访谈后问题。因为被调查人刚刚为主访谈花费了一定的时间,所以我们务必使访谈后访谈进行得尽可能简洁一些。

调查员可以说一些诸如"现在,我想问您一些有关我们刚刚完成的访谈的问题"这样的话。一般来讲,我们将使用一些预先准备的访谈后问题,但讨论的范围可以不限于这些问题。如果在访谈中发现某些题项引起了问题或困惑,那么我们应该给调查员一定的自主权,以将这些问题包括在访谈后访谈中。

下面是一个访谈后访谈脚本的实例:

刚才这些是有关本州犯罪问题的全部问题。现在我还想问您几个有关访谈的问题。

1.首先,这些问题中是否有您不能确定怎么回答的问题?
　如果<u>有</u>,请问是哪几个问题?
　您为什么不能确定怎么回答[问题项目]?
2.在我使用刑事司法系统这个词的时候,您认为这个词的含义是什么?
3.在我问您有关您的街坊质量这个问题的时候,您想到了一些什么事情?
4.您认为这些问题中是否有许多人觉得难以回答的问题?
　如果<u>有</u>,请问是哪几个问题?
　为什么您认为人们会在回答[问题题目]上有困难?
5.是否有一些与这些问题相关的重要的事情,我们未能涵盖?

注意,与问卷中的问题不同,访谈后脚本中的题项大部分都是开放式的。因为我们不知道被调查人可能确定的问题是什么样的类型,所以我们不想过度地限制他们的回答。如果这是预试系列中的一个环节,那么那些在第一次预试中已经确定的问题,便可以在随后的预试中明确地询问。

例如,学生综合调查的初步预试可能揭示一些事情,如无预约指导使用对学生的重要性,学生都认为同辈的指导者至少应与他们所指导的学生同一年级。这样一类事情可能是那些并非调查总体一份子的研究者意识不到的,但是诸如这样的看法,可通过允许预试的被调查人对研究的问题进行评议而很快被发现(这也正是焦点小组的主要长处之一)。

有两种方法可令被调查人参与这种讨论。一种是在访谈开始的时候告诉他们,在访谈之后我们将要和他们讨论一下访谈的问题。康弗斯和普雷瑟(Converse & Presser, 1986)把这个叫作参与式预试。另一种方法是按计划进行访谈,然后再询问后访谈题项,这叫作不宣布式预试。康弗斯和普雷瑟推荐先做多次参与式预试,然后再做一次不宣布式预试。不过,论述这两种方法组合使用的效果究竟如何的文献似乎并不多。

行为编码

行为(或互动)编码是一种由康奈尔等人(Cannell et al., 1968)在密歇根大学开发的方法,其目的是在数量上评定一个面对面访谈或电话访谈实施效果的好坏。在这种程序中,假定在一个理想的调查员和被调查人之间的互动中,调查员逐字逐句地宣读了问题,且被调查人也用了可以接受的答案回答了问题。在完成一个问题之后再进入下一个问题。在交互编码中,由第三方用一组简单的编码来标示对这一模型的偏离:没有逐字逐句地宣读问题,被调查人要求澄清并重新读一下问题或给出不够精确的答案。每次只对问题所有可能发生的一种问题类型编码,每种类型的问题,如果没有发生编码就为0,否则就为1。在编码完成之后,要计算每一个问题的每一种情况发生的次数的百分比。

虽然开发这种方法的本意是评估调查员的工作表现,但它也可用于确定那些有问题的问题。一般我们可接受的限度是15%,即那些行为编码不高于15%的问题都是可以接受的,高于15%的则认为是有问题的。将15%作为分界线可能是有一些武断,但是它的确为我们在实践中提供了一个有用的参照标准。限度的百分比是某种类型的问题在调查中发生的频数的估计值,它是以预试样本为根据的。样本的大小决定了观察的百分比的信度。一般来讲,样本越大,我们对标出一个的确有问题的题项信心就越大(J. Blair & Srinath, 2008)。

这种程序的一个优点是它可以用于电话调查的常规预试,只需再增加一点费用,用一下中央电话设施中的监控功能就能做到。如果我们没有可供使用的这样一种设施,那么增加的费用的确就成了一个问题。在个别访谈中,一般都使用磁带录音机和后编码。一组常用的行为编码的码已在表

10.1 中列出。

对理想互动的偏离告诉了我们问卷的什么呢？互动问题可以因为调查员的表现或困难、被调查人的问题、题项本身的问题而出现。究竟是什么引起了一个特定的问题，这一点并不总是很清楚的。在遇有疑义时，我们是应该怪罪于问卷，还是其他什么因素呢？

偏离准确的宣读往往都是因为问题的文字晦涩或过长。这种情况假定调查员的确试图按照问题的文字来宣读，但是因为问题的某些性质使他们难以做到。但这样的偏离也有可能是调查员有意改变了问题的措辞而造成的。所谓宣读中的微小改变是指那些完全不会改变问题的含义的改变，如加了"筛选"词或像"下面的问题要问的是"这样一句话（紧随其后的是正确地宣读该题项）。诸如以缩略词替代这样的改变也可认为是一种微小的改变。改变一个词、删去或增加一些词通常都被认为是重大改变，因为这种做法改变了问题的句法。

表 10.1　标准行为编码	
调查员	**被调查人**
E（精确）	AA（精确的答案）
S（微小）	IN（中断）
V（验证）	QA（合格的答案）
WV（错误验证）	CL（要求澄清）
M（重大）	IA（不精确的答案）
	DK（不知道）
	RE（拒绝）

从被调查人那一方，中断的意思可能是指问题的措辞方式不当，致使被调查人误以为问题已经完了。一个被调查人也可能因为根据已经听到的那部分问题知道了（或认为知道了）答案。这些类型的中断的发生只是因为被调查人回答得太快。但是中断也可能因为被调查人感到对问题迷惑不解而发生。中断固然可能会因为题项中存在的相当微小的结构问题而发生，但是也可能因为一些更为严重的问题而发生。

在被调查人对自己的答案存有疑问时，这就可能意味着问题是不够清楚的，因而被调查人不知道自己对它的理解是否正确。但有的时候，被调查人之所以会给自己的答案打一个问号，则是因为回答任务过于困难，致使他们无法确信自己的回答是否正确。一个不精确的答案也可能只是因为任务实在太困难，使被调查人不得不放弃。

请求澄清通常都是题项有问题的确切信号。一个好问题应该不言自明，不需要任何解释或其他任何额外的信息。

从这几个为数不多的例子我们可以看到，跟随行为来寻踪迹常常不是一件很容易的事。因此频频发生的对于理性互动的偏离可能只是告诉我们什么事情错了，但是它却没有确切地告诉我们引起偏离的原因究竟何在。在这个意义上讲，这个方法并非一种好方法。

在表 10.1 列出的基本编码之外，我们有时也会使用辅助编码。例如，我们可能会想知道为了得到精确的答案，调查员必须多长时间进行一次探询，他们在提问的时候是否按照培训指南行事，或者，我们有可能想知道被调查人是否常常会更改自己的答案。尽管我们可能会有充分的理由使用额外的编码，但我们仍然建议那些初入门的调查研究者，如果不是十分需要，最好不要随意增加编码，以免画蛇添足。

但是有的时候，我们的确需要增加一些额外的编码，那么它们应该满足什么标准呢？第一，它们应该能捕捉到重要的信息。研究者应该清楚地知道增加的数据应该如何使用。如果只是一些有兴趣想知道的事情，那么与将问题加到一份问卷中的处理方法一样，我们应当避免再增加编码。第二，它们应当被确切定义，不能与任何其他的编码重叠。第三，辅助编码应该是足够清楚的，以便编码员能够可靠地使用它们。最后还要注意的是，尽管我们可能事先不说清这一点，但似乎它可能是常常发生的，因而不能对此掉以轻心。

在增加的编码过多的时候，它将会增加 15% 的限度被超过的可能性。因此，被标为有问题的题项的数目，在某种程度上，是使用的编码数的函数。

行为编码的分析人员常常只简单地计算一下每个问题的总偏离数。在某些环境中，我们有可能做更多的分析。例如，计算一下调查员的偏离码数可能是很有用处的。一个有着很大的偏离数的奇异值可能会影响结果。这一点是很容易证明的。如果预试数比较大，那么其他类型的分析也是可能的。这些偏离是否是因为调查员执行不当，而非工具引起的？它们是否随时间的推移而降低？如果误读率随访谈进展而有所降低，那么问题可能出在调查员培训和操作实施上，而不是出在问题的措辞上。

行为编码的长处是费用低廉、概念简单和可量化。编码员可以按照一个基本提纲很快培训出来。行为编码能很容易地与其他预试方法连在一起使用。在与调查员对被调查人问题的主观评价连用时，它可令我们有一份额外的收获。如果在一个常规预试的汇报会上调查员们诉说，有很多被调查人在某一特定的问题上有困难，那么我们可以期望在行为编码的数据中得到一些有关证据。

这种方法的不足之处是，不能提供有关有问题的题项为什么有问题的信息。因此它在有效地标出可能有问题的题项的时候，给我们提供的可用于问题改进的信息实在太少。正因为如此，对于预试而言，单独使用行为编码一般都是不够的。

认知访谈

　　还有一种确定被调查人理解问题的路数是做一对一或认知访谈。在这种方法中,招聘来的被调查人被集中到一个地方,分别对他们用问卷进行访谈。用从认知心理学借来的一种叫作发声思考的方法,使被调查人在回答每一个问题的时候进行发声思考。其目的是确定被调查人在回答问题时在想什么。与其他的预试法一样,这种方法使我们能以一种更为直接的方式深入了解问题理解中存在的问题,因为被调查人在回答问题的同时,清楚地报告他们在想些什么。除了了解理解中的问题之外,这个方法也可确定调查过程中其他阶段可能发生的问题,诸如回忆或使用答案选项这样的操作性任务中的问题。

　　给被调查人的指示,其形式如(严格按照爱立信和西蒙 1993 年在口语记录分析方面的开创性工作):

　　我们对您在回答我们将要问您的问题时您在想什么这个问题感兴趣。为了做到这一点,我们要求您**发声思考**,也就是说我希望您告诉我,从您最初听到问题开始到给出一个答案为止,您在想什么。我们不希望您去计划您将要说什么,或试着给我解释您的答案。最重要的是,您要不断地说话,要是您有一段时间沉默不语,我们会要求您张口说话。

　　调查员将不时用探询的话语如"您在想什么?"或"您是怎么想出您的答案的?"来提醒被调查人不断地发声说话。一般情况下,在访谈过程中,调查员也使用一组准备好的(即已经拟就的)探询性问题,在被调查人给出一个答案之后立即进行探询。这后一种做法与认知心理学家使用的旨在引出口头报告的程序有所差别,但是它仍为调查研究者广泛使用。这样得到的方法是发声思考法和贝尔森型的"深访"法的混合。

　　发声思考程序常常作为问题指向的探询的一种补充。探询是一些用来询问被调查人有关问题的特定方面的问题。例如,一个探询可能会问"您认为这个问题中的'种族定性'一词的含义是什么?"或者更为宽泛地问"您是否用您自己的话告诉我,这个问题的含义是什么?"探寻既可以是已经拟就的(即在访谈之前已经准备好的),也可以是调查员在访谈期间即时拟就的。

　　康拉德和布莱尔(Conrad & Blair, 2004)发现,经验比较少的调查员可以通过培训,有效地使用发声思考法,不过那些十分倚重无脚本探询的技术,需要更丰富的经验才能运用自如。除非你有很多认知访谈的经验,否则还是以做有脚本的探询为好。更为一般地讲,我们建议大家,在认知调查中加入带有问题指向的探询时,务必要倍加小心。一个诸如"您认为这个问题中的'种族定性'一词的含义是什么?"这样的探询,可能会对确定理解或解释问题有所帮助。然而,它也能提示被调查人,问题的含义要比他们认识到的要多,从而改变他们对那个问题或随后的那些问题的思路。

在了解被调查人是如何形成他们对问题的答案的过程中,我们可以深入地了解他们对问题的理解。例如,在回答"去年您多长时间饮一次酒? 大约一星期一次,一个月一两次,还是一个月不到一次?"这一问题时,一个被调查人在发声思考时,可能会提到像"去年我喝得不太多,有过一次除夕聚会,之前的一次可能是在感恩节,那时我们一伙人聚在一起看巴黎圣母院的比赛"这样一些事情。在审查发声思考的文字记录(称为口语记录)时,研究者认识到被调查人显然是在回想过去的公历年,而不是访谈前的 12 个月。如果我们期望的是后者,那么这个问题可修改为"自从[**给出访谈日期前一年的一个确切日子**]以来的 12 个月中,您多长时间饮一次酒"。

不仅如此,被调查人也有可能完全理解,但却在完成答案要求的其他任务方面存在一定困难。例如,我们来看一下这个问题,"去年您看了多少部电影?"如果被调查人看过很多部电影,那么这个任务对他来讲可能是相当困难和很容易出错的,因此他可能只是简单地估计一个答案。常规预试固然可以为我们揭示个中的困难,但使用发声思考的认知访谈则可能更长于此道。此外,在聆听被调查人发声思考的时候,除了任务对某些被调查人而言是比较困难的这一简单事实之外,某些细节可能会浮现出来。

在被调查人任务或问题的概念可能会有困难的时候,认知访谈尤其有用。有关这些方法的最为详细的讨论和理论基础,请参见爱立信和西蒙(Ericsson & Simon,1993)的著作。威利斯(Willis, 2005)的专著《认知访谈》(*Cognitive Interviewing*)则是可以找到的,为数不多的可用于培训认知访谈的调查员的著作中的一本。

在认知访谈中,我们在被调查人回答问题时心中正在想什么这一问题上的所得,比后访谈法更新鲜。它的不足之处在于,这种类型的访谈需要的资源比较多。必须与更多的人进行接触联系,以发现愿意来参加这种访谈的被调查人。一般情况下,一对一的访谈与陌生冷漠访谈不同,需要向参与的被调查人付 10 ~ 50 美元的报酬。具体数额则需考虑访谈需要的时间。最后,认知访谈需要由资深的工作人员进行,而这样的人员是很有限的,因而他们的工时费也更高。

认知访谈的结果常被用来做一些非正式的分析(Tourangeau et al.,2000)。很多时候,调查员会在访谈后过一遍自己在访谈期间做的笔记,也许是与也在做笔记的观察员一起。根据这些观察,他们确定哪些问题是有问题的,通常都有关问题性质,而有时也会考虑如何对问题进行改进。使用诸如这样的程序,我们很容易就能超越访谈数据和更多地依靠调查员对问题的判断,而非任何来自被调查人的实际评论或行为的提示。

认知访谈的分析不必太正式或给人以太深刻的印象。更系统的方法的使用能提高发现的效度。最近,有证据表明,较大的样本也可能会对问题确定的信度有较大的影响(J. Blair & Conrad,2011)。康拉德和布莱尔(Conrad & Blair,1996,2004)发现,单独一个分析者试图通过认知访谈的文字记录来确定一个特定的题项是否引起了被调查人的一些问题时,得到的结果并不是十分可靠的。这就是说,如果两个(或更多个)分析者评阅了同一份文字记录,他们常常会对某个问题的存在与否,或究竟有些什么问题得出不同的结论。尽管有这样那样的不足,认知访谈法的各种不同版本,似乎还是有一定用处的,因而近20年来一直在被广泛地使用。

尽管认知访谈最常用于调查员实施的调查,但是只要略作变化,它也是可以用于测试自填式工具的,无论是常规的邮寄工具还是互联网问卷都可以使用(Schechter & Blair, 2001)。许多自填式工具的认知调查一直都在被用于一些组织调查(Willimack, Lyberg, Martin, Japec, & Whitridge, 2004)。此外,在评审应用于美国人口普查的自填式种族和少数族裔问题的新版本的研究中,也使用了大量的认知访谈。

对于认知访谈对回答任务的影响是任何一种调查实施模式都关注的问题,但对自填式工具来讲,情况尤为如此。在回答一份书面问卷时,被调查人必须既要读工具(一般都由他们自己来阅读),又要发声说话。大多数自填式工具都包括给被调查人的说明、定义和跳过模式,这些必须都附在问卷中。这各种各样的要求势必会降低被调查人对问题的执行能力,因而可能会出一些本来不会出的错,或产生一些本来不会有的困难。

认知访谈的过程的一个重要部分是尽可能减少“中断”效应。对于自填式问卷,我们可以通过尽可能减少同步的发声思考次数和更多地采用回溯性发声思考来达到这一目的。所谓回溯性发声思考是让被调查人在回答了问题之后马上报告他们的想法,而非在回答问题的同时报告他们的想法。探询应该在工具中的自然中断之处——页末、专题的终了处和其他可以停顿的地方进行。

一言以蔽之,我们给调查研究的新手的建议是:在工具设计开发的初期使用认知访谈,主要依靠发声思考和使用已经拟就的问题做探询。

被调查人汇报

被调查人汇报与访谈后访谈略有不同。这种汇报都在完成访谈之后进行，被调查人被一个问题接着一个问题地带回到以前做过的整个访谈，探问他们对每一个题项的看法。汇报通常都是面对面地进行的，这意味着要把被调查人请到中心办公室。先前进行的访谈常常都用磁带录音机（或录像机）做了录音（或录像）。录音带回放可以作为一种帮助被调查人记起自己在实际回答问题的时候在想什么的方法。这些费用与认知访谈程序花费的费用大致相当。不同之处在于它可以使用水平较低的工作人员，但却需要花费一笔额外的购置录音设备和电源的费用。

我们应该注意到，所有这些特别的方法都需要对调查员进行超出实际的访谈所需要的特别培训。不仅如此，现在这些方法已经越来越多地被组合在一起使用，但是有关这方面的最优组合的研究至今仍然是凤毛麟角。对于使用许多新的或可能比较困难的题项的研究，我们建议从一种探询被调查人的理解和相当直接的回忆的方法开始，如访谈后访谈法或认知访谈法，然后才用行为编码进行常规的预试。对于简单的问卷，只使用常规预试也许就足够了。

专家组

在早期的有影响的研究中，普雷瑟和布莱尔（Presser & Blair，1994）发现在确定问卷中的问题时，专家组讨论是一种很有效的方法。一个专家组是一小群为了对一份问卷提出批评意见而聚在一起的专业人员。小组的参与者，除了主题内容方面的专家之外，主要都是调查专业人员。小组通常由 3 ~ 8 位成员组成。在会议举行的几天之前，每位专家都会得到一份问卷草稿。然后，在小组会议时，专家组对问卷中的题项进行逐项的评议。这个过程与常规预试的汇报颇为相像。不同之处在于，专家的意见来自他们对问卷（或主题内容）的知识，而非预试的被调查人的反应。

在一个与其他方法进行比较的实验中，普雷瑟和布莱尔（Presser & Blair，1994）发现，诸如这样的专家组，不仅在确定许多类型的其他预试法发现的问题时是很有效的，而且还能发现其他问题，如问卷中存在的分析上的困难。专家组的特点是与会人员都是各方面的专家，不仅如此，与会者在会议上还会交流互动。普雷瑟和布莱尔的专家组由一位认知心理学家、一位问卷设计专家和一位一般调查方法学家组成。当然，其他的专家组合也是可以的。重要的问题在于要注意到，无论是在发现潜在的问题上，还是在发现的问题的解决之道上，专家组有时都会无法达成一致。不过这种情况在使用其他方法时有时同样也会出现。然而，我们还是要强烈建议，诸位一定要抵制用专家组替代用被调查人进行预试的诱惑。

评估调查员的工作

　　调查员的表现也是调查质量的一个关键部分。正如我们已经知道的那样，调查员对调查误差的影响很大。幸而只需用很有限的资源，许多用来揭示被调查人误差来源的程序，同时也可有效地用来确定调查员误差和问题。

　　调查员汇报显然是调查员报告各种困难和问题——如令人尴尬的问题，跳过模式的逻辑错误，难读的措辞或宣读和阅读不同的问题的一个机会。实际上，在汇报会期间我们应该小心，切不可将被调查人困难报告等同于调查员问题报告。

　　监听电话预试（以及主调查），在大多数调查组织中，是一种标准的程序。电话监听设备使督导或研究人员能在调查员和被调查人都不知道自己已被监听的情况下聆听正在进行的访谈。在主数据收集期间，我们用它来控制数据的质量，了解规定的那些用于提问的程序是否得到遵循。在预试时，它也是一种探测访谈难点的好方法。我们敦促研究者一定要监听现场访谈。有时问题在听的时候和看的时候会变得很不相同，也许是因为在纸上似乎可以接受的问题，在访谈时却会变得难以忍受。对于刚刚入门的研究者来讲，监听也是一种学习如何编写那些听起来很自然的问题的好机会。

问题评价的实验设计

　　迄今为止，尽管人们越来越认识到预试的重要性，分配给预试的时间和预算与调查预算的其他部分相比，仍然只是很小的一部分。这种做法限制了我们对那些快捷高质的预试方法的使用。然而，在有的时候，资源也会允许我们使用其他一些行之有效的预试方法。一种诸如这样的行之有效的方法是用实验设计来测试问卷（或单个问题）。

　　在实验设计中，通过将不同版本的问题随机地分派给预试被调查人，对不同版本的调查问题进行比较。实验既可以在实验室中，也可以在实地进行。一些方法学家，特别是福勒（Fowler，2004）和图兰吉奥（Tourangeau，

2004），推荐用实验来评价问题。

在实地实验中，问题的表现可以以几种可能的途径来评估（Fowler，2004），例如：

1. 比较版本答案分布。如果分布几乎相同，那么量度的质量可以被认为是等效的，因而版本的选择应以其他标准为依据。[①]

2. 将每个版本的答案与一个独立的校验源进行比较。

3. 比较被调查人或调查员遇到困难的频数。

大多数用于预试的实验都是在实际环境中实施的，而不是在实验室中实施的。尽管对于每种实验设置的好坏总褒贬不一、莫衷一是，但是大多数显然都能帮助我们搞清楚什么和怎么造成了问题中的含混不清，使问题变得更为清晰（Tourangeau，2004）。在历史上，实验主要是在调查方法学的研究中使用，而不是单独用于实际的调查中，如在开发设计问题和检验特定的调查中使用。例如，实验设计对回答效应的一般研究一直是不可或缺的。

实验设计用于预试的一个障碍是，至今我们还不十分清楚，对实验设计法一直都很有用的那种研究环境，与那种不那么严格的工具预试需要的环境之间的差异。如表10.2所示，可接受的预试实验的标准与要正式发表的研究的标准有着很大的不同。

福勒（Fowler，2004）提供了几个如何将实地实验或单独，或与其他方法（如认知访谈）关联在一起用于问卷预试的例子。

表 10.2　研究和预试实验之间的差别

	方法学研究实验	预试实验
目的	发现知识 确定问题的表现为什么不同	改进问题 选择问题的版本 确定哪个问题表现最好
控制	强力控制条件	可接受松散控制
证据的性质	用定量方法得出结果 必须可重复 结果将向科学界报告	用定量或定性方法都能得出结果 不必可重复 结果将向问卷开发设计者报告

[①]　在有些情况中，答案的分布可能会提供精确性方面的信息。例如，敏感性行为（如酒精的饮用）一般都会被低报。如果一个问题版本产生了较高的行为率，那么这个版本就可能会产生较为精确的报告。

修改和再测试

确定要解决哪些预试问题

　　我们不可能总是可以或设法解决每一个在预试中确定的问题。首先，我们可能发现，某个确定的"问题"，并非一个真正的问题，或问题是微不足道的，不值得再花费时间和精力去修改，并再做一次必需的测试。常会有这样的情况，调查人员因为自己在汇报会上提出的问题没有出现在下一稿的问卷中而感到懊恼。在另一些时候，我们可能会感到问题几乎是不会发生的，如果硬要解决，反而会引起一些其他的问题。例如，假定在预试"多数时候，您平均一次喝多少酒？"这个问题时，一个被调查人报告说，她在和男朋友外出时，在他的杯子中嘬几口，而不是自己喝几杯。这样，她就会发现很难给出"喝了几杯"的答案。为了使问题适合这样的被调查人，需要对问题进行重大的修改，而在这一个过程中，这样的修改对绝大多数的被调查人而言会使问题变得没有必要的复杂。在这种情况中，还是不要对原来的问题做任何更改为好。[①]

　　在这些情况出现的时候，我们建议大家参照一下表 8.3 中的问题用法指南，帮助我们对问题修改这一问题做出决策。如果根据这些标准，在预试中发现的问题影响了问题的用途，那么我们就需要对它进行修改，或者干脆将它丢弃。有的时候我们发现，一个问题很难回答，是因为研究目的的复杂性需要有多题项。如果这个问题对我们的研究很关键，那么使用多题项便是明智的。但是，如果那个题项不是十分重要，那么花费很多的资源增加这样一个问题就可能是得不偿失的。还会有一些时候，问题可能不适合调查的实施模式。例如，一个有太多答案类别的问题对电话调查来讲可能太长。在这样的情况中，如果我们无法有效地对问题进行修改，那么明智之举就是将它舍弃。

确定要做多少测试才足够

　　显然，那些我们刚给大家介绍的各种不同的测试法都是非常耗时耗钱

[①]　克罗斯尼克（Krosnick，2011）不仅对研究性实验设计中的问题做了精彩而简明的概括，而且也对那些常常会产生有瑕疵的研究或信息不充分的结果的陷阱，做了精彩而简明的概括。

的。我们应当对我们需要的预试量有一个预判，并根据问卷的复杂性和新题项的数量制订一个计划。在我们完成预试量计划，并用问题用途指南对结果进行评价之后，我们必须做出硬性的选择，究竟是丢弃表现不好的题项，还是将资源(包括时间和金钱二者)转投项目的其他部分，再做进一步的测试。只有在满足两个条件之后，我们才可以进入这个最后的过程。这两个条件是：有问题的工具对我们的研究问题很重要，且不会对设计其他部分(如主样本的大小)的实际使用产生影响。

实 测

最后一个设计和工具的设计开发的办法是实测。在实测中，我们将用计划实际使用的程序进行数目较多的访谈。预试是实测的准备。正如我们已经了解的那样，在预试中，我们使用少数个案来探测问卷中的毛病，我们力图开发出一种能最大程度地得到合作和对被调查人完成要求的回答任务有帮助的工具和访谈程序。但是数据收集过程的某些问题，只靠预试本身是解决不了的。

例如，预试的样本一般都太小，致使我们无法对合作率和筛选合格率进行估计。此外，某些实地程序可能是无法用小样本测试的。抽样框或目标总体对工具的某些方面的回应，可能会有一些未知的特性，而这些特性不使用相当规模的实地测试是无法检查到的。那些影响一个小但却是很重要的被调查人子群体的问题，可能是一般预试所用的小样本无法探测到的。

在主研究的费用很高的时候，或在采用的某些程序有所创新或不同于常规的时候未经实测研究而直接进行主数据收集，也许是很危险的。实测是势在必行的，但它必须在预试之后进行。在实测之后再进行重大修改是完全不可取的，因为它是劳而无功的。

最后的告诫

问卷是不可或缺的，正是因为有了问卷，我们才得以将被调查人的观点、行为和属性转换成数据。第7章到第9章主要介绍问卷的开发设计和测试，反映了该工具在调查过中的重要作用。然而，关于问卷，要介绍的内容可能还有很多，而读者试图构建的第一份问卷中也还可能存在着一些在这里还没有解决的问题。因此，查阅一下这一章和其他章提供的参考文章是很重要的。可能有很多在这里只是点一下的问题，在其他文章或专著中都有很详细的介绍。

　　我们用以下几点来结束本章的讨论。第一，在资源允许的情况下，要尽可能使用多种预试方法和进行多轮测试。在测试中遇到和解决一个问题，就会在分析和解释时减少一个问题。第二，学会通过自读自听来评估调查使用的问题。一个听着不太顺耳、不太自然或作者自己也难以理解的问题可能会让被调查人有疑虑。第三，一定要认识到问题的措辞必须是明白无疑的。如果一个问题未能通过预试，那么即使有很大的困难，或其原型是我们所满意的，也必须直面已经发现的毛病。第四，要找有经验的研究者编写的问卷。在学习问卷设计这门艺术时，可以咨询参考的范例有很多。除了教科书期刊文章之外，那些主流调查组织或联邦政府统计部门实施的调查问卷常常都是可以免费得到的（有的甚至可以从在线的数据库下载）。

深入阅读

　　最近两次讨论会的文章梳理和探讨了问题评价和预试的知识和实践的现状。来自这两次会议的论文已被编成了两本书，这两本书对调查问卷的评判的各个方面都有精彩的论述。在《测试和评价调查问卷的方法》（*Methods for Testing and Evaluating Survey Questionnaires*）一书中，普雷瑟等人（Presser et al.，2004）更关注最近的研究结果。《问题评价方法》（*Question Evaluation Methods*）（Madans，Miller，Willis，& Maitland，2011）一书的组织结构则围绕研究者在每种预试法当前的实践和方向上的交流。

方法学附录3

认知访谈工作坊

认知访谈是一种与被调查人共同进行的工作。其目的在于确定那些未按我们期望的那样来理解，或会使被调查人在回答时感到困难的调查问题。它也常常使我们得以了解个别问题发生的原因。

在本附录中，我们将介绍进行认知访谈的必要步骤，这些步骤能有效地发现问题。我们首先对每一种重要的认知访谈技术做一番评议。接着，再用一些例子来告诉大家，这些技术是如何揭示在不同种类的调查问题中发生的问题的。与此同时，我们还要给大家介绍如何用这些知识来开发设计认知访谈的预试方案，并为如何实施认知访谈和概括总结预试发现提供指南。

认知访谈技术和被调查人的任务

可用于认知访谈的技术有四种：

- 发声思考(即时的或回顾的)
- 探询(一般的或问题指向的)
- 解述
- 盘问

指定认知访谈方案的一般路数为访谈技术的种类所定义。因为每种技术在确定问题时侧重点有所不同，所以要求被调查人要做的事情也有所不同。研究者在决定究竟想要采用什么技术时应当牢记，任何一种技术对某些被调查人都是有一定困难的。研究者必须小心从事，不要将被调查人完成的认知访谈任务(如解述一个问题或述说一个具体的词汇的含义)存在的困难,与理解和回答调查问题存在的困难混为一谈。如果一个认知访谈的回答任务对大多数被调查人来讲都很困难的话,那么它就不应当被使用,虽然它在理论上可能有一定用处。

发声思考

发声思考程序是原来定义的认知访谈的方法。尽管现在用于认知访谈的其他技术已经有很多,但是它仍然是最重要和有用的。但这种方法对某些被调查人而言可能会有一些困难。

发声思考既可以即时进行,也可以回顾进行。即时的发声思考是在听到或看到调查问题之后立即发生的,被调查人在决定他的答案的时候发声报告他正在想什么。例如,在问"上一个月,你为学习或工作买了几本书?"这样的调查问题时,一个发声思考的被调查人可能会说:"让我想一下,我大多数的书都是在学期开始的时候买的。我上着三门课。我为这几门课买了四本书。我没有为工作买过什么书。我给自己买了一本电子词典。但是我想我可能不应该算这一本。所以,我会说'四本'。"

发声思考尤其擅长发现那些被调查人自己意识不到的理解问题。在这个例子中,如果研究者想把电子书包括在内,那么她就会看到被调查人并未按这一方式解释问题。

在被调查人决定且给出一个答案之后立即说出他正在想什么时,回顾发声思考就发生了。这样做对某些被调查人来讲,比同步报告要容易一些。如果一个问题问及某些特别难记的事情,例如上星期用信用卡购物的次数,她可能会说一些有关这个问题的难处。然而,她却可能不会像买书那个例子那样报告构建答案的详细情形。

即时的发声思考则是一个有关被调查人的思考的更为直接的窗口。如果研究者认为确切地了解被调查人究竟是如何计数的或计数中包括或排除了什么是很重要的,那么使用即时发声思考可能更为合适。

探　询

探询是对调查问题或被调查人给出的问题答案提出的问题。探询有两种一般形式。探询可以是一般性的,能用于任何问题的(或任何一种特别的问题);也可以是特定的,只能用于一个特定问题。例如,我们来考虑一下下面这个问题,"请想一下,在过去的 12 个月,您参加过多少次宗教服务或项目?"一个问题指向的探询则可以是,"您是怎么理解宗教服务或项目的?"一个一般探询可以是,"您是怎么确定您的答案的?"

问题指向的探询一般都是事先拟定的（如在认知访谈中那样事先拟订的问题），且与理解或回忆这两个关键的调查回答任务有关。下面是几个有关理解的探询例子：

- 您认为慢性这个词的含义是什么？
- 您认为"您丈夫的困难"这个问题的含义是什么？
- 您认为我说的他的工作"得到了认可"的含义是什么？

下面的例子则有关回忆问题的探询：

- 您是怎么算"去年不能工作"的天数的？

根据探询的性质，问题可能对被调查人会更困难或容易一些。定义词可能是比较困难的，即使对那些受教育程度很高的人，情况也是如此。回答一个探询问题的困难程度可能随调查问题答案的性质而异。探询不能工作的天数，对一个因为伤病暂时不能工作而丢失了几天工作的回答人而言，比一个因个人原因而很多天不能工作的回答人要容易一些。在探询的使用中，一个更为普遍的问题是，人们固然会常常被问问题，但是却不常被问到有关题项的问题。

解　述

解述，就是要求被调查人用他们自己的语言来重述问题。在重述中，他们可能会暴露出自己对这个问题的不正确或不完整的理解。

解述固然可提供丰富的信息，但对于被调查人来讲也是一件比较困难的事。不仅如此，一个准确的重述无疑是理解的一个好指标，但是一个不好的重述显示的问题却是不清晰的。重述也是一种不轻的负担。用被调查人自己的语言正确地重述一个问题可能要做很多的工作。在一个问题书写的语言似乎十分简明的时候情况尤其如此。我们怎么来重述"您在地方选举中投过多少次票"呢？在这个例子中，关键点可能是被调查人是如何理解"地方选举"的。

一般来讲，建议大家慎用重述。在评定重要的调查题项时，即使要使用，也不能只依靠这一种方法。

盘　问

在完成一份问卷之后，常见的做法是盘问一下被调查人。这对被调查人来讲纯粹是一个可以诉说一下调查之外的任何事情或任何调查问题的机会。盘问可以有更正式的构成，专门用来询问某些问题，如问一下被调查人，他们是否认为某些问题比较敏感或烦人。

题项中存在的问题的类型和访谈技术

不同种类的问题会提出不同的回答任务，因而与这些任务对应的问题也可能不尽相同。对于认知访谈而言，更为重要的是被调查人认识和描述这些问题的能力将在一定程度上决定什么样的技术对暴露这些问题最有效。我们来考虑以下这几个问题：

1. 在一个平常的星期，您用多少小时从事您的主职？
2. 在即将到来的选举中你登记了吗？
3. 您是否认为医疗保险公司不应该被允许拒绝为某些先前存在健康状况的人承保？
4. 您认为去年在您的邻里地区，犯罪是在增加、减少，还是没什么变化？
5. 去年，您家中有人买过任何运动物品吗？包括运动鞋或运动服？

一个被调查人可能会描述自己是如何确定问题 1 中报告的小时数的，但可能对如何解释平常的星期感到困难。即便他曾经在考虑答案的时候考虑过它，但是要对此作出一番解释仍然会感到有些困难。大多数被调查人只是知道问题 2 的答案，但在他们被问到如何得出答案这一问题时，却不知如何作答。一个被调查人也许知道或认为自己知道"先前存在健康状况"的含义。不论他的理解是否正确，如果要问到这个问题，他总是可以说一些。一个刚刚搬进自己的邻里地区的被调查人，可能会主动要求不回答问题 4。另一个被调查人可能会说他的答案取决于问题 4 问的是什么样的犯罪。一个被调查人对问题 5 可能想起的是她的丈夫买的一件具体物品，而另一个被调查人则可能记不起任何购买的具体物品，但是根据自己了解家庭成员中有一对夫妻是一个健身俱乐部的会员这一事实，给出了"是"这个答案。

被调查人意识到的，认知到的，和/或可以在问到的时候讨论的各种事情都会对发声思考、回答一个特定类型的探询或解述一个问题将要暴露的理解或其他回答困难可能是什么有影响。例如，用发声思考来测试问题 1，那么被调查人可能会说"有时我工作时间高达 50 个小时，但有时我只工作 30 个小时。这样的情况常常发生，所以我想我应该说 40 个小时"这样的话。调查员可能会注意到，这里并没有提到一个"平常的星期"，或被调查人是如何确定平常这个词的含义的。在被调查人思考一些包括参照时期的问题，如"过去 6 个月，您在饭店吃了几次晚饭？"的时候，也会发生同样类型的省略。没有提到参照时期并非被调查人忽略或遗忘了参照时期的确定证据。然而，如果有若干个被调查人的发声思考都发生了这样的省略，那么研究者应该进行一个问题指向的探询，以帮助我们确定被调查人是否使用了参照时期。

研究者可能不会怀疑问题 2 中会存在着什么问题。如果果真如此，那么则不必多此一举，一定要对每一个问题进行探询。当然，被调查人可以自愿给出一些有用的评议。

对问题 3 使用几个问题指向的含义探询是可以的。不仅如此，如果研究者认为"不应当被允许"这样的复杂结构，或问题的长度可能会引起误解的话，那么可考虑做一下解述。

问题 4 中存在的通过回顾发声思考发现的问题，也许可用诸如"您在回答这个问题时是怎么想的？"这样的一般探询来提示。诸如"您是怎么考虑'您的邻里地区'的？"或"您认为问题问的是什么样的犯罪？"这样的直接探询，可用于指明被调查人是如何理解这些专用词汇的。对这些探询的回答可以揭示大多数被调查人并没有过多地考虑过自己的社区究竟是如何构成的这个问题。所以它也不能被看作一个存在的问题。另一方面，如果一个研究者发现有些被调查人认为问题是关于像行凶抢劫那样的严重的街头犯罪的，而另一些被调查人则认为问题是关于像破坏他人财产或汽车行窃这样的青少年犯罪问题，那么这可能就会引起我们的注意。

有关含义的探询可能对问题 5 的用处不大。该问题使用了有关行为的简单且很容易理解的语言（购买）。出于同样的原因，这并非一个要求一个人解述的好问题，这个问题是如此直白，以致要求被调查人做解述会使他大惑不解。而发声思考则可以揭示许多被调查人的答案只是一种估计猜测，另一些被调查人考虑的是运动鞋或运动服，而非"运动物品"的种类。

这些例子说明，不同的访谈技术适用于各种潜在的特定问题的探询。任何类型的调查问题都可能在回答过程的任何阶段引起麻烦。大多数认知访谈技术都可以暴露理解问题。这些技术的更大的差别之处在于，它们如何确定回忆、判断和报告中存在的问题。

例如，发声思考在探测日常事件（如在饭店吃饭）或特别重大的经验（如住院）时比较有用。我们既可以用即时发声思考，也可以用回顾发声思考来了解很多有关被调查人是如何回答代理问题（如问题5）的情况的。然而，发声思考法对于敏感问题的用处不是很大，因为对于这些问题而言，最主要的是作出正确回答（如性伴侣数）的愿望。

被调查人无法报告那些他们没有认知到的事实或判断，因此在这些情况中没有一种认知访谈技术是特别有用的。考虑一种在访谈之前很久，被调查人就已经形成的态度或信仰（如反对或支持美国的军事行动）。一个被调查人能够表达自己对这一问题的态度，但是他却不能报告自己是如何得出这一答案的（如建议的那样解释或证实这个答案）。

计划安排认知访谈

计划安排一个认知访谈的过程如下所列：

● 评析问卷、确定可能存在的问题和我们将要使用哪一种认知访谈技术。
● 拟订认知访谈方案。
● 确定要做几个访谈和访谈对象是谁。

问卷评析

为了探测可能存在的问题而评析问卷，是计划准备进行认知访谈的基本步骤。这是一种在问卷评析工作坊中进行的系统评定。这种评析旨在显现在问题的主题、措辞或回答任务中存在的，至少对某些被调查人来讲是潜在问题的问题。认知访谈将对这些标记过的题项进行探测。当然那些显而易见的问题则不用等到认知评估就应立即改正。

在第8章，我们列举了从问题中得到好结果的某些标准。研究者可以使用同样的标准来预判被调查人对某些特定的问题可能会有的各种问题，从不同的角度来阐述这些标准：

● 问题中是否有被调查人不理解的措辞？
● 被调查人是否知道，或能够回忆起那些必需的信息？
● 是否有被调查人可能不愿意正面回答的问题？

认知访谈要探测的可能存在的问题的性质将会像上面讨论的那样影响访谈技术的取舍。在决定使用上面的技术时，研究者应该考虑调查总体的特性。例如，目标总体的总的受教育程度可能与调查问题的概念和题项的困难有关。这将主导拟订的访谈方案应注重哪些调查问题。被调查人的特征也会对使用的各种认知访谈技术有影响。例如，要求幼小的被调查人定义问题使用的专门词汇或解述一个问题未免强人所难。另一方面，目标总体可能会有如何对他们进行最好的访谈有影响的特殊知识或经验。这在总体由职业来定义的时候，情况便会如此。

认知访谈方案

一旦研究者已经对问卷做了评析，确定了可能存在的问题，并决定使用哪一种认知访谈技术，那么下一个步骤就是把这些编写成一个用于访谈的实施方案。

这种方案主要包括以下几个部分：

- 导论：解释对被调查人进行认知访谈的目的。
- 被调查人说明：描述将要被调查人做什么。
- 调查员总则：访谈实施技术和程序总纲。
- 逐题探询：设计用于调查问题的问题，旨在了解被调查人对问题的理解和如何确定他们的答案。
- 其他任务：预定要被调查人做的其他事情（如发声思考、解述），以发现存在的理解和回答的问题。
- 盘问：在调查问卷已经完成之后问的问题。

样本量和样本构成

认知访谈计划过程包括做多少个访谈和对什么人进行访谈两个方面。认知访谈预试规模一般都比较小：威利斯（Willis，2005）说一般 5 到 15 人（每一轮）。

已经证明，访谈数目越多，探测到的问题就越多：在一个模拟研究中，布莱尔和康拉德（J. Blair & Conrad，2011）发现，将样本量从 5 个提高到 15 个，确定的问题数会翻一番。

在设定样本量和确定样本构成的时候，有一个应该考虑的因素是问卷内容的覆盖问题。如果问卷的某些部分只用于有着某种特征的被调查人

（如那些涉及某些特别行为或持有特别态度的人），那么样本就必须包括有这些特征的人，且样本量应该足够大，以确保有一定数量的被调查人完成问卷的每一个部分。

另一个要考虑的因素是确保被调查人样本是一个适当的混合体，以能确定那些可能只出现在某些子群体的问题。回答问题的困难性常常与教育有关，而那些自愿参与预试的被调查人，其受教育程度一般都高于总体。尽管我们已经发现，受教育程度高的被调查人能更多地帮助我们确定存在的问题（Ackermann & Blair, 2006），但是我们应该尽可能至少招募几个受教育程度在大学以下，如高中甚至更低的被调查人。与之相仿，如果某些群体有着更为复杂或沉重的任务，那么我们也应该尽可能招募一些来自这些群体的被调查人。例如，我们期望一份有关健康行为的问卷对老年人的需求予以特别的关注，因为他们有更多的系统性疾病，会更多地看医生，所以我们应该尽量多招募一些这样的被调查人。

实施认知访谈

介绍访谈

在认知访谈进行之初，调查员需要对访谈的一般目的做一个简要介绍，并解释一下自己和被调查人将要做些什么。一份像下面这样的脚本给我们作为访谈指南使用。这个脚本不需要逐字逐句地宣读。

在访谈开始之前，我来介绍一下有关背景，并描述一下我们将要做些什么和我想要您做什么。我们正在设计一份将要用于有关（简要描述一下研究题目）的研究的问卷。有时问卷草稿使用的词汇可能不太清楚，或者会造成其他一些本来不应该有的困难。我们决定测试一下问卷，设法确定和修正任何存在的这样或那样的问题。有一种能做到这一点的方法就是请像您这样的，将会出现在我们的调查中的人来测试一下问题。这就是今天我希望您帮我们做的事。

如果访谈要录音或录像，那么应该在介绍访谈的时候告诉被调查人，签署一份知情同意书。这件事应该在调查员介绍访谈环节、录音或录像开始之前做。

对被调查人的说明

在解释这一环节,对被调查人的说明的重点必须放在存在的问题上,而不是被调查人的表现上。被调查人可能很容易产生自己正在被测试的印象。为了避免产生这种印象,必须从这一环节的情况介绍开始,然后继续对被调查人做像下面这样的说明:

我将要为您宣读调查问题,我希望您就像我们已经与您联系过请您做调查那样来回答问题。在您回答问题的任何时候,都可以告诉我们:

● 任何您不太清楚或您认为其他人可能不理解的词或句子。

● 任何您认为不同的人有不同的理解或您可能用其他方式来表达的词或句子。

在访谈过程中,您随时都可以告诉我们任何您认为的那些将造成问题难以理解或回答的事情。

在开始之前,您还有任何问题吗?

在做完这一个工作之后,调查员需要介绍一下具体的,将要使用的访谈技术,如探询等。介绍固然需要,但不必过于详细,因为被调查人将会随着访谈的进程进一步了解这些技术。如果方案中包括了发声思考,那么最好让被调查人做一些像回答"想一下您的公寓或家中,有多少扇窗户?"这样的问题的热身练习。热身问题应该是一个要使被调查人去描述的某种事物,它在被调查人形成自己的答案时很容易清楚呈现在心中。

主访谈

访谈一旦开始,大多数被调查人都需要得到一些鼓励,以开始发声思考,并连续不断地这样做。调查员应该使用一些像下面这样的自然的探询:

● 您在想什么?

● 是什么使您这样想/说?

● 您能用您自己的话说一下这段话说的是什么吗?

● (当您在看/听的时候)您是怎么想那个事情的?

如果一个特定的被调查人发声思考有困难，即使进行了提示，情况也没有改善，那么在几个问题之后，调查员就应该更多地使用探询。有些被调查人就是发声思考有困难。调查员必须在某种程度上对被调查人做一些调整。有些被调查人在进行访谈的时候，乐于讲出自己的想法。而有一些被调查人更乐于回答问题指向的探询，还有一些被调查人只要稍加鼓励，就会很高兴地给调查做一些很有用处的评议。

在准备方案和实施访谈的时候要记住，谈论问题的含义是什么，或你是如何确定自己的答案这样的事情，是一个不同寻常的任务。最为常见的被调查人"错误"是被调查人误认为要他们谈论的是问题的主题。如果调查的问题有关态度，那么这种情况尤其会造成问题。例如，一个像"您赞成还是反对增加奢侈品的销售税？"这样的问题，会导致许多人去考虑支持还是反对这种税收问题，而非奢侈品的含义是什么。从访谈一开始，调查员就必须把被调查人控制在我们要他完成的任务上，讲述调查问题的含义。一个常见的调查员错误是让被调查人去谈自己的观点或问题的主题，而不是谈论他们是如何解释问题和确定自己的答案的。一旦被调查人有了调查员要他去谈自己对调查主题的观点这样的想法，我们便很难把他们拉回我们要他完成的任务上。

在将认知访谈作为确定理解和回答的问题的主要工具时，调查员应该记住，存在的问题也可能以其他的方式暴露出来，例如，被调查人在不能回答问题时便会说这里有一个问题；或对我们的问题提出问题；或在回答问题之前犹豫不决。为了呈现所有这些可暴露问题的方式，调查员应该做到以下几点：

● 避免使用是/否式探询（如"您在理解这一问题时，是否有困难？"）

● 使用中性的探询（第一次看到这一问题时您是怎么想的？ 有什么其他想法？）

● 倾听：不要打断被调查人。

● 沉默：只要等一下，就能鼓励被调查人更多地谈论问题或扩充自己的评论。

● 跟进可能出现问题的迹象。

报告发现

调查员在访谈完成之后应该立即（或尽快）把结果写下来。尽管我们可能有录音材料可资利用，但是只依靠回放录音是非常耗费时间的。

认知访谈会产生很多只有少量或没有任何信息的垃圾。撰写访谈发现的关键在于突出那些对于问卷修改有意义的发现。所有发现的问题可能无法全部解决，重点应该放在那些对分析十分关键的调查问题，或那些可能会对许多被调查人有影响的问题上。一个认知访谈发现报告应该从那些最重要的理解和回答的问题开始。然后，它应当去描述那些会影响一系列调查问题的问题（也许是一些结构十分相似或围绕一个特定主题的问题）。

许多调查问题的问题可以通过更清楚的措辞、简化句法或其他比较简单易行的修改来加以改正。这些类型的问题和可能的解决方法应该按问题一一列出。更为重要的是，访谈总结应该标出那些即使语法问题或措辞选择问题已经得到解决，但原意仍然不是十分清楚或含混不清的问题。诸如这样的问题可能需要在草拟一个令人满意的问题之前，重新考虑一下想要的量度或构建。

最后，认知访谈几乎总是用定性方法来分析的，如果准结构的口头报告是访谈产生的数据的话；尽管数据中会有大量的废话，但它们通常都来自少数几个被调查人，而非全部被调查人。为了确定在问题修改时给予一个个发现以什么样的权重，研究者必须要做出很多判断。那些有特别问题的被调查人，人数总是太少。访谈前问卷评议在标出存疑问题和准备好的探询这些方面做的工作越多，认知访谈就越有可能确定重大的问题和提供修改的指南。

在修改之后对问题再一次进行测试是很重要的，然而令人遗憾的是在实际工作中却经常被付诸阙如。一般来讲，问题的修改常常都是有一定效果的，但有时它却未必能完全解决确定的问题，甚至还会引入一些新的问题。我们向诸位推荐，在进入主数据收集之前，应当再测试一下修改过的问题。那些仍然存在的问题，如果在数据收集的初期发现，它会打断调查的进程；如果一直未被发现，情况就更糟，它会在估计或其他分析时引起误差。因此，只要总访谈数是可以承受的，我们建议大家进行迭代访谈。除了检查修改的效果如何之外，多重迭代还使检查修改变得更容易，使我们能更容易地修改或增加探询问题，或将认知访谈的重点转向问卷中问题更多的部分或题项。

第11章

数据收集 II
控制数据收集中的误差

研究者在资源允许的范围内选择一种适合得到自己需要的数据类型的数据收集方法。每一种模式都有它自己的误差结构。这种误差结构取决于数据收集的每个组成部分——接触联系、被调查人征集、问卷实施管理、数据捕捉和递送——的实施执行情况。每一个组成部分都是一个潜在的调查误差源。

数据收集中的调查误差有一部分是来自无回答效应。因为无回答会造成选取的样本与回答样本之间的差异。对于那些选择回答的样本成员来讲,也会在测量中出现非抽样误差。在本章,我们将要讨论一些控制或降低无回答和测量误差的程序。

调查质量的量度

了解数据收集过程造成的调查误差的严重程度常常不是一件容易的事。例如,如果无回答的被调查人与回答的被调查人之间存在差异,那么调查的估计值就会在一定程度上有偏倚。但是一般情况下,我们不知道回答的被调查人是否与无回答的被调查人在调查的量度上有什么差异,因为根据定义,我们是没有来自无回答的被调查人的数据的。在缺失这样的数据时,我们只能依靠一些间接的指标。例如,在一个一般人口总体的调查中,我们可从人口普查的数据了解某些人口学特征(如年龄、性别、种族和教育等特征)的期望分布。如果像通常的情况那样,我们在调查中收集了某些这样的信息,那么我们便可以将被调查人的特征与人口普查做比较。假设我们发现(a)我们的被调查人在某些人口学群体中代表比例过低,和(b)在某些实质性的调查问题上,代表性过低的群体的成员的答案与其他的被调查人的有所不同。这就要引起我们的注意,因为我们的估计值对那些代表性过低的群体是有偏的。

人口学特征和实质性变量之间，如果说有任何关系的话，都要到数据收集完成和分析开始之后才能知道。我们唯一可以采取的防止这些潜在的偏倚的措施是得到一个好的回答率。回答率是合格样本单位中成功完成访谈的百分比。这种成功率称为单位成功率。一个与之类似的量度是合作率，它是受访样本成员除以受访数加拒访数和部分受访数的百分数。单位回答率包括那些未曾联系到的、因语言障碍不能访谈的样本成员，而合作率则只包括了所有那些联系到的成员，无论他们参与还是拒绝了访谈。我们将在第 12 章介绍这些比率的计算。

无回答可能发生在两个层次：单位层次，这通常都是一个人或家庭（尽管它也可能是一个组织，如营业场所或学校，如果这些都是调查的总体的话），而题项则都是单个的调查问题。然而，有些同意进行访谈的人，有时可能会拒绝回答某些特定的问题，或故意略过某些题项，从而引起题项无回答。其实题项无回答引起的问题与单位无回答同样严重，但是我们通常都对这类误差源注意不够。一般情况下，那些同意进行访谈的被调查人都会回答全部问题，或几乎会回答全部问题。然而，如果一个调查问到了一些敏感的问题，或许多调查人难以回答的问题，那么题项无回答就可能会变得严重起来。题项无回答通常都集中在少数几个问题上。

调查员的实施能力会对两种类型的无回答产生影响。调查员的行为既会影响被调查人参与调查的愿望，也可能会影响他们回答特定的问题的愿望。

调查员也可能会对被调查人的答案的信度有影响。这就是说，调查员本身可能是调查结果的一个变异源，例如，错录开放式题项的答案或未能首尾一致地处理调查问题和被调查人出现的问题，就可能引起变异。因此调查员的培训和督导是高效的数据收集的关键所在。尽管调查员的表现很少在数量上加以量度，即与总计回答率分开来量度，然而他们的表现却是调查变差和偏倚的一个无可否认的可能来源。

单位无回答

我们之所以担心单位无回答，是导致它发生的原因常常会引起系统式的信息缺失。例如，我们来看一下前面介绍的那个马里兰犯罪调查。假设在单位层次，那些受教育程度低的男性或住在郊区的老年人与我们合作的可能性较低。如果这样的被调查人一般都与调查的合作者有着不同的态度或经历，那么我们那个本来打算要代表该州整个成年人口的结果将会受到影响。例如,男性可能比女性更少考虑刑罚的备择选项,受教育程度较低的人给警察的工作的打分比其他被调查人更低,或者老年人因为担心犯罪而更可能避免去某些地方。这些可能性虽然都是推测,但是诸如这样的范式却都是经常会在调查结果中发现的。态度和行为都会在一定程度随子群体而异,因此无论子群体代表性过高或过低都会对结果有所影响。

如果我们按顺序考虑调查实施中可能影响参与决定的所有环节,那么我们就会认识到,有些因素很容易在我们的计划中被我们忽视或未曾给以足够的注意。例如,一些发生在与被调查人进行联系之前的事件,有可能会影响其是否参与的决定。

有时在打电话之前,我们会给这些有地址的样本户发一封告知信。不仅如此,如果我们要在户内选择一个特定的被调查人,那么在我们接触到该被调查人之前,调查员可能会和另一个人交谈。而这个人的印象将会对调查员能否与选择的被调查人接触、对被调查人参与的愿望甚至对我们的研究的最初理解有影响。即使我们没有与样本户中的任何人交谈,我们还可以将我们的调查消息在户内电话上留言。在有些研究中,我们可以提供一个 1~800 的号码或一个可以得到我们调查信息的网站的 URL(全球资源定位器)。不过,那些选择不回答我们电话的人,可能已经注意到了我们的电话号码或来电显示系统上显示的我们的组织名称,但他们还是会不接电话,这样的情况也许不在少数。

这些在访谈之前的每一个步骤都可能会对合作和/或数据的质量有影响。为了解决这些问题,我们究竟应该怎么做呢? 我们若能设身处地把自己放在被调查人的位置,会对我们考虑这些问题有很大帮助。这是一个很有用的练习。在做这个练习之前,我们先要写一个在电话、邮寄或在线调查中与可能的被调查人接触的点的详细提纲。然后与同事就提纲上的每一个会影响被调查人参与愿望的点应该怎样做这一问题进行讨论。做这个练习的一个方法是由你的同事来扮演被调查人,而作为研究者的你,则来扮演调查员。在每一个接触的点都要描述一下你打算怎么做,例如告知信中会有些什么信息,你是否会留一些信息在应答机上,以及这些信息会说一些什么,你会对户内第一个与你交谈的人如何描述你的研究,等等。在描述了实施过程中的每一步之后,你的同事—被调查人就会告诉你,他将会对此做出什么样的反应。计划好的路数究竟会有正面的还是负面的效应呢? 什么问题或疑问可能会在你的同事—被调查人脑海中出现呢? 每次在你得到一个负面反应的时候,都要想一个备择的路数,并在"被调查人"身上对它做一下测试。你将会发现,不需要任何专业知识,如果你和你的同事,即使只用简单的尝试,只要在这个过程中认真思索——**不过思索必须要从被调查人的角度**——它也会使我们产生许多理念和思考,从而对如何能最好地进行数据收集这一问题有更深入的考虑。

有些防止无回答方法可用于调查员实施和自填式问卷调查。这些方法包括设计令人感兴趣、有逻辑组织和没有什么负担的问卷，使用高效的方法来提供有关调查的信息，如告知信（或电子邮件）、精心编写的介绍或说明信。其他一些关键的设计因素只用于某些模式。

对于个别和电话调查而言，关键在于要精心培训调查员。而在自填式问卷调查中，关键则是给被调查人提供的说明必须要绝对清楚和易于做到。

近年来无回答呈上升趋势

自 20 世纪 90 年代以来，有若干个社会和技术因素一直在影响着调查数据的收集，特别是一般人口总体调查。在有些场合，如万维网（World Wide Web）这样的新技术已经为低成本的数据收集创造了机会；在另一些场合，像来电拒接（call blocking）这样的技术已经给调查数据收集造成了严重的阻碍。移动电话号码比例的增长，已经使抽取住宅电话号码变得更为困难和昂贵。许多潜在的被调查人发现，很难区别合法的调查电话和营销电话，这已经对调查的回应产生了很坏的影响。

电话调查回答率的下降便是这些问题最可测量的明证。被调查人已经变得更难以联系，即使联系到了也更少愿意参与。在对联邦政府资助的几个调查的无回答趋势进行考察之后，格罗夫斯等人（Groves et al.，2009）证明无回答一直都在增长，但还不是剧增。一般认为，非联邦政府资助的调查情况还要更差一些。

到目前为止，我们还不知道回答率的跌落已经在多大程度上降低了调查的质量和用户在他们的发现中应有的置信度。一种考察单位无回答率对调查估计值的偏倚有多大影响的方法是看以下这个方程。在这个方程中，偏倚是两个因子的乘积。第一项是单位无回答，1 减去回答率（合作的被调查人除以样本量）。第二项是已调查的被调查人和未调查的被调查人之差——一个特定的变量的平均值：

$$\beta = \left(1 - \frac{n_r}{n}\right)(\bar{x}_r - \bar{x}_{n-r})$$

这个方程的含义是在第一项表示调查的总单位无回答时，第二项则表示调查中的**每个变量**（调查的问题）的回答和无回答的被调查人之差。该方程第二项表明，回答和无回答的被调查人在一给定变量上极为相似与极为不同这两种情况对偏倚的影响会有很大的不同。例如，在一个有关城市服务的社区调查中,回答和无回答的被调查人可能都同意增加警察部门的费用,但是回答的被调查人中支持给公园娱乐部门增加费用的人远多于无回答的被调查人。支持增加警察部门的费用的估计值受制于无回答偏倚便会大大低于公园和娱乐部门的估计值。由此可见,在后面那种情况中,无回答率与无回答偏倚有着很强的关联性,但在前面那种情况中则不是那样。

在一项综合了大量研究数据的元分析(meta-analysis)中,每一个调查数据都估计了自己的调查变量的无回答偏倚,格罗夫斯和佩切娃(Groves & Peytcheva, 2008)发现调查回答率是某些变量的无回答偏倚的一个好的预测器,但同一调查的其他变量却可能是相对无偏倚的。这意味着,尽管调查的单位回答率是不变的,但是从一个变量到另一个变量,回答和无回答的被调查人的差别却会有很大的变化。

然而,在我们不能假定低回答率意味着每一个变量都受到相似的影响时,那么我们就不能因此而无视无回答,或假定那是无关紧要的。高回答率不仅可以减轻我们对于无回答偏倚的担忧,而且还是减少因为单位无回答而造成偏倚的最好保证。因而毋庸置疑,回答率的持续降低可能会在这方面造成极大的伤害。

题项无回答

调查内的题项答案可能是随机丢失的,这就是说任何问题都可能与其他问题一样被丢失。例如随机丢失数据可能是调查员的错误、被调查人的失误(如在填写邮寄问卷时,做了错误的跳答或说明),甚至是编码错误的结果。如果诸如这样的无回答的确是随机的,那么它将不会影响来自该调查的那些估计值。

遗憾的是,在数据丢失的时候,大多数缺略都不是随机的。在自填式问卷调查中,被调查人更有可能跳过或不回答那些模糊不清、敏感、有困难的或前面有一个语焉不详的说明的问题。调查员可能会在不经意间默许被调查人不回答那些他们自觉问起来不太舒服的问题。我们必须在问卷设计、测试的时候和在调查员培训期间对诸如这样的潜在的问题保持警觉。

如果题项无回答的数量不是太大,那么我们的结果应该不会受到太大的影响。通常,对于任何一个给定的题项,如果丢失的数据没有超过几个百分点,那么我们大可不必过于担心它的影响,在这样的情况中,我们不必花费许多资源来降低或去除这个问题。然而,如果我们有理由相信,题项无回答可能会对调查的关键发现有影响,那么它就的确成了一个问题。

平衡调查目的和对参与者的道德责任

我们必须了解在数据收集方法的每一步中最有效地避免单位和题项无回答的途径。在了解了无回答偏倚可能是决定一个调查最终质量和用处的关键所在之后，我们便会把相当一部分资源配置给各种控制无回答要做的工作。这些工作必须不能超越与样本成员互动的道德边界。研究者对那些在研究中提供数据的人们负有很大的道德责任。这些责任包括：

- 参与者不应该受到伤害。
- 参与者不应该受到欺骗。
- 参与者应当愿意和知情。
- 数据应该秘密保存。

很少会有人在原则上对这些责任提出异议。然而在实践中，它们究竟意味着什么呢？

参与者不应该受到伤害

研究者对于参与者的首要责任是不要以任何方式伤害他们。对于调查而言，身体上的伤害一般不是问题（尽管有些健康调查在做访谈之外，还会收集一些健康量度指标或试样，如抽被调查人的血，这就会使他们有被感染或受伤的危险）。在情感层次，不伤害参与者则意味着他们不应当感到窘困、被嘲笑、被贬低或普遍的精神压力。

换言之，不伤害参与者似乎可能会使研究无法进行。例如，任何调查都会遇到那些虽然并非真心想要参与，但却又没有强烈到拒绝参与的人。有人就会说，这些人因为"被迫"参与而受到了伤害，即使研究者并未意识到这些被调查人的感受。无独有偶，调查会产生一种瞬间，这时，有些被调查人会因为有过某种行为，不知道某些事实，自己的收入不太高或其他种种诸如此类的事情而感到窘困。如果把研究不应该伤害参与者这一训条看作没有任何一个参与者会经受任何一点不适，那么我们就不可能找到任何一个可满足这种测试的研究。

大多数产生了这一问题的研究者采取的路数都用了两个标准。第一，研究者应当尽可能减少研究项目带来的可能的不适和尽可能地给被调查人以方便。在实践中我们可像下面这样来做：

●如果可能，避免提令人窘困或感到被窥探的问题，例如，不要问收入问题，除非绝对必要。

●提醒被调查人，他们不必回答任何他们不想回答的问题。

●安排好访谈的时间，尽可能地不打扰被调查人的生活，例如，一般不应当在上午 9：00 之前，及晚上 9：00 之后打电话。

第二，在尽可能地减少了研究项目可能造成的伤害之后，将它的风险程度与人们在日常生活中面对的风险做一下比较。不存在任何绝对没有风险的事情——每次横穿马路的时候，我们便在冒风险。如果研究产生的那些风险不比那些日常生活产生的大，那么该研究就不应该被认为是产生了严重的道德问题的。

在一个人被要求参与研究，但并未立即同意的时候，道德问题就出现了。试图说服一个人参与研究的做法是道德的吗？如果是道德的，那么在它会造成伤害之前，允许我们做多少工作呢？有一个有关美国普查的一个从未被人拒绝过的调查员的故事。在人们问他是怎么做到这一点的时候，他说："我告诉他们，在我这一组还有其他 30 个调查员，如果他们拒绝了我，那么他们就必须一个接一个地见所有这些调查员。"这个路数的确有用，但它是否道德？

许多研究者采用的路数是区分硬性和软性的拒绝。软性拒绝是说"我现在太忙"或"现在这个时间不太合适"这样的话的时候。而硬性拒绝是说"不，我对这个没有兴趣"这样的话的时候。硬性拒绝是无法再继续下去的了，而软性拒绝通常还可以继续进行下去。对邮递调查而言，那些将问卷寄回的被调查人表明他们不想参与，所以无法再继续进行下去了；但是那些没有将问卷寄回的人则会接受随后寄来的提醒邮件。

在确定为了引出答案，究竟什么样的工作量是恰当的这一问题的时候，调查总体性质可能也应该在考虑之列。某些目标调查总体——例如儿童、高龄老人或非常贫穷的人可以被看作是易于受到伤害的总体。在调查年龄在 18 岁以下的人的时候，一般都要征得其父母的同意。那些为了恳求回应做的种种工作，对于大多数总体可能是合理的，但对于年龄在 65 岁以上行动不便的目标总体却未必合适。

参与者不应该被欺骗

研究者可能会欺骗被调查人的方式有许多种。例如，一个研究者可能会骗被调查人说自己是一个正在做课堂作业的学生。一个研究公司可能建议调查员对被调查人说自己的名字叫"约翰·奥尔登",以免暴露自己的真实身份,不受那些有可能会迷恋他们的人的骚扰。一家研究公司可能不会对参与者暴露研究资助者的名字。调查员可能会将一个 20 分钟的访谈说成"只要几分钟"。在一个被调查人身份可以被确认的研究中,研究者可能答应为被调查人匿名,或将那些被调查人认为是研究性的问题用于评价销售前景的根据。

欺骗研究参与者是道德上允许的吗? 我们认为应视具体情况而定。

在调查的幌子下进行推销和筹资

因为许多人都愿意参与研究调查,所以有些不讲道德的营销人员和资金募集者会假装在做研究,特别是假装在做研究调查,但是却对获取研究所需信息没有兴趣。这是对所有设计调查研究的道德规范的明目张胆的侵犯[如 American Association for Public Opinion Research (AAPOR), 2011; Council of American Survey Research Organizations,2011]。所谓参与一个研究,意味着该研究应当是一个合法的研究,且得到的结果未经知情同意是不应当被用于其他的目的的。

我们来举一个假调查研究的例子。几年前,一家大型汽车公司进行了一个大规模的电话调查,他们对被调查人说,该调查是一个以市场研究为宗旨的研究,目的是测量人们对汽车的态度和购买意向。调查之后,他们把这个信息给了当地的经销商。这些经销商便给那些可能的购买者打了电话。这个调查研究是以市场营销组的名义进行的,但是并没有告诉被调查人,该小组是隶属这家汽车公司的。一些科学研究者知道了这个假调查研究之后,他们说服该公司的经理以后再也不要做这样的事了。这不仅是因为这是对被调查人的不道德的欺骗,而且诸如这样的假调查会使合法的调查的合作率下降,无异于杀鸡取卵(断了合法调查的生路)。

那些用伪装做调查来影响人们对政治候选人的看法的竞选,是另一个不道德的欺骗的例子。这些"带倾向性的民意调查"会给一个样本成员,通常是给一个已经登记的选民打电话,问一些诸如"假如你发现候选人乔·T. 去年没有申报所得税,您对他的看法会变坏、变好,还是不会受什么影响?"这样的问题。这种做法根本不是为了收集用于分析的数据,而是处心积虑地用它形成一个假设,在公众头脑中植入(可能是假的)信息。

现在,最常用的假研究是集资。如果集资者发现人们有机会表达自己对与集资有关的问题的观点,他们就很可能会捐钱。因此,一个简单的调查通常只包括四五个带有捐钱要求的问题。在支票兑现之后,调查结果一般都被扔在了一边,再也没有人会去注意它们。这种方法经常为一些大党或非营利团体所用。尽管有许多这样的组织的确有着崇高的目标,但在我们和所有涉及使用调查研究的组织看来,假装研究的做法都是骗人的和不道德的。

虚假研究者或研究资助者

有些欺骗的例子涉及虚假研究者或研究资助者。在我们看来,这样的虚报是可以接受的,前提是出于合理目的,如调查员的安全或数据的完整性,并且不鼓励本不愿参与的人参与。

例如,我们来看一个以福特汽车公司名义进行的有关汽车的态度的调查。如果被调查人被告知福特公司是这个调查的资助者,他们可能会为了更有利于福特公司而隐蔽自己的答案。这给了我们一个不暴露研究资助者的合理理由。与此同时,似乎也不可能存在一些本来愿意参与一个有关汽车调查的人,会因为知道了福特是调查的资助者而突然撤出不再参与这样的情况。因此,我们的确没有看到因为没有在调查开始的时候暴露资助者的身份而造成的任何道德问题。

我们至少可以用两种方法来对待那些要求确认资助者身份的参与者。一种路数是资助者的姓名是保密的,并问他们如果这样的话,他们是否还愿意参与。另一种路数是答应他们,在访谈结束的时候明确资助者的身份,并在那时给被调查人一个撤回自己答案的机会。

如果我们有理由相信资助者的身份会影响人们参与研究的愿望,那么我们就应该明确资助者的身份。设想假如一个在某医院工作的人,假装做学生的课堂作业,给另外一些医院打电话搜集信息。不言而喻,这是一种不道德的行为,无论这个人是否是学生。问题的关键不在于那个人是否是学生,而在于如果其他医院知道该研究对某一个竞争对手有利的话,他们是否还会参与。出于同样的原因,我们总是坚持认为那些在我们的督导下做项目的学生要明确项目是否是为某些组织而做的。

控制数据收集中的误差

下面我们专门来看一下出现在数据收集过程中的误差源和它们的解决方法。我们的路数集中在两种类型的决策上,分别关系到设计及设计实施的程序。就设计而言,我们是指数据收集方法的选择,调查员培训方案的编写和数据收集计划(包括回拨和拒访说服)等。这些设计决策虽然不是不可改变的,但一旦做出,便是相对固定的了。在研究过程中,我们无法轻而易举地从邮递调查变换到电话调查，重新设计我们的培训计划，决定给参与调查的人以现金奖励或专门增加一轮拒访说服。这些最初做出的决策，定义了数据收集的主要特点——几乎总是那些最为昂贵的调查步骤——因而对它们进行更改会付出很高的代价。

我们将程序定义为研究实施的组成部分，尽管程序都是在调查之前建立的，但是可以在研究开始之后进行更改或调整。程序需要在研究过程中做一些动态决策，如处理有问题的调查员或被调查人的行为，为了得到合作而处理一些问题。

尽管在一定程度上，在设计和程序之间做出区分多少有一些主观武断，但是我们仍然认为，这种区分会给我们提供一个将那些必须在调查开始之初完全固定的设计决策，和那些在数据收集进行时占据了我们大部分注意力的动态的微观决策分割开来的有用的框架。

与所有我们有关一个研究的决策一样，数据收集的程序选择也必须严格限制在我们的预算之内；每一种选择都会对费用有所影响。在这里，费用一词是广义的，既包含金钱，也包含其他资源，如研究者、助手或同学们可利用的时间。即使我们有某些可资利用的"免费的"资料或服务，但通常都是很有限的，因此也还需要对如何能最好地使用它们做出决策。

无论访谈是个别进行的还是通过电话、邮件、互联网或其他工具进行的，数据收集都需要有诸如邮寄、拨叫样本电话号码、构建样本文件和追踪样本结果这样的例行任务。虽然这些任务的程序都相当简单，但是它们却可能产生误差。我们不仅需要确保电话号码能被准确无误地拨叫，也需要确保样本追踪能精确地涵盖所有投放用来数据收集的样本。我们可以精心构建这些例行过程，以准确无误地完成大量的文书工作，而不至于将较大的误差引进调查。调查的这些组成部分的工作大部分是记录存储工作。许多计算机化的数据收集工具，如 CATI 系统有很多对这一工作很有帮助的实用工具。我们应该深入全面地思考这些不可或缺的步骤，并为每一步开发设计一种记录存储的表格。这种普通的程序将确保我们不会忘了例行的工作：忘了给某些无回答的被调查人邮寄追踪邮件，忘了对每一个电话号码进行等次数的试拨，或忘了再对软性拒访做工作，等等，所有这样的事情都可能会产生误差。只要能对这些细节稍加注意，误差源便可大大减少。在数据收集期间，我们要将资源主要投入到那些减少比较严重的问题，如单位无回答、题项无回答及调查员和被调查人效应的活动上。

调查员实施的调查

影响被调查人是否参与调查的决定因素可能有很多(有关给这些因素建模的方法介绍,请参见 Groves et al., 2009)。我们对其中某些因素只有很少或完全没有控制,如调查的题目、调查的资助者、一个被调查人参与任何调查的倾向或调查发生的社会环境等。我们力图使调查显得有意义和有趣,并强调调查的重要性,但是为了防止误导,我们在这些问题上的作为可能不是很多。

那些我们可以控制的对调查答案有影响的因素是调查的实施程序和在一定程度上对调查员的行为加以控制。我们力求将程序设计为能使执行的每个步骤都达到最佳效应。然而,诸如一封好的通知信、精心编写的说明,甚至金钱奖励这样的程序,都可能完全被那些缺乏与被调查人的互动技巧的调查员毁掉。一个实施得当的调查必须考虑到数据收集程序和调查员效应二者。

我们先来看数据收集程序,然后再来看调查员的表现问题,主要都是在电话调查中的。尽管高调查率一般都是在个别访谈调查中得到的,但是因为费用问题,它们的使用大大少于电话调查。我们之所以也包括了一些个别访谈调查的讨论,是因为存在着一些例外,如特殊人口总体。在做个别访谈的数据收集时,有时也会采用多模式调查。

计算机辅助数据收集

调查的实施程序和质量控制,从计算机辅助的数据收集和数据管理工具中得益颇多。该方法的名称 CASIC 系该名称的英文全称(computer-assisted survey information collection)的第一个字母。该方法涵盖一个广泛且还在继续扩展的一组计算机驱动的用于收集和管理调查数据的技术。两种主要的 CASIC 工具是 CATI 和 CAPI,自从 20 世纪 80 年代开始使用以来,这两种方法使调查员能在访谈进行的同时,将答案输入计算机。这些系统的主要优点是质量控制。CATI 和 CAPI 系统可自动处理问卷中的跳答模式;降低调查员误差;为可进入某些题项的值域(如在成年人调查中要求年龄记录为两位数)设限,比照其他的答案来检查某些答案;确认内部一致性(如在某个生于 1970 年的人报告其在 1980 年高中毕业时会提醒调查员)。这些技术的价值在于它们在访谈中而非在以后数据清理阶段的作用,避免以后因数据问题对被调查人进行费用不菲的再次接触。

在这些系统中,有许多也会自动完成某些样本管理和安排访谈时间的任务。大多数专业和高校的调查组织都有某种类型的 CATI 系统;但 CAPI 系统,就像个别访谈的调查一样,使用得不是那么广泛。

如果我们有一个可资利用的 CASIC 系统,那么学会如何使用这个系统,包括将问卷编程输入系统的费用都必须要加到我们的预算和项目计划中。对于在线调查,除非使用最简单的系统,最好能将编程工作分包出去,而不要自己试着去学编程。

这些工具对过程的跟踪、数据检查和在数据收集过程中调整某些程序都可能是很有用的。例如,我们可以立刻就对家庭筛选程序进行修改,如果我们认为这样的修改将会使筛选更为正确或有助于合作的改善的话。无独有偶,我们也可以对回拨计划进行修正,如果我们认为这有助于效率的提高的话。

我们可以检查数据的无回答模式。例如,我们是否在某些地理区域(如一个大都市地区的中心城区),或某些特别的子群体(青年男性)中有着异乎寻常的困难? 通过比较我们的数据与普查数据的分布(个别访谈或电话户的总计),我们可以对这些不成比例的答案有一个很好的了解。如果我们发现丢失的单位存在这样的模式,那么我们也许可以将我们的工作重点转到这些代表过低的群体。转变的方法既可以是将更多的总访谈时间分配给这些群体,也可以是指派那些有着特别技巧的调查员来进行联系。例如,如果某些地点似乎比其他地点显得更难完成访谈,我们就可以把分配给这些地区的访谈转交给一些更有经验的调查员。如果男性的拒访率更高,那么我们就可以将这些个案分配给那些擅长拒访说服的调查员。另一种有可能出现的模式是有一些调查员可能会比其他的调查员产生比例更高的单位无回答。如果情况果真如此,那么我们就需要对这些调查员进行重新培训,或重新给他们分配访谈对象。

重要的问题在于,在我们讨论数据收集的管理实施步骤时,必须要牢记这些 CASIC 技术给我们提供的强大功能和应用的灵活性。

预先通知

在打电话(或个别拜访)之前,我们可以考虑寄一封告知信,通知样本户他们已经入选我们的调查,并告知调查的题目和资助者,以及进行调查的原因。这样一封信件应当确保机密性,并提供一个电话号码(或者可能的话,提供一个网址的 URL),这样被调查人便可以与我们联系得到有关调查的更多的信息。这个信件应该简明扼要,除了提供调查的基本信息之外,还应该给潜在被调查人解释一下调查的重要性。表 11.1 便是一个告知信的例子。

表 11.1　告知信实例

Jones family

2189 Cedar Rd

Adelphi，MD 20799

亲爱的琼斯：

　　我们将在几天之内给您家中打电话，请您家参与一次重要的调查研究。马里兰大学正在为马里兰州最高当局做一个有关暴力犯罪的调查：

　　您家被随机地选入这次调查研究。本调查打算代表所有类型的马里兰家庭，包括已被犯罪触及或还未被犯罪触及的家庭。

　　您所有的答案都将严格保密，且调查结果都只以群体形式报告。

　　暴力犯罪峰会将会用这个调查结果来帮助规划本州的犯罪预防需求。

　　虽然您的参与是自愿的，但它对调查研究的成功确实是很重要的。访谈需要 10～15 分钟。如果调查员刚巧在您不太方便的时候给您打电话，他/她将很乐意在您认为对您最合适的时间再一次给您打电话。

　　如果您对本次调查研究有任何问题，请不要客气，随时给 1-800-314-9090 打电话，或者造访我们的网页。对您花费时间来帮助我们做这个项目表示万分感谢！

谨启

罗伯特博士
研究设计系

　　事先通知显然需要一笔费用，我们可以选择是否使用。无论它是否值得，费用和时间都是难以确定的。不仅如此，在一个电话调查中，信件可以只发给那些刊登了电话号码的住户。（样本的卖主也能提供住址。如果我们要选择自己的样本，那么可以把它寄给一个会从商业数据库查询地址的卖主，他会在办妥之后将地址制表发回给我们。）

　　只要有可能，我们认为最好能寄一封告知信。信件不仅会增加调查的合法性，而且还能将调查与电话营销区别开，更何况这种做法是没有任何问题的。这种信件还能起到一些其他作用。对那些没有列出电话号码且对调查的合法性提出了问题的住户，调查员可以给他们提供一封这样的信件，当然，前提是那样的潜在的被调查人可以提供地址。假如我们事先已经准备好了这样的信件，那么这一过程便可大大加快。

联系被抽入样本的被调查人

如果我们不能接触和访谈到选出的被调查人,那么在设计和抽取概率样本上所做的许多工作和各种考虑都将付之东流。我们已经介绍过由丢失的数据所引起的潜在问题,以及调查员和被调查人的行为对这一问题的影响。现在我们将要谈谈回拨程序的使用问题。许多调查研究显示,不论数据收集的方法是什么,反复回拨对提高来自选择的样本的回答有着很大的作用。回拨是一种能减少无回答的最有效的策略。

在电话调查中,在第一轮拨叫之后,样本被分成了几组。这些组包括一些访谈号码和不需要再进一步注意的非住户号码,也包括一些较早的拒访户号码、状态(住户还是非住户)确定不了的(电话铃响,但无人应答)号码,以及某些户内的被调查人(或知情人),因为有些问题,如听力障碍、疾病或母语非英语等而不能接受访谈(至少在第一轮试拨时是这样)的电话号码。此外,我们还有为数众多的未曾联系上的电话号码,这些电话号码包括电话打到应答机上和发现随机选择的被调查人不在家或很忙等情况。对于样本成员的每一种最初的处置,我们都必须决定一个相应的后续回拨策略。对这个问题处理的好坏对我们能否成功联系和访谈到选出的被调查人,以及这样做所必需的费用都有很大影响。

在电话调查和个别访谈调查中,我们会获得在第一次拨叫时未能进行访谈的样本单位的一些信息。即使这种信息的数量比我们在做第一次试拨时已有的信息多不了多少,我们终究还是可以用它来谋划回拨策略。但只有调查员做了细心的记录,我们才能掌握这种信息。

调查员必须接受培训,学会如何在样本状态报告中记录和汇总每一次试拨结果,也即每一次拨叫样本号码的结果的表格和程序。不论出现的结果是什么,调查员都要对该次拨叫发生的情况进行编码。这样的编码固然相当精细,但是我们也奉劝诸位,其复杂程度最好不要超过调查研究本身所绝对需要的。比较重要的拨叫结果包括:完成的访谈、最初拒访/部分拒访、最终拒访、未联系到和其他无回答问题等。对于每一种这样的处置,我们都应当记录具体日期、钟点和星期几。

对每个样本成员的最初拨叫的结果,决定我们随后将怎样对样本"进行工作"。它的意思是,我们是否和什么时候安排另一次试拨,并考虑让哪一个调查员来拨叫。这一问题处理得当与否,将对费用和抽样误差有很大影响。因为对样本成员的每一次拨叫都会有一笔费用,所以我们的目标是用最小的花费对每一个样本成员做出处置,确定合格的样本成员并尽可能多地完成对他们的访谈。这些问题之所以会对费用有影响,是因为调查总预算的相当大一部分都用于数据收集,而拨叫样本次数的费用,则在实际访谈费用之后,位居各项数据收集费用的次席。

表 11.2 显示了马里兰大学研究中心州犯罪调查的最初拨叫(对每个号码做了一次拨叫之后)的结果分布和实际的最终分布。其中第一列等价于第一个样本状态报告。在做了一次拨叫之后,已经确定了数目很大的一批非住户号码,但是在随后的拨叫中确定的更多。最初,有一大组电话号码,我们不能确定它们是否是住户号码。经过之后的拨叫,这类电话号码的数目便大大降低了(尽管还没有降到零)。有高达60%(835 个电话号码中的527 个)确定为住户号码的选择的被调查人,在第一次拨叫时不能进行访谈。然而,到调查研究终了,无接触率已经降到了 5%。

我们依次来看每一种处置,看看我们能从中收集到有关第一次(或随后的)试拨的什么样的信息。然后再看一看,我们能如何来使用这些信息。有些样本号码几乎立即就被舍弃了,因为它们并不是合格的住户总体的一部分:营业场所、非运行电话号码、停机电话号码、政府办公室等。然而,即使在这些号码中,也有一些可能需要再拨叫一次。

第二组电话号码则是一批很快就完成了访谈的电话号码。这些电话号码的被调查人很容易联系到,并立即就同意进行访谈。一般来讲,这些都是一些经常在家或有手机并很快就能按要求进行访谈的被调查人。那些经常在家的人,作为一个群体,可能都是老人、退休的人、失业的人和一些为数更少的女人。有手机的人来自不同的人口统计学群体,然而,只有手机没有座机的人则一般都是年轻人。尽管所有这些人都是合格的样本成员,但是很清楚,他们并非一个总体的随机样本。只用这些被调查人将会使我们产生有偏总体估计值的风险。使用这些被调查人固然有几个诱人之处,但却是不正确的,这样一些程序产生的是一个很差的样本。例如,我们可能抽取了一个很大的电话号码样本,开始拨叫,并在联系上了目标访谈号码的时候,不再继续往下拨号,剩下的样本号码将不再使用。或者我们对选出的样本中的每一个电话号码都试拨一或两次。这两种路数都会挑出那些最容易得到和进行访谈的被调查人,并导致那些列在清单前面的群体的代表性过高。

表 11.2 马里兰犯罪调查:第一次试拨和 20 次试拨后的处置

	第一次拨叫后		第 20 次拨叫后	
总样本	1816	1816		
非住户	545	702		
住户状况不清	436	53		
住户	835	100%	1061	100%
访谈	181	22%	824	78%

续表

	第一次拨叫后		第 20 次拨叫后	
拒访	54	6%	164	15%
未接触	527	63%	49	5%
问题户（语言、听力障碍、患病等）	73	9%	24	2%

　　另一个导致一些被调查人立即同意做访谈的因素是调查的题目。那些对调查的主题感兴趣的被调查人不太可能推迟会见调查员。在马里兰犯罪调查中，这样的被调查人可能是那些曾经受到过犯罪危害的，或因为其他原因（因为自己的职业或朋友的经历），对犯罪问题有着强烈感受的人。与前面一样，尽管这些人都是合格的样本成员，但一个只包括这些类型的被调查人的调查可能会提供错误的结果。容易接触联系和很快应允这二者都不需要做进一步的决策或工作。但是二者也都明白无疑地显示出我们样本的方便子群体的非随机性。现在问题已经很清楚，从抽取的住户到完成访谈的转变并不是一个随机的过程，我们必须决定如何来把我们的工作（资源）引向能最大程度地提高样本接受访谈的比例和最高效地剔除那些不合格的样本成员。

　　在第一轮拨叫之后，样本个案仍然可分为两类：住户和住户状态不清。正如我们已经知道的那样。当我们对样本进行工作的时候，这同样的模式又一次出现：有些被调查人比较容易联系和访谈，而另一些则需要做比较多的工作联系或劝说，或者不仅难以联系，也难以劝说。

　　一般我们先投放一个随机的号码子样本进行拨叫。根据这个子样本对访谈的完成率（完成的访谈数除以最终样本量）进行估计之后，我们再投放另一个随机子样本，以得到这个调查研究想要达到的总访谈数。在把这些电话号码分配给调查员的时候，拨叫结果模式通常都很相似，尽管不完全相同。

联系次数

　　能成功联系到相当多的入选的样本成员的主要因素其实就是试拨的次数。只依靠一次试拨的调查，几乎在所有的情况中，都可能会有严重的无回答偏倚。电话调查的试拨次数平均在 3 到 20 次，而邮递调查的平均拨叫次数则在 2 到 4 次。如果在数据收集以前，我们已经认识到原计划的试拨次数无法产生我们预期的回答率，那么我们可以对原来的回拨计划做一些调整。遗憾的是，由于费用的缘故，我们可能无法增加太多的联系次数。但是增加一两次与未联系到的样本成员的联系常常是很有用的。如果我们能通过检查过去每一个电话号码的呼叫结果，将拨叫的时间集中到那些未曾拨叫过的日子和时间(工作日、周末的晚上和周末)，则可能会更有用处。

应答机、语音邮件和其他筛选技术

周末早晨是联系大量使用录音机或以此作为筛选设备的住户的有效时间。一般来讲，一旦联系到了他们，他们会比其他住户更容易合作。在犯罪调查中，在一轮拨叫之后，大约13%的住户用应答机回复。在调查结束时，这一数字降到了2%。尽管现在这种策略仍为我们所推崇，但是已有证据表明，它的效率已经有所下降。在一个正在进行的、为疾病控制和防治中心做的大规模的免疫调查中，数据收集结束时应答机处理的百分比已在2002年开始上升。

预约

有时候，电话调查的被调查人会要求在更为方便的时候再联系，并希望能与调查员约一个时间。这是一种惯例，而非例外，对于对组织的调查而言，在计划这样一种调查的时候，应该列出一笔用于与目标被调查人进行预约的费用。这是十分重要的，因为这样可为访谈作出安排，确保这样的预约的实现。而错失了这样的拨叫，则很容易使一个本来乐于合作的被调查人变成不合作者。

拨叫时间表

为了恰当和高成本效益地用样本工作，调查员必须保持每一次试拨的正确和记录的完整。我们借助一种在拨叫每个电话号码之后立即填写的表格来做到这一点。这种记录使我们的访谈工作督导能找到一种拨叫模式——每一户的合适和不合适的试拨时间。例如，如果某一户在工作日从未接听过电话，那么可能就应该将随后的几次拨叫改在晚上或周末。一旦联系上了该户，通常就能得到随机选出的被调查人的最佳时间的信息。这一信息也将记录在同一张表格上。

使用一个带有拨叫时间安排功能的 CATI 系统，比人工安排效率更高。然而，这需要我们做出一些决定，并将它们输入系统。我们需要决定第一次拨叫应该在什么时候做(白天或晚上、工作日或周末)，以及如果拨叫访谈未果，那么随后的回拨应该怎么安排，是否视结果的情况，如铃响但无人接听、拒绝接听、应答机回复或其他情况而定。

　　一般来讲，对于一个随机拨号（RDD）调查而言，第一次拨叫最好在白天进行，因为这样有利于去除营业和其他的非住户号码。在此之后，则最好在晚上或周末拨叫，因为那时候人们在家的可能最大。对于一般人口总体而言，80% 到 90% 的电话应该在工作日下午的 6 点到 9 点，星期六和星期日的近中午的时候、下午或星期六晚上拨叫。其他时间的拨叫主要是为了去除营业号码和联系那些工作时间安排异乎寻常的被调查人。重要的问题在于，回拨的时间安排必须散布在不同的日子和不同的时间。

确定坏号

　　即使在几次试拨之后，也还会有一些机主身份难以确定的电话号码。一个每次都只是铃声连续不断但无人接听的电话号码，可能是也可能不是住宅电话号码，或可能是也可能不是正在运行的电话号码。我们不妨试以下三种情况。第一种，用 Goole 搜索一下这个电话号码，看看能否得到证明信息。第二种，安排打几个比通常安排的时间更早或更晚的电话，设法捕捉到一些时间安排不寻常的，如工作时间比较奇特的人。这寥寥几个在异常时间打的电话，可能对降低偏倚很有用，如果被证明是住宅电话号码，且访谈的约会也可以商定，这样的被调查人可能在人口统计学上和其他实质性问题上与时间比较常规的被调查人有所不同。例如那些在夜间工作的人，对有关犯罪问题的答案，总的来讲会与其他的被调查人有所不同。第三，试着从当地的电话公司那里得到一些信息。当然最后一种选项是否有用，在很大程度上取决于特定的公司的帮助意愿。但这种尝试毕竟花不了多少钱。

　　移动电话在近年来变得十分普遍。尽管大多数移动电话都属于与座机不同的交换局，但是情况也并非都是如此。不仅如此，有些被调查人还可能让打到座机的电话转到手机。在技术状态和抽样框出现这种情况的时候，所有我们可以做的事情，就是对调查员进行培训，要求他们随时警觉这样的可能性。计算机和传真机的线路是比较容易认识和编码的，对于我们的目的而言，它们都是非居民号码。如果有被调查人报告说，一条线路用于多种目的，那么究竟应把它归为住宅或非住宅，则取决于被调查人自己认为这条线路的主要用途是什么。

做拒访者的工作

　　电话调查的一个非常重要的程序是拒访说服。最初拒绝访谈的被调查人常常可以在随后的试拨时被"转变"。尽管对这个现象的研究还不多，但是我们觉得，拒访说服之所以可能，在一定程度上是因为许多最初的拒访与调查本身没有什么关系。记住，调查固然对我们是很重要的，但对普通的被调查人却未必如此。例如，在不太合适的时间给一些人打电话，有些人将会花一点时间和我们另约一个时间，另一些人遇到这样的情况，就会直接拒绝；但是在我们再一次与他们进行联系的时候，其中有一些人就会改变态度，同意进行访谈。专业的调查组织使用训练有素的工作人员就能转变30%到40%的最初的拒访。虽然非专业人员达不到这么高的转变率，但是他们还是能使一些最初的拒访者转而接受访谈。除了降低拒访率之外，如果最初的拒访者在某些方面与最初的合作者有着很大的不同，那么这个程序还能降低偏倚。

　　一般来讲，在最初的拒访和拒访说服之间要留出一段时间。如果拒访是因为被调查人的家庭"危机"引起的，那么几天之后这个危机也许已经解决了。不仅如此，有许多被调查人甚至已经记不起原来那个电话联系人，这样我们也许甚至可以不再提起它，直接开始新的联系。我们要采取的，试图转变一个特定的拒访的路数，部分取决于第一次发生的情况。正因为如此，至关重要的问题是第一个调查员要尽可能详细地记录能够确定的拒访的原因。例如，对一个因为马上要去上班而拒访的人，再在与第一次试拨相同的时间进行转变试拨就是愚不可及的了，尽管在那个时间拨叫的确会增加联系到被调查人的机会。无独有偶，如果最初的拒绝是因为认为调查的目的是推销，那么拒访转变者就应当准备好解答这个问题，如果被调查人在追访电话中提出了这个问题的话。

　　记住，追访电话可能会联系上户内另一个人，如果我们未能在第一次拨打时进行到随机的被调查人选择这一步，而新人又比原来联系的人可能更容易合作的话。然而，如果一个随机的被调查人已经在户内选定，那么这个人就仍然是调查的目标被调查人，不论随后的试拨情况怎么样。

问题户

　　在有些户中，在联系上了随机选择的被调查人之后，我们发现因为某些原因，访谈无法进行。最常见的问题是语言：有些被调查人不会说英语，无法进行访谈。如果我们在一个有着很多非英语人口的地区做调查，例如迈阿密，如果没有会说另一种语言的调查员，就会有很大的发生严重的覆盖偏倚的风险。在迈阿密，我们需要准备会说西班牙语的调查员。但在一个小规模的调查中，我们可能没有这样的能力。与此类似，那些病得很厉害的人也无法进行访谈，而那些有身体或精神疾病——失聪、有理解或回答障碍的人也无法进行访谈，我们也就会因此而失去他们。

减少题项无回答

　　与单位无回答一样，没有回答的问题（题项无回答）一般并不是随机发生的，被调查人可能不愿意回答某些特定的问题（像是否携带防身的武器这样的敏感题项）或难以回答其他一些问题。例如，一个健康调查可能会有兴趣了解去年处方药的花费。对于许多的被调查人，这个问题很容易回答，因为答案是零。但对于那些在这方面有很多花费的被调查人，可能就会非常困难。在遇到这样的问题时，有一些后一种被调查人可能会试着回答或猜测一下，而还有一些被调查人则很可能简单地回答我想不起来了。有些题项，如"所有来源的户总收入"，对某些被调查人来说，不仅敏感而且困难（例如有很多收入来源的被调查人）。

　　同样，那些需要有关议题、行为或事件的非常详细的信息的实际问题，如果它们对被调查人并不是那么重要，那么用来回答问题所要花费的时间将会大大多于被调查人所愿意花费的。尽管大多数人都知道自己在过去的6 个月看了多少次医生，但是许多人却未必知道自己去了多少次杂货铺。

　　对于许多这样的问题，都可在问卷设计的时候解决。在调查中，要在比较靠后的时间问敏感问题，那时调查员和被调查人之间已经建立起了一些密切的关系。在诸如这样的问题的前言中，最好能再次承诺保密性和/或再次阐述问题的必要性。对于比较困难的数字问题则要提供选择的答案类别，而不要直接要求给出确切的数字。

　　在预试期间，要特别注意是否有答案中"不知道"或"拒绝"比例特别高的题项。当然，有些题项无回答只不过是由简单的跳答模式错误造成的，只要修改一下模式错误，问题就迎刃而解了；但另外一些题项无回答问题，则需要在预试前和预试中进行仔细的检查。

　　问题的文字太差是题项无回答的原因之一。如果被调查人不明白问题的意思或必须花费精力才能弄明白，那么许多人干脆就不回答。下面我们将要讨论的调查员行为也可能会对题项的回答率有影响。

调查员效应

　　在我们完成了所有可以通过工具设计、预先通知和设定数据收集程序来做的事情之后，能否得到被调查人合作这个问题便掌握在了调查员手中。

不仅如此,调查员还会对被调查人回答问题的愿望和问题答案的质量有影响。

想象一下,在犯罪调查中一个调查员联系了一户,并随机地选择了一个成年被调查人,而那位被调查人却说:"我真的没有时间,我马上就要出去了,为什么你不和我的妻子谈一谈呢? 她知道的新闻和政治比我多。"那位调查员回答道:"可以,她可能真的喜欢这个调查。"于是妻子就过来接电话,调查员开始念简介,但那个女人却打断了他,说道:"为什么要由大学来做犯罪调查呢?""是啊",调查员答道,"我也不是太清楚,但可能与州长竞选连任有关。您知道,这可以显示他对防控街头犯罪问题十分关心。"最后,调查员开始提问:"您认为去年**本州**的犯罪问题是变好了、变坏了,还是没有什么变化?"被调查人说道:"我的女儿告诉我,自从隔壁邻居在自己家门口被抢劫之后,就再也不在晚上出门了。"这个调查员回应说:"这样,我想您认为犯罪变得更坏了。"

这些交流都说明,一个调查员完全可以在访谈之前和访谈之中将那些精心的设计和程序都浪费掉。首先,为了贪图方便,废弃了被调查人随机选择程序,然后,简介被删减了,插入了一段可能影响被调查人对后面的问题的反应的个人评论。最后,调查员不是去探询被调查人认为与自己匹配的答案类别,而是自行从被调查人的评论来推论答案,并把它强加于被调查人。这个例子说明调查员是多么容易,甚至是自然而然地影响了调查的质量。

个别访谈调查比电话调查研究更可能会产生调查员效应。调查员的体征可能会对被调查人的行为产生影响。例如,如果调查的主题内容包括种族问题,那么调查员的种族便可能会有影响。在电话调查中,调查员的面部表情和眼神与调查不相干,但是对于个别访谈调查,特别是对那些涉及态度或敏感行为的个别访谈调查就不是这样了。这两种数据收集模式之间的主要差别,就调查员问题而言,则在于可能实施的监控和督导的程度不同。个别访谈中的调查员,无论是住户还是特定人口总体调查,都会比身处集中化的电话调查中的调查员更加"自行其是"。

我们将会花一大笔资源,通过培训、监控和显示他们可能对研究工作造成损害的不经意和刻意的行为(注意,这一点最为重要)来尽力控制好调查员的行为。我们必须牢记,调查员是我们赖以将调查设计付诸实践的关键所在。我们的工作常常都始于调查员的遴选。

调查员遴选

不仅调查员培训是很重要的,调查员的遴选同样也很重要。访谈是一种技巧，它需要良好的领悟力、个人交往能力。此外，它常常还需要有相当强的说服人的能力。我们要求调查员联系陌生人（通常都没有事先通知）；争取得到人们的合作接受访谈；解释调查研究的目的；回答人们提出的有关调查的问题或具体题项的问题；根据说明进行访谈和正确地记录答案。所有这一切都必须以十分专业的方式完成，即使环境不太好，也必须要努力完成。显然，并非每一个人都适合做所有访谈所要求的全部工作。

在有些时候，研究者对调查员的遴选无从置喙，例如，在调查是一个课堂作业，或雇用一个调查组织来收集数据的时候。然而即使在课堂作业这样的情况中，也并非需要所有的学生都能做好访谈。正如我们已经知道的那样，与调查过程的其他方面不同，访谈要求明白访谈过程发生了什么，以及见机处置的技巧。发现什么人才具有这些技巧的最好方法是在进行了一些培训之后实际操作一下。我们的路数是让每一个参加培训的人都参加预试，然后确定谁适合做访谈，谁适合做访谈监控，谁适合做数据输入或项目需要的其他工作。

无论实际是招聘调查员，还是只是给可用的调查员分配任务，对那些未来的调查员做一些结构性测试都不失为一种明智之举。测试应该包括四个方面：阅读并遵守指示，争取被调查人合作，适当地宣读问题，正确地记录答案。在后两个方面，我们对未来的调查员的技巧能有多大期望，取决于他们经验的多少。但我们将会发现，即使在新手之间，他们在对被调查人表现出来的不情愿做出本能的反应上，或即使在几次尝试之后，能自然地宣读问题，也都是有差别的。

最简单的测试未来的调查员的方法是，准备好具体的调查研究的几个说明和一份问卷草稿。我们应当给每个调查员解释调查研究的目的，以及我们将要他们做些什么。在给每个调查员几分钟阅读相关说明和问卷之后，一个督导（或另一个学生）扮演被调查人，一开始先进行一些访谈和回答问题要求的比较容易且没有插曲的工作。在下一轮，被调查人的行为开始与理想状态有所背离，不断给调查员出难题。观察者（或作为一个组的班级）给调查员的表现打分。如果访谈要用电话进行，这种测试则应当这样来设置，当事双方被分在两个房间，用电话来进行实际交流。这样使我们能更加真实地评价调查员的技巧和调查员的电话语音。

调查员培训

调查员培训应该包括适用于所有调查的通用的访谈技巧和只适用于手头进行的调查的特殊要求两个方面。表11.3列出了通用技巧培训一般应该包括的内容。技巧培训所需时间取决于调查员以前经验的多少。如果可能,培训员应该由有经验的培训师或访谈督导担任。

表 11.3　调查员通用技巧培训主要内容	
1. 争取得到合作 • 确定或选择正确的被调查人 • 解释调查目的 • 说服不愿意的被调查人合作	**2. 进行访谈** • 准备开始访谈 • 转入正式访谈 • 逐字逐句宣读问题 • 提问间接探寻问题 • 提问所有的问题,并正确记录答案 • 跟随跳答指示 • 正确记录答案:开放式问题

以下讨论的内容涵盖了培训的大多数重要方面,而其中最基本的方面,自有电话调查访谈以来实际上从来也没有变化过。在技术和社会发生了巨变的同时,调查员与被调查人之间的互动仍一直为人性和社会规范所主导,我们推荐的培训内容与著名的密歇根大学调查研究中心(University of Michigan Survey Research Center)的调查员手册(Guensel, Berckmans, & Cannell, 1983)并行不悖,因而应该严格遵循。

培训课程(我们应该计划进行多个课程)应该注重技巧建立的实践。只要有机会,一个高效的培训方案都将会在课堂上反复进行参与练习。我们想要给大家指出一些像我们在本节开始提到过的那种在交谈中看似自然和有意的,但却是不恰当的行为。我们并不只是简单地定下一系列规则——尽管我们也必须要这样做——而是必须要告诉调查员这样的行为为什么会对项目造成损害。这一点和另外一些要点最好通过实践和例子来传达,而不是通过讲课。一种有助于达到这一目的的方法是要求调查员在每个培训环节进行之前,阅读一下背景材料。

进行访谈

调查员培训的重中之重是角色模仿,有时实际上就是一种模拟访谈。正如我们已经知道的那样,成功的调查访谈,争取得到被调查人合作和恰当地进行访谈需要有某些技巧。一般来讲,调查员在这方面具备的经验越少,需要的练习就越多。认识到培训偷工减料是得不偿失的这一点也是很重要的。如果调查员没有在培训环节练习需要的技巧,那么他们就必须在调查研究的时候与真正的被调查人进行练习。两种做法孰优孰劣不言自明。

模拟访谈好比一个调查员筛选过程,调查员轮流模仿调查员和被调查人的角色。每一轮练习都是针对特定的技巧进行的。练习在每一个领域不断进行，直到调查员能轻松、快捷和熟练地处理每一种情况为止。记住，真正的被调查人在线时是没有时间查看说明、犹豫或备份和从头再来的。无论是一个焦躁的被调查人终止访谈，还是不恰当的问题实施都将会产生低质的量度。

练习应该按照访谈进行的时间顺序进行，至少要用一个练习来阐明访谈每一阶段的技巧建构。使用的练习数和每一个练习所需的时间取决于问卷的性质、调查员的背景和他们掌握所需技巧的速度。在小组辅导之后，如果调查采用电话访谈法，那么只要可能，最好能让调查员在电话上实际操作一下，这会使培训更有实效。调查员应该知道，培训的最后一步将是用真正的被调查人做"活的"访谈。这些用来练习的个案，应该来自调查研究的总体，而不是实际调查样本。当然，对这些最后的实践个案都应该予以严密的监控。

对调查员的最重要的辅导可简单地概括为：完全按照书写的文字来宣读问题和转换陈述，包括所有的答案类别；不要有任何偏差；问及所有的问题，即使是那些我们认为答案已经给出的问题；遵循问卷的跳答模式和仔细地记录答案，开放式问题的答案要逐字逐句地记录。

就像这些规则的阐述是很容易的一样，这些规则也很容易被打破。对于逐字逐句地宣读问题这条规则而言，情况尤其如此。任何曾经做过访谈的人可能都遇到过觉得加一点评语或更改几个词就会使一个问题得到"澄清"，或对被调查人有所"帮助"这样的情况。问题必须一如其原来的面貌，不能加任何种类的修饰。虽然我们不能说每一个对确切的问题的措辞的偏离，都会导致不可靠的数据，但是它的确会为损害统一的数据收集的基础大开方便之门。我们必须努力设计开发出那些不会诱使调查员做这样的蠢事的问题。

一种培训这种技巧的方法是轮流让每一个调查员读一个或一组调查问题，而让其他调查员对宣读的各个方面，包括宣读是否逐字逐句、语速是否自然、标点符号处的停顿是否恰当和发音是否清晰等进行评议。调查员的声调应该像平常的谈话，而不是像在读书。调查员常常都想跳过这个培训，感觉自己知书识字完全能宣读好问题。我们很快就可以证明，即使是受过良好教育的调查员，在用一份新的问卷第一次做这个练习的时候，也常常会读错问题，让许多听众觉得读得太快，且偶尔还会犯一些发音错误。在没有激怒或搞糊涂被调查人之前，这些错误似乎都是微不足道的。然而这些"微不足道"的错误却会使被调查人挂电话或误解问题。驾驭调查问题不是一种宣读技巧，而是一种表演的技巧。

在完成调查介绍和被调查人选择之后，开始访谈正当其时。我们要在问卷设计上下功夫，以使它的第一个问题能使被调查人轻松地进入访谈，并能在大多数情况中使访谈平稳而平安地进行。但是我们在行为编码的讨论时已经知道,调查员和被调查人之间可能会发生一些有问题的互动。问题的来源有三个:问卷、调查员和被调查人。我们已经通过问卷设计和培训调查员怎么逐字逐句地宣读问题来缩小前两种问题来源。现在我们再来讨论第三种。

确保单位回答

调查员培训的两个关键方面是争取得到合作(单位回答)和进行访谈(包括题项回答)。我们先来看一下争取得到合作的问题。我们已经知道,近年来,在一般人口总体调查中得到被调查人合作变得越来越困难。正因为这样,争取得到合作这个问题变得更加重要,故而它在培训中占用的时间比以往更多。

许多被调查人不会立刻同意进行访谈。有时,他们想要对调查有比调查员做的简介更多的了解。调查员应该对此有所准备,以能立即简单明了地提供这些信息。一个常用的练习是编制一张单页的"信息清单",上面列出了调查研究的资助者、调查研究的目的、一次访谈的大致长度和结果使用的扼要介绍。如果在预试或访谈初期经常出现一些其他的被调查人的问题或担忧,那么这些情况也应该被追加到信息单中去,并分发给每一个调查员。

还有一种很有用的做法是给被调查人提供一个可核实调查的合法性的电话号码。这个电话号码最好是一个 1~800 的号码,如果调查不是在本地进行的,那么不管在什么情况下,只要是正常的工作时间,这个电话号码都要有工作人员接听。

有为数不多的被调查人会想要再一次得到对他们的答案保密的承诺。但是大多数不愿回答的被调查人,可能不会提出这个问题,因为他们只是没有足够的兴趣为访谈花费时间。

一个调查的主要的吸引人之处是它的题目——当然,被调查人必须要能得到那些信息。调查员实施的访谈的许多拒访都在提及调查题目之前。调查简介应当诉诸文字,而受过培训的调查员都会一有机会就马上推出调查的题目——如果我们认为调查题目有趣和重要的话。

不言而喻,题目对被调查人的吸引程度是因调查而异的。一般来讲,对大多数潜在的被调查人而言,犯罪调查肯定比公共图书馆调查研究对他们更有吸引力。但是即使有兴趣,有新闻价值的题目,许多人也未必会立即同意接受访谈。调查员必须对这样的反应有所准备。在电话调查中,调查员只有很有限的时间来争取合作。记住,被调查人是很容易就会挂上电话的。

　　有两个处理被调查人不愿意的小窍门：（a）设法使被调查人一直不要挂机并保持谈话；（b）解决被调查人不愿做访谈的具体原因。重要的问题在于，调查员要仔细聆听被调查人不愿意做访谈的原因，尽管在很多时候这都与调查无关，只不过时间不合适而已。如果被调查人马上要去上班，正在看一场球赛或正在家里处理个人事务，调查员应赶紧撤回进行访谈的要求，并尝试确定一个合适的回拨时间。尽管这种做法似乎是合乎常情的，但是有些过于主动的调查员在遇到这样的情况时却没有这样做，操之过急，使被调查人的愿意变成了拒绝。

　　即使调查员已经念过简介，给出了调查资助者和题目，仍然会有一些被调查人怀疑这是一个伪装的推销电话或有一些其他秘而未宣的目的的电话。这可能在一定程度上是因为有些被调查人并没有听清给他念的简介。记住，他们并未预期会有这个电话，而有些市场营销宣传也把自己伪装成了调查。调查员对此要有所准备，且能很快重复资助者的名字，在资助者是高校或有公信度的政府机构时，尤其应该这样做。

　　一大批被调查人只是会说他们不感兴趣或没有时间。尽管这些回答的用词可能会有所不同，但是实际上表达的都是同样的意思，希望赶快结束不期而至的电话。这时调查员必须一试的事情是设法使被调查人继续听电话，不要立即挂电话。如果题目是人们所普遍关心的，那么调查员就应当试着再重复一遍，当然，仍然要承认自己已经听到被调查人刚才说的话。例如，调查员可以说："只要开始接受我们的访谈，大多数人就会发现其实自己是很喜欢谈谈对犯罪问题的看法的。它不会耽误您很多时间。"

　　有些被调查人会说，我对这个问题真的不太了解，特别在主题听起来很有一点技术性，如生物技术、某些环境或经济问题的时候，情况尤其如此。调查员需要让这样的被调查人放心，告诉他们访谈不是知识考试。用诸如"这只不过是想了解一下您的一般看法，并不要求有任何专门的知识"这样一句话，也许就足以打消被调查人的疑虑。

　　最后，在有些情况中，不愿意的并非被调查人，而是户内的知情人。在我们联系一个住户的时候，户内任何一个成年人都有可能回答用来随机选择被调查人的问题。如果选择的被调查人是户内某个其他的人，而非接电话的人，那么调查员就会要求和被调查人说话，这时我们就会遇到看门人问题。所谓看门人就是接电话，但不想让调查员与被调查人说话的那个人。个中原因也许既有我们已经讨论过的，也有我们没有讨论过的。调查员解决问题的策略也基本相同，无非说上几句话，表示希望能给被调查人简单介绍一下调查情况。如果看门人仍然不愿意，那么就另找时间再打电话，这样至少会有一个绕过看门人，直接与被调查人联系的机会。表11.4列出了处理不情愿的被调查人情况的方法。

表 11.4　不愿意的被调查人 : 一般的情形和补救法

时间不合适

- 不要尝试强行访谈。

- 表明理解时间不合适。

- 判断一下,确定是否还要要求确定一个再次打电话的时间。

怀疑伪装的推销或隐秘的要求

- 重复资助者和调查研究的目的。

- 向被调查人保证这不是推销,没有其他目的;如果有的话,提供一个 1 ~ 800 的电话号码,或要求被调查人打一个接听方付费的电话进行验证。

没时间/对题目没有兴趣

- 如果调查的题目是普遍关注的,可强调一下;如果不是,则强调访谈花费的时间很少。

被调查人对有关题目不了解

- 强调调查只是了解一下看法,并不注重任何知识问题。

- 让被调查人知道,我们的兴趣是了解人们是怎么看这个问题的。

看门人

- 要求给被调查人一个听一下调查是什么的机会。

- 另外打一次电话,设法避开看门人。

确保题项回答

　　调查员的行为可能会对被调查人回答问题的意愿有影响。例如,一个犯罪受害问题的调查可能会包括性侵犯问题。如果调查员对问这个问题感到很别扭,就势必会影响他如何来问这个问题。也许他就会把这个问题念得很快,让它快一点过去或/和降低自己的声音。诸如这样的行为,会使被调查人较之如果用与其他问题一样的语速和语调提问,更不容易回答这个问题。

　　未经很好培训和督导的调查员常常会做出一些出格的事情,会自作主张地对被调查人说诸如"如果你不想说,你可以不说"这样的话。可能在有些场合,再次提醒被调查人答案保密这一点是很重要——在内容特别敏感的那部分访谈开始时——如果在被调查人不想回答一个特别的题项,则需再知会一下他。然而，在这种情况发生的时候，我们要对此加以控制，以免调查员鼓励被调查人跳过那些他们本来可以回答的问题。

在大多数调查中，题项无回答的概率都是比较低的。在同意访谈之后，一般的被调查人都会回答所有的问题。但是调查员必须准备处理不愿意问题。首先，要让被调查人知道，为什么问题是必须要问的。例如有些被调查人想要知道，为什么有些人口统计学问题（如年龄、种族或收入）是必需的。这样的问题常常只要给一个简单的答案"我们想把我们的调查与美国的普查比较一下，以确信它的代表性"就足矣了。第二，告诉被调查人他们的所有答案都是保密的，与他们的名字、地址或电话号码连不上。如果在试过这几招之后，被调查人仍然不愿回答一个特别的题项，那么最好跳过它去进行下一个题项。如果过于勉强地说服被调查人回答一个特别的问题，可能会导致访谈中断失去一个个案。有时，如果题项拒访发生在访谈之初，那么有可能在完成后面的题项之后再回到这一题项，因为那时被调查人可能与调查员已经处得比较放松了，而且这时他们也已经相信调查是合法的了。

一个问题可能有答案，但却没有什么用处，如同无回答一样。例如，如果一个开放式问题的答案记录得很差，那么就可能说明不了什么或者根本无法编码。如果问卷中有开放式的问题，调查员必须练习如何逐字逐句地记录答案，并探询答案是否具体。

最后，就像自填问卷中的被调查人会跳过一些他们本来应该回答的问题一样，调查员也可能在纸质的问卷调查中犯跳答错误。同样，培训期间的实际的练习有助于调查员准备好在实际访谈中正确地工作。CASIC 系统一个很大的优点就是能使我们免于犯这种类型的无回答错误。

减少回答误差

在被调查人错误理解问题、回忆不起有关信息甚至有意作假的时候，回答误差就有可能发生。我们力图在工具的设计和测试期间解决这些问题。

无论好坏，调查员都可能会对某些类型的无回答误差有影响。调查员可能会对被调查人如何解释问题有影响，有时也会对被调查人的答案有影响。绝大多数时间，这些影响都发生在调查员如何处理有问题的被调查人行为时。

必须培训调查员学会如何处理三种被调查人行为：（a）被调查人没用某一类答案回答问题；（b）被调查人不但没有回答问题而且还提出了一个问

题；(c)被调查人用一个对题目的评论来回答问题。对这每种情况，调查员都必须设法使被调查人给出一个恰当的能归入某一类编码的答案，但又不能伤了与被调查人的和气。记住，被调查人不仅自愿地贡献出自己的时间，而且还设法能对我们有所帮助。虽然调查员需要的是一个适合的最接近一个答案类别的答案，额外的评论只是浪费时间和金钱而已；但是被调查人却可能认为自己正在和人交谈，就像电影中的画外音和旁白，说几句题外话还是很正常的。设法使被调查人不要离题说正事是调查员的任务——但是要做得巧妙。在这样做的时候，至关重要的是，所有的调查员都要以同样的方法和以一种不会影响被调查人的答案选择的方式来处理类似的被调查人问题。正因为如此，我们在辅导调查员的时候都会明确地告诉他们在访谈中什么样的事情是我们所期待的，并为他们制订了每一种情况发生时的严格的行为指南。

在模仿访谈中，在调查员练习如何应对每一种情况时，"被调查人"应该轮流装作有问题的被调查人。在每一轮练习之后，应对调查员的表现进行小组评议。

在调查员没有得到可以接受的答案的时候，他们的主要应对手段是探询，即一个设计用来引出可以接受的答案的问题。调查员必须要了解，什么样的答案是令人满意的，什么样的答案是不能接受的，并做进一步的探询，即间接地询问，而不是（直接）给被调查人建议一个答案。

我们来看下面的问题：

一般来讲，您认为在您的**邻里地区**犯罪问题是很严重、比较严重、不太严重，还是一点不严重？

1. 很严重
2. 比较严重
3. 不太严重
4. 一点不严重
5. 不知道

如果被调查人的答案是"严重的"，那么调查员就应当通过重复**所有的**答案类别来探询。"您认为是……（念答案类别）？"调查员不应当从前面的答案来推论，即使是从非常相似问题的答案类别来推论。调查员的探询也不要做像"是很严重？"这样的推论。如果给出的答案涵盖几个答案类别，把被调查人置于答案类别的一个子集，那么探询便要指涉那个子集。例如，如果答案选项是"很满意""比较满意""不太满意"和"很不满意"，而被调查人只是简单地说"满意"，那么一个恰当的探询或许就是"比较满意"还是"很满意"？一个不适当的探询或许就是那种未曾重复所有相关类别的探询。在每一个个案中，被调查人都必须总是选择一个给定的类别。这种练习应该连续做，即使在几个问题上发生的问题都是相同的。尽管大多数被调查人都能很快挑出自己想要的答案，但是有一些人却需要通过调查员"培训"，才能变成一个"好的被调查人"，不过这种培训必须在访谈之初。因为被调查人一旦离开了正题，再要把他们拉回来真是太难了。

在培训环节，调查员应该练习建议他们在特殊的情形中使用的探询，练习如何注意一些虽然很诱人，但却是不恰当的探询也是很有用处的。看一下如"您认为马里兰遇到的最严重的问题是什么？"这样的问题。假设被调查人的答案是"毒品"。一个不当的（引导性的）探询或者就是"为什么您认为是'毒品'，是不是因为人们在毒品问题上犯了许多罪？"一个比较好的探询或许是"您能不能把您的意思说得更明白一点？"

第二种类型的问题与被调查人问的问题有关。如果被调查人的问题与访谈的主题无关——例如被调查人问调查员，她有多么喜爱做访谈，或她是如何考虑一个特别的问题的——那么调查员就可以直接说，调查期间是不能谈论个人感情的。如果提出的问题与调查问题有关，那么调查员必须避免回答，除非对怎么回答有特别的指示。我们永远也不会知道，一个评论，哪怕是一个随便的评论将会对答案产生什么样的影响。

在应对第三种问题的时候——被调查人对问题的专题做了一个评论——调查员应该绕过评论，将被调查人引回访谈。正如前例所示，在被调查人回答一个犯罪的调查问题的时候，被调查人提到她女儿的隔壁邻居遭到了抢劫，调查员应该知会自己听到了被调查人的诉说，但却要避免做任何评论。比较中性地将这一问题过滤掉的做法是说一句像"我明白"这样的话，便可使问题迎刃而解。

表 11.5 提供了一些常见的访谈问题的处理方法。同类的角色扮演练习可用于这些方法的培训。练习时可将各种被调查人行为混在一起，这样每个调查员必须很快进行思考并做出反应。记住，在所有这些情形中，能否迅捷地——同时也是正确地——反应，可能意味着不同的结果：访谈是继续、中断，还是被拒绝，得到的数据是可靠、无偏，还是质量很差。

表 11.5　处理有问题的被调查人行为惯用程序

在问题的文本宣读期间,被调查人用一个答案中断:

- 调查员应该念完全部问题,不过,如果它是一些同构题项系列的一部分,那么调查员应该自行判断,是接受这个回答还是继续读完全部文字。

在念答案类别的时候被被调查人中断:

- 如果问题是有关态度的,调查员应该念完全部类别。
- 如果问题有关事实,调查员应该接受这个答案。

被调查人问一个词或一个概念的含义:

- 标准的应答是告诉被调查人"无论你认为它的含义是什么"。
- 对于特别的技术术语,所有的调查员可能都已经提供了一个统一的定义。
- 如果被调查人说,不了解一个词或术语的含义无法回答,那么调查员就应该把他的编码定为"不知道"。

被调查人问更多的信息或问与问题无关的情况:

- 调查员应该说"如果您的答案只是刚才我告诉您的那些情况,您会说……",然后重复答案类别。
- 如果被调查人坚持不知道一种特定的条件是否存在,或不了解更多的信息就无法回答,那么调查员就应该把它的编码定为"不知道"。

质量控制

有几个用来追踪电话调查实施质量的例行程序。每一个都与我们认为的在多数电话调查研究中都很重要的误差源有关。

一般用来追踪调查员表现的程序有三种:监听、校验和数据检验。监听是在访谈的过程中,在调查员和被调查人不觉察的情况下听取每一个调查员负责的个案的小样本。这个程序需要有一定数量装备的中央电话设施,以能使一个训练有素的督导对调查员在一般层次(如何与被调查人做专业互动)和非常具体的层次上(如逐字逐句地念所有的问题,在需要的时候,恰当地探询和处理被调查人提出的问题或困难)评价调查员的行为。监听的电话的百分比,固然取决于督导人员的时间,但应该以 10% 到 20% 为宜。在调查研究初期,监听的比例最好要更高一些,设法尽可能早地确定新的或经验不多的调查员和任何在争取得到合作或实施访谈上有困难的调查员可能存在的任何问题。监听程序的关键所在是将发现的问题——无论是正面的还是反面的——及时反馈给调查员。

校验（或核实）是通过回拨进行的，它常在缺乏监听设备的时候使用。在使用这个程序的时候，将再一次联系每一个调查员负责的个案的样本，以校验访谈确实已经做过，检查访谈时间的长短和询问被调查人是否有过什么难题或问题，如果有过，调查员是如何应对的。并不存在究竟应该做多少校验的规则，但一般来讲，10% 左右是比较合适的。比较而言，监听是一种更好的质量控制程序，因此只要有可能，我们都应该采用这种程序。

个别访谈调查是无法进行实时监听的。一定数量的回拨校验是其最基本的质量监控方法。尽管调查员作假不是主要问题，但是有时它的确是会发生的。实地调查中的臆造访谈［称为臆答（curbstoning），源自调查员坐在街道的路缘石（curbstone）上，而非被调查人前面完成访谈这样一种现象］的诱惑，远远大于在中央访谈设备中进行的访谈。CAPI 系统，既可以记录访谈的长度，也可以记录访谈的日子和时间，给我们提供了检查的信息，从而使造假变得更加困难。薪酬付给的安排方式也会对造假的倾向有所影响。如果调查员是按访谈完成的个数付酬的，那么比起不论完成多少的按时间付酬、按小时付酬更容易发生造假。

数据检验程序用于在数据收集期间对收集到的数据制表和检查。数据检验可以发现调查员在问卷实施中的问题和未在早期发现的逻辑和问题设计错误。在数据检验中，要为每一个封闭变量制作频数表，与此同时，也会生成每一个开放式题项的逐字逐句的答案。对这些数据在跳答模式错误、丢失题项的模式或数目过多、关联题项之间的一致性、记录的开放式问题的答案的清晰性等问题进行检查。数据检验是很值得的。它可以尽早指出数据收集存在的问题，这样使我们能在必要的时候，尽早对其进行纠正。

自填式调查：邮递调查和互联网调查

鉴于互联网调查日益普遍，我们有必要开始对自填式数据收集问题进行一番讨论。我们先讨论有关这些调查的设计和实行中的一些带有普遍性的问题，然后再从一般性角度讨论如何最大限度地减少邮递调查和互联网调查中的单位无回答和题项无回答问题。

互联网调查中存在的普遍问题

我们用来把一个人与调查参与要求联系起来的方法实质上就是设置了一个社会互动的环境。个别联系提供了一些看得到的始自调查员的相貌的信号。随后的调查员—被调查人之间的互动都必须遵循某些社会规则。电话联系提供不了看得见的信息，不仅如此，它还必须将自己与那些人们接到的来自其他陌生人的电话区别开来。在评估调查要求的时候，会触发一组不同的初始行为或关注点。邮递调查联系是没有威胁的，且不需要立即做出决定。互联网调查在许多方面都与邮递调查相似，但是具有速度更快和费用更低的优势。调查邀请一般都用与一个调查网站链接的电子邮件呈递，因此必须要把它和另一些不期而至的电子邮件区别开来。但是只要迈过了这一个门槛，互联网调查将会给人以与邮递调查大大不同的印象。媒介即信息，而互联网可以高效地交流信息。程序引导被调查人通过问卷，允许他们停顿和稍后重来，并在终了后立即将填完的问卷"交付"给调查人员。这种调查模式与我们对现代交流的期望十分和谐。这些印象对被调查人是正面的，否则可能是模糊不清的。我们可以利用这些优点，例如用它来传达调查的重要性和及时性，或宣传它将如何迅捷地被用于它的预定目的。

框的可用性

许多总体的不够详尽的电子邮件地址框是互联网调查的主要局限。在有些时候，我们会决定用一个有缺陷的框继续做调查。然而，我们强烈警告诸位，我们反对使用一个已经知道是非常不完整的框架，且在分析和结果描述的时候对这一事实忽略不报。

解决电子邮件框的不足的一个可能性是用第二个框来对它们进行补充。这些"双框"设计问题的讨论可能已经超出本书内容的范围，但是在那些可用它们来大大降低调查费用的场合，它们是非常适合的，此外它们还可使有些本来使用比较常规的路数无法进行的调查成为可能（有关使用电话和在线混合法抽取稀少总体样本的问题，请参见 E. Blair & Blair, 2006）。

不仅如此，一般来讲，特殊"成员身份"总体——如一个公司的雇员，专业协会的会员，大学教师或一种服务的用户——之所以能立即在互联网上进行调查，在一定程度上是因为它们的框的可用性，但同样重要的是，这些总体可能对调查主题特别感兴趣。这些总体的抽样框的可用性对回答速度和回答率可能有相当重要的正面影响。

在线问卷设计问题

可以得到的商业性的用于互联网调查的设计和实施的软件包有很多。供应商的网站上通常都会提供有关软件特性的相当完整的介绍。一般，我们也不难找到有关用户软件使用经验的评论或博文。不论我们选了哪一种软件包，都会得到随软件包提供的问卷设计和调查实施的通用性指南。

● **应该使用分页而非滚动的设计展示**。在滚动展示中,问卷是一种单一的、连续的 HTML(超文本标记语言)表单。被调查人在回答完了每个问题之后都要向下滚动。用分页断开问题有一些长处,如跳答和路径选择可以在被调查人看不到的情况下自动进行,并可以对丢失答案提供即时反馈等。

● **知道在什么时候应当用什么样的表单操作元素**。几乎所有的软件包都可用单选按钮、检查框、下拉框或选择表和字段。库珀(Couper, 2008)及迪尔曼、斯密斯和克里斯汀(Dillman, Smyth, & Christian, 2008)给我们提供了什么时候应该使用这些操作的简单而明了的建议。

● **有一个明确的使用视图的目的**。照片、符号、绘画和其他视觉元素很容易被加进互联网调查。一个吸引人眼球的展示了资助者的标识或某些传达调查主题图像的首页可能会对调查很有帮助。除此之外,请不要画蛇添足,在首页加别的图像,除非这个图像是调查问题的一部分。画蛇添足不只会分散注意力,而且还可能会有损调查的严肃性。不仅如此,有些研究已经证明,那样的图像可能还会产生意想不到的效应,如影响被调查人对问题的理解(参见 Tourangeau, Couper, & Conrad, 2004, 2007)。

● **首选的分页布局和问题格式与邮递调查十分相似**。尽管网页给我们提供了各种各样不同的选择一个答案选项的方式,但是在大多数方式中,网页与邮递调查页的目的相同:避免堆积的话,能很容易将说明、问题和答案选项分开。对字形和字号要加以限制,一旦使用,必须要使它们保持一致。不要使用过大的问题网格。它们会减少页数,而且如果展示不够细腻的话,还会令人望而却步,并增加答案选择的误差。

● **进度指示可能于事无补**。虽然在屏幕上显示被调查人的填写进度和还剩下多少工作要做的做法是很普遍的,但有关这种做法对访谈中断的影响的研究对它却是褒贬不一、莫衷一是。它们可能不会带来损害,但是也未必是必需的。

● **用电子邮件做事先通知不一定需要**。库珀(Couper, 2008)说有关电子邮件事先通知的效果的研究不多。但有的研究证明,使用另一种模式的事先通知,如普通的邮件可能是有一定效果的,虽然这会增加一些复杂性和费用。至于其他一些做法,如提醒一下样本成员将有一个调查要进行则会减少电子邮件在收到时被直接忽略的可能。

● **使用电子邮件追踪无回答被调查人**。这样的提醒邮件应该怎么发才好呢?库珀(Couper, 2008)建议,在初始电子邮件发出之后,很快就可以发提醒邮件,只要发两封就足够了。当然具体做法可能会随调查总体和其他因素而异。例如,调查是在夏天进行的,那么那些正在度假的人,有可能错过多封时间接近的联系邮件。因为一般对互联网调查的回应都很快,如果情况真的如此,那么基本上就不需要进行任何提醒。我们可以考虑在预试中构建一个小实验来确定调查的提醒邮件较为合适的时间间隔。

总的来讲,库珀和他的同事(Couper, 2008)已经开发出了一种互联网调查研究程序,它开阔了我们对备择的互联网展示和管理实施因素对我们调查答案的影响的了解。一个正在计划互联网调查的研究者可能发现它对评价自己的(互联网)作品是很有用处的。不少互联网上的资源也给我们提供了一些有关互联网调查的方法和工具的信息。

单位无回答

单位无回答是邮递调查中主要的误差源,邮递调查达到的回答率一般比那些调查员实施的总体人口调查都要低,有时甚至比互联网调查还要低。对于邮递调查和互联网调查来讲,深度的追踪联系是得到可以接受的回答率的基本方法。

这些实施模式的调查的回答率之所以低,只不过是因为这样的调查很容易拒绝。而一个调查员会不知不觉地给参与者一些压力,至少会要求被调查人听一下希望他们参与调查的诉求。调查员常常可以根据特定的被调查人的要求来对自己的诉求进行调整。那些不依靠调查员的调查则必须先完全依靠文字或图形资料来说服被调查人参与,然后再提供文字说明指导他们完成问卷。我们很难事先知道我们设计的各种材料是否适合。与调查员实施的调查不同,常规的预试提供不了太多有关信件和问卷会对答案产生什么影响的信息。糟糕的材料会导致很低的回答率,这固然也是一种反馈,但是常规的预试却无法给我们提供太多的有关如何改进的信息。使用焦点小组和认知访谈,再加上常规测试可能会给我们更多帮助。

如果将这样的调查限制于特定总体,如一个组织的成员、一个企业的雇员、一所大学的学生或其他比较同质的团体,那么无回答问题就可以大大地降低。与电话调查的主题不同,邮递调查或互联网调查的主题可能是被调查人决定回答与否的一个主要因素。被调查人从一封通知信中得知调查的主题,因此当然也可能会接着翻阅一份邮递的问卷。通常那些特殊总体调查之所以能做,是因为调查主题特别适合那些总体。在这样的场合,如果我们能使主题凸显,那么必定会达到非常好的效果。

在互联网调查中,被调查人无法预览全部问卷,这种情况究竟是否会有利于被调查人的参与则取决于问卷本身。如果问卷本身比较短、看起来比较容易完成，且被调查人注意到了这些，那么就更可能会吸引他们参与。在无法预览问卷的情况下，设法适当给出一些能使被调查人感知问卷长度的提示对坚定他们的参与愿望是很重要的。

事先发出调查通知

在邮递调查中，事先通知会告诉被调查人调查将很快就会进行。这种做法现在已经变得很普遍（Dillman，2000）。用它来确定无效地址是很有用的（通过邮局退回的无法投递的信件）。如果我们有理由认为我们的抽样框已经有点过时或因某些原因而有了一些差错，那么事先通知就可以给我们对框的误差提供一个估计（尽管这种量度不尽完美）。这一估计能告诉我们，为了使邮递的问卷数能达到目标被调查人数，我们需要增加多少样本。不仅如此，如果问卷的印刷费和邮递费很贵，那么我们就可以因去除那些无效地址而节省一些费用。预先发出电子邮件通知固然也可以确定互联网框中的无效地址，但是收效不是很大。

追踪联系

在事先通知发出之后，为了进行访谈还需要进行多少次试拨，要视可用的资源情况而定。无论邮递调查还是互联网调查，进行几次跟踪是必不可少的，尽管我们无法给大家一个确切的次数。这最后的努力可采用下面介绍的可能会对回答率的提高有很大作用的备择路数。

在常规的邮递调查中，我们都采用迪尔曼等人（Dillman et al.，2008）推荐的四次联系法，一次特快邮件联系加额外的专门联系。具体做法如下：

- 事先通知
- 第一次问卷邮递
- 明信片
- 第二次问卷邮递
- 用特殊方法邮递的第三次问卷邮递

这一模式的删节版也可用于互联网调查。当然，在互联网调查中，没有邮件是带问卷的。问卷仍然还在调查的网站上发放。然而，在常规的邮递调查中，每个邮件（除了提醒明信片）都应当包含一份问卷，因为没有作出回应的一个重要原因是乱放或丢掉了问卷。

在邮递调查和互联网调查中，应该选择数据收集中的最佳时间来邮递。

追踪邮件的间隔时间则要根据前一封邮件的回流情况而定。在回流率降到最低时,加寄邮件的做法可能就没有什么好处(或收益甚微)了。尽管回答的模式不尽相同,在互联网调查中,回应是迅速的,但是等待回流下降的逻辑则是一般无异的。因此,在最初的邮件和每一次追踪邮件发出之后。我们不仅要注意我们收到的回件的总数,也要注意每天收到的回件数。

回答模式

一般,不论调查总体是什么,总会有少数人会对邮递调查立即作出回应,此后会有一个高回流时期,且每天回流的数量也几乎相同。提醒明信片能使这样的回流保持一段时间,但是过后则会开始下降。在下降期间的某一个时点,我们应当发出第二份邮件,邮件中也要包括一份问卷。为了阐明这种模式,表 11.6 显示了全国县级官员是如何确定县优先项目调查的回应模式的。在互联网调查中,回应模式是非常多地堆积在每次邮件发出的时候,因为那些打算给出回答的人,几乎在见到邮件之后马上就会作出回答。

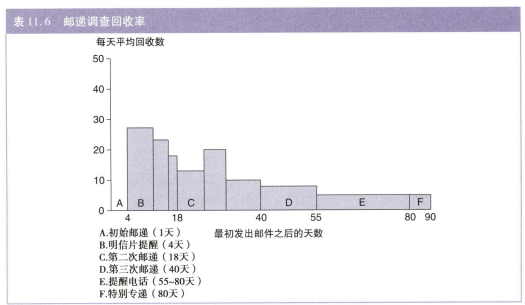

表 11.6 邮递调查回收率

在邮递调查期间,追踪每天回收的邮件数(或收到的目标样本的百分数)是非常有用的。它可以使我们找到回收率上存在的问题。表 11.6 显示,在最初的邮件发出之后到开始接到回收邮件之前,有着一定的时间间隔。在这个等待期,给所有的样本成员寄出一张提醒明信片。有一大波回答潮会持续几个星期,并逐渐减弱。那时带有问卷的第二封邮件又会寄出,并随后又会出现与最初的邮件寄出之后颇为相似的结果。稍后,对无回答的被调查人进行的追踪又会给我们带来为数不多的个案,且终将会越来越少,一直到我们最后结束数据收集。

如果在追踪最初的邮件之后,我们发现回收率达不到我们的期望,那么我们应当怎么做呢?首先,我们应当决定是否存在任何类型的无回答模式。如果某些子样本群体的合作愿望低于其他的群体,我们可以设法将一些资源转给他们,如我们可以计划给他们寄额外的邮件或分配更大的寄给无回答被调查人样本的特别专递的份额。如果使用了金钱奖励,那么适当提高这些群体奖励也许会有助于问题的解决。

第二,设法确定无回答的原因几乎总是一种行之有效的方法。如果我们有无回答被调查人的电话号码,那么给一些人打电话,确定他们没有寄回问卷的原因可能会对问题的解决有所帮助。例如我们发现在县的官员调查中,选举委员会成员常常不能及时收到问卷,因为他们中有许多人在委员会中的工作都是临时的,且大部分时间都花在了另一份工作上。如果情况确实如此,那么我们也许可以转一些资源到打电话上,以便得到他们的另外一个地址。我们第二封邮件还将改而寄到那些备择的地址。记住,在这种情况中,个人,而非地址,才是我们的抽样单位。

与此类似,我们来看一个娱乐游艇船主的有关公共水道的废弃物的地区性调查。如果我们发现许多船主都担心他们给出的有关自己船上的废弃物处理问题的答案的保密性,因为他们知道有些废弃物处理的做法是不合法的,那么我们可以通过对第二封通知信做一些修改来解决这一问题。

尽管在一个调查研究进行的时候,可供我们选择的余地是很有限的,但是有时即使是一个微小的修改,就足以在一定程度上提高总回答率,或对那些特别的子群体的回答率有影响。对于这样和那样的程序问题,关键在于,如果我们见到了事情的进展不太顺利,那么我们将采取一些什么样的可资利用的步骤来改善这种情况。有时候,事情可能会自行改观,但是一个好的研究人员是不会指望它的。

被调查人选择

随机被调查人选择(在某种样本单位内)在邮递调查和互联网调查中是很少使用的。在大多数情况下,我们的框都是一张有着合格的被调查人名字的清单。然而,在有些组织或企业的调查中,我们得到的清单可能只有很少的人名。甚至还会有更坏的情况,我们可能不得不将问卷发给(姓名不详的)某个在组织中承担某种责任(如制定人事政策)的人,有某种名号(如财务总监)的人或对组织特别了解的人(如了解各种特定目的的开销)。离特定的人的距离越远,问卷到达他们手中的可能性就越小,因而要得到好的回答率的困难也就越大。设想我们正在设计一个特别类型的企业组织的调查。请大家想一下希望的问卷填写人和如何在调查中确定或找到那个人这两个问题。

与调查员实施的调查研究相比，邮递调查和互联网调查失去了对被调查人的很多控制。对于邮递调查和互联网调查而言，我们不知道第一个看到邮件的人是否是一个中介者。这种可能性在很大程度上取决于调查的总体。在企业或组织调查中，邮件在到达目标被调查人之前已经经过严格甄别；那个人在组织中的地位越高，这种甄别发生的可能性就越高。如果我们能有一种备择手段（如打电话），那么它对确认和说服中间人（如看门人）将问卷转递给被调查人是很有用处的。

我们依靠某个人来念说明，并按照说明的要求来找那个应当填写问卷的人。即使说明写得很清楚并被严格执行，但在许多情况下（尤其是在非常大的组织的调查中），被调查人仍然有可能会让其他人代为填写问卷。至于这种做法会导致什么样的回答误差，则取决于调查研究的性质。

拒访说服

遗憾的是那些用于个别访谈调查的交谈技巧都无法在邮递调查和互联网调查中使用。几乎没有被调查人会将寄给他的问卷寄回，明确说自己拒绝接受调查，更不用说还会有人会说明拒绝的具体原因。因此我们无法区别有意的拒绝参与和其他原因的未寄回。正因为如此，要使随后的工作能对无回答的原因有针对性，不能说是不可能的，但至少也是很困难的。我们考虑改而使用一般性的多因诉求。例如，在一封附有追踪邮件的通知信中，我们可以提一些如被调查人是否日程繁忙或记不清将第一份问卷放在了什么地方（或无法上网）这样的可能导致无回答的原因。但无回答的原因也许与这二者都无关。

一种可以在邮递调查中使用的方法是专递邮件和/或要求更正地址。两种方法可能都是有效的。要求更正地址应该在早些时候做，这样有助于将随后的邮件寄到正确的地址。专递或其他特殊方法，因为费用过高，则必须集中在调查研究后期的少数个案上。在使用这样的邮件时，必须要记住，无论被调查人是否在家，邮件都必须是可以寄到的。如果邮件不能直接寄到家中，还需到邮局或费力费时才能拿到，不但不能提高回答率，还会引起样本成员的不快。

无回答被调查人样本

最后，我们来看一下在存在很多单位无回答时的无回答被调查人样本。

无回答被调查人样本常用于邮递调查和互联网调查，以评估回答的被调查人和无回答的调查人之间的差异，提高总回答率。

该方法涉及选择少数未发回邮递调查或在线问卷的样本成员，以及用另一种手段（通常都是电话）来得到访谈的尝试。在访谈之后，我们会将他们的特征与有回答的被调查人的进行比较，以对被调查人样本偏倚的可能方向和数量进行评估。无回答被调查人抽样显然是一种技巧，它需要作为整个调查设计的一部分，事先进行计划。但是究竟在程序上怎么使用，则可以在无回答的性质有了更多的了解之后再确定。

题项无回答

在邮递调查中如何处理缺失和模糊不清的数据可能是一个很大的问题。在网上调查中，可以通过编程将问卷结构设计成，如果被调查人没有回答一个问题就无法朝前移动来避免或减少题项无回答。这种做法可能好坏参半。一方面，他肯定降低了题项无回答；另一方面，一个非常想跳过一个问题的被调查人，可能因此而不得不勉强选择一个假答案，或干脆拒绝完成问卷。这里还会出现一个道德伦理问题。我们一般都会告诉被调查人，他们可以跳过任何他们不想回答的问题。我们必须认真地想一想，是否只因为技术上已经可能，我们就可以违背自己的诺言。

在接到一份有无回答题项的邮递问卷的时候，我们有三种选择：忽略这些题项，并在数据集中将它们编码为"缺失"；确定答案"应该是"什么，并将它插入数据集；或再次联系被调查人，得到缺失的答案。

在做出究竟做何种选择的决定的时候，我们必须搞清楚哪些变量是我们调查研究的关键。显然，所有的问题都是有价值的，否则我们也不会将它们收入问卷，但是毕竟还有轻重之分。例如，主分析涉及种族差别问题，那么缺失种族数据就会降低个案对调查研究的使用价值。另一方面，如果种族差异并非调查研究目的的重点，那么这个题项的缺失就不会引起我们过多的关切。

如果有证据表明，数据的缺失是因为对"跳答"说明的误解，且该题项又是一个关键的变量，那么最好再一次联系被调查人，以得到有关的信息。如果可以用电话进行再一次联系，那么这种做法是特别有效的。为这样的临时程序预留少量资源——资金和时间是很有用处的。

数据收集的费用和临时费用：意外事件计划

我们已经谈到过费用或研究者可资利用的资源问题了，但是如何使它们得到最好的使用呢？此外，我们也已经了解，数据收集是大多数调查费用最高的阶段。在本章的最后一节，我们要更贴近地来看一个调查员实施的访谈的调查费用分配的例子。

在这里，我们是在广义上使用**费用**这个词的，它包括必须购买的材料或服务费（如电话簿或电话费）、人工费用（如电话调查员和数据录入操作员）和投入的时间（如无偿的学生研究者），即使我们并没有在这上面花钱。我们将马里兰犯罪电话调查作为一个例子。

预算不是一门精确的科学（就像任何人都看到过的有关政府费用超支的新闻报道那样），然而却是不可或缺的。在调查实施过程中，如果发现有重大的费用被忽略或被低估了，那么我们就有可能发生诸如在得到目标样本量之前不得不终止数据收集，或无法进行计划中的为了得到好的回答率的追踪调查这样的灾难。

一个简单的编制预算的方法是列出实施调查研究所必需的全部步骤，并注明所需的资源，无论它是否会有所花费。即使一项任务并不需要付酬，但能将它列出则会对保证计划的真实性有所帮助，进而还会对我们想如何处理某项任务有所影响。例如，研究者或许已经计划自行打印所有的问卷草稿。将估计的打印需要的小时数和其他"免费"的任务一起列出，而这就有可能使我们得以发觉，在这方面花的时间过多，作为研究者，最好还是把时间花在其他更重要的地方，问卷草稿打印可能还是付一点钱由行政人员来完成更好。

借助表11.7这样的任务／费用表，**如果他们知道自己要做的那些事情的费用**，那么他们很快就可以做好预算。了解某些事项的确切费用也许是比较困难或需要估计的（如电话费）。但是按照这一程序制定预算，可迫使我们看清预算中有哪些地方还不太确定，或者哪些地方也许还需为突发事件留出一定量的富余。它也将迫使我们实际评估一下调查的时间和费用。一个研究新手常犯的错误是低估实施一个一流的调查所需的工作量。

任　务	事　项	费　用
表 11.7　调查任务和费用明细:马里兰犯罪调查		
数据收集前		
编写调查目的提纲	8 小时,研究者执笔	免费
编写主题提纲	24 小时,研究者执笔	免费
	16 小时,同事评议	免费
寻找示例问题	24 小时,学生助理	$288
	4 小时,研究者评议	免费
编写新的问题	16 小时,研究者执笔	免费
	16 小时,学生助理评议	$192
打印问卷草稿	4 小时,行政人员	$38
得到抽样框	8 小时,学生助理	$96
	2 小时,行政人员	$19
	购买计算机化的框	$650
选择预试样本	2 小时,研究者	免费
	6 小时,学生助理	$72
准备培训材料	16 小时,研究者	免费
	20 小时,专业培训师	$360
	10 小时,行政人员	$95
	材料	$50
培训预试调查员	16 小时,专业培训师	$288
	120 小时,(10)调查员	$1280
	3 小时,(3)调查员督导	$480
	2 小时,研究者	免费
进行预试	4 小时,专业培训师	$72
	40 小时,(10)调查员	$320
	3 小时,(3)督导	$120
	4 小时,研究者	免费
评议结果	6 小时,研究者	免费
	16 小时,学生助理	$192
修改和复印问卷	16 小时,研究者(复印)	免费
	24 小时,学生助理	$192
选择主样本	8 小时,研究者	$96
数据收集		

续表

任　务	事　项	费　用
为主调查研究培训调查员	16 小时,专业培训师	$288
	160 小时,(10)调查员	$1280
	48 小时,(3)调查员督导	$480
	2 小时,研究者	免费
进行 800 个 15 分钟的访谈(5 个星期的数据收集)	700 小时,(10)调查员	$5600
	200 小时,(3)督导	$2000
	电话费	$1620
数据检验	25 小时,学生助理	$300
拒访者工作	20 小时,调查员	$240
	10 小时,督导	$100
后数据收集		
将数据录入计算机文件	200 小时,数据录入人员	$1300
	20 小时,督导	$200
完成数据分析运行	20 小时,研究者	免费
	40 小时,学生助理	$480
写报告	20 小时,研究者	免费
	40 小时,学生助理	$480
	30 小时,行政人员	$285
总工时	2005	
总费用		$19553

注:根据随机拨号的 800 个 15 分钟的访谈估计。

我们通过列出三个阶段的调查活动来构建任务清单。三个阶段的工作是数据收集之前、数据收集期间和数据收集之后的工作。在任务清单正式完成之前,清单有几个迭代是必需的,而在清单的迭代和费用的填写过程中,可能在资源的分配上会做一些改变,就像前面引用的那个打印问卷草稿的例子那样。

至于必须全部要做的工作数量,只要看清单便会一目了然。清单告诉我们,我们的调查研究有许多前期工作要做。尽管大多数的工时都要用于电话访谈本身,但是许多任务则必须要在此前完成。我们还应该注意到,在电话调查中,大多数的费用都花费在了人工上。只有一小部分花在了材料和其他支出上。虽然在人工密集度相对较低的邮递调查中,这样的费用的平衡会有所变化,但是对于这种类型的调查,前期工作的费用同样高企不下。从这个角度来看,我们不难明白,尽管邮递调查的费用比电话调查研究低一些,但是开发准备的费用仍然不菲。

表 11.7 列出的各种数字,对于那些由大学调查组织实施的调查是有很

大的参考价值的，与实际数字相去不远。当然，如果可以有更多的时间是"免费的"，例如，如果访谈全部由学生来承担——费用（但不是人工）会更低一些。对于那些动用一个班级参与访谈的大学调查，整个访谈实施常常分成调查组织的工作人员和班级的学生两个部分。这样做，可以在不动用全部课时来做实际访谈的情况下，达到我们想要的合理的样本量。作为一个练习，大家可以比照付费的人力资源，在这样或那样的"免费"场景下，计算一下费用有什么变化。

完成任务的大多数费用和时间是可以估计或通过咨询某些从前做过调查的人（在调查计划阶段，这总是一种明智之举）计算得到的。唯一的例外是访谈本身所需的人工数。一个常用的估计这个数字的方法如下式所示：

$$总访谈小时数 = \frac{访谈持续时间 \times 样本量 \times IER}{60}.$$

式中有点神秘的 IER 表示访谈员效率，即每实际访谈一分钟需要花费在辅助性工作（拨叫无效号码、处理样本、谈话中断等）上的时间的估计值（根据以往的经验）。在本次计算中，我们使用了 3.5 的 IER 值和目标是 800 个的 15 分钟访谈，访谈总时长为 700 小时。这就是说，每一分钟的实际访谈，有 2.5 分钟的时间需要花费在其他的工作上（如联系被调查人、处理拒访等）。因为 IER 对于恰当地计算访谈时数是如此重要，所以我们奉劝大家最好要请教一下有经验的调查研究者。

我们之所以不厌其烦地介绍那些用来降低减少误差源的调查程序，是为了告诉大家这些程序中的大多数，在概念和操作上都是很简单的。关键在于细致的计划、按实际需要分配资源和时间，以及清楚它们的轻重缓急。

深入阅读

2008 年面世的米克·库珀的著作《设计高效的互联网调查》（*Designing Effective Web Surveys*）是有关互联网调查的设计和实施问题的最为详尽的专著。它以密歇根大学正在进行的大型互联网调查项目为根据，同时也参考了迪尔曼和其他人的重要著作。

最新的有关调查无回答效应和它的处理方法知识的一个重要来源是《官方统计学期刊》（*Journal of Official Statistics*）的调查无回答问题特刊（Blom & Kreuter, 2011）。有些文章相当专业，但是有一些则比较易读。

《官方统计学期刊》是瑞典统计局出版物中备受推崇的调查期刊之一，内容涵盖整个方法学领域。该期刊的名称有点官气，可能会给人造成错觉。该期刊的电子版，可在期刊官方网站免费获取。

方法学附录4
组织调查概览

样本调查常被用于收集企业或行业,如学校、医院、专业协会或地方政府的数据。有时这些种类的实体和个体的调查会结合在一起抽样,如我们可以把抽取学校或零售商店作为抽取学生或顾客样本的多阶设计的一部分。而在组织调查中,实体本身才是我们感兴趣的。例如,调查的目的可能是了解企业的用工计划、公立学校的科学课程计划、医院的员工组成、商行的收入、公共图书馆的藏书量、居民楼的能耗等。在每一种情况中,分析都涉及某些与组织有关的信息或统计数字。

在实施与家庭或个人相对的组织调查时,其与一般的调查方法并无二致。研究者从一个严格定义的总体中,以一种使样本能代表总体的方式抽取一个总体的样本。数据通过电话访谈、个别访谈,邮递问卷、互联网问卷或几种模式的结合,从样本单位来收集。每个调查阶段都有一些会影响样本估计值的方差和偏倚的误差源。然而,组织调查的设计和实施在一些重要的方面不同于人口总体的调查方法。一个研究者在实施组织调查时,如果未能意识到这些不同,那么就可能会犯下严重的错误。

本概览的目的是使大家对组织调查中常见的样本设计和数据收集问题能有所认识,给出一些解决这些问题的一般指南,最后再给大家介绍一些其他可资利用的资源。简而言之,我们的目的无非就是给研究者指出一个正确的方向。

组织调查的总体之所以需要不同的调查方法,肇始于总体本身的性质。组织的特征对它们可以如何被调查这个问题是有影响的。与之相关的问题包括以下几个方面:

● 总体分布在与调查变量有关的参数上严重偏斜。许多组织,例如工商企业或营业场所(个体营业点,如商店)在规模上差异很大,无论以营业还是雇员人数来测量,情况都是如此。常常会有一些超大规模企业或超小规模的营业场所。

  ● 在时间上，组织在几种方式上的变化会对可用的样本框有所影响。在一些老组织消失的同时一些新组织创建了，不仅如此，组织还会有合并、分割、获得，以及其他性质的活动。

  ● 得到调查的合作和数据收集都会受到组织性质的影响，还有一些其他的原因，如雇员参与的时间成本或对答案保密性的担忧也会对调查参与有影响。

  ● 调查数据的收集计划必须适合组织的人员分工。组织有自己的内部结构，它会对雇员的信息通道和组织控制如何回应调查要求的规则有影响。保险公司中一个有财政数据的部门可能没有释放数据的权力，而一个使用医疗成像设备的人或许也并非那个最清楚设备的收益和费用的人。

  ● 在个人调查中需要的信息一般都是（尽管并非总是）被调查人所知道的。有关一个组织的信息不仅可能需要查阅记录，而且信息的格式或表示还与调查所需要的不同。

组织调查的步骤

定义和框定总体

  住户或个人的总体可能用地理（马里兰州的居民）、人口统计学（年龄不小于 18 岁）、行为（在上次总统选举中投票的人）、意图（计划在下次选举中投票）或其他特征定义。无独有偶，组织的总体也可以用地理区域、组织特性、行动以及其他性质定义。例如，一个企业的总体可以以所有私人拥有的企业、所有妇女或西班牙裔拥有的企业、所有制造业企业、所有某一特殊行业的制造业的企业、所有至少有 10 个雇员的公司、所有出租额外办公空间营利的公司和所有有其他特性的企业来定义。一个医院的总体可以被定义为所有的医院、所有非营利的医院、所有附属于宗教组织的医院、所有有急诊室的医院、所有至少有 50 张床位的医院、所有有兴趣购买某种设备的医院及所有有其他某些性质的医院来定义。如果感兴趣的组织总体只包括有限的地理区域，那么就可以使用当地的电话簿来做抽样框，即使访谈将以其他的访谈工具进行。实际上，所有类型的组织名单都列出了它们的电话号码，且都可以在营业时间联系得到。然而，如果总体有比较宽泛的范围，那么寻找一个好的抽样框则颇具有一点挑战性。我们可以在网上得到许多类型的名单[如邓恩和布拉德斯特里德名录(Dun & Bradstreet Directory)],尽管有些必须要花钱买。出售的清单的价格水平,商业用户还可以承受,但却超出了小型研究项目的承受能力,除非名单可以从图书馆得到。可以得到的企业名单一般都为每一条上了**北美行业分类系统**[North American Industry Classification System(NAICS)]代码,它反映出了产业分组。

使用名录有几个事项必须注意:

- 名录的主要缺陷是它们往往都不是最新的。特别是,(大多数,但不是所有类型的)小企业都有缺失。
- 名录通常都包括联系信息,甚至关键人物的姓名,但是对人事变动的反应则是定期的。
- 登录的单位未必恰好与调查总体的分析单位匹配。这方面常见的例子是,名录列出的是一家公司,但是调查感兴趣的是决策单位,如单个商店或工厂。

无论研究者可以找到的框是什么样的,一般都会带有一些相同的问题:缺失或已无意义的条目、重复的条目和聚合的条目。如果抽样限于一个小的地理区域(抽样的第一阶是选择在地理上定义的样本单位),那么它也许可以用当地的资源来对名单进行更新,或至少考察一下它的正确性。

关于地理边界,我们对大家有一个忠告:在一个特定的边界内的组织选择,并不总是意味着调查的运作将限制在这些相同的边界之内。例如,有关一些特定的商店或工厂的信息,可能必须要到所在地区、全国甚至国际总部的办公室的人那里去收集。在企业组织调查研究中,我们常会根据企业的规模设定某种边界。那些非常小的组织常会被排除在外,因为他们在很多方面与目标总体中的大多数组织有所不同。例如小家庭企业或自由职业者不仅运作与那些雇用成百上千个工作人员的公司有所不同,且规章制度也大不相同。

它们可能也只解释了感兴趣的总活动量的一小部分。正因为如此,我们常把那些只有不到五个雇员的公司排除在外。当然,的确会有一些只对非常小的公司感兴趣的调查。问题在于,研究者自己应该想清楚,究竟是什么样规模的单位才是与调查目的有关的。如果我们没有这样做,那么将会导致许多重要的调查问题根本无法用于选择的样本元素。

非商业组织的特征也在很大程度上取决于它们的规模,尽管不是那么重要。慈善组织、医疗机构、学校和地方政府,以及其他的非商业组织在规模上存在很大的差异。它们的差别不仅在于它们的人数,还在于它们的预算和服务范围。

样本设计

　　组织的规模之所以在考虑之列，不仅是因为组织的性质在规模的连续统上有着很大的变化，而更为重要的是因为规模常常与调查变量和计划中的总体估计值密切相关。如果研究的目的是估计某些组织总体的总计统计值，那么无论是雇员总人数、资源的使用（如能源的使用），还是监管条例变化的潜在效应，较大的单位都比较小的单位重要。

　　组织样本设计几乎无一例外地都要把规模列在考虑之列，抽样框可以按规模分层，使用不成比例的样本分配，甚至可考虑在最大的规模层中选择所有的元素。

管理实施模式

　　与其他类型的总体一般无异，组织也必须用一种适合需要提出的问题和需要给出的答复的模式来调查。尽管组织调查也会涉及人员政策或培训项目等，但是问题的答案常涉及数值。答案有可能是定类的，但也可能需要输入实际的数目。不仅如此，需要的信息常常都不在手头上，需要到纸质报告或计算机文件中寻找。

　　通过电话或个别访谈对一个组织的员工进行调查，并立刻记录答案可能是一件非常困难的事情。为了这样或那样的原因，许多组织调查都采用自填模式，如在线或纸质的问卷。对于邮递调查，每一个答案的价值和想与被调查人交流一下项目的重要性的愿望，使研究者都会使用一种费用较高的服务，如用特快专递来寄送和接收材料。

问卷设计

　　即使基于规模的总体可能会排除一些组织，但是它还是会包括一个很大范围的组织群体。这就给设计一份能适用于所有规模的单位的纸质问卷带来了一定的困难。当然，被设计成带自动跳答的网络问卷可能是可以考虑使用的解决方法。另一种备择的方法是，有一种纸质的用于任何规模的样本单位的核心问卷，一份用于在某种规模以上或具有某些特性的需要问一些其他问题的单位的补充问卷。虽然我们也可以只用一种适用于最大的组织的带有供较小的组织选择的跳答，或"不适用"这样一些选项的问卷，但是这种做法会使较小的组织不胜其烦。大的纸质问卷也可能会给被调查人造成回答任务的工作量很大的错觉。不要指望被调查人会通过翻阅厚厚的一本小册子来评估问卷的适用性。

在设计问卷的时候,务必要注意以下几点:

- 有时候为了能涵盖所有感兴趣的专题,往往需要多个被调查人。如果设计得当,一个互联网调查工具可以允许在一个被调查人填完部分题项之后,再由另一位被调查人继续填写其他题项。在使用纸质问卷的时候,清楚的说明和内容模块组合便于问卷的填写,当然设计和程序的开发设置必须倍加小心,以最大限度地减少版块的割裂和缺失。

- 精确的信息需求应该与问卷草稿分开写。注意什么时候需要确切的数字,或什么地方只需要知道一个类别就足够了。我们很容易会在不经意间要求得到比实际需要更多的信息,或看不到被调查人需要付出的工作量。这样的错误会增加拒访或完不成问卷的风险。

- 大多数组织都有某种特别的行话。要注意正确地使用技术术语。词语使用错误不仅会导致测量误差,而且会使被调查人认为我们并不了解有关专题,因而会觉得不值得对此做出回应。

设法确认我们所需信息是在其他地方无法得到的,如年报。向被调查人索要可以公开得到的信息,也会传递一种有关研究者知识和调查贡献的负面信号。

预 试

预试对组织调查的重要性与个人或住户调查一般无异。然而组织调查中的预试可能会遇到一些不一样的障碍。

- 一份由预试的被调查人寄回的自填式工具承载的信息可能常常是不够充分的。人们将回答一些自己并不十分清楚的问题。或者如果他们知道自己参加的是一个预试,那么就可能会编造一些数字,这样就会给收集其他一些为确定草拟的工具的执行所需的信息造成困难。

- 目标被调查人在组织中所处的位置不尽相同,他们在调查实验上花费时间的意愿也不尽相同。就预试的目的而言,也许我们可以找一个更容易接近的人来测试问卷。

- 确保使用一种能清楚地检查组织专门用语的正确性的预试方法。

- 如果研究者是第一次调查一个特别的组织总体,那么他可能很清楚究竟什么样的被调查人是实际可以和愿意回答的。组织可能对给外人提供那些在外人看来似乎是无关紧要的信息感到敏感。特别是企业组织可能会认为各种信息都是自己专有的这一点,也许是研究者所没有料到的。我们固然应该让预试被调查人知晓,他们可以跳过任何他们不想回答的问题,但是我们仍然对他们对这个问题的反应感兴趣。

- 组织被调查人常常有一些研究者没有的有关总体的知识。在预试情况报告中,在很多时候,我们都可以多次得到有关他人如何对具体的问题做出什么样的反应的有价值的信息。

- 请一位对总体很了解的顾问,不仅很有用,而且还是必需的。但是要注意,我们不可完全依赖顾问的判断,排除预试。很多时候,我们在预试中使用一个已由专家确认的被调查人常规使用的特定词语时,得到的反应却是一片茫然。

数据收集

许多与数据收集有关的因素我们都已经谈及,只有少数几个其他的因素我们还需要谈一下:

- 在几乎所有的组织调查中,重要的问题都是了解那个或那些被确定为被调查人的人。实际上,那些人就是适合回答特定的专题的人。即使我们计划要做邮递调查或互联网调查,先通过电话确定合适的被调查人(和告诉他们即将进行的调查的具体要求)也是很有帮助的。不言而喻,这一步骤也需要时间、人工和预算。如果电话联系不可行,那么可在告知信中或其他形式的事先通知中,试着解决被调查人的选择问题。在某些场合,包含一些特别的问题,而不只是调查的题目才可能有用处。一个被调查人可能会知道一些有关专题的事情,但是不如我们所需要的那么详尽。出于某些原因,最好能在一开始,而不是在被调查人已经填了几页问卷之后才确定这些事情。

- 在所有大型组织的调查中,我们都会在多个地方遇到看门人。只把许可给适当的人是他们的职责所在。这可能是一个优点。和看门人进行个别接触,可以给我们提供一个解释调查的合法性和目的的机会。这可以使我们确定,看门人身后的那个人是否是实际上最好的被调查人。绕过看门人,只去找一个比较好的,也许是比较容易接近的在组织的其他地方的被调查人可能会浪费资源。

● 参与的愿望也为某些与其他调查相同的,如希望能有所帮助这样的因素所驱动。但是组织调查还有些其他的因素。

影响组织调查的参与的因素包括以下几个方面。

资助发起者

对调查的合法性和重要性的看法受到调查资助者很大的影响。一个以著名的专业团体的名义或得到重要机构支持进行的调查,比一个以独立的研究者个人名义进行的调查更有说服力。设法找到可能的支持者,并从一开始与样本成员进行联系的时候就打出这一旗号。

自愿和强迫

有些企业只参加政府调查,因为回答这样的调查的问题是法律规定的,而不会参与那些非法律强制的调查。研究者应事先做好这方面的调查,以确定是否存在这样的障碍。研究目标可能必须要根据现实情况做出相应的修正。

参与允诺

组织中最适合回答调查问题的人,可能不是那个可以决定组织是否参与的人。样本单位的结构,特别是样本单位的规模和所有权类型变化如果很大的话,就需要在为参与要求做计划时,将这些因素都考虑进去。

奖励

对于参与的组织来讲,最好的奖励莫过于信息。允诺送一份研究报告或其他数据可能有很大的吸引力。有时候可以做一份个性化的报告,揭示该组织在与其他组织相比较时情况如何——尽管在做这样的比较时,必须非常小心,以免泄露组织秘密。即使这种类型的奖励只可以用于某些样本成员,但也仍然是值得的。

参与的组织成本

要求的信息可能需要费一些工时来提供。意识到我们正在给样本成员造成负担这一点很重要。记住,这样一些内部成本可能随组织的规模而异。

保密问题

承诺保密,以及如何防止样本成员身份泄露(或把他们与他们的某些回答关联),这样的问题在组织调查中远比在住户或个人调查中更为严重。对于那些有盈利性的企业来讲,情况尤其如此。

无回答

组织调查中的无回答的含义与个人或住户调查中的有很大的不同。大的组织一般更难以招募。它们常常忙于应付各种调查,必须在许多调查请求中进行一些选择。有些这样的企业只参与那些具有法律强制性的调查。在分析或报告中隐蔽它们的身份信息似乎有一定的难度,而他们自己也知道情况就是这样。

大的单位常常是不可替代的。例如,如果芝加哥总教区拒绝答应教会学校参与调查,那么就无法再找到等价的替代组织。有一年,几个大的州决定不再参加国家教育进步评价(National Assessment of Educational Progress[NAEP])。如果得克萨斯州和纽约州不参加了,那么我们对"全国"样本这一问题的真正含义将如何作答呢?

其他类型调查中的处理无回答问题的方法,对某种类型的组织可能不太有效。一旦一个大的组织或企业已经拒绝参与调查,使之改变已经做出的决定的可能性是很小的,除非一个有影响力的人物或专业协会愿意以研究者的名义过来打个招呼。不仅如此,我们还应该记住,得到样本成员的合作的重要性远远大于其他那些程序,如事先通知、联系方式、回答模式的选择、调查员的经验等,因而我们手中的资源也应该做出相应的配置。每个个案的样本招募费用在一个或几个层可能是不成比例加权的。有关这一问题的计划应该在调查设计之初进行。

在构建样本估计值的时候,框算数据(frame data)(即使已经过时了)也可能对补充调查数据是有用的。更何况组织调查使用估算的可能性比其他类型的调查都要大。其他问卷的题项或其他数据源也可用于题项无回答的估算。

通盘计划

在家庭或个体调查中,研究者通常可以依靠个人的经验来回答大多数对于调查计划所必需的问题。毕竟,研究者就是个体,也有家庭。

但是在组织调查中,情况就不是这样了。即使一个对组织总体的很多方面很了解的研究者,也可能觉察不到某些重要的因素或低估它们对参与决策的重要性。设法与实际上身在目标总体中的人或对它十分熟悉的人交谈是很重要的,因为这样可以使我们找到能合适运作的调查方法和那些我们应该予以特别关注的因素。

总而言之,有一系列特别的注意事项和问题需要考虑,这似乎令人不胜其烦,但是成功实施的组织调查也并非凤毛麟角。不要认为那些在住户或人口调查中使用的常规方法,在组织调查中也会运行得很好。认识到这一点是很重要的。为了保证使某些知识的鸿沟不致成为死穴,在计划阶段我们需要外出做更多的调研。而最后,所有这些可能对调查成功有重大影响的因素,都有力地证明我们必须对整个调查计划预先进行论证测试。

第12章

调查后的统计调整和方法学报告

数据收集完毕并拿到数据文件之后,我们还有最后几件工作要做:(1)检查数据,评估一下可能存在的不足或是否需要就数据的使用做一些说明;(2)判断是否有可能通过统计调整降低偏倚和/或方差提高估计值的质量;(3)在方法学报告中介绍调查的程序。我们将从回答偏倚问题开始,依次讨论这三个问题。

最后我们将在本章和本书的末尾,谈一谈在其他国家和/或文化中进行调查的问题。

无回答偏倚

无回答,正如我们前文已经谈到的,是样本估计值中重要的可能的偏倚源。尽管近年的发现单位无回答率和无回答偏倚之间的关系比我们一直认为的要弱得多(Groves & Peytcheva,2008),但是回答率的普遍下降仍然是一个令人十分担心的问题。"在家庭、营业机构和公共机构调查中,在电话、个别和邮递调查中,在各个国家和各种主题的调查中"(Montaquila & Brick,2009),我们观察到,回答率在持续下降。直接从调查得到的无回答率是一个给定的变量,它是因为有回答和无回答的被调查人之间的差异而可能引起的偏倚的最好指标。如果无回答率比较高,那么我们可能就会担心特定估计值的偏倚是否会太高。

当然,我们推荐的主要的解决无回答偏倚的方法是,事先设计开发和试验一些减少无回答问题的程序,而非设法在后来纠正它们。这就是说,在数据拿到手之后,做某种类型的无回答偏倚分析,确定潜在的偏倚的方向和数量可能是会有一定用处的。

有两种通用的评估暴露的无回答偏倚的分析方法:(1)将调查数据和外

部数据作比较;(2)考察数据收集中的内部变差。

将调查数据与框架数据或外部资源进行比较

由定义可知,我们主要感兴趣的调查变量是那些非被调查人所没有的,否则我们也不会多此一举去做什么调查。不过,有些信息可能是被调查人和非被调查人都有的。例如,如果一个调查想要代表一个一般人口总体,且该调查的背景问题中包括了一个年龄量度,那么就应该有可能比较被调查人的年龄分布与从人口普查数据获得的一般人口的年龄分布。调查数据的初步分析可以使我们确定,这些辅助量度和某些关键的调查变量之间是否合理地高度相关。如果情况确实如此,那么被调查人和非调查人的辅助数据之间的分布差异便会告诉我们一些有关回答偏倚的信息。

最为常见的辅助信源是普查,辅助信息也可以从样本框或行政管理记录中得到。例如,大学生的样本名单调查中,一个学生名录框可能载有进校的年份、主修的课程及其他的条目。如果允许我们查阅某种行政管理记录,那么在不违反保密规定的前提下,我们还可以得到更进一步的信息。另一方面,在随机拨号(RDD)调查中,抽样框除了地区码之外,提供不了任何其他的信息,这说明我们可资利用的分析无回答偏倚的路数,在很大程度上要依靠给定的调查的特性。

比较被调查人样本内的内部变差

如果一个调查需要在主调查前进行筛选访谈,那么某些信息就可从所有那些完成筛选的样本成员那里得到。有时候,筛选包含的内容足以允许我们用来比较进行主访谈的合格被调查人和不进行访谈的人。这样的比较类似于与框架或外部变量的比较。不过,这种方法为我们提供有关无回答问题的信息的能力取决于筛选操作的成功程度,也即缺少非被调查人的筛选减少了可利用的数据,以及未将被筛选掉的无回答处理为总无回答偏倚的一部分的程度。

我们也可以抽取一个无回答的被调查人的样本,并设法从中收集一些数据,如增加一些追踪工作减少无联系;将这些个案分配给拒访说服专家,要求他们只回答一些筛选问题,通过另一种模式(如在邮寄之后打电话)接近他们,甚至从邻居或其他来源找一些信息等。来自非被调查人样本的信息可与主调查数据进行比较,以对差异作出估计。不言而喻,这些方法费用可能不菲,但是在回答率很低的时候,也许会有奇效,不妨一试。

差异的应对

如果外部或样本内比较告诉我们无回答偏倚暴露出来的问题对数据质量有影响，那么可考虑采取一些措施。一种可能的措施是下面一节介绍的调查后统计调整。即使我们没有做这样的调整，也可以在方法学报告中提一提观察到的差异。

同一类型的辅助信息也可用于在调查后的调整中对存在的无回答偏倚进行评估。然而，多个可资利用的信息源的存在使我们如何处理这个问题的决策变得复杂。一种经验的方法可能对调整程序的开发设计不无帮助，我们可以将不同的资源分别用于同样的偏倚分析，然后从中确定一种最有效的调整方法。

有两点必须明确。第一，如果可资利用的辅助信息源有多个，那么分析和调整过程就可能会变得相当复杂。第二，收集这样的信息所需的费用不是一笔小数目；如最初的预算中没有列入这笔开支，那么我们的选择余地就十分有限。

有关存在无回答问题的调查的无回答调整和估计的文献可谓汗牛充栋，但有关探测无回答偏倚的水平的文献却不太多见。不过我们可以在一些有关评估无回答偏倚的程度和影响的个案研究中得到一些启示。

数据调整：加权和配值

调查后的统计调整的主要形式有：(1)对样本设计的不等选择概率进行加权调整；(2)对总体的各个子群体的不同的单位无回答进行加权调整；(3)对题项无回答进行虚拟插值。其中第一种调整是必需的，如果样本设计使用了不等选择概率的话。无论另两种调整是否使用，采用的方法是什么，研究者优先要考虑和判断的问题都是调整可能会对单位和题项无回答有什么作用和补救。

为了阐明这些调整的性质，我们来看一下马里兰犯罪调查的假设的发现：

去年，您是否为了防卫购买过枪支或其他武器？

购买过	66%
没有	23%
不知道／拒答	11%

不等选择概率加权

假定马里兰州的人口分布是巴尔的摩市的 13%,巴尔的摩郊区的 37%,华盛顿特区郊区的 37%,州的其他地区的 13%。为了阐述方便,我们假定样本是按等分分层来代表四个地区的(25%、25%、25% 和 25%)。最后,我们假定报告购买过防卫武器的被调查人的百分数是跨地区变化的,具体的百分数是:巴尔的摩的居民说购买过的百分比是 32%,其余三个地区都是 20%。

显然,32%[1]这一发现受到了巴尔的摩居民被设计中的过度抽样(样本比例为 25%,总体中的比例仅为 13%)的影响。为了对过度抽样进行调整,我们用(π_i/p_i)对来自每一组的数据加权。权数中的 π_i 是在总体中的组的比例,而 p_i 则是在样本中的比例。这样一种加权变换在标准统计软件中都可找到。

在这个具体例子里,将跨组计算作为每个组未加权的购买过的百分数乘以它们在样本中的份额:

$$0.25×32\% +0.25×20\% +0.25×20\% +0.25×20\% =23\%$$

将每个组购买过的百分数乘以它们在样本中的份额,便可得到加权的购买过的百分数,不过现在权数是(π_i/p_i):

$$(0.13/0.25)×0.25×32\% +(0.37/0.25)×0.25×20\% +(0.37/0.25)×0.25×20\% + \\ (0.13/0.25)×0.25×20\% =21.56\%$$

实质上,我们是根据离开样本代表的总体的每一组在总体中的份额对它们加权,以使它们合乎它们应该代表的比例。

对不同的单位无回答加权

是否需要对不同的单位无回答加权取决于在子组中存在的回答率差异,如郊区组和其他组回答率的差异,男性组和女性组回答率的差异,等等。无独有偶,我们也要假定马里兰州的人口总体的分布是:巴尔的摩的人口是 13%;巴尔的摩郊区是 37%,华盛顿特区的郊区是 37%,州其他地区是 13%。这一次,假定我们抽取的是一个 epsem 样本,但是因为郊区有比较多

---

[1]　原文是 23%,系 32% 之误。——译者注

的无回答，我们得到了相同的观察样本（25%、25%、25% 和 25%）。我们再一次假定，四个地区报告为自卫购买过武器的被调查人的百分比，巴尔的摩为 32%，其他三个地区都是 20%。

与前面一样，23% 购买过这一结果受到样本和总体的地理分布二者的影响。也与前面一样，为了调整这些差异，我们用（π_i/p_i）对来自每一组的数据加权，权数中的 π_i 是总体中的第 i 组的比例，而 p_i 则是样本中的第 i 组的比例。与前面一样，加权的效应使购买过的估计值从 23% 降到了 21.56%。

虽然加权的逻辑和权相同，但还是会有一种差异。在组的代表性中差异源于样本设计的时候，这些差异是我们按计划事先植入样本的，因而我们确切地了解如何将它们去除，并把样本带回等同于 epsem 的代表性。在样本代表性中的差异是不同的无回答的结果时，这种结果并不是我们事先计划的，而是事后观察到的（这正是为什么无回答加权有时被叫作事后分层）。这时，我们不是十分清楚，数据的调整究竟是否恰当。

做这样的加权的前提是我们会因加权而降低无回答偏倚。但是只有在总体子组内的有回答的被调查人和无回答的被调查人之间不存在显著的差异时，加权对解决无回答偏倚问题才是有效的。我们对地区加权是因为郊区的被调查人的回答率比其他地区的被调查人低，因此他们的代表性也比其他地区低。只有在郊区的有回答的被调查人与无回答的被调查人之间不存在显著的差异时，这样的加权才能完全取得成功。换句话说，在我们用 1.48（0.37/0.25）给郊区组加权的时候，我们的做法就好像这些"丢失"的被调查人将与已经访谈过的那些人以同样的方式来回答问题。如果无回答是随机的，那么情况就的确如此，但是这往往是一个很成问题的假设。

实际上，我们并不知道加权在解决无回答偏倚中起多大作用。很有可能它会有一部分作用。但是，因为不确定性的存在，我们应该在方法学报告的不同的无回答问题讨论中，多加小心。

尽管对无回答加权是一种很重要的技术，但是在使用它的时候，必须倍加小心，因为对一个变量加权的时候，我们可能会在不经意间影响或调整数据集中的其他变量。这就是说，如果我们对郊区—其他地区加权，我们也可能调整了收入、种族、政治偏好、可以打猎/不可打猎、一般枪支拥有权及许多其他的变量，这些变量都在一定程度上与手头加权的变量相关——在我们的例子中。加权变量是为自卫而购买过武器的人的百分比——在其他方面可能会适得其反。

另一个问题是，不成比例的加权会增加调查估计值的抽样误差（see Hansen et al.，1953）。这就是说，一个通过加权来由不成比例样本变成的成比例样本比同容量的比例样本有更高的抽样误差（除非不成比例的方案是被设计用来利用组别差异的变差的分层样本）。因此，一个因由对不同的无回答进行加权而产生的可能的偏倚降低，将伴随方差的增加，因而净效应可能会是总调查误差的增加。

将所有这些问题都考虑进去，我们认为只有在（a）各组的回答差异相当严重；（b）加权对重要的变量产生了有意义的变化；和（c）加权没有明显的不利影响时，才可考虑对无回答问题采取加权。

无回答或回答不一致配值

虚拟插值是用一些构建的值来替代那些没有答案，答案与同一访谈的其他答案不一致的题项的值。在虚拟插值系由答案之间的不一致性所致时，它是以来自同一个被调查人的另一个答案为根据的，并反映了研究者对最佳的解决不一致性问题的考虑。在虚拟插值为题项无回答驱动的时候，构建的值一般都是以数据集中的其他个案的一些情况为根据的，与此同时也会考虑到同一个案的其他变量的一些情况。例如，在我们的例子中，有11%的被调查人没有回答他们是否为防卫购买了枪支。如果另一个特定的没有回答这一题项的被调查人的其他答案表明，她是一个居住在郊区的女性，年龄在 65 岁以上，她报告受过一次犯罪侵害，那么她（和其他没有回答这一题项的被调查人）就可以根据那些回答了这一题项的被调查人中枪支购买和地区、性别和受害状况之间的关系分配一个测算值。

与加权程序一样，这样的调整也假定题项无回答在定义的参照组内是随机的。这一假定的风险是显而易见的——我们的题项无回答被调查人可能与其他郊区、女性、65 岁以上、受犯罪侵害的被调查人除了买过枪支但却不希望暴露这一事实之外的其他每一个方面都很相像。

题项无回答虚拟插值在小规模的调查中不常使用，且我们也不推荐初学者使用这种方法。不过，如果题项无回答水平确实非常高，以致无法进行关键的分析（譬如说对某一个子群体），那么可以考虑试一下虚拟插值。不仅如此，在多变量分析中，单独一个变量上的题项无回答，都可能把被调查人从整个分析中去掉，从而使样本量减少，而虚拟插值则可以避免这样的减少。在遇有这样的情形时，读者可查阅加尔顿（Kalton, 1981）和格罗夫斯等人（Groves et al. , 2002）著作中有关备择的虚插值程序的讨论。使用的任何程序都应当在方法学报告中予以阐述，如果数据将要被其他的研究者用来进行二次分析，那么就应该标明哪些值是插入而非量度的。

方法学报告

调查结果在发现报告（或学术论文）中提供，内容包括调查原因概括、调查数据分析描述和结果解释。收集到的信息是什么样的？它告诉了我们什么？在报告中假设得到了支持还是反对？

在某种程度上，这些发现取决于调查数据的质量：了解调查的长处和可能的短处会帮助读者对研究的结论做出判断。在发现报告中陈述的分析，以及可能的进一步的分析都应该将调查设计和实施的某些方面考虑在内。调查方法学报告是调查设计和调查实施文档的技术描述。

在报告用什么方法设计和执行调查的时候，有关问卷设计、抽样和数据收集的若干问题，将会从不同的角度来考量。在方法学报告中，调查的每一个组成部分的误差性质都是有关调查结果的信度和效度的信息。几个在前面已经提及的主题在方法学报告中将再次出现，但更多的是从用户的角度。

从调查计划者的角度看，我们是在用一系列的设计和实施决策来谋求调查结果的信度和效度的最大化。从用户的角度，为了评估调查发现的可信性，读者（或数据集的用户）必须了解计划者做过的关键决策和这些决策的某些后果。研究者在匆忙中分析大量发现的时候，常常会省略这最后的阶段，或忙中出错提交了一份不完整的报告。在这一节，我们将先通过一个例子来证明，调查方法学的某些特质可能会对调查发现和它们的解释有重大的影响，进而我们将讨论一个一般的方法学报告的主要组成部分。

描述调查程序的重要性是很难正式介绍的，但是却可以相当简单地予以例示。让我们回到马里兰州犯罪调查的假设：

在去年一年内，您是否为防卫而购买过枪支或其他武器？

没有	66%
购买过	23%
不知道/拒答	11%

如果只是简单地报告 23% 的被调查人回答购买过，那么我们报告的只是整体情况的一部分。如果我们知道研究只有 5% 的回答率，那么我们在这一样本中的置信区间将会受到什么影响？75% 的回答率的影响会是什么？显然，我们会在直觉上相信，较高的回答率似乎会给发现以更大的支持。但超越直觉，高回答率之所以重要是因为我们可更少地担心那些无回答的被调查人，如果他们也曾被访谈，就可能会使结果有所变化。记住，我们因为

从一个概率选择样本来映射目标总体而有统计偏倚。不过,我们没有能调查所有的样本成员,得到的样本不同于选择的样本,从而使我们映射总体的能力有所减弱。当然,我们无法确切地知道,但是我们大致知道我们的担心是与无回答的量成比例的。如果无回答率比较低,那么这些我们未曾访谈到的人,只有在与访谈到的被调查人有很大不同的时候才会使结果有所改变。相反,如果我们没有能调查到相当大比例的样本成员,那么这些未曾访谈到的人会轻而易举地改变调查的结果。

　　另一个要提供详细的方法学报告的原因是和其他的研究进行比较。回到武器购买问题,例如,如果两个分别进行的研究,问了同样的问题,但是得到的估计值却有很大的不同,其差异之大,已无法用抽样误差来解释,这时人们必定会想知道,其原因究竟何在? 如果马里兰州犯罪调查基于 800 个访谈,发现 23% 的被调查人曾经购买过武器,在 95% 的置信水平上那个估计值的置信区间为±2.9%。如果同样的问题问了弗吉尼亚州的 700 个被调查人,得到了 40% 购买过的结果,在同样也是 95% 的置信水平上,置信区间为±3.6%。若只以抽样误差为根据,马里兰州和弗吉尼亚州的结果的值域变成了 20.1% 到 25.9% 和 36.4% 到 43.6%。显然,马里兰州的最高估计值低于弗吉尼亚州的估计值。

　　当然,这不同的发现可能反映了两个研究的州之间的真正差异。这可能只是因为购买枪支的弗吉尼亚州的居民就是比马里兰州的多。但是这样的有差别的结果也可能是调查方法学的附带结果或人为的产物。

　　在尝试了解这些差异的时候,我们应该先来看一下调查的两个主要方面。如果数据收集的方法不同,那么这可能就是差异的原因所在,自填式问卷的被调查人可能比电话调查或面对面调查的被调查人更愿意承认得到过武器。题项在问卷中的位置可能也会有影响。如果一个调查在调查的合法性或与被调查人的融洽的关系牢固建立之前,很早就问这一题项,得到的武器购买问题的回答率可能就会比后期用问卷问这一题项的调查低。如果两个调查分别由两个不同的组织(或研究团队)实施,那么差异就可能是"房子效应"(house effect)的结果——这就是说,为了进行访谈,我们都要对调查员进行一般的培训,而有些我们在培训时告诉调查员应该采用的处理方法,如对"不知道"这种答案进行探询或不进行探询,可能都会对结果有影响。

　　当然,不同的发现可能不是任何单一的方法学差异,而是它们的某些组合的结果。例如,如果在马里兰州调查中较早问这个问题,且弗吉尼亚州调查不是像马里兰州调查那样使用电话调查,而是使用邮递调查,那么一种组合便会产生。在这种情形中,两种效应可能拉向同一方向,造成较高的弗吉尼亚州报告数字。这样的多重效应也可能拉向相反的方向,使我们的假定更加复杂。

最后，如果弗吉尼亚州与马里兰州相比，不强调枪支购买法，因此更多的弗吉尼亚州的居民实际上购买过枪支，而马里兰州购买过枪支的被调查人，并不比弗吉尼亚州少，但却是不合法的，因此不太愿意报告自己曾经购买过枪支。在这种情况中，不同的调查结果可能有一部分是因为总体差异，但是同时也反映了报告这种行为的愿望的差异。不言而喻，调查可能会并发很多问题，如果我们对这些问题视而不见，那么就可能会使调查结论得不到支持。

不言而喻，在所有的例子中，读者或数据的分析者必须详细了解调查的方法，以能恰当地使用调查结果。因此，一个尽职尽责的研究者有义务提供有关显然或潜在地对调查质量有影响，或有助于调查结果解释的调查方法学的方方面面的信息。有些这样的信息，如抽样误差可以在数量上提供，而其他的方法学要点则在文字上描述一下就可以了。

方法学报告包括什么内容

表 12.1 列出了许多常在方法学报告中阐述的调查具有的各种要素。方法学报告有时也称误差简报或质量简报。我们先给方法学报告的每一个事项应该包括的内容一个简明的例子，然后给出一些决策指南，说明在一个特定的调查中哪些议题是很重要的，在报告中是不可或缺的，哪些不是十分重要的，是否要包括在报告中，可视具体情况而定。

样本设计

方法学报告常常始于抽样设计的讨论。这一节我们将为报告的其余部分提供一个框架，与此同时，我们也将为后面有关抽样框、加权、估计和其他议题的讨论提供一个背景。这也开始在告诉我们的读者，设计对调查研究的主要目的的实现究竟是否有效。这一节应当包括，至少在最低限度上应当包括调查主要目标总体的操作定义，调查目的的概括描述和抽样方法的特点，如是否使用了分层或聚类。

如果使用了分层，那么分层是成比例的、不成比例的，还是二者的组合？如果使用了不成比例的分层，那么研究者应当说明，其主要原因是否为单独对子群体进行分析提供足够的个案，比较子群体，还是其他什么原因？在层内，元素是等概率还是不等概率选择的？当然层的定义也应当提供。

表 12.1　方法学报告

抽样：

Ⅰ. 抽样设计

Ⅱ. 抽样误差

Ⅲ. 框架问题：覆盖面

数据收集：

Ⅳ. 工具开发：预试特殊方法，认知程序

Ⅴ. 数据收集：调查员培训，实地调查期间；回拨，质量控制／监视（校验）

Ⅵ. 答案偏倚：问卷问题

Ⅶ. 单位无回答：回答、拒绝和合作率，筛选

Ⅷ. 特殊程序：无回答被调查人样本，拒访说服，奖励

Ⅸ. 无回答偏倚：子组无回答差异

估计：

Ⅹ. 加权和估计

Ⅺ. 题项无回答：编辑和虚拟插值

Ⅻ. 数据录入和编码：输入验证和输入错误、开放型编码

抽样误差

　　抽样误差是最常报告的调查精度的量度。它是精度的不完整量度，因为总调查误差也来自可能存在的样本偏倚和测量误差。尽管如此，每一份方法学报告都应该对抽样误差问题予以说明，如果可以，还应该提供所有关键变量的抽样误差，或者提供一张可用于许多研究变量的抽样误差概括表。

　　如果我们的研究样本是一个简单随机样本（或系统随机样本），那么这个是比较简单的。统计软件一般都会在它们例行的输出中，提供简单随机样本的抽样误差（常常被标为标准误差）。遗憾的是，在许多时候，样本设计往往与简单随机样本有着很大的不同。设计可能涉及分层或聚类，再加上可能的无回答权数。在这些情况中，简单随机样本的误差将会误算（有时会大大误算）量度的精度。

　　比较实际的备择方法是，选用一种被专门设计用于计算抽样误差的软件，这些软件已将特定的抽样方法考虑在内。用于这一目的的最常见的软件包有三角研究所（Research Triangle Institute）的 SUDAAN［SUrveyDAta-ANalysis（调查数据分析）］和韦斯达特公司（Westat Corporation）的 WesVar。它们的详细操作超过了本书讲授的范围，但是文字的操作手册和短期教程

都是可以得到的。此外,常见的统计软件包,如 SAS 或 SPSS 提供了 boot-strapping 或 jackknifing 的与某个统计量关联的抽样误差的计算。为了对这一问题有更多的了解,读者只需在 Goole 上简单搜索"bootstrapping in SAS"(或"jackknifing in SAS"等等)。

抽样框问题

在方法学报告中谈及的主抽样框问题主要涉及覆盖偏差,因为一般认为有关抽样框的其他问题,如不合格问题、重复问题等已经在抽样、数据收集或分析阶段处理了。我们可以进行的陈述虽然常常都相当一般化,但是它们的信息量却不小——例如,"成员资格名单是 8 个月以前做的。因此,新成员有一定的遗漏,但确切的百分比却无法确定。"这样的陈述可能很有用,如果我们发现在一组特殊的变量上,新老成员间有着一定的差别的话。即使我们的读者不能确定估计值中的偏倚的大小,至少也能知道它的方向。同样,如果我们必须使用学生名录,作为学年中间的抽样框,那么我们可能会注意到"名录可能没有包含春季注册的新生"。根据大学管理部门以往的数据,春季注册的学生约为 10%。包括这样的学生的重要性取决于两件事情:未覆盖的百分比和它与我们研究的变量的可能存在的关系。一般认为,比较理想的做法是,我们应设法了解覆盖偏倚的方向和数量。问题在于,即使我们只能了解低覆盖问题的全部性质,也总比什么都不知道好。

在撰写方法学报告的时候,我们不应当忽略研究的好的方面。这可能是开发整合了一个完整的 RDD 设计,在这种设计中,使用的抽样框根本就没有低覆盖问题。这样的设计优势也应该适当写进方法学报告。

工具设计开发:预试和特殊方法

方法学报告应该扼要地说明预试的次数和类型,以及这些预试是否都是常规性的,还是包括了认知测试、专家组访谈或这些方法的组合。

即使在预试之后,我们怀疑某些问题仍然存在,预试也还是应当在讨论之列。回想一下学生调查中的下面那个问题:

你平时喝酒的时候,每次平均喝多少酒?

从认知预试访谈我们得悉,被调查人喝酒可能是没有什么规律的,例如只在特别的社会事件发生的时候才喝,因此很难计算平均喝了多少。即使如此,我们认为也不应该将这个问题完全去掉,因为这个问题对我们的分析是如此重要,所以我们决定总是要包含它。但对读者来讲,让他们了解对于这些偶尔喝酒的被调查人,他们喝酒数的量度误差,可能会比那些总是在晚上喝一点或在星期五下午的"快乐时光"在酒吧喝一点的被调查人要大这一点是很有用的。但是就像苏德曼(Sudman,1976)说的那样,这些类型的细节使得研究局限的阐述变得更加有用。无独有偶,究竟应该选取多少这些类型的信息包括在我们的报告中,也取决于我们对关键变量上这样的缺陷的潜在影响的判断,或读者对调查的优点、缺点和普遍性的关切程度。

数据收集:培训、程序和质量控制

方法学报告应注明数据收集的时间(例如,2004 年 2 月至 4 月)。时间的影响通常是微不足道的,但如果一些变量有季节性影响(例如,询问娱乐活动的调查),或者发生了可能影响一些结果的公共事件(例如,在我们的犯罪调查数据收集过程中,发生了一件被广泛报道的十恶不赦的罪行,这可能会降低人们考虑替代的、非监禁的判决的意愿),那么就值得我们注意。

方法学报告也应该对调查员的培训情况予以简要的说明,特别是那些向调查员逐题给出的如何处理特定状况或意外的指示。例如我们来看一下下面的问题:

假设一个(填写年龄)岁的人因贩卖价值(填写美元数)的可卡因获罪。他有(填写次数)前科。您认为他应该被送进监狱,要求每月向缓刑犯监督官报告一次、每天报告,还是进行监控,随时都要知道他身在何处?

1. 送进监狱
2. 要求每月报告一次
3. 要求每天都向缓刑犯监督官报告
4. 进行监控,随时都要知道他身在何处
8. 其他

被调查人可能会问各种问题,如"真的有这样的监控设备吗?"或"如果这个人错过向缓刑犯监督官报告,那会怎么样呢?"如果调查员已经得到过指示,那么对前一个问题,他就会说的确有这样的设备;而对后一个问题,他就会说,监督官会决定怎么做。这些问题都值得在报告中提及。如果诸如这样的指示的情况很多,那么就有必要在报告的附录中附上一张列有所有给调查员的指示的清单,这会对调查数据的理解有很大的帮助。

回拨或追踪的次数以及它们安排的一般规则也应该在报告中提一下,还有访谈监控或验证的百分比也不要遗漏。许多调查监督和验证的目标定在了访谈数的 10% ~ 15% 。

问卷问题

　　如果我们有理由相信，譬如说从监督正在进行的访谈或从调查员的评论中了解到某些调查问题使被调查人产生问题，那么我们也应该在报告中提一下这种情况。例如，这可能是许多被调查人对某一问题提供的封闭答案类别不太理解或者有所抵触。通常，我们会在问卷设计期间解决这样的问题。如果我们已经尽了很大的努力，但问题仍然没有解决，那么研究者就应该有把这种情况写进报告的责任。

单位无回答：回答、拒绝和合作率

　　与其他的调查质量指标不同，调查率从来不是可有可无的报告事项。这个议题的问题不是是否要报告，而是如何报告。回答、拒绝、合作和完成率等词汇，不同的研究者在使用它们时，含义有很大的差别。尽管有被人推崇的计算和陈述方式方法［参见 Council of American Survey Research Organizations（美国调查研究组织理事会）；Groves & Couper，1998；Hidiroglou，Drew，& Gray，1993］，但它们始终未被人们所普遍采用。在这方面的最新的尝试是"美国舆论调查研究会"［American Association for Public Opinion Research（AAPOR，2011）］编写的出版物，该出版物推荐了一些用于电话和面对面调查的标准定义和公式。[①] 我们则建议使用一组简单的率，但更为重要的是，我们敦促研究者要确切地阐明一个特定的研究的各种率是如何计算的，以及主导这些率的计算的样本配置规则。

　　在一般人口总体的电话调查中，主要的拨叫结果落入三个区域：非住户（或其他的不合格），住户和状况不清楚的住户（或其他的合格），非住户是相当清楚的——那些号码未在运行中，或是企业或其他的组织、旅馆、集体宿舍等。在住户这一类中，我们将会有访谈、拒访和各种类型的未联系住户（不是拒访户），在未联系户中，在已经完成规定次数的试拨之后，户内选出的被调查人，因各种原因（如外出旅行、生病或使用应答机等）仍未能联系上。此外，有些无回答仅仅是因为住户只会说英语之外的其他语言。如果根据调查的定义，这些住户是合格的住户，那么在计算各种比率的时候，必须将它们包括进来。最后，即使在做了很多的回拨之后，仍然还有一些状态

　　[①]　AAPOR 标准定义报告（AAPOR Standard Definitions Report）和 AAPOR（Excel）回答率计算器 v.3.1 二者都可以从网站上下载。

确定不了的住户。无论将他们全部计入在内还是全部排除在外的做法都是错误的。最为合理的折中做法是,考虑将这些住户中一定百分比的住户作为合格住户。因此最好能在研究中确定这些电话号码的住户的百分比(参见 AAPOR,2004)。

回到前一章的表 11.2,它显示了马里兰州犯罪调查的样本处置,我们注意到在 1816 个初始样本号码中,702 个是各种类型的非住户,1052 个是住户,53 个号码在 20 次拨叫之后仍确定不了是住户的还是非住户的。我们推荐,像常见的实际做法那样,将 1061 个确定的住户作为计算回答率、拒访率和非联系率的下限,具体如表所示。为了计算上限,我们注意到 1763(1061+702)个电话号码被分为住户和非住户两类;以这一数字为总数,大约 60%(1061/1763)是住户。如果我们把同样的百分比用于 53 个未确定的住户,那么会将 32 个个案加到分母上,于是回答率将会从 78%(824/1061)下降到 75.4%[824/(1061+32)]。这个程序给我们提供了以电话号码状态不清楚假定为根据的回答率范围。

最后一个常常陈述的比率是合作率。这个比率常用的计算方法是确定合格的访谈数除以访谈数加拒访数和部分访谈数。这一比率的数值告诉我们,在那些实际上已经联系和包含有合格的被调查人的住户中,访谈实际运作的好坏程度。在两种情况中,这一数值尤其有价值。第一种情况是,在数据收集期间,我们想要跟踪实际运作的成功情况。在访谈进行的过程中,存在相当大数目的未联系,回答率自然就会很低,这说明实际运作情况不佳。第二种情况,有时数据收集期间太短,致使我们只能少量回拨。这样的情况在调查的目的是测量公众对一个新闻事件的反应的时候很有可能发生。无独有偶,其结果也将会是有相当大数目的未联系。在这两种情况中,合作率都将是比回答率更好的测量成功情况的指标。

特别程序:无回答样本和拒访说服

任何在数据收集工作中使用的特殊程序,如拒访说服或无回答被调查人样本的追踪都应该在方法学报告中有交代。这些交代应该说明使用的程序及程序使用的效果好坏。此外,如果有相当大一部分的个案(譬如说 15%)是这些工作的结果,那么报告这些被调查人在关键的变量上是否与其他的被调查人有什么不同(在统计显著水平上)可能是很有用处的。

数据录入和编码

数据录入的差错率或估计的键盘错击率一般不用报告,除非出现某些极为普遍的问题。然而,任何在给某些题项编码时遇到的特别的困难则应该报告。这样的情况通常不会发生在开放式题项上。这样的问题和它们的解决办法应该在方法学报告中报告。许多时候,在预试阶段就已经确定和解决了潜在的编码问题,所以在方法学报告中就不必再解释这些问题了。

调查文档

许多文档、文件、说明和其他材料,对调查设计和实施都是不可或缺的。方法学报告对那些发现报告的读者和数据用户应当掌握的材料应该加以概括。当然概括不能包括所有的材料内容。其他文档,如调查员培训材料、编码框等,保留起来也很有用处。它们可能对回答以后出现的问题有所帮助,或对今后的调查有用处。我们建议保留调查期间的运行清单。以便了解什么材料和文件应该保留。最后,但并非可有可无的是,我们必须加倍小心地保护或销毁任何可能将被调查人的身份和他们的调查联系起来的文件,否则就会违反我们做出的保密承诺。

在其他国家和文化背景下的调查

一般来讲,本书讨论的是美国的调查设计。最后,在本书即将结束的时候,我们就其他国家或基于跨国家的调查的调查设计问题说几句话。这些内容也适用于那些设计用于一个任何给定国家,包括美国国内的其他的语言或文化群体的调查。

调查的效率,如我们在本书第 1 章所讲的那样,取决于为数不多的几个原则和实践指南。这些原理(如计划一个调查的步骤、必须控制的调查误差源、概率抽样原理)都与在美国或其他国家进行的调查并无二致。但在另一方面,把它们付诸实践却会有很大的不同。在调查设计和实施的每一阶段,有各种各样的因素会对调查的成功实现有影响。这些因素包括基础设施、文化规范,当然还有语言。我们会谈到其中的某些差别,因为它们对抽样、问卷设计和数据收集的实际操作都有一定的影响。

抽　样

从抽样的角度看,国家之间的主要差别涉及抽样框的可得性、与抽样框有关的样本设计问题、数据收集模式和回答率等。

各个国家可以找到的一般人口总体的抽样框,相互之间的差别相当大。

例如,欧洲国家都有可以公开得到的可用于抽样的居民登记材料。这可以提高一般人口总体抽样的覆盖面,尽管它可能对总体内的子群体的抽样没有太大的价值。另一方面,在某些国家可以在普查数据中找到抽样设计需要的信息,但在那些很少进行普查,或普查质量很差的发展中国家,这样的信息根本得不到,或虽然可得到,但却很不可靠。

在美国,女性参加工作的高比例和比较高的劳动力价格使得入户访谈的费用非常高,但很高的电话拥有数意味着电话调查可以以比较低的覆盖偏倚进行。这使得电话调查得到了广泛使用,因而解决电话调查带来的挑战的抽样技术也得到了广泛的应用,如随机拨号法。在发展中国家,拥有电话还不是十分普遍,或手机偏多,致使电话调查不太吸引人,而入户访谈却用得很多,因而诸如用地理上定义的区域的整群抽样方法也得到了广泛的使用。

同样,购物中心的市场研究调查在美国十分普遍。基于购物中心的购物在其他人口密度比较大的国家不那么常见,在这样的国家人们更多的是到街上购物。这仍然有可能使抽样和访谈在公共场所进行,但对于调查员来讲,工作环境却有所不同,且被调查人的选择和筛选的方法也会相应变化。

不同国家之间在抽样问题上的最后一个差异则与回答率有关。在美国,回答率一直在下降,致使无回答偏倚成为很大的问题。在许多发展中国家,这个问题似乎不是很严重。它们面临的主要挑战是能否安全进入住户家中,但是一旦进入了住户家中,则很少会遇到无回答问题。

问卷设计

每当一个调查是跨语言和/或文化或调查被用于比较文化群体(包括跨国家的比较)的时候,测量的对等问题就成了一个非常重要的问题。这个问题可能是相当复杂的:乔森(Johnson, 1998)列出了 52 类在一次文献检索中发现的测量对等,包括量度尺度对等,有时它们也被定义为“因子负载和误差的方差都是跨群体同一的实体”和语意对等,这样的情况发生在“调查题项……在翻译之后,跨两个或更多个文化展示出同样的意义”的时候。

就语意对等而言,一个研究者以某种语言设计的问卷必须翻译成用于另一种语言的调查的译本,但是仅靠翻译本身是保证不了语意的对等的。那些在两种语言中在字面上可比较的词,可能有不同的含义,或在一种语言中的语气比在另一种语言中更强。斯密斯(Smith, 2003)指出,在构建用于两种不同文化的等级量表,以及其他量度尺度的时候,就会出现某些这样的问题。在调查的构建或概念是主观的时候,这些对等问题危害特别大。一般来讲,关于态度和信仰的调查,比行为、经验和其他更为具体的主题的调查,可能更难毫无变动地翻译成另一种文化环境中的语言。

除了语言之外,约翰逊等人(Johnson et al., 1997)给出了一个强有力的个案,证明其他文化差异对回答也会有影响。有些影响源自"文化群体在个人主义和集体主义、情感内敛和外露、男权主义与女权主义和对身体接触的可接受性等维度上的不同"(p. 89)。此外,在形成某些类型的判断的时候,被调查人可能会依靠一种参考框架(如对某个类型的医疗保健的合理期望是什么),或一个锚点(在他们的文化中,什么构成了"平常"的行为)。如果这些参考框架和锚点在不同的国家是不同的,那么某些回答尺度可能无法为所有的被调查人同样使用。同样,答案的编辑也可能会受回答人对报告任务的理解的影响——如回答开放式问题的合适的信息量,或如约翰逊(Johnson et al., 1997)所指出的那样,受诸如自我表现那样的因素的影响。调查员和被调查人之间的社会距离可能在不同的国家是不同的,这就意味着被调查人对调查的赞许程度也是不同的(参见 Johnson & Van De Vijver, 2003)。

数据收集

数据收集的费用取决于可以利用的基础设施。在美国,电话(座机或手机)、邮件和互联网提供了低费用的数据收集方法。这些资源的可利用性在各个国家之间存在着很大的差异,不仅如此,在一个给定的国家内,不同地区之间的差异也很大。不论一个国家可利用的资源是什么,它们的使用都要受制于社会规范,进而影响调查研究者利用这些资源的效率。

我们已经指出入户调查在发展中国家比在美国更为普遍。邮递调查对它们的吸引力比美国更大还是更小,则取决于抽样框的可得性和人口的识字率。就当前而言,网上调查在发展中国家比在美国的吸引力低很多,因为发展中国家的上网人口率很低,但是这个比例在不同的人口子群体的差别非常大。

一点忠告

总的来讲,虽然好的调查设计的原则是有普遍性的,但是有成本效益的实施细则在国与国之间和子群体之间则可能存在很大的不同。正因为如此,我们强烈建议,与当地社会科学家和/或熟悉子群体的社会科学家合作,或请他们在调查设计、实验测试和调查实施的关键之处提供咨询。在我们为自己的文化和环境设计一个调查的时候,许多社会规范都是在不经意间考虑的。在设计一个必须在其他背景下实施的调查时,这些类型的问题常常被我们忽视。为了使工作做得更好,我们必须了解调查将要在其中实施的背景。因而某些熟悉这个文化和环境的人就变得十分宝贵。

此外,有关跨文化跨国家调查的方法的文献有很多,对之有兴趣的读者可以从《国际调查方法学手册》(*International Handbook of Survey Methodology*)(de Leeuw,Hox,& Dillman,2008)和《跨文化调查》(*Cross-Cultural Survey Methods*)(Harkness,Van de Vijver,& Mohler,2003)入门。

补充资源

The AAPOR Best Practices(AAPOR 最佳实践)的网页上,有可用作检查方法学报告的完整性的最终清单。

统计政策办公室(Statistical Policy Office)、管理和预算办公室[Office of Management and Budget(OMB)]于2001年7月出版的统计政策工作论文31(Statistical Policy Working Paper 31),《调查误差源的量度和报告》(Measuring and Reporting Sources of Error in Surveys)可在政府报告网站上得到。

高级专题

有关数据集的保护保密问题的专题讨论和技术方法讨论请参见芬伯格(Fienberg,2000)的《通过**披露限制**实现数据保密和数据保护:有关原则和技术发展》(Confidentiality and Data Protection through Disclosure Limitation:Evolving Principles and Technical Advances)。

附录A

马里兰大学本科生调查

本调查为调查人保密，您不必在问卷上签名。

除了特别说明的问题，请在最能反映您的观点的那个答案前的号码上画一个圈。

图书中心

一、本学期，从一月份以来您是否常到图书中心购书？

    1. 只有一两次

    2. 每星期不到一次

    3. 每星期一次

    4. 每星期一次以上

    5. 从来没有去过⇒第十题

二、这学期您是否在图书中心购买了新的教科书？

    0. 没有⇒第四题

    1. 购买了

三、您对新教材的质量、价格和选择性是否满意？

	很满意	比较满意	不太满意	很不满意
a. 质量	1	2	3	4
b. 价格	1	2	3	4
c. 选择性	1	2	3	4

四、这学期您是否在图书中心购买了一般的文具用品，如钢笔和纸张等？

    0. 没有⇒第六题

    1. 购买了

五、您对一般文具用品的质量、价格和选择性是否满意？

	很满意	比较满意	不太满意	很不满意
a. 质量	1	2	3	4
b. 价格	1	2	3	4
c. 选择性	1	2	3	4

六、这学期您是否为您上的课，通过图书中心特别预订了有关书籍或其他材料？

0. 没有⇒第九题

1. 是的

七、您对这些特别预定服务是否满意?

1. 很满意　　　　　　　　　　　3. 不太满意

2. 比较满意　　　　　　　　　　4. 很不满意

↓　　　　　　　　　　　　　　　↓

七 a. 满意的主要原因　　　　　七 b. 不满意的主要原因

1. 时间　　　　　　　　　　　1. 时间

2. 选择性　　　　　　　　　　2. 选择性

3. 价格　　　　　　　　　　　3. 价格

4. 服务　　　　　　　　　　　4. 服务

5. 其他,请具体说明_____　5. 其他,请具体说明_____

八、您认为哪一件事情对图书中心特别预定服务工作的改进最重要?

_____

_____

_____

_____

九、一般来讲,您对图书中心的工作人员给顾客的帮助、礼节及对物品或服务的了解怎么评价?

	好	非常好	一般	差	没有经验/没有看法
a. 给顾客的帮助	1	2	3	4	8
b. 礼节	1	2	3	4	8
c. 对物品或服务的了解	1	2	3	4	8

教学

十、一般来讲,自从您进入马里兰大学以来,您是否经常见到您的指导教师?

1. 从没有见过

2. 一学期不到一次

3. 一学期一次

4. 一学期两次

5. 一学期三次

6. 一学期三次以上

十一、您现在的指导教师是?

1. 专职的指导教师(全职非正式教职员指导教师)

2. 同辈(本科生)

3. 研究生助理

4. 教员

5. 秘书

8. 不知道

9. 目前没有指导教师

十二、您喜欢什么样的指导教师?

1. 专职的指导教师(全职非正式教职员指导教师)

2. 同辈(本科生)

3. 研究生助理

4. 教员

5. 秘书

6. 无所谓

十三、您是否有过由同辈担任的指导教师?

是

否⇒跳答第十四题

十三 a. 您是否认为同辈指导教师至少应该与自己同一年级?

1. 应该至少同一年级

2. 什么年级无所谓

十四、在下列各项工作中,您认为您的指导教师对您的重要程度是?

	很重要	比较重要	不太重要	根本不重要
a. 有关毕业必备的条件的信息	1	2	3	4
b. 推荐介绍校园内的其他服务设施	1	2	3	4
c. 学业指导	1	2	3	4
d. 决定每学期选修的课程	1	2	3	4
e. 在计划本科生项目时给予自己的咨询	1	2	3	4

十五、一般来讲,自从您进入马里兰大学以来,您得到的指导对您是否有帮助?

1. 很有帮助

2. 有一定帮助

3. 不太有帮助

4. 根本没有帮助

十六、那些帮助您选好选修课的指导对您是否有帮助?

1. 很有帮助

2. 有一定帮助

3. 不太有帮助

4. 根本没有帮助

5. 没有经验

十七、那些帮助确定您学业目标的指导对您是否有帮助?

1. 很有帮助

2. 有一定帮助

3. 不太有帮助

4. 根本没有帮助

5. 没有经验

十八、您现在的学习成绩平均在?

1. 3.6 ~ 4.0

2. 3.0 ~ 3.5

3. 2.5 ~ 2.9

4. 2.4 或以下

十九、与同年级其他学生比较,您认为您的平均成绩是?

1. 大大高于平均成绩

2. 略高于平均成绩

3. 等于平均成绩

4. 略低于平均成绩

5. 大大低于平均成绩

二十、与其他同年级,且同种族的学生比较,您认为您的平均成绩是?

　　1. 大大高于平均成绩

　　2. 略高于平均成绩

　　3. 等于平均成绩

　　4. 略低于平均成绩

　　5. 大大低于平均成绩

二十一、以下问题是否在您身上发生过?〔如果您不知道,或不能确定,请在 8 上打圈。〕

	经常	有时	很少	从来没有	不知道
a. 因为我的种族,得到过很不公正的分数	1	2	3	4	8
b. 曾经有与我相同种族的教师总是希望我比其他种族的学生好一些	1	2	3	4	8
c. 曾经有与我不同种族的教师总是希望我比他的种族的学生差一些	1	2	3	4	8

对待黑人学生问题

这一部分内容有关您对其他种族的人是如何对待黑人学生这一问题的看法。

二十二、据您的观察,以下反黑人的行为是否经常在校园中发生?

	经常	有时	很少	从来没有发生
a. 学生发表的种族言论	1	2	3	4
b. 因为种族而被排斥在社会事件之外	1	2	3	4
c. 教职员发表的种族主义言论	1	2	3	4
d. 奖学金和荣誉上的种族歧视	1	2	3	4

二十三、您毕业的高中的种族构成情况是?

　　1. 黑人和白人各占大约一半

　　2. 黑人为主

　　3. 白人为主

酗酒和吸毒

二十四、学校对下列违规行为的最高处罚是?

	留校察看	毒品检查	取消住宿资格	暂停学业	开除	不知道
a. 携带或吸食毒品	1	2	3	4	5	8
b. 未成年携带酒精饮料	1	2	3	4	5	8
c. 出售或分销毒品	1	2	3	4	5	8
d. 将酒精饮料提供给21岁以下的人	1	2	3	4	5	8
e. 在校园内饮酒	1	2	3	4	5	8

二十五、总的来讲,您对以下有关校园的政策是否熟悉?

	很熟悉	熟悉	不太熟悉	不熟悉
a. 携带或吸食毒品	1	2	3	4
b. 出售或分销毒品	1	2	3	4
c. 毒品检测	1	2	3	4

d. 未成年拥有酒精饮料	1	2	3	4
e. 将酒精饮料提供给 21 岁以下的人	1	2	3	4
f. 在校园内饮酒	1	2	3	4

二十六、根据案情的具体情况,有些学生认为对携带和/或使用毒品的处罚,可以用为期两年的随机毒品检测来替代暂停学业。

您认为这样的政策是否公正?（在下列一个数码上画圈）

很公正	公正	不公正	很不公正	没有看法
1	2	3	4	8

二十七、下列问题您的态度是?

	支持	强烈支持	反对	强烈反对	根据情况决定
a. 在校园内秘密调查	1	2	3	4	9
b. 强行开除	1	2	3	4	9
c. 警察在宿舍内任意巡视	1	2	3	4	9
d. 立法取缔在足球赛期间饮用酒精饮料	1	2	3	4	9

二十八、假定您想得到下面的物品,那么您认为是否在校园内很容易得到?

	很容易	容易	困难	很困难	不可能
a. 大麻/印度麻药	1	2	3	4	5
b. 可卡因/快克可卡因丸	1	2	3	4	5
c. 迷幻药	1	2	3	4	5
d. 安非他明（快速）	1	2	3	4	5
e. 酒	1	2	3	4	5

二十九、在过去的 12 个月中您是否经常使用下列毒品?

	从未使用	1~2 次	3~10 次	每月一次	每周一次	每天一次
a. 大麻/印度麻药	1	2	3	4	5	6
b. 可卡因/快克可卡因丸	1	2	3	4	5	6
c. 迷幻药	1	2	3	4	5	6
d. 安非他明（快速）	1	2	3	4	5	6
e. 酒	1	2	3	4	5	6

三十 a、在大多数情况下,您喝酒的时候平均每次喝多少? _____

［一杯啤酒、一杯混合型酒精饮料,或一杯葡萄酒］

□ 从来也没有喝过酒

三十 b、如果您从来都没有用过,或去年没有用过毒品,那么您没有使用的原因是什么?

（请在一个答案上画圈）

1. 这有悖于我的信仰

2. 这违反法律

3. 其他人不同意

4. 难以得到

5. 担心有害健康

6. 没有得到预期的效果

7. 使用毒品后的消极体验

8. 没有这样的意愿

9. 其他: _____

三十一、如果您去年没有喝过酒,那么您没有喝酒的原因是什么?

（请在一个答案上画圈）

1. 这有悖于我的信仰

2. 这违反法律

3. 其他人不同意

4. 难以得到

5. 担心有害健康

6. 没有得到预期的效果

7. 饮酒后的消极体验

8. 没有这样的意愿

9. 其他：_____

被调查人基本情况

D1. 您是？

　　1. 男

　　2. 女

D2. 您是？

　　1. 白种,非西班牙裔

　　2. 黑人或非洲裔美国人,非西班牙裔

　　3. 墨西哥裔美国人,波多黎各人,或其他西班牙裔

　　4. 亚裔美国人

　　5. 本土美国人、美国印第安人

　　6. 其他种族

D3. 您目前是

　　1. 大学一年级

　　2. 大学二年级

　　3. 大学三年级

　　4. 大学四年级

D4. 在过了最近一个生日之后,您的年龄是？ _____岁

D5. 您现在在哪个学院？ _____

D6. 在进入马里兰大学之前,您在什么样的学校上学？

　　1. 高中

　　2. 从两年制专科学院转过来

　　3. 从四年制专科学院转过来

　　4. 在休学之后返校

谢谢您填写了这份问卷。

您的答案将完全保密。

请将问卷用附上的信封寄回。

附录B

马里兰大学犯罪调查

您好,我从马里兰大学给你打电话。我的名字叫_____。我们正在为州最高当局做一个有关街头暴力犯罪问题的调查。我们需要与您家中年龄在18岁以上,**接下来最快**要过生日的那个人谈话。请问那个人是哪一位?

一、一般来讲,您认为您的**邻里地区**的犯罪问题是很严重、比较严重、不太严重,或一点也不严重?

    1.很严重

    2.比较严重

    3.不太严重

    4.一点也不严重

    8.不知道

二、一般来讲,您认为本州的犯罪问题是很严重、比较严重、不太严重,或一点也不严重?

    1.很严重

    2.比较严重

    3.不太严重

    4.一点也不严重

    8.不知道

三、去年,您认为您的**邻里地区**的暴力犯罪问题是更多了、更少了,或几乎一样?

    1.更多了

    2.更少了

    3.几乎一样

    8.不知道

四、去年,您认为本州的暴力犯罪问题是更多了、更少了,或几乎一样?

    1.更多了

    2.更少了

    3.几乎一样

    8.不知道

五、去年,您认为您本人的财产是否遇到过犯罪行为或犯罪企图的侵害?

    0.没有   [跳答第十题]

    1.是的

    8.不知道

六、您个人是否受到过威胁或武力伤害?

    0.没有

　　　　1. 是的

　　　　8. 不知道

七、去年,您认为您家中的任何人是否遇过犯罪行为或犯罪企图的侵害?

　　　　0. 没有　　　　　　　[跳答第九题]

　　　　1. 是的

　　　　8. 不知道

八、他们是否受到过威胁或武力伤害?

　　　　0. 没有

　　　　1. 是的

　　　　8. 不知道

九、明年,您觉得您或您的家人是否可能遇到抢劫或侵犯? 您认为这种可能性将是?

　　　　1. 很可能

　　　　2. 有可能

　　　　3. 不太可能

　　　　4. 根本不可能

　　　　8. 不知道

十、明年,您觉得您家是否可能有人会破门而入? 您认为这种可能性将是?

　　　　1. 很可能

　　　　2. 有可能

　　　　3. 不太可能

　　　　4. 根本不可能

　　　　8. 不知道

下面我们想问一下,去年您自己和您的家庭为了防范侵害做了什么事情。

十一、去年内,您是否参加了社区防止犯罪项目?

　　　　0. 没有

　　　　1. 是的

　　　　8. 不知道

十二、去年内,您是否在门上或窗户上多加了锁?

　　　　0. 没有

　　　　1. 是的

　　　　8. 不知道

十三、去年内,您是否在家中安装了防盗警报器?

　　　　0. 没有

　　　　1. 是的

　　　　8. 不知道

十四、去年内,您是否接受了自我防范训练?

　　　　0. 没有

　　　　1. 是的

　　　　8. 不知道

十五、去年内,您是否在家中养了看门狗?

　　　　0. 没有

　　　　1. 是的

8. 不知道

十六、去年内,您是否购买了枪支或其他武器作为防卫?

0. 没有

1. 是的

8. 不知道

十七、您不在家的时候,您是否经常因为担心犯罪行为而开着灯,这样的情况在您家是?

1. 总是这样

2. 经常这样

3. 几乎不这样

4. 从来不这样

8. 不知道

十八、您不在家的时候,您是否经常因为担心犯罪行为而要求您的邻居照看您的家,这样的情况在您家是?

1. 总是这样

2. 经常这样

3. 几乎不这样

4. 从来不这样

8. 不知道

十九、您是否经常因为担心犯罪行为而不去某个您本来想去的地方,这样的情况您是?

1. 总是这样

2. 经常这样

3. 几乎不这样

4. 从来不这样

8. 不知道

二十、您是否经常因为担心犯罪行为避免独自外出,这样的情况您是?

1. 总是这样

2. 经常这样

3. 几乎不这样

4. 从来不这样

8. 不知道

二十一、您是否经常为了自卫而携带武器,这样的情况您是?

1. 总是这样

2. 经常这样

3. 几乎不这样

4. 从来不这样

8. 不知道

警察、法院和监狱是犯罪司法系统的重要组成部分。您认为他们的工作做得怎么样?

二十二、您认为警察的工作做得很好、好、一般还是差?

1. 很好[跳答第二十三题]

2. 好[跳答第二十三题]

3. 一般

4. 差

8.不知道[跳答第二十三题]

二十二 a.您这样看的原因是_____

二十三、您认为法院的工作做得怎么样?(做得很好、好、一般还是差?)

1.很好[跳答第二十四题]

2.好[跳答第二十四题]

3.一般

4.差

8.不知道[跳答第二十四题]

二十三 a.您这样看的原因是_____

二十四、法院的工作做得怎么样?(做得很好、好、一般还是差?)

1.很好[跳答第二十五题]

2.好[跳答第二十五题]

3.一般

4.差

8.不知道[跳答第二十五题]

二十四 a.您这样看的原因是_____

二十五、为了在马里兰州建更多的监狱,您是否愿意每年多付100美元税?

0.否

1.是

8.不知道

二十六、并非每一个被判有罪的人都能被捕入狱。马里兰州的监狱已经严重超员。一个在监狱的罪犯,每年的费用高达17000美元。

正因为如此,许多有罪的人未被投入监狱,而是被判**每月向假释官报告一次**。

还有一种判决法是,**每天报告一次**。

另一种判决法是,对这些人进行全天候的监控,**随时**掌握他们的行踪。

请问,在这些判决法中,您认为哪种最合适?

{人的年龄、可卡因的价值和随机犯罪前科}

二十六 a.假如一个年龄为____岁的人,出售了价值_____美元的可卡因,且有_____次前科。您认为这个人应该被投入监狱、要求每月向假释官报告一次、要求每天报告一次,还是实行全天候监控,随时掌握他的行踪?

1.投入监狱

2.要求每月报告一次[跳答第二十七 a]

3.要求每天报告一次[跳答第二十七 a]

4.全天候监控,随时掌握他的行踪[跳答第二十七 a]

8.不知道

二十六 w.如果他在监狱里已经服了一段时间的刑,那么其余的刑期应该在狱外受**全天候监控,还是**应该在监狱继续服完全部刑期?

1.出狱监控

2.在监狱服完全部刑期

8.不知道

武器也是随机的

二十七 a.假如一个年龄为____岁的人,在街头抢劫某人的100美元。他还用某种武器_____

威胁受害人,且犯有_____次前科。您认为这个人应该被投入监狱、要求每月向假释官报告一次、要求每天报告一次,还是实行全天候监控,随时掌握他的行踪?

    1. 投入监狱

    2. 要求每月报告一次[跳答第二十八 a]

    3. 要求每天报告一次[跳答第二十八 a]

    4. 全天候监控,随时掌握他的行踪[跳答第二十八 a]

    8. 不知道

二十七 w.如果他在监狱里已经服了一段时间的刑,那么其余的刑期应该在狱外受**全天候监控,还是**应该在监狱继续服完全部刑期?

    1. 出狱监控

    2. 在监狱服完全部刑期

    8. 不知道

随机的财物价值

二十八 a.假如一个年龄为____岁的人犯了入室偷盗罪,偷盗了价值_____美元的财物,且犯有_____次前科。您认为这个人应该被投入监狱、要求每月向假释官报告一次、要求每天报告一次,还是实行全天候监控,随时掌握他的行踪?

    1. 投入监狱

    2. 要求每月报告一次[跳答第二十九 a]

    3. 要求每天报告一次[跳答第二十九 a]

    4. 全天候监控,随时掌握他的行踪[跳答第二十九 a]

    8. 不知道

二十八 w.如果他在监狱里已经服了一段时间的刑,那么其余的刑期应该在狱外受**全天候监控,还是**应该在监狱继续服完全部刑期?

    1. 出狱监控

    2. 在监狱服完全部刑期

    8. 不知道

伤害的严重程度

二十九 a.假如一个年龄为____岁的人犯有人身伤害罪。医生要求受害者接受(或无需接受)_____治疗。罪犯有_____次前科。您认为这个人应该被投入监狱、要求每月向假释官报告一次、要求每天报告一次,还是实行全天候监控,随时掌握他的行踪?

    1. 投入监狱

    2. 要求每月报告一次[跳答第二十九 a]

    3. 要求每天报告一次[跳答第二十九 a]

    4. 全天候监控,随时掌握他的行踪[跳答第二十九 a]

    8. 不知道

二十九 w.如果他在监狱里已经服了一段时间的刑,那么其余的刑期应该在狱外受**全天候监控,还是**应该在监狱继续服完全部刑期?

    1. 出狱监控

    2. 在监狱服完全部刑期

　　　　8.不知道

三十、您认为马里兰州街头暴力犯罪的**主要**原因是什么?

　　　　＊＊只记录一条答案

_____

_____

三十一、除了建监狱之外,如果您可以向州长和立法机关提两条治理犯罪问题的建议,您的建议
　　　　是什么?

_____

_____

D1.最后我想问几个有关您个人的背景的问题。

包括您自己在内,您家中共有几个 18 岁和 18 岁以上的人?

　　　01-10 记录实际数目

　　　11　　10 人以上

　　　99　　非应用值—拒绝回答

D2.您家中共有几个 18 岁以下的孩子?

　　　0-7 记录实际数目

　　　8　7 人以上

　　　99 非应用值—拒绝回答

D3.您生于哪一年?

　　　00　　　　1900 年以前

　　　01—74　19 ____

　　　88　　　　不知道

　　　99　　　　非应用值—拒绝回答

D4.您的最终学历是?

　　　0　　　　　无学历

　　　1—7　　　几年小学

　　　8　　　　　小学毕业

　　　9—11　　　几年中学

　　　12　　　　　中学毕业

　　　13—15　　　几年大学

　　　16　　　　　大学毕业

　　　17　　　　　几年研究生

　　　18　　　　　研究生毕业或专业技术学位

　　　99　　　　　拒绝回答

D5a.您是否是西班牙人或是西班牙人的后裔?

　　　0.否

　　　1.是

D5b.您是

　　　1.白人

　　　2.黑人

　　　3.亚洲人[如果 D5a 的答案是"是",不用问此题。]

　　　4.其他种族(具体说明):_____

　　　5.拒绝回答

D6.您的住房是自己的,还是租赁的?

1. 自己的

2. 租赁的

3. 其他

9. 拒绝回答

D7. 您现在的婚姻状况是？

1. 结婚

2. 分居

3. 离婚

4. 丧偶

5. 从未结过婚

9. 非应用值—拒绝回答

D8. 您现在的工作情况是？

1. 全职

2. 兼职

3. 无工作

9. 非应用值—拒绝回答

D9. 您在目前的住址一共住了多少年？

00　　　不到一年

01-50　记录实际居住年数

51　　　50 年以上

88　　　不知道

99　　　非应用值—拒绝回答

D10. 您家中共有多少个不同的电话**号码**是非营业性的？

1—6　　　如实记录

7　　　　7 个以上

8　　　　不知道

9　　　　拒绝回答

D11. 1991 年,所有的家庭成员的年收入加在一起,您家中税前的年总收入在 30000 美元以上？

0. 否[跳答 Dl1a]

1. 是[跳答 Dl1c]

9. 拒绝回答

D11a. 多于 20000 美元

0. 否[跳答 Dl1b]

1. 是[跳答 D12]

9. 拒绝回答

D11b. 多于 12000 美元

0. 否[跳答 Dl2]

1. 是[跳答 D12]

9. 拒绝回答

D11c. 多于 50000 美元

0. 否[跳答 Dl2]

1. 是[跳答 D12]

9. 拒绝回答

D11d. 多于 75000 美元

　　　0.否［跳答 Dl2］

　　　1.是［跳答 D12］

　　　9.拒绝回答

D11e.多于 100000 美元

　　　0.否［跳答 Dl2］

　　　1.是［跳答 D12］

　　　9.拒绝回答

D12.您住在哪一个县?

D13.您的电话号码是［填入样本电话号码］?

　　　0.否,那么我打的电话号码是?（确定具体号码）

　　　1.是

　　　9.拒绝回答

我要问的问题就这么多。耽误了您很多时间,十分感谢。

附录C

美国舆论调查研究会（AAPOR）职业道德和实践法规（2010年5月修订）

　　我们——美国舆论调查研究会会员和协会章程——将本会签署的原则表述于下面的法规。我们的目的是支持合乎法规和道德伦理的调查和公共舆论研究实践；支持将这样的研究用于公共和私人部门的政策和决策制定，也支持增进公众对调查和公共舆论研究方法的理解和对这些研究结果的适当使用。

　　我们承诺，在实施、分析和报告我们的工作时；在与我们的调查对象和用户建立和保持关系时；以及与那些最终会将研究用于决策目的和普通公众的人进行交流时将秉持高标准的科学能力、诚信和透明。我们进一步承诺，我们将拒绝所有要求进行与本法规规定的原则有悖的活动的任务和指令。

　　为了维护调查和公共舆论研究的公信力，我们认为本法规记述的职责是所有的研究业者都必须坚守的，不论其是本会会员还是其他组织的成员。

　　本法规的目的并非对一些具体的研究方法的优点做出判断。AAPOR执行委员会可能也会不时就设计、实施和调查报告与其他形式的公共舆论研究问题的最佳实践颁布一些指南和推荐意见。

Ⅰ. 与人相处的职业责任原则

　　A. 被调查人和预期被调查人

　　1. 我们将避免那些可能会伤害、危及、羞辱或严重误导调查的被调查人或潜在被调查人的实践和方法。

　　2. 在被调查人表示不回答特定的调查问题或给研究者提供其他的信息时，我们将尊重他们的意愿。我们将对有关他们的联系信息的安全问题作出回应。

　　3. 除了法定的十年一度的普查和少数几个政府调查之外，参与调查和其他公共信息研究是自愿的。我们将给所有入选的人提供足够的介绍调查研究的信息，使他们能知情和自由决定参与与否。我们不要谎报或误称调查主办者或目的，而且还要对有关研究提出的问题提供诚实的答案。如果披露信息可能严重影响回应或危及调查员，那么这足以说明某些信息是不能发布的，或在调查结束前不能发布。

　　4. 我们不会歪曲我们的研究或假装进行调查和公共舆论研究以进行其他的活动（如销售、筹款或政治宣传）。

　　5. 除非被调查人明确表示对特定的用途放弃保密规定，否则要把所有的能单独使用或与其他可合理得到的信息组合用于确定一个被调查人和他（她）的回应的信息视为特许和机密的。我们也不会暴露或使用被调查人的名字或因为非研究的目的而暴露或使用任何其他可确定个人身份的信息。

　　6. 我们懂得以合法的手段使用我们的研究结果，不会减轻我们对所有确定被调查人身份的信息保密的道德责任（除非被调查人明确放弃）或降低被调查人保密的重要性。

B. 用户或主办者

1. 在为一个私人用户工作时，除非在用户有明确授权可公开传播时，或根据本法规 I-C 或 Ⅲ-E 节中的有关条款必须公开时，我们将对我们得到的所有有关用户、有关为用户做的操作和研究发现的专有信息严格保密。对于后一种信息，披露将限于那些直接承载研究实施和发现的信息。

2. 我们将注意我们采用的技术和自身能力的局限性，并将只接受那些我们能合理地预期在这些局限内完成的研究任务。

C. 公开

1. 我们将通知那些我们为其进行公开发表研究调查的人，AAPOR 有关信息披露的规定要求发布有关研究如何实施的基本信息，且我们将尽一切可能努力鼓励用户在发布时遵守我们的规定。

2. 我们将纠正任何自己的工作错误，注意什么可能影响结果解释，并将这样的纠正告知所有我们的内容的原接受者。

3. 只要可行，我们将力求纠正我们的数据中，包括我们的合作研究者、合作调查者、主办者或用户实际所做的虚假陈述或歪曲。我们认识到分析中的观点不同并非必定是虚假陈述或歪曲。我们将向所有提交了虚假陈述或歪曲方发送纠正报告，如果这样的虚假陈述或歪曲是公开发表的，只要实际可行，我们将尽可能在公开论坛上纠正它们。

D. 职业

1. 我们认识到我们对调查科学和公共舆论研究的责任，尽可能切实自由地传播来自我们的研究的思想和发现。

2. 我们可以以协会会员的身份和我们对这一法规的坚守为傲，它证明我们在与被调查人、用户、公众和专业的关系中秉持高标准的道德操守。但是，我们不会以协会的成员身份和对这一法规的坚守作为专业能力的证明，因为协会并不会以此作为任何个人或组织的证明。

Ⅱ. 开展工作的专业实践原则

A. 我们将以应有的谨慎态度开发研究设计和工具；收集、处理和分析数据；采取所有合理的步骤保证结果的信度和效度。

1. 我们要推荐和应用那些以我们的专业判断适合手头研究的问题的工具和方法。

2. 我们不会选择那些会产生误导性结论的工具和方法。

3. 我们不在知情时对研究结果做出与得到的数据不一致的解释，也不心照不宣地允许这样的解释。我们要保证我们报告的任何发现，无论是私下还是公开发布都是对研究结果公允和正确的描绘。

4. 我们不会故意暗示解释的信度大于数据的实际保证。在我们用样本对数据做陈述时，其精度为抽样框和采用的方法保证。例如，基于事先同意或自我选择的自愿样本报告的误差范围是一种误导。

5. 我们不在知情时伪造或篡改。

6. 我们将正确描述我们工作中从其他资源引述的调查和公共舆论研究的方法术语、内容和可比性。

B. 我们将以适当的篇幅在所有研究报告中正确描述方法和发现，遵守Ⅲ规定的披露规范。

Ⅲ. 披露规范

A. 我们要在研究结果报告中包括以下事项,或在报告发布之后可立即得到。

1. 研究调查的发起者、实施者和资助者,包括在一定程度上知道的所有的原始资金筹集渠道。

2. 报告结果的问题和答案的确切措辞和陈述。

3. 研究总体的定义、地理位置和用于确定这一总体的抽样框描述。如果抽样框由第三方提供,要提供提供者的名字。如果没有使用框或清单,应该予以说明。

4. 描述样本设计,清楚说明用以选择被调查人(或自我选择)和聘用的方法,以及在调查工具或后实地工作中使用的任何定额或其他样本选择标准。抽样框和样本设计的描述应该包括足够详细的内容,以确定被调查人选择采用的是概率方法还是非概率方法。

5. 样本量和有关发现的精度的讨论,包括概率样本的抽样误差估计值和用于任何加权或估计程序的变量的描述。如果需要,发现的精度的讨论应该陈述报告的抽样误差或统计分析的范围是否因聚集或加权的设计效应曾经做过的调整。

6. 哪些结果以部分样本而非整个样本为根据,以及这部分样本的量。

7. 数据收集的方法和日期。

B. 我们应在 30 天内满足这些资料的任何要求,将以下事项准备妥当。

1. 前述调查员或被调查人指示,并前述任何那些有理由认为会对报告的结果的答案有影响的问题或工具。

2. 任何有关刺激,如可视、传递感觉或显示卡。

3. 抽样框对目标总体的覆盖面描述。

4. 用于招聘小组人员的方法,如果样本取自一个招聘前的小组或**被调查人池**。

5. 详述样本设计,包括参与的资格、筛选程序、超抽样本的性质和薪酬/奖励(如果有的话)。

6. 特定调查的样本处置记录概述,以便计算概率样本的回答率和非概率样本的参与率。

7. 加权参数的来源和权数使用方法。

8. 数据校验程序。适用于何处、调查员培训、督导和监控方法也应披露。

C. 如果报告回答率,那么回答率应当根据 AAPOR 标准定义计算。

D. 如果报告的结果基于多个样本或多种模式,那么前述各项应该逐一予以披露。

E. 如果我们的任何工作与本法规有违,调查须经 AAPOR 执行委员会批准后方可实施。AAPOR 执行委员会将为该研究调查提供额外的信息。信息必须详尽,以使研究人员能据此对研究进行专业评估。

2010 年 5 月

附录D
调查研究方法的互联网资源

美国调查研究组织（CASRO）理事会，代表300多家公司、调查组织，其市场研究业务遍布美国和世界。

CASRO Code of Professional Ethics（职业道德规范）：CASRO工作队开发的一个社交媒体研究指南草案。

Journal of Official Statistics。瑞典统计局出版的主流调查研究杂志；可在线阅读。

Survey Practice。在线杂志，传播有关当前调查设计和实施的信息和研究。

Survey Research Methods。在线同行评议，通道公开的欧洲调查设计、实施和分析杂志。与 *Survey Survey Research Methods* 有颇多交叉重叠之处。

Practice。名为实践但在调查实施和实践方面却着墨不多。

The University of Illinois Survey Research Laboratory。提供各种资源的链接，包括调查方法文章、杂志、软件和讨论会文集。

The University of Michigan Cross Cultural Guidelines。提供跨文化研究的各个方面，包括抽样、预试、翻译、调查员招聘和培训、伦理道德问题、数据收集、协调和宣传的最佳实践推荐。

Usability Testing。由欧盟资助的旨在提高实用性和用户指向项目的水平的指南，包括调查工具、适用性测试，含方法引用文献。

Web SM。一个专注于网上和移动设备调查方法学所有方面的网址。网址含有大量的研究参考文献目录、软件供应商指南，事件通知、道德伦理专题和其他与调查有关的网站的链接。

参考文献

Ackermann, A. , & Blair, J. (2006). Efficient respondent selection for cognitive interviewing. In *Proceedings of the American Statistical Association*: *Section on survey research methods*. Alexandria, VA: American Statistical Association.

American Association for Public Opinion Research (AAPOR) Cell Phone Task Force. (2010). *New considerations for survey researchers when planning and conducting RDD telephone surveys in the U. S. with respondents reached via cell phone numbers*. Lenexa, KS: AAPOR.

American Association for Public Opinion Research (AAPOR). (2011). *Standard definitions*: *Final dispositions of case codes and outcome rates for surveys* (7th ed.). Lenexa, KS: Author. Belinfante, A. (2004). *Telephone penetration by income by state* [FCC news release]. Washington, DC: Industry Analysis and Technology Division, Wireline Competition Bureau, Federal Communication Commission.

Belson, W. A. (1981). *The design and understanding of survey questions*. Brookfield, VT: Gower.

Bethlehem, J. (2009). *The rise of survey sampling* (Discussion paper 09015). The Hague: Statistics Netherlands.

Biemer, P. P. , & Lyberg, L. E. (2003). *Introduction to survey quality*. New York: Wiley.

Biemer, P. P. , & Lyberg, L. E. (2010). Total survey error: Design, implementation and evaluation. *Public Opinion Quarterly*, 74(5), 817-848.

Binson, D. , Blair, J. , Huebner, D. M. , & Woods, W. J. (2007). Sampling in surveys of lesbian, gay and bisexual people. In I. H. Meyer & M. E. Northridge (Eds.), *The health of sexual minorities*: *Public health perspectives on lesbian, gay, bisexual and transgender populations* (pp. 375- 418). New York: Springer.

Bischoping, K. (1989). An evaluation of interviewer debriefing in survey pretests. In C. Cannell, L. Oksenberg, F. Fowler, G. Kalton, & K. Bischoping (Eds.), *New techniques for pretesting survey questions* (Final report for Grant HS05616, National Center for Health Services Research). Ann Arbor: University of Michigan.

Blair, E. (1983). Sampling issues in trade area maps drawn from shopping surveys. *Journal of Marketing*, 47, 98-106.

Blair, E. , & Blair, J. (2006). Dual frame web-telephone sampling for rare groups. *Journal of Official Statistics*, 22(2), 211-220.

Blair, E. , Sudman, S. , Bradburn, N. , & Stocking, C. (1977). How to ask questions about drinking and sex: Response effects in measuring consumer behavior. *Journal of Marketing Research*, 14, 316-312.

Blair, E. , & Zinkhan, G. M. (2006). Nonresponse and generalizability in academic research. *Journal of the Academy of Marketing Science*, 34(1), 4-7.

Blair, J. (2011). Response 1 to Krosnick's chapter: experiments for evaluating survey question. In J. Madans, K. Miller, A. Maitland, & G. Willis (Eds.), *Question evaluation methods: Contributing to the science of data quality* (pp. 239-252). New York: John Wiley.

Blair, J. , & Chun, Y. (1992, May). *Quality of data from converted refusals in telephone surveys*. Paper presented at the meeting of the American Association for Public Opinion Research Conference, St. Petersburg, FL.

Blair, J. , & Conrad, F. (2011). Sample size for cognitive interview pretesting. *Public Opinion Quarterly*, 75(4), 636-658.

Blair, J. , & Srinath, K. P. (2008). A note on sample size for behavior coding. *Field Methods*, 20(1), 85-95.

Blom, A. , & Kreuter, F. (Eds.). (2011). Special issue on survey nonresponse. *Journal of Official Statistics*, 27(2).

Bradburn, N. M. , Sudman, S. , & Wansink, B. (2004). *Asking questions: The definitive guide to questionnaire design for market research, political polls, and social and health questionnaires*. New York: John Wiley.

Brewer, K. R. W. (1999). Design-based or prediction-based inference? Stratified random vs. stratified balanced sampling. *International Statistical Review*, 67, 35-47.

Brick, J. M. , Brick, P. D. , Dipko, S. , Presser, S. , Tucker, C. , & Yuan, Y. (2007). Cellphone survey feasibility in the U. S. : Sampling and calling cell numbers versus landline numbers. *Public Opinion Quarterly*, 71(1), 23-39.

Campanelli, P. C. , Rothgeb, J. M. , Esposito, J. L. , & Polivka, A. E. (1991, May). *Methodologies for evaluating survey questions: An illustration from a CPS CATI/RDD test*. Paper presented at the annual meeting of the American Association for Public Opinion Research, Phoenix, AZ.

Cannell, C. F. , Fowler, P. J. , & Marquis, K. H. (1968). *The influence of interviewer and respondent psychological and behavioral variables on the reporting in household interviews* (Vital and Health Statistics, Series 2, No. 26). Washington, DC: Government Printing Office.

Cell phone numbers and telephone surveying in the U. S. [Special issue]. (2007). *Public Opinion Quarterly*, 71(5).

Chang, L. , & Krosnick, J. A. (2009). National surveys via RDD telephone interviewing versus the Internet: Comparing sample representativeness and response quality. *Public Opinion Quarterly*, 73(4), 1-38.

Cobanoglu, C. , Warde, B. , & Moreo, P. J. (2001). A comparison of mail, fax and web-based survey methods. *International Journal of Market Research*, 43(4), 441-452.

Conrad, F. , & Blair, J. (1996). From impressions to data: increasing the objectivity of cognitive interviews. In *Proceedings of the American Statistical Association: Section on Survey Research Methods*. Alexandria, VA: American Statistical Association.

Conrad, F. G. , & Blair, J. (2004). Data quality in cognitive interviews: The case of verbal reports. In S. Presser, J. Rothgeb, M. Couper, J. Lessler, E. Martin, J. Martin, et al. (Eds.), *Methods for testing and evaluating survey questionnaires* (pp. 67-87). New York: John Wiley.

Conrad, F. G. , & Schober, M. F. (2008). Survey interviews and new communication technologies. In F. G. Conrad (Ed.), *Envisioning the survey interview of the future* (pp. 1-30). Hoboken, NJ: John Wiley.

Converse, J. M., & Presser, S. (1986). *Survey questions: Handcrafting the standardized questionnaire.* Newbury Park, CA: Sage.

Council of American Survey Research Organizations. (1982). *On the definition of response rates: A special report of the CASRO task force on completion rates.* Port Jefferson, NY: Author.

Council of American Survey Research Organizations. (2011). *CASRO code of standards and ethics for survey research.*

Couper, M. (2008). *Designing effective web surveys.* Cambridge, UK: Cambridge University Press.

Couper, M. P. (1998, August). *Measuring survey quality in a CASIC environment.* Paper presented at the Joint Statistical Meetings of the American Statistical Association, Dallas, TX.

Couper, M. P. (2000). Web surveys: A review of issues and approaches. *Public Opinion Quarterly*, 64 (4), 464-494.

Couper, M. P., Lepkowski, J. M., Axinn, W. G., Kirgis, N., & Groves, R. M. (2009, November). *Moving from prespecified to adaptive survey design.* Paper presented at the Modernisation of Statistics Production Conference, Stockholm, Sweden.

Couper, M. P., Traugott, M. W., & Lamias, M. J. (2001). Web survey design and administration. *Public Opinion Quarterly*, 65(2), 230-253.

Curtin, R., Presser S., & Singer E. (2000). The effects of response rate changes on the index of consumer sentiment. *Public Opinion Quarterly*, 64(4), 413-428.

de Leeuw, E. (1992). *Data quality in mail, telephone and face-to-face surveys.* Amsterdam: TT-Publikaties.

de Leeuw, E. D. (2005). To mix or not to mix data collection modes in surveys. *Journal of Official Statistics*, 21(2), 233-255.

de Leeuw, E. D., Hox, J. J., & Dillman, D. A. (2008). *International handbook of survey methodology.* Mahwah, NJ: Lawrence Erlbaum.

Desrosieres, A. (2002). Three studies on the history of sampling surveys: Norway, Russia-USSR, United States. *Science in Context*, 15(3), 377-383.

Dillman, D. (2000). *Mail and Internet surveys: The tailored design method* (2nd ed.). New York: John Wiley.

Dillman, D. (2008). The total design method. In P. Lavrakas (Ed.), *Encyclopedia of survey methods* (Vol. 2, pp. 882-886). Thousand Oaks, CA: Sage.

Dillman, D., Smyth, J., & Christian, L. (2008). *Internet, mail and mixed-mode surveys: The tailored design method.* New York: John Wiley.

Ericson, W. A. (1965). Optimum stratified sampling using prior information. *Journal of the American Statistical Association*, 60, 750-771.

Ericsson, K. A., & Simon, H. A. (1993). *Protocol analysis: Verbal reports as data* (Rev. ed.). Cambridge, MA: MIT Press.

Ezzati-Rice, T. M., White, A. A., Mosher, W. D., & Sanchez, M. E. (1995, June). *Time, dollars, and data: Succeeding with remuneration in health surveys* (Statistical Policy Working Paper 23). Washington, DC: Federal Committee on Statistical Methodology, Statistical Policy Office.

Fienberg, S. (2000). Confidentiality and data protection through disclosure limitation: Evolving principles and technical advances. *The Philippine Statistician*, 49(1), 1-12.

Foddy, W. (1993). *Constructing Questions for Interviews and Questionnaires: Theory and Practice in Social*

Research. Cambridge, UK: Cambridge University Press.

Fowler, F. J. (2004). The case for more split-sample experiments in developing survey instruments. In S. Presser, J. M. Rothgeb, M. P. Couper, J. T. Lessler, E. Martin, J. Martin, et al. (Eds.), *Methods for testing and evaluating survey questionnaires* (pp. 173-188). New York: John Wiley.

Ganassali, S. (2008). The influence of the design of web survey questionnaires on the quality of responses. *Survey Research Methods*, 2(1), 21-32.

Gile, K. J., & Handcock, M. S. (2010). Respondent-driven sampling: An assessment of current methodology. *Sociological Methodology*, 40, 285-327.

Goodnough, A. (2002, May 2). Post 9/11 pain found to linger in young minds. *New York Times*, p. A1.

Greenbaum, T. L. (1998). *The handbook for focus group research* (2nd ed.). Thousand Oaks, CA: Sage.

Grice, P. (1989). *Studies in the way of words.* Cambridge, MA: Harvard University Press.

Groves, R. (1987). Research on survey data quality. *Public Opinion Quarterly*, 51(Pt. 2), S156-S172.

Groves, R. M. (1989). *Survey errors and survey costs.* New York: John Wiley.

Groves, R. M., & Couper, M. P. (1998). *Nonresponse in household interview surveys.* Somerset, NJ: John Wiley.

Groves, R. M., Dillman, D. A., Eltinge, J. L., & Little, R. J. A. (Eds.). (2002). *Survey nonresponse.* New York: John Wiley.

Groves, R. M., Fowler, F. J., Couper, M. P., Lepkowski, J. M., Singer, E., & Tourangeau, R. (Eds.). (2009). *Survey methodology* (2nd ed.). New York: John Wiley.

Groves, R. M., & Heeringa, S. G. (2006). Responsive design for household surveys: Tools for actively controlling survey errors and costs. *Journal of the Royal Statistical Society*, Series A, 169(Pt. 3), 439-457.

Groves, R. M., & Lyberg, L. (2010). Total survey error: Past, present and future. *Public Opinion Quarterly*, 74(5), 849-879.

Groves, R., & Peytcheva, E. (2008). The impact of nonresponse rates on nonresponse bias: A meta-analysis. *Public Opinion Quarterly*, 72, 167-189.

Guensel, P. J., Berckmans, T. R., & Cannell, C. F. (1983). *General interviewing techniques.* Ann Arbor, MI: Survey Research Center.

Hansen, M. H., Dalenius, T., & Tepping, B. J. (1985). The development of sample surveys of finite populations. In A. C. Atkinson & S. E. Fienberg (Eds.), *A celebration of statistics: The ISI centenary volume.* New York: Springer-Verlag.

Hansen, M. H., Hurwitz, W. N., & Madow, W. G. (1953). *Survey sample methods and theory* (2 vols.). New York: John Wiley.

Harkness, J., Van de Vijver, F., & Mohler, P. (Eds.). (2003). *Cross-cultural survey methods.* Hoboken, NJ: Wiley Interscience.

Hidiroglou, M. A., Drew, J. D., & Gray, G. B. (1993). A framework for measuring and reducing nonresponse in surveys. *Survey Methodology*, 19(1), 81-94.

Iannacchione, V. G. (in press). The changing role of address-based sampling in survey research. *Public Opinion Quarterly.*

Jabine, T. B., Straf, M. L., Tanur, J. M., & Tourangeau, R. (Eds.). (1984). *Cognitive aspects of survey methodology: Building a bridge between disciplines: Report of the advanced research seminar on cognitive aspects of survey methodology.* Washington, DC: National Academies Press.

Johnson, T. (1998). Approaches to equivalence in cross-cultural and cross-national survey research. In J.

A. Harkness (Ed.), *ZUMA-Nachrichten Spezial No. 3: Crosscultural survey equivalence* (pp. 1- 40). Mannheim, Germany: ZUMA.

Johnson, T. , O'Rourke, D. , Chavez, N. , Sudman, S. , Warneke, R. , & Lacey, L. (1997). Social cognition and responses to survey questions among culturally diverse populations. In C. Lyberg, P. Biemer, M. Collin, C. Dippo, E. deLeeuw, N. Schwartz, et al. (Eds.), *Survey measurement and process quality* (pp. 87-113). New York: John Wiley.

Johnson, T. , & Van de Vijver, F. (2003). Social desirability in cross-cultural research. In J. Harkness, F. Van de Vijver, & P. Mohler (Eds.), *Cross-cultural survey methods*. Hoboken, NJ: Wiley Interscience.

Johnson, T. P. , Parker, V. , & Clements, C. (2001). Detection and prevention of data falsification in survey research. *Survey Research*, 32(3), 1-2.

Kalton, G. (1981). *Compensating for missing survey data* (Report for Department of Health and Human Services Contract HEW-100-79-0127, Survey Research Center, Institute for Social Research). Ann Arbor: University of Michigan.

Kalton, G. (1983a). *Introduction to survey sampling*. Newbury Park, CA: Sage.

Kalton, G. (1983b). Models in the practice of survey sampling. *International Statistical Review*, 51, 175-188.

Kalton, G. (2001). Practical methods for sampling rare and mobile populations. In *Proceedings of the Annual Meeting of the American Statistical Association* (pp. 1-6). Alexandria, VA: American Statistical Association.

Kalton, G. (2002). Models in the practice of survey sampling (revisited). *Journal of Official Statistics*, 18 (2), 129-154.

Kanninen, B. J. , Chapman, D. J. , & Hanemann, W. M. (1992). Survey data collection: Detecting and correcting for biases in responses to mail and telephone surveys. In *Conference Proceedings, Census Bureau 1992 Annual Research Conference* (pp. 507-522). Arlington, VA: U. S. Department of Commerce.

Keeter, S. , Miller, C. , Kohut, A. , Groves, R. M. , & Presser, S. (2000). Consequences of reducing nonresponse in a national telephone survey. *Public Opinion Quarterly*, 64(2), 125-148.

Kish, L. (1965). *Survey sampling*. New York: John Wiley.

Kish, L. (1995). The hundred years' wars of survey sampling. *Statistics in Transition*, 2(5), 813-830.

Knaub, J. R. (1999). *Model-based sampling, inference and imputation*.

Kreuter, F. , & Casas-Cordero, C. (2010). *Paradata* (Working paper). Berlin: German Council for Social and Economic Data.

Kreuter, F. , Couper, M. , & Lyberg, L. (2010). *The use of paradata to monitor and manage survey data collection*.

Krosnick, J. (2011). Experiments for evaluating survey questions. In J. Madans, K. Miller, G. Willis, & A. Maitland (Eds.), *Question evaluation methods*. New York: John Wiley.

Krosnick, J. , & Presser, S. (2010). Question and questionnaire design. In J. D. Wright & P. V. Marsden (Eds.), *Handbook of survey research* (pp. 263-314). Bangley, UK: Emerald Group Publishing.

Kreuter, F. , Presser, S. , & Tourangeau, R. (2008). Social desirability bias in CATI, IVR, and web surveys: The effects of mode and question sensitivity. *Public Opinion Quarterly*, 72(5), 847-865.

Kruskal, W. , & Mosteller, F. (1979a). Representative sampling I: Nonscientific literature. *International Statistical Review*, 47, 13-24.

Kruskal, W. , & Mosteller, F. (1979b). Representative sampling II: Scientific literature, excluding statistics. *International Statistical Review*, 47, 111-127.

Kruskal, W. , & Mosteller, F. (1979c). Representative sampling III: The current statistical literature. *International Statistical Review*, 47, 245-265.

Kruskal, W. , & Mosteller, F. (1980). Representative sampling IV: The history of the concept in statistics 1895-1939. *International Statistical Review*, 48, 169-195.

Kulka, R. A. (1995, June). *The use of incentives to survey "hard-to-reach" respondents: A brief review of empirical research and current research practice* (Statistical Policy Working Paper 23). Washington, DC: Federal Committee on Statistical Methodology, Statistical Policy Office.

Lee, S. (2009, August). Understanding respondent driven sampling from a total survey error perspective. *Survey Practice*.

Little, R. J. (2004). To model or not to model? Competing modes of inference for finite population sampling. *Journal of the American Statistical Association*, 99(466), 546-556.

Lyber, L. , & Biemer, P. P. (2008). Quality assurance and quality control in surveys. In E. D. DeLeeuw, J. J. Hox, & D. A. Dillman (Eds.), *The international handbook of survey methodology* (pp. 421-441). New York: Erlbaum/Taylor & Francis.

Madans, J. , Miller, K. , Willis, G. , & Maitland, A. (Eds.). (2011). *Question evaluation methods*. New York: John Wiley.

Martin, E. (2006). *Survey questionnaire construction* (Survey Methodology #2006-13). Washington, DC: U.S. Census Bureau.

Martin, E. , Childs, J. , DeMaio, T. , Hill, J. , Reiser, C. , Gerber, E. , et al. (2007). *Guidelines for designing questionnaires for administration in different modes*. Washington, DC: U. S. Census Bureau.

Michael, R. T. , & O' Muircheartaigh, C. A. (2008). Design priorities and disciplinary perspectives: The case of the US National Children's Study. *Journal of the Royal Statistical Society, Society A*, 171(Pt. 2), 465-480.

Montaquila, J. , & Brick, J. M. (2009). The use of an array of methods to evaluate nonresponse bias in an ongoing survey program. In *Proceedings of the International Statistics Institute World Statistics Congress*.

Neyman, J. (1934). On the two different aspects of the representative method: The method of stratified sampling and the method of purposive selection. *Journal of the Royal Statistical Society*, 97, 558-606.

Nicolaas, G. (2011). *Survey paradata: A review* (Review paper NCRM/017). Southampton, UK: National Centre for Research Methods.

O' Muircheartaigh, C. (2005). *Balancing statistical theory, sampling concepts, and practicality in the teaching of survey sampling*.

O' Muircheartaigh, C. , Krosnick, J. , & Helic, A. (1999, May). *Middle alternatives, acquiescence, and the quality of questionnaire data*. Paper presented at the annual meeting of the American Association for Public Opinion Research, St. Petersburg, FL.

Ongena, Y. P. , & Dijkstra, W. (2007). A model of cognitive processes and conversational principles in survey interview interaction. *Applied Cognitive Psychology*, 21(2), 145-163.

O' Rourke, D. , & Blair, J. (1983). Improving random respondent selection in telephone surveys. *Journal of Marketing Research*, 20, 428-432.

Parsons, J. , Owens, L. , & Skogan, W. (2002). Using advance letters in RDD surveys: Results of two experiments. *Survey Research*, 33(1), 1-2.

Payne, S. L. (1951). *The art of asking questions*. Princeton, NJ: Princeton University Press.

Peytchev, A. , & Hill, C. A. (2011). Experiments in mobile web survey design: Similarities to other methods and unique considerations. *Social Science Computer Review*, 28(3), 319-335.

Presser, S. , & Blair, J. (1994). Survey pretesting: Do different methods produce different results? *Sociological Methodology*, 24, 73-104.

Presser, S. , Rothgeb, J. M. , Couper, M. P. , Lessler, J. T. , Martin, E. , Martin, J. , et al. (Eds.). (2004). *Methods for testing and evaluating survey questionnaires.* New York: John Wiley.

Rizzo, L. , Brick, J. M. , & Park, I. (2004). A minimally intrusive method for sampling persons in random digit dial surveys. *Public Opinion Quarterly*, 68(2), 267-274.

Saris, W. , Revilla, M. , Krosnick, J. and Shaeffer, E. (2010). Comparing questions with agree/disagree response options to questions with item-specific response options. *Survey Research Methods*, 4(1), 61-79.

Sarndal, C. -E. , Swensson, B. , & Wretman, J. (1992). *Model-assisted survey sampling.* New York: Springer-Verlag.

Schaeffer, N. , & Presser, S. (2003). The science of asking questions. *Annual Review of Sociology*, 29, 65-88.

Schechter, S. , & Blair, J. (2001). Expanding cognitive laboratory methods to test selfadministered questionnaires. *International Journal of Cognitive Technology*, 6(2), 26-32.

Schuman, H. , & Presser, S. (1981). *Questions and answers in attitude surveys: Experiments on question form, wording, and context.* Orlando, FL: Academic Press.

Schwarz, N. (1996). *Cognition and communication: Judgmental biases, research methods and the logic of conversation.* Hillsdale, NJ: Lawrence Erlbaum.

Schwarz, N. , Strack, F. , & Mai, H. (1991). Assimilation and contrast effects in partwhole question sequences: A conversational logic analysis. *Public Opinion Quarterly*, 55, 3-23.

Shettle, C. , & Mooney, G. (1999). Monetary incentives in U. S. government surveys. *Journal of Official Statistics*, 15(2), 231-250.

Singer, E. (2002). The use of incentives to reduce nonresponse in household surveys. In R. M. Groves, D. A. Dillman, J. L. Eltinge, R. J. A. Little (Eds.), *Survey nonresponse.* New York: John Wiley.

Singer, E. , Van Hoewyk, J. , Gebler, N. , Raghunathan, T. , & McGonagle, K. (1999). The effect of incentives on response rates in interviewer-mediated surveys. *Journal of Official Statistics*, 15(2), 217-230.

Singer, E. , Van Hoewyk, J. , & Maher, M. P. (2000). Experiments with incentives in telephone surveys. *Public Opinion Quarterly*, 64(2), 171-188.

Smith, T. (2011). *The General Social Survey.* Ann Arbor: Institute for Social Research, University of Michigan.

Smith, T. W. (2001, October). *Are representative Internet surveys possible?* Paper presented at Achieving Data Quality in a Statistical Agency: A Methodological Perspective, Hull, Ontario, Canada.

Smith, T. W. (2003). Developing comparable questions in cross-national surveys. In J. A. Harkness, F. J. R. Van de Vijver, & P. Ph. Mohler (Eds.), *Cross-cultural survey methods* (pp. 69-91). Hoboken, NJ: John Wiley.

Stoop, I. A. (2005). *The hunt for the last respondent: Nonresponse in sample surveys.* The Hague: Social and Cultural Planning Office of the Netherlands.

Sudman, S. (1976). *Applied sampling.* New York: Academic Press.

Sudman, S. , & Bradburn, N. M. (1982). *Asking questions: A practical guide to questionnaire design.* San Francisco: Jossey-Bass.

Sudman, S., & Bradburn, N. M. (1974). *Response effects in surveys: A review and synthesis.* Chicago: Aldine.

Tessitore, E., & Macri, C. (2011, February). *Facebook sampling methods: Some methodological proposals.* Paper presented at NTTS New Techniques and Technologies for Statistics, Brussels, Belgium.

Tourangeau, R. (2004). Experimental design considerations for testing and evaluating questionnaires. In S. Presser, J. M. Rothgeb, M. P. Couper, J. T. Lessler, E. Martin, J. Martin, et al. (Eds.), *Methods for testing and evaluating survey questionnaires* (pp. 209-224). New York: John Wiley.

Tourangeau, R., Couper, M., & Conrad, F. (2004). Spacing, position and order: Interpretive heuristics for the visual features of survey questions. *Public Opinion Quarterly*, 68(3), 368-393.

Tourangeau, R., Couper, M., & Conrad, F. (2007). Color, labels, and interpretive heuristics for response scales. *Public Opinion Quarterly*, 71(1), 91-112.

Tourangeau, R., Couper, M. P., & Steiger, D. M. (2001, November). *Social presence in web surveys.* Paper presented at the Federal Committee on Statistical Methodology Conference, Washington, DC.

Tourangeau, R., & Rasinski, K. A. (1988). Cognitive processes underlying context effects in attitude measurement. *Psychological Bulletin*, 103, 299-314.

Tourangeau, R., Rips, L., & Rasinski, K. (2000). *The psychology of survey response.* New York: Cambridge University Press.

Tourangeau, R., & Yan, T. (2007). Sensitive questions in surveys. *Psychological Bulletin*, 133(5), 859-883.

U. S. Census Bureau. (2000). *Profile of selected housing characteristics: 2000.* [MRDF] Quick tables— American FactFinder.

U. S. Census Bureau. (2003). *Annual demographic survey: Current population survey March supplement 2002.* Washington, DC: U. S. Department of Commerce.

U. S. Census Bureau. (2009). *Current Population Survey, Appendix Table A, Households With a Computer and Internet Use 1984 to 2009.* Washington, DC: Government Printing Office.

U. S. Census Bureau. (2010). *Computer and Internet Use, Table 1A, Reported Internet Usage for Households, by Selected Householder Characteristics.* Washington, DC: Government Printing Office.

Waksberg, J. (1978). Sampling methods for random digit dialing. *Journal of the American Statistical Association*, 73(361), 40-46.

Willimack, D., Lyberg, L., Martin, J., Japec, L., & Whitridge, P. (2004). Evolution and adaptation of questionnaire development: evaluation and testing methods in establishment surveys. In S. Presser, J. M. Rothgeb, M. P. Couper, J. T. Lessler, E. Martin, J. Martin, et al. (Eds.), *Methods for testing and evaluating survey questionnaires* (pp. 385-407). New York: John Wiley.

Willis, G. B. (2005). *Cognitive interviewing: A tool for improving questionnaire design.* Thousand Oaks, CA: Sage.

Willis, G. B., Trunzo, D. B., & Strussman, B. J. (1992). The use of novel pretesting techniques in the development of survey questionnaires. In *Proceedings of the Section on Survey Research Methods* (pp. 824-828). Alexandria, VA: American Statistical Association.

Zhang, F. (2010). *Incentive experiments: NSF experiences* (Working paper SRS 11-200). Arlington, VA: National Science Foundation, Division of Science Resources Statistics.

术语英汉对照表

Data collection 数据收集

Data quality 数据质量

Data reduction 数据简化

Debriefing 事后情况说明,汇报

Dependent variable 因变量,应变量

Design-based sampling 基于设计的抽样

Do Not Call List 谢绝来电名单

Double-barreled question 双括号问题

Dual-frame sampling 双框抽样

Duplications 重复,复制

Eligible population 合格总体

E-mail frames 电子邮件框

Empirical generalization 经验概括

Encoding 编码

Epsem sampling Epsem 抽样

Finite population correction 有限总体修正

Focus group 焦点小组

Frame(s) 框,框架

Frame data, survey data compared with 框架数据,
    与调查数据比较

Framing the population 框定总体

Gatekeeper 看门人

General population survey 一般人口总体调查

Half-open intervals 半开放区间

Households 住户、住家、家庭,户

Imperfect samples 不完美样本

Imputation 配置,归值,插值

Ineligibility 无被选资格

Informed consent 知情同意

Institutional review boards 审查委员会

Instrument 工具

Intercept survey 拦截调查

Internet/online/web survey 互联网/在线/万维网调查

Interview completion rate 调查完成率,访谈完成率

Interviewer 调查员、访谈员

    Effects 影响,效应

    Efficiency rate 效率

    Recruitment of 招聘,招募

    Selection of 遴选,选择,挑选

    Training of 培训

Interviewer error 调查员误差

Intra-cluster coefficient of homogeneity 群内同质
    系数

Item nonresponse 题项无回答

Judgment sampling 判断抽样

Knowledge error 知识误差

List-assisted RDD 清单辅助随机拨号

Mail surveys 邮递调查,邮寄调查

Mall surveys 购物中心调查

Means 均值,平均数

Mean square error 均方差

Measurement equivalence 量度等价

Measurement error 量度误差,测量误差

Methodology report 方法学报告

Midpoint, on rating scale 中点,等级量表

Mitofsky-Waksberg sampling 米托夫斯基和沃克斯
    伯格抽样法

Model(s) 模型

Model-assisted estimation 基于模型的估计

Model-assisted methods 模型辅助法

Model-assisted sampling 模型辅助抽样

Model-based estimation 基于模型的估计

Model-based methods 基于模型的方法

Model-based sampling 基于模型的抽样

Model bias 模型偏倚

Monitoring 监督

Multimode data collection 多模式数据收集

Nonprobability sample/sampling 非概率样本/抽样

Nonresponse 无回答

    High levels of 高水平

    Item 题项

    Unit 单位

Nonresponse bias 无回答偏倚

Nonsampling errors 非抽样误差

Omissions 缺失,遗漏

Omnibus survey 综合调查

Online surveys 在线调查

Open-ended questions 开放式问题

Organizational survey 组织调查

Paradata 参量数据

Participants 参与者

    Deception of 欺骗

    Ethical obligations to 道德(伦理)责任

    Fund-raising to 资金筹集

    Hard refusal by 硬拒绝

    No harm to 无害

    Soft refusal by 软拒绝

Participating pretest 参与者预试

Periodicity 周期性

Pilot survey 试验调查

Pilot tests 实测

Population 总体,人口

Population boundaries 总体边界

Population subgroups 总体子群体

Population units 总体单位

Postinterview 访谈后

Poststratification 后分层

Power analysis approach to sample size 样本量的效力分析路数

PPS sampling PPS 抽样

Pretesting 预试

    Cognitive interviewing 认知访谈

    With expert panels 专家组

Interaction (behavior) coding 互动(行为)编码

Primacy effects 首因效应

Probabilistic generalization 概率概括

Probability of selection 选择概率

Probability sample/sampling 概率样本/抽样

Probes 探询

Probing error 探询误差

Project time schedule 项目时间表

Proportions 比例

Protocol 方案,协议

Proxies 代理

Pseudoreplication 伪重复

Purposive samples 有目的样本

Quality control 质量控制

Question(s) 问题

    Closed-ended 封闭式

    Encoding of 编码

    Open-ended 开放式

    Order of 顺序

    Screening 筛选,甄别

    Sensitive 敏感

    Questionnaire 问卷

    Interview context 访谈环境

    Introduction 介绍

    Semantic equivalence of 语义等同

Quota sample 配额样本

Quota sampling 配额抽样,定额抽样

Random-digit dialing (RDD) 随机拨号

Random sample 随机样本

Rapport 友好关系

Rating scales 等级量表

Recency effects 近因效应

Redundancy effects 冗余效应

Reference period 参考期,参照期

Regression model 回归模型

Reliability 信度

Simple random sampling 简单随机抽样

Small area estimation 小地区抽样

Social interface theory 社会界面理论

Socially desirable response 社会赞许回答

Strata 层

　Allocation of 分配

　Cost differences across 跨层成本差异

　Sample allocation across 层样本分配

　Variance across 跨层方差

Stratified sampling 分层抽样

Subgroups 子群体

Subsample 子样本

Superpopulation 超总体

Survey(s) 调查

　Cultural contexts 文化背景

　Face-to-face 面对面

　General population 一般人口总体

　Group-administered 群体管理

　Intercept 拦截

　Modifications to 修正

　"Prespecified design" of "预定设计"

　Responsive design of 响应式设计

Self-administered 自我管理

Survey error 调查误差

　Survey rates 调查率

completion rate 完成率

cooperation rate 合作率

noncontact 无联系

response 回答，答案

Survey sampling 调查抽样

Survey schedule 调查时间表

Systematic sampling 系统抽样

Target population 目标总体

Think-aloud 发声思考

Total survey error 总调查误差

Two-tailed significance test 双侧显著性检验

Undeclared pretest 不宣布式预试

Undercoverage 低覆盖

Underreporting 低报

Unipolar scale 单极量表

Unit nonresponse 单位无回答

Universe 全体

Validation 验证，校验

Validity 效度

Variance 方差

Verification of interviews 访谈核实

Volunteer sample 志愿者样本

Weighting 加权